중국 이주 한민족의 언어와 생활(2)

중국 이주 한민족의 언어와 생활(2)

-중국 길림성 도문시 양수진 정암촌-

박 경 래

역락

이 저서는 2019년 대한민국 교육부와 한국연구재단의 인문사회분야
중견연구자지원사업의 지원을 받아 수행된 연구임(NRF-2019S1A5A2A01044656)

 이 책은 한국에서 중국으로 이주한 충청북도 출신 언어집단의 화자들을 대상으로 조사한 자료를 바탕으로 만들어졌다. 소멸 위기에 처한 언어집단인 중국 길림성 도문시 양수진 정암촌 거주자를 대상으로 조사하였다. 정암촌에서 사용하는 언어는 충청북도 방언에 기반을 두고 있다. 이 책은 충북 출신 이주민들이 중국 정암촌으로 이주한 이후 조사 당시까지 어떤 언어적인 변화를 겪었는지 구술발화를 통해 확인해보고 이 집단의 언어를 사실적이고 종합적으로 보존하고자 하는 데 목적이 있다.

 자료의 조사는 2011년 7월 중순에 이루어졌다. 이때 조사한 자료의 일부는 ≪중국 이주 한민족의 언어와 생활(1)≫(2022)로 출판되었다. 이 책은 그 후속 작업인 셈이지만 내용으로 보면 이 책이 먼저 출판되었으면 좋았을 것이다. 두 책의 내용을 종합해 보면 조사 지역의 환경과 배경 그리고 제보자를 먼저 소개하고 기타 여러 내용을 기술하는 것이 이야기의 흐름으로 볼 때 자연스럽기 때문이다.

 제보자들의 삶과 인생이 배어 있는 우리말을 구술 자료로 남긴다는 것은 살아 있는 언어 자료로서뿐만 아니라 이분들의 삶의 모습을 그대로 보여준다는 점에서 역사 문화적인 가치도 함께 가지고 있다. 지루하게 느껴졌을 방언 조사에 응해 주시면서도 늘 살갑게 대해주시던 어르신들의 끈기와 배려가 없었다면 이 책은 세상에 나오지 못했을 것이다.

 이 책의 내용을 구술해 주신 제보자 이용안 할아버지와 신명옥 할머니의 파란만장한 인생 역정을 통해 우리나라 현대사뿐만 아니라 중국 현대사의 한 단면을 생생하게 엿볼 수 있다. 이 책에 담긴 구술 내용은 조사 마을의 생활환경과 배경, 제보자가 중국으로 이주한 동기와 정착 과정과 관련된 이야기를 비롯하여 제보자의 출생과 성장, 결혼과 결혼생활, 가족들이 살아온 이야기 등 일생 의례에 대한 이야기, 생업활동을 하면서 겪었던 이야기와 집짓기에 관한 이야기 그리고 전설과 설화 등이 담겨 있다.

이 책의 내용을 구술해 주신 분은 충청북도 청원군 오송면 동평리에서 1938년 2월에 중국 길림성 도문시 양수진 정암촌으로 이주한 이주 1.5세대인 이용안 할아버지(1928년생, 이주 당시 열 살, 조사 당시 여든네 살)와 충청북도 옥천군에서 1945년에 중국 길림성 도문시 양수진 정암촌으로 이주한 이주 1.5세대인 신명옥 할머니(1936년생, 이주 당시 아홉 살, 조사 당시 일흔다섯 살)다. 신명옥 할머니는 이용안 할아버지의 배우자다. 구술 내용에는 이주민의 삶과 관련된 수많은 언어 자료들이 생생하게 반영되어 있다. 이 점이 중국의 다른 동포 집단들의 언어 자료와 차이가 있다.

정암촌은 충청북도 출신 이주민들로 이루어진 마을로 주변 지역이 함경도 방언에 기반한 언어집단이라는 점에서 일종의 언어 섬을 이루고 있는 지역이다. 1961년에 처음으로 함경북도 길주 출신 가족이 이 마을에 이주한 이래 두 가구의 외지 출신이 이 마을로 더 이주했지만 여전히 충청북도 방언에 기반한 언어가 사용되고 있는 곳이다.

이 책은 4시간 17분 분량의 구술발화 자료를 음성 전사한 다음 표준어로 대역하고 주석을 달고 색인을 더하여 ≪중국 이주 한민족의 언어와 생활(1)≫(2021)에 이은 두 번째 단행본으로 펴내게 된 것이다. 주석은 독자들의 이해를 돕기 위해서 지역어가 가지는 특유의 용법과 의미, 어휘나 형태소 등에 대한 설명을 덧붙였다. 또한 구술 내용 가운데 공통되는 주제로 묶일 수 있는 것들은 하나의 제목 아래 모이도록 편집하였다. 그러나 하나의 목차로 삼기 어려울 만큼 내용이 적은 경우에는 이야기의 흐름을 깨지 않기 위해 그대로 두기도 하였다.

구술발화 자료는 제보자가 자연스럽게 이야기하면서 구술한 발음과 내용을 그대로 전사하려고 노력하였다. 전사된 구술 자료를 통하여 조사 지역의 어휘는 물론이고 음운과 문법, 담화 등 언어적인 관점에서 살펴볼 수 있다는 점에서도 의미 있는 자료가 될 것이다. 또한 제보자의 생애와 생활 경험을 통하여 우리나라와 중국 근현대사의 이면을 생생하게 들여다볼 수 있다는 점에서도 매우 값진 자료가 될 것이다.

올해는 제보자들이 한국에서 중국으로 이주한 지 86년과 79년째가 되는 해다. 긴 세월이 지나면서 이들의 언어에는 이주 이전의 충북 방언과 이주 후 중국 현지의 조선말은 물론이고 한어가 혼재되어 사용되는 특징을 보인다. 이에 따라 이 책에서는 되도록 이들 언어 자료에 대한 정보를 상세하게 제공하고자 하였다. 이 책을 통하여 중국으로 이주한 충북 출신 이주민들이 사용하는 어휘를 비롯하여 음운과 문법에 대한 이해뿐만 아니라 이 지역 토박이 화자들의 말하기 방식을 파악하는 데에도 매우 유용한 자료가 될 것이다. 정암촌 화자들의 말하기 방식은 함경도 방언에 기반을 둔 연변 조선족들의 말에 영향을 받아 현재의 충북 방언과는 상당한 차이를 보이기 때문이다.

구술발화 자료를 전사하고 표준어로 대역한 다음 여기에 주석과 색인을 덧붙이는 작업은 애초에 예상했던 것보다 엄청난 시간과 노력을 들여야 했다. 이런 고되고 험난한 작업을 수행할 수 있었던 것은 오로지 자료를 제공해주신 제보자들의 아낌없는 협조와 너그러움이 있었기 때문이다. 전사 자료에 주석과 색인을 붙이고 있자니 현지 조사를 수행하면서 겪었던 수많은 일들이 머릿속에서 영상으로 스쳐 지나간다.

이 책을 내면서 가장 기억에 남는 분은 주 제보자이셨던 고(故) 이용안(李龍安) 할아버지와 신명옥(申明玉) 할머님 내외분이다. 자료 조사를 위해 중국 현지를 방문하여 궁금한 내용을 여쭐 때마다 늘 친절하게 답해 주시던 할아버지와 할머니의 아량과 가르침이 없었더라면 이 책은 세상에 나오지 못했을 것이다. 중국 현지 조사는 2011년 7월 13일부터 7월 29일까지 도문시 양수진에서 이루어졌다. 2011년 7월 조사를 모두 마치고 돌아온 뒤, 2013년 11월 다른 일로 중국에 갔다가 잠시 할아버지 내외분을 찾아뵈었을 때는 할아버지께서 거동을 못 하시는 할머니를 노인 요양원에서 돌보고 계셨다. 그때 할머니께서는 저자를 다시 못 볼 것으로 직감하셨는지 저자의 손을 꼭 잡고 눈물을 보이셨다. 2014년 8월에 할아버지 댁을 다시 방문했을 때 할머니께서는 이미 이 세상 분이 아니셨다. 조사를 진행할 때와 마찬가지로 더운 여름 할아버지는 할머니가 떠나신 양수진 집에서 큰아들과 둘째 아들 내외와 함께 집에 계셨다.

할머니를 떠나보내신 다음 할아버지는 두 아들과 함께 한국에 오셔서 잠시 머무르시다가 2019년 중국 훈춘에 거주하던 딸의 집으로 돌아가셨다. 코로나 19로 인해 중국을 방문할 수 없었던 사이 할아버지께서도 2021년 가을 할머니 곁으로 떠나셨다는 소식을 둘째 아들에게 들었다. 2018년 할아버지를 마지막으로 뵈었을 때는 할아버지를 처음 뵈었던 1999년의 정정하시던 모습과 달리 다가올 미래를 걱정하시고 계셨다. 이 글을 쓰는 지금 스무 해 동안 뵈었던 작은 체구의 백발노인이 눈앞에 아른거린다.

끝으로 이 책의 자료를 수집하기 위해 1999년 처음으로 중국 현지를 방문했을 때 안내를 해준 쓰촨대학교 박광성 교수(당시 대학원생)와 중국 현지를 방문할 때마다 물심양면으로 크고 작은 도움을 준 연변대학교 김순희교수와 양 홍 교수께도 감사드린다.

■ 조사 지역의 역사와 환경

이 책을 위한 구술 조사는 충청북도에서 중국으로 이주한 이민자를 대상으로 하였다. 조사 지역은 중국 길림성 도문시 양수진이다. 제보자가 사전에 파악되어 있었고 주 제보자가 양수진 정암촌에서 양수진 소재지로 이주했기 때문이다.

〈중국 지린성 지도〉

〈옌벤 조선족 자치주 지도〉

9

도문시 양수진은 중국의 길림성에 속하는 곳으로 중국의 동북쪽에 위치하며 한반도의 북단인 함경북도와 맞닿아 있다. 양수진은 연길시에서 도문을 거쳐 훈춘으로 이어지는 중간 정도의 지점에 있다. 양수진은 과거 육진 지역이었던 함경북도 온성과 두만강을 사이에 두고 마주하고 있는 지역이다. 1945년 일제가 패망하자 끊어놓은 온성 다리가 중국의 양수진과 북한의 온성을 오가던 역사적인 흔적만 남기고 있다. 제보자 이용안 할아버지는 매서운 겨울바람이 부는 1938년 겨울(2월) 부모님과 함께 이 다리를 건너 중국으로 이주한 후 지금까지 이곳에서 살고 있다. 지형적으로 보면 두만강 주변에 약간의 평야가 발달되어 있으나 산이 많은 곳이다. 두만강 주변의 평야 지대에서는 벼농사를 주로 하지만 인접한 산자락에서는 옥수수나 콩 농사를 주로 한다.

　　길림성 도문시 양수진에는 정암촌이라는 마을이 있다. 정암촌은 양수진에서 북쪽으로 약 30리 정도 떨어진 곳에 있다. 이 정암촌과 양수진 중간에는 석두촌이라는 마을이 있는데 도문에서 훈춘으로 이어지는 고속도로가 이곳을 지난다.

　　정암촌은 1938년 일제에 의해 이주한 충청북도 출신 이민자들이 양수진에서 왕청으로 통하는 깊은 산골짜기를 개척하여 이루어진 마을이다. 1960년까지는 이곳에 충청북도 출신 이외의 조선족은 한 명도 없었고 1961년에 처음으로 함경북도 출신 한 가족이 들어와 살았다고 한다. 이주 초기에서부터 1960년까지의 정암촌은 충청북도 출신 이주자로만 80호가 모여 사는 중국 속의 충청북도 마을이었다. 2000년까지만 해도 이 마을에는 충청북도에서 이주한 30여 명의 조선족 1.5세대와 충청북도 출신 조선족 2세 그리고 1961년 이후 이 마을로 이주한 두 가구의 함경북도 출신 이주자들로 구성되어 있었다. 그러나 조사 당시인 2011년의 정암촌에는 충청북도 출신 1.5세대는 몇 분만 생존해 있었는데 그나마 고령이어서 대부분 거동이 불편하거나 기억을 거의 잃었다. 충청북도 출신 2세들 대부

분은 중국 내 대도시나 한국 등으로 이주하였고 이렇게 생긴 빈자리의 일
부를 다른 지역에 거주하던 조선족들이 채우고 있으나 한족은 단 한 가구
도 없다. 2019년 8월에 이 마을 다시 방문했을 때는 문구(게이트볼)를 치는
10여 명의 주민들과 거동이 불편하거나 요양차 마을에 들어와 있는 몇 분
밖에 없어서 마을이 썰렁해 보였다.

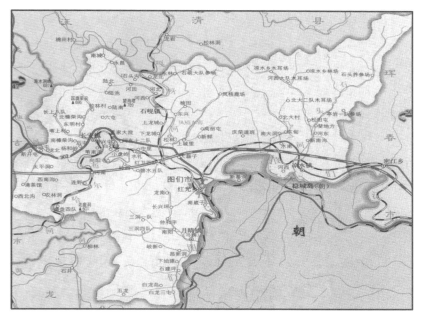

〈도문시 지도〉

　양수진에 속하는 대부분의 마을은 다수의 함경도 출신 이민자들과 한족
이 함께 거주하는 데 반해 정암촌에는 한족이 하나도 거주하지 않고 있다.
다른 마을과 달리 한족이 이 마을에 하나도 없는 것은 마을 주민들이 한
족에게는 집이나 농토를 팔지 않기로 결의했기 때문이라고 한다. 그러나
한·중 수교 이후 젊은 사람들이 대부분 대도시나 한국으로 돈을 벌러 가

면서 현재 정암촌에서 농사를 짓고 있는 조선족 가구는 한 집뿐이고, 나머지는 한족들에게 임대를 했거나 한족들을 고용하여 농사를 짓고 있다고 한다. 정암촌과 석두촌은 조선족들이 다수를 차지하고 있지만 양수에는 한족들이 상당수 살고 있다. 양수진은 우리나라의 행정국역 단위인 면보다 약간 큰 정도이고 양수진 소재지가 양수인데 가게나 대부분의 상권은 한족이 잡고 있다. 양수에는 조선족 노인들이 상당수 있고 여름철이면 문구(게이트볼)를 즐기거나 마작 등을 하면서 소일하고 있다.

역사적으로 볼 때 조선족들이 한반도에서 중국으로 유입된 시기는 크게 셋으로 나눌 수 있다. 첫 번째 시기는 19세기 이전에 정치적 경제적 사회적인 이유 등으로 중국으로 이주한 시기이고, 두 번째 시기는 19세기 후반(대략 1860년)부터 일본이 조선을 강제로 병합한 전후까지에 해당하는데 주로 경제적인 이유 때문에 자생적으로 이주한 시기라고 할 수 있다. 세 번째 시기는 일제 강점기 때 일본이 중국의 동북 지역을 점령한 후에 계획적이고 반강제적으로 이주를 실행한 시기다. 정암촌이나 양수진의 충청북도 출신 이주자들은 세 번째 시기에 이주한 경우에 해당한다. 이렇게 정착한 이주민들이 중국의 개혁개방으로 인하여 1980년대에 인구의 지역적 분산이 시작되었고 1990대 이후 그 추세가 더욱 강화되었는데 정암촌과 양수진의 경우도 예외가 아니다.

충청북도 마을인 정암촌의 존재가 알려진 것은 중국과 수교하기 전인 1992년이었고 정암촌과의 공식적인 교류가 시작된 것은 1994년 수교와 함께 충북대학교와 연변대학교가 교류 협정을 맺으면서부터다. 이를 계기로 저자의 정암촌 방언 조사 계획이 수립되었고, 1999년 7월 20일 처음으로 정암촌을 방문하였다. 이때 촌장의 소개로 만난 분이 이 책 내용의 주제보자인 고(故) 이용안(李龍安) 할아버지다. 이용안 할아버지로부터 할아버지의 성함과 고향, 그리고 정암촌 마을의 인구 구성 현황에 대하여 이야기를 들었다. 할아버지의 고향은 충청북도 청원군 강외면 동평리이고 이주 당시 열 살이었다고 한다. 이주 당시에 정암촌에는 모두 충청북도 보은군, 옥천군, 청원군(현재의 청주시), 중원군(현재의 충주시) 출신이었다. 마을은 처음에 80호였는데 이주 당시 기차 한량에 타고 온 가구의 수가 80가구였기 때문이라고 한다. 마을 이름은 동네 뒤편의 산꼭대기에 정자 모양의 바위를 본따서 정암(亭巖)이라고 지었다고 한다.

　제보자 이용안 할아버지는 정암촌에 거주하다가 2001년 양수진 양수로 이주하였다. 이후 돈을 벌기 위해 한국으로 이주한 아들을 따라 잠시 한국에 와서 살기도 했으나 2019년 이후 다시 중국의 훈춘으로 돌아가셔서 딸 내외와 함께 사시다가 2021년 가을에 타계하셨다. 할아버지의 명복을 빈다.

〈정암촌의 유래가 된 바위, 2010년 7월〉

〈정암촌의 전경 2010년 7월〉

〈정암촌의 겨울 2000년 2월〉

〈제보자 이용안 할아버지와 저자, 2011년 7월〉

〈왼쪽부터 저자, 제보자 이용안 할아버지, 신명옥 할머니, 제보자의 작은아들〉

■ 전사

이 책의 내용은 중국 길림성 도문시 양수진의 충청북도 출신 제보자가 구술한 발화 자료를 녹음하여 그대로 옮긴 것이다. 3시간 8분 정도 분량의 구술발화 자료로 조사자의 말과 제보자의 말을 모두 전사하되 발음을 그대로 전사하였다. 구술발화는 기본적으로 문장 단위로 분절(segmentation)하여 전사하는 것을 원칙으로 하였으나 내용에 따라 하나의 이야기 단위로 분절하여 전사하기도 하였다. 따라서 각 분절 단위의 끝은 문장 종결부호(마침표, 물음표, 느낌표)로 마무리하였다. 제보자의 이야기 중에 조사자의 말이 들어가 겹치는 경우에는 제보자의 말과 조사자의 말을 각각의 문장으로 나누어 전사하였다. 구술 내용이 전환될 경우에도 조사자의 말과 제보자의 말을 모두 전사하였다. 이야기가 중간에 끊겨 내용이 전환되면 문장이 완전히 끝나지 않았더라도 문장부호를 사용하여 문장을 마무리하였다. 의미 내용상 분절이 어려운 경우에는 같은 분절 내에서 문장이 끝날 때까지 전사하고 문장 종결부호를 넣어 문장을 마무리하였다. 전사한 각 분절 단위별로 문장 종결부호를 넣어 마무리한 다음 이어서 { } 안에 전사한 지역어에 대응하는 표준어 문장을 직역하여 넣고 문장 종결부호를 넣었다. 하나의 문장 안에서 단어의 일부가 생략되었지만 추정이 가능한 경우 ( ) 안에 생략된 부분을 넣어 의미 파악이 용이하게 하기도 하였다.

표준어에 대응되는 어휘나 표현이 없거나 어감이 달라서 설명을 필요로 하는 경우에는 지역어를 그대로 사용하고 주석을 달았다. 구술발화의 내용에 따라 같은 주제끼리 묶이도록 전사한 내용의 순서를 조정하기도 하였다. 제보자가 다른 사람의 말을 간접 인용하여 말한 경우에는 해당 인용 부분을 작은따옴표(' ')로 표시하였다.

음성 전사의 경우 잘 들리지 않는 부분이 있을 때, 또는 들리더라도 무슨 소리인지 모를 경우에는 음절 수 또는 모라(mora) 수 만큼 * 부호를 넣었고, 잘 들리지 않는 부분이 있더라도 추측 가능하거나 생략되었더라도 추측이 가능한 경우에는 추측할 수 있는 말이나 생략된 말을 ( ) 안에 표기하기도 하였다. 표준어 대역에서도 같은 방법으로 표시하였다. 음절이나 형태소 경계에서 제보자가 휴지를 두어 발음한 경우에는 음절 사이에 "-"를 넣어 표시하기도 하였다.

■ 표기방법

고딕체	조사자
명조체	제보자
	- 제1 제보자
	= 제2 제보자
:	장음 표시, 인상적으로 특히 긴 장음은 ::와 같이 장음 표시를 겹쳐 사용하였다.
위[ ]	단모음으로 실현되는 '위' 표기
위[wi]	이중모음으로 실현되는 '위' 표기
외[ø]	단모음으로 실현되는 '외' 표기
웨[we]	이중모음으로 실현되는 '외' 표기
왜[wE]	이중모음으로 실현되는 '외' 표기로 '왜'와 '웨'가 구별되지 않을 때
애	'에(e)'와 '애(ε)'가 변별적 기능을 가지지 못하는 경우
~	비모음으로 발음되는 경우
#	단어 내에서 음절 사이에 휴지가 있는 경우
…	말을 생략한 경우
*	청취가 불가능한 부분 또는 표준어로의 번역이 불가능한 경우
+	색인에서 방언과 대응 표준어 간에 의미 차이가 있는 경우
++	색인에서 방언에 대응하는 표준어가 없는 경우
≒	색인에서 대응 표준어가 없는 방언의 의미가 표준어와 비슷한 경우

■ 주석

주석은 각 장마다 미주(尾註)를 달았다. 이 자료를 이용할 독자들에게는 각주(脚註)가 편리하겠지만 책의 편집상 불가피하게 미주로 처리하였다. 주석은 가능한 한 친절하게 제공하려 하였다. 새로운 어휘나 이해하기 어려운 어휘와 표현 등에 대하여는 설명과 풀이를 하였고, 형태에 대한 음운론적 해석과 설명을 부가함으로써 해당 방언형에 대한 독자의 이해를 돕도록 하였다. 문법 형태의 경우 그 기능에 대한 설명을 간략하게 부기하기도 하였고, 경우에 따라서는 같은 지역 또는 충북의 다른 지역에서 사용되는 이형태를 제시하기도 하였다. 어휘에 따라 미세한 의미 차이나 문법적인 기능 차이를 설명하기도 하였고, 충북의 다른 지역에서 방언형의 이형태가 사용될 경우에는 이를 밝혀 놓았다. 독자의 편의를 위해서 동일한 내용이나 비슷한 내용의 주석을 다른 페이지에 반복하여 달아 놓기도 하였다.

■ 표준어대역

전사한 방언 자료에 대하여는 모두 표준어로 대역하여 제시하였다. 원칙적으로 문장 단위로 표준어 대역을 붙였으나 여기에서는 문장보다 크거나 작은 단위로 대역을 붙인 경우도 있다. 표준어 대역을 별도의 쪽에 배치한 것도 순전히 독자들이 쉽게 읽을 수 있도록 하여 방언 자료를 이해하는 데 편의를 제공하기 위함이었다.

전사한 방언 자료에 대한 표준어 대역은 직역하는 것을 원칙으로 하였다. 문장 중간 중간에 들어간 '어', '저', '그', '저저저', '저기', '게' 등과 같은 군말이나 담화표지 등도 표준어 대역 부분에 그대로 반영하려고 노력하였다. 문맥으로 볼 때 전사한 방언 자료가 잘못되었다고 판단되는 것과 빠진 것은 독서의 편의를 위해 표준어에 살려 넣기도 하였다. 대응 표준어가 없는 어휘의 경우는 방언형을 그대로 표준어 대역에 사용하였다.

전사가 불가능한 발음이나 전사한 방언 표현의 의미가 불확실한 경우 전사 부분과 표준어 대역 부분에 음절수만큼 ** 부호를 사용하였다.

■ 색인

이 책의 내용이 지역어 자료가 된다는 점을 고려하여 말미에 방언형에 대응하는 표준어를 색인으로 첨부하였다. 색인은 표준어형을 제시하고 그에 대응하는 방언형들을 나열하였다. 체언은 방언형을 형태음소적으로 표기하였고, 용언은 예문에 사용된 활용형을 그대로 제시하였다. 이때 표기와 발음을 구별할 필요가 있는 경우는 대괄호([ ]) 속에 음성형을 따로 제시하였다. 표준어를 제시할 수 없는 지역어 특유의 어형에 대하여는 간략한 뜻풀이를 부기하였다.

목차

■ 책을 내면서
■ 조사 및 전사

1. 조사 마을의 환경과 배경
  1.1. 정암촌의 유래 ·· 24
  1.2. 마을 협력 조직 ··· 34
  1.3. 마을에 전기 시설 ······································ 36
  1.4. 조선어 실습지 정암촌 ·································· 58
  1.5. 집체 시기의 생활 ······································ 72
  1.6. 중국의 생활상 ·· 80

2. 일생 의례
  2.1. 제보자의 출생과 가족 ································· 106
  2.2. 제보자의 결혼 과정 ···································· 116
  2.3. 큰아들 화상과 사람 살린 이야기 ··················· 138
  2.5. 제보자의 생활 경험_소를 다룬 이야기 ·············· 162
  2.6. 62년만의 고국 방문 ···································· 168
  2.7. 제보자의 한국 생활 경험 ····························· 182
  2.8. 보조 제보자의 근황 ···································· 190
  2.9. 가족들이 살아온 이야기 ······························ 196

3. 생업활동

3.1. 정암촌의 생산물 ···································· 274

3.2. 제보자의 생업활동 경험 ························ 276

3.3. 생활용품 만들기 ································ 292

4. 거주 생활

4.1. 집짓기 ·· 302

5. 세시 풍속

5.1. 마을 고사 ······································ 310

5.2. 문구(게이트볼) 치는 이야기 ··············· 316

6. 전설과 설화

6.1. 지성이와 감천이 ···························· 326

● 참고문헌 · 341
● 찾아보기 · 343

01 조사 마을의
환경과 배경

정암촌의 유래 24

마을 협력 조직 34

마을에 전기 시설 36

조선어 실습지 정암촌 58

집체 시기의 생활 72

중국의 생활상 80

1.1. 정암촌의 유래

　저기: 정아미라구 하능 거는 그개 바위가 정자가치 생겨따 그래서 정아미지요?

　－ 예 예, 정아문 그러캐 정아미라 그래.

　－ 서 영가미지 그게, 그 서: 승이 서:...

　－ 서 머시등가 쓴 사라미 그거, 아주 지시기 풍부해요, 그 양바니.

서뱅니미라고 해떵 거는 왜, 서뱅니미 무슨 뜨시요?

　－ 서뱅니미라[1] 한 뜨슨 맨: 처매 이기 왕청해기때씀니다, 이개 왕청현.[2]

네.

　－ 왕청혀내 소캐서 이썬는데 개 우리가 저기서 어:, 항구게서 드러와가주구[3] 개 여기 와서 부그루 드루와찌 드러오기는.

　－ 그 나멀 이찌 모태서 서나매 어 사선 서 서뱅니미다.

　－ 에:, 서뱅니무루 게서 남쪼그루 무널 낸다.

　－ 이르캐서 서뱅니미라구 이름 지:찌, 그 사라미, 개 처:매.

남쪼개서 와서?

　－ 어, 남쪼그루 무늘 래구 이따.

아.

　－ 에, 무늘 래자, 다: 무늘 남쪼그루 무늘 래자.

　－ 게서 월:래 집 찐는대 남쪼그루 무늘 내는대 거기서 서: 영가미 이르키 돼:서 남쪼그루 내자. 이래서 남쪼그루 냉 기지.[4]

　－ 게 후:애 정아미라구 그 지대 봐:서 정아미라구 이름 저찌.

그 미태애: : 그저내 그 송, 송전투니 이써짜나요?

　－ 송전투니[5] 이써써.

지그믄 업써저찌요?

저기 정암이라고 하는 것은 그게 바위가 정자같이 생겼다고 해서 정암이지
요?

　　- 예 예, 정암은 그렇게 (해서) 정암이라 그래.

　　- 서 영감이지 그게, 그 서 성이 서...

　　- 서 무엇이던가 쓴 사람이 그것, 아주 지식이 풍부해요.

서백림이라고 했던 것은 왜, 서백림이 무슨 뜻이에요?

　　- 서백림이라 한 뜻은 맨: 처음 이게 왕청이었었습니다, 이게 왕청현.

네.

　　- 왕청현에 속해서 있었는데 그래 우리가 저기서 어, 한국에서 들어와
가지고 그래 여기 와서 북으로 들어왔지 들어오기는.

　　- 그 남을 잊지 못해서 서남에 에 사서 서 서백림이다.

　　- 에, 서백림으로 그래서 남쪽으로 문을 낸다.

　　- 이렇게 해서 서백림이라고 이름을 지었지, 그 사람이, 그래 처음에.

아.

남쪽에서 와서?

　　- 어, 남쪽으로 문을 내고 있다.

　　- 에, 문을 내자, 다 문을 남쪽으로 문을 내자.

　　- 그래서 원래가 집을 짓는데 남쪽으로 문을 내는데 거기서 서 영감이
이렇게 돼서 남쪽으로 내자. 이래서 남쪽으로 낸 거지.

　　- 그래 후에 정암이라고 그 지대를 봐서 정암이라고 이름을 지었지.

그 밑에 예전에 그 송(전툰), 송전툰이 있었잖아요?

　　- 송전툰이 있었어.

지금은 없어졌지요?

- 업써저써, 저 송전투니라능 게: 솔받짜리 가따 송전투니이라 그래찌.

솔받짜리?

- 음.

음: :.

- 솔받짜리 가따 송전툰.

거기 그.

- 솔받째:, 처::매는 솔받째 지비 업써씀니다.

- 팔씨포가 몽땅 이짜개 사러찌.

- 그런대 거기 노늘:[6] 하구 나니까 비가 와두 그래:, 그 다맨 무스거[7] 으지할 때가 업따 마리여, 소낙삐가 쏘더저두 그르쿠.

- 야 여기다가 마글[8] 하나 지짜, 처맨 막 쩌찌.

- 그다매 에 기왕이면 여기서 어: 물두 조쿠 여길 그냥 사능 개 나:따.

- 기래 어째서 거기다 지불 지깨 됀:능가 하개 대면[9] 한, 하내 드러오 드내 그 이드매 장마가 저찌.

- 게: 팔씨포가 육씨포:, 팔씨포가 사십포가 떠내리 가개 돼:써.

- 그래서 그때, 그때 바줄 이: 고란물 막: 쎄:찌.

- 대대저그루 지어찌 지어두.

- 그래서 양수 저짜개, 이짱 무리 양수 다: 떠내리가구, 그다매 정암두 절반 떠러지구 떠내리가구 이르키 돼:써.

- 그래서, 그래서 그다매는 이왕 노내 댕길 빠앤 물 뿌러도 근너 모:땡기구,[10] 그다맨 나리 구저두 거리가 멀구.

- 그러니까 거기다 움막 하나 지:짜, 처맨 막 쩌따가 에:이 여기서 살 빠애는 그럼 여기 사능 기 나따.

- 그래 지부 지끼 시자개찌, 여기다.

아: , 그러면 처으매 정아매 팔씨포가 다: 가따가.

- 없어졌어, 저 송전툰이라는 게 솔밭자리를 가지고 송전툰이라고 그랬지.

솔밭자리?

- 음.

음..

- 솔밭자리를 가지고 송전툰.

거기 그.

- 솔밭재, 처음에는 솔밭재에 집이 없었습니다.

- 팔십 호가 몽땅 이쪽에 살았지.

- 그런데 거기에 논을 만들고 보니까 비가 와도 그래, 그다음에는 무엇이 의지할 데가 없단 말이야, 소낙비가 쏟아져도 그렇고.

- 야, 여기에다가 움막을 하나 짓자, 처음엔 움막을 지었지.

- 그다음에는 에 기왕이면 여기에서 어 물도 좋고 여기에서 그냥 사는게 낫다.

- 그래 어째서 거기에다 집을 짓게 되었는가 하면 한, 한해 들어오던해 그 이듬해 장마가 졌지.

- 그래서 팔십 호가 육십 호, 팔십 호가 사십 호가 떠내려가게 됐어.

- 그래서 그때, 그때 바줄 이 골안의 물이 막 셌지.

- 대대적으로 지었지 지어도.

- 그래서 양수 저쪽에, 이쪽 물로 양수가 다 떠내려가고, 그다음에 정암도 절반 떨어지고 떠내려가고 이렇게 되었어.

- 그래서, 그래서 그다음에는 이왕 논에 다닐 바에는 물이 불어도 건너다니지 못하고, 그다음에는 날이 궂어도 거리가 멀고.

- 그러니까 거기에다 움막을 하나 짓자, 처음에는 움막을 지었다가 에이 여기에서 살 바에는 그러면 여기에 사는 게 낫다.

- 그래서 집을 짓기 시작했지, 여기에다.

아:, 그러면 처음에 정암에 팔십 호가 다 갔다가.

― 음:.

그 중애서 일부가 그쪽 수전하능 거 때무내 수전 때무내 이르캐 송전투누루 줌.

  ― 으:, 송전투누루 그다매 거기루 가개 돼:찌.

  ― 그저낸 지비 업써찌.

  ― 그래 저 총독뿌가11) 와서 그: 해가주구 노널 푼12) 다매, 푼 담버터 그다매13) 거기다 지비 이써서 그래 이르물 인재 질깨 업써 송장투니다14) 이르기 돼:찌.

어, 저는 처:매 거기 지비 이써서: 따루따루였는 주 아라써요.

  ― 아니여, 그개 하:나두 지비 업써써.

  ― 그래서, 그래서 솔받쩨라 그래서 송전툰.

  ― 그:: '논 전'짜.15)

네:.

  ― 어, 그거 하구 저: 솔받쩨라 구래서 그: 송전투니라 그래, 투넌 부락 툰 짜.

예:.

  ― 그래서, 그래서 그러캐 징 기지 머.

  ― 그기는 머 어트기 나와써 거기?

아니 여기 업써요.

  ― 업써요?

  ― 흐허허.

그렁 거 이쓰먼 무러보라구.

  ― 아하하하.

그렁 거 이쓰, 이쓰먼 어트개서 생견는지 무러보라구 돼 이써요, 여기.

  ― 아하하하.

여기 나옹 개 아니구.

― 음.

그 중에서 일부가 그쪽 논농사하는 것 때문에 논 때문에 이렇게 송전툰으로 좀.

― 아, 송전툰으로 그다음에 거기로 가게 되었지.

― 그전엔 집이 없었지.

― 그래 저 총독부가 와서 그렇게 해가지고 논을 푼 다음에, 푼 다음부터 그다음에 거기에 집이 있어서 그래서 이름을 이제 지을 게 없어서 송전툰이다 이렇게 되었지.

어, 저는 처음에 거기에 집이 있어서 따로따로였는 줄 알았어요.

― 아니야, 그게 하나도 집이 없었어.

― 그래서, 그래서 솔밭재라 그래서 송전툰.

― 그 '논 전' 자.

예.

― 아, 그거 하고 저 솔밭재라 그래서 그 송전툰이라고 그래, 툰은 부락 툰 자.

예.

― 그래서, 그래서 그렇게 지은 거지 뭐.

― 거기에는 뭐 이렇게 나와 있어 거기가?

아니 여기 없어요.

― 없어요?

― 흐허허.

그런 거 있으면 물어보라고.

― 아하하하.

그런 거 있으(면), 있으면 어떻게 해서 생겼는지 물어보라고 되어 있어요, 여기.

― 아하하하.

여기 나온 게 아니고.

산- 이름 가틍 거뚜 그르차나요?

— 어:.

중국, 중국 이르무루 아나구 저: 항구게서 가저온 이름두 이짜나요?

— 음:, 산, 사니 가주구 온 이르미야 뭐 항구개서 가주구 온 이르미야 사니르미야 어티개?

아까 거기 머 존, 존:누비?

— 존니비꼴16) 마:상골.17)

마:상골?

— 금정꼴.18)

금정꼴 그거는 그 한족뜰 그 성씨 따라서 이름 인능 거내요?

— 응, 다 그거.

— 에: 성씨 따라 이꾸, 그 금정꼬리라넌 덴 제정 때 금저물 해따구.

금점?

— 음.

예.

— 일번 애:드리 금점 해따구.

그래서 금점꼬리구.

— 예, 금전꼬리구, 그저 그러치.

마:상고른 마:씨가 이써서?

— 마:, 마:씨가 살:면서 후적찌래찌19) 머, 그저내.

음.

— 그래서 그때 우리 그저::내 이써가주구 우리 드러오기 전부터 드러, 우리가 드러오기 전부터 거기 마:씨가 그냥 사러찌.

— 게 사르면서 농사지를 한전20) 농사질21) 하면서 후적찌래찌.

— 게 그 저 머글 꺼 머그먼서 후적찌래찌.

— 농사질 해머그먼서.

산이름 같은 것도 그렇잖아요?

- 어.

중국, 중국 이름으로 안 하고 저 한국에서 가져 온 이름도 있잖아요?

- 음, 산, 산이 가지고 온 이름이야 뭐 한국에서 가지고 온 이름이야 산 이름이야 어떻게?

아까 거기 뭐 무슨 존, 존님이(골)?

- 존니비골 마상골.

마상골?

- 금점골.

금점골 그것은 그 한족들 그 성씨 따라서 이름이 있는 거네요?

- 응, 다 그거.

- 예, 성씨 따라 있고, 그 금점골이라는 데는 일본 제국주의 때 금점을 했다고

금점?

- 음.

예.

- 일본 사람들이 금점했다고.

그래서 금점골이고.

- 예, 금점골이고, 그저 그렇지.

마상골은 마씨가 있어서?

- 마, 마씨가 살면서 호적질했지 뭐, 그전에.

음.

- 그래서 그때 우리 그전에 있어가지고 우리 들어오기 전부터 들어, 우리가 들어오기 전부터 거기 마 씨가 그냥 살았지.

- 그래 살면서 농사일을 밭 농사일을 하면서 호적질했지.

- 그래 그 자기 먹을 것 먹으면서 호적질했지.

- 농사일을 해 먹으면서.

나쁜 놈드리내요?

— 음:..

나쁜 놈들이네요?

— 음.

1.2. 마을 협력 조직

게: 가틍 거뚜 해써요, 게:?

— 게라능 게 멍가?

머 이르캐 사람들 모여가주구 머 누가 큰니를 당하면 집찝마다 이르캐 도와주느라구 머 싸리나 돈 가틍 거 내:서 도와주구 이르능 거?

— 아: 이써써. 거 정아매서 이써써.

어떵 거 이써써요, 어떠캐 해써요?

— 여기 서 으사내 집.

예.

— 아이 저: 서가가 아니라 서가 아니라 아 심가 시무사 시무사내 지배 증기쭈리 지방으루다 나가꺼든.

— 게 증기쭈리 합썬대가주구 지배서 부리 나꺼든. 부리 난는대 그래 지불 다: 태워뻐리구 업땀 마리여 아무거뚜.

— 그래서 집찝마다 성이끝 이런니면 이원,22) 시버니면 시번, 배궈니면 배권, 이르캐가주고 마:가주구 그 지블 이르키 살림하개끔 다: 이르캐 맨드러준 저기 이씀니다.

따루 머 해, 일려내 함 번씩 그런 모임이 이꾸 이링 거는 어꾸요?

— 업써써.

그러면 그: 자식뜰 겨론하고 그러자나요, 호닌하자나요, 그럴 때는 어트개 해써요, 동내싸람드리?

— 가서 그냥 부주,23) 부주하고 다: 가치: 술 머꾸 추쿠내,24) 추귀내 주구 다: 그르치.

계 같은 것도 했어요, 계?

― 계라는 게 뭔가?

뭐 이렇게 사람들이 모여가지고 뭐 누가 큰일을 당하면 집집마다 이렇게 도와주느라고 뭐 쌀이나 돈 같은 것을 내서 도와주고 이러는 거?

― 아, 있었어. 그 정암에서 있었어.

어떤 것이 있었어요, 어떻게 했어요?

― 여기 서 의사네 집.

예.

― 아니 저 서가가 아니라 서가 아니라 아 심가 심 의사 심 의사네 집에 전깃줄이 지방으로 나갔거든.

― 그래 전깃줄이 합선이 되어서 집에서 불이 났거든. 불이 났는데 그래 집을 다 태워버리고 없단 말이야 아무것도.

― 그래서 집집마다 성의껏 일 원이면 일 원, 십 원이면 십 원, 백 원이면 백 원 이렇게 해가지고 모아가지고 그 집을 이렇게 살림하게끔 다 이렇게 만들어준 적이 있습니다.

따로 뭐 해, 일 년에 한 번씩 그런 모임이 있고 이런 거는 없고요?

― 없었어.

그러면 그: 자식들 결혼하고 그러잖아요, 혼인하잖아요, 그럴 때는 어떻게 했어요, 동네 사람들이?

― 가서 그냥 부조, 부조하고 다 같이 술 마시고 축원해, 축원해 주고 다 그렇지.

1.3. 마을에 전기 시설

− 한번 또: 무슨 니리 이썬능가 하니까[25] 에: 해방 후, 후애 이린데 근대 후앤데 에: 공산당이 영도하는 그 시대지.

− 그 시댄데 석뚜애까지 정:기가 와씀니다.

− 정기럴 완는대 정아매 정기 달라니까, 정기럴 달라이까 자보니 이씨야 거기:까지 주럴 느리가구 전보때럴 세우지.

− 게서 모:태서 우리 정아매서 어:: 항 개 대애서[26] 소 함마리 이걸씽 내가주구서 소럴 파라찌.

− 소럴 파라가주구서 그다매 촌장하구[27] 지부서기하구[28] 내하구[29] 이러캐 왕청으루다 정기쭐 구해루 가찌.

− 모: 꾸해거땀 마리여. 어디 가서 정기쭈럴 빼:낼래야 빼:낼 쑤가 이씨야지.

− 기래서 활빈[30] 드러가찌.

− 활빈 드르가니까, 활빈 드르가니까 한조기 에: 하나 정기쭈리 이따구 한다 말이여.

− 그럼 보자, 싸가주[31] 갈 만항가 보자.

− 그링깨 지하시린대 지하시를 덴찌뿔[32] 들구서 그다맨 드르가찌. 아: 무섭씹띠다.[33] 거기 드르가니까, 거기 한족뜰두 따라 드르간는대.

− 그다매 드르가서 떡 이르키 비처 보니까 정기쭈리 타래루[34] 가뭉 개 꽉 쌔이따 마리여.

− 꽉 쌔인데 이거 쭘, 그래 인재 여기서 철, 정암까지 칠 리를 자꾸서 그 토리가[35] 메깨먼 되갠능가, 그개 멘 메당가, 그거 게사내가주구서 그담 내오자구 그 개사난대.

− 그래서 인재 다: 보고서넌 그:: 쿤 한족하고 토로나지.[36]

- 한번 또 무슨 일이 있었느냐 하면 에 해방 후, 후에 일인데 그런데 후에인데 에 공산당이 영도하는 그 시대지.

- 그 시댄데 석두에까지 전기가 왔습니다.

- 전기가 왔는데 정암에 전기를 달라니까, 전기를 달라니까 자본이 있어야 거기까지 줄을 늘여가고 전봇대를 세우지.

- 그래서 못해서 우리 정암에서 에 한 개 대에서 소 한 마리씩 이걸 내가지고서 소를 팔았지.

- 소를 팔아가지고서 그다음에 촌장하고 지부서기하고 나하고 이렇게 왕청으로 전깃줄을 구하러 갔지.

- 못 구하겠단 말이야. 어디 가서 전깃줄을 빼내려야 빼낼 수가 있어야지.

- 그래서 하얼빈 들어갔지.

- 하얼빈 들어가니까, 하얼빈 들어가니까 한족이 에 하나 전깃줄이 있다고 한단 말이야.

- 그럼 보자, 사가지고 갈 만한가 보자.

- 그러니까 지하실인데 지하실을 플래시를 들고서 그다음엔 들어갔지. 아 무섭습디다. 거기 들어가니까, 거기 한족들도 따라 들어갔는데.

- 그다음엔 들어가서 떡 이렇게 비춰 보니까 전깃줄이 타래로 감은 게 꼭 쌓여 있단 말이야.

- 꼭 쌓였는데 이것 좀, 그래 이제 여기서 정, 정암까지 칠 리를 잡고서 그 토리가 몇 개면 되겠는가, 그게 몇 미터인가, 그거 계산해가지고서 그다음에 내오자고 그 계산한 다음에.

- 그래서 이제 다 보고서는 그 주인 한족하고 토론하지.

- 근데 한상 차리는데 한상 차린데 배권짜리, 그때 똔 배권짜리-래야 술 방: 근37) 술 방: 근이따 마리여.

- 그다매 수리 업찌 하:나두. 게 이분드런 술 조아하넌 사람드리지. 게 나만 그저 수르 그르캐 조아 아나지. 그담 다: 조아하구.

- 그런데 한상 머그먼서 토론하지. 그래니까 그 사라미 나는 팔지 앙캐따. 그런데 내 요구가 이따. 그러면 내 정기쭈럴 주개따. 내 요구가 해결하면 증기쭐 주개따, 그르개 되거든.

- 돼:지르 자버서: 내:장을 뽀버내구 그다매 싹: 튀해서38) 새타::야캐39) 싹 튀해서 대갈까지40) 다: 싹 튀해서 열 빠리만41) 달라, 열 마리 가량.

- 그러구 그다매는 꾸:루42) 꾸:루 삼배 끈 요구한다. 삼배 끈 요구하는대 그다맨 그금만 가주오개 되면 우리 증기쭐 주개따 이랜데.

- 또 하나는 머잉가 하니까 점부때, 점부때르 점부때르 백 때만43) 보내 달라. 그러면 내:선 외:선 다: 주개따 이래지.

- 근대 가서 토로내서 하 할 쑤 인는데 돼:지두 할 쑤 이꾸 꿀두 할 쑤 인는데 이기 즘:부때는 ***** 어디 움반 하갠는대 이글 하지 모타개따 마리여.

- 그: 점 정기쭐두 비밀리애 떼올라구 하능 긴대, 싸 싸오능 긴대 국까서 하능 기 아니구 개이니루 하능 긴대 이걸 할래, 가마이44) 가저올라구 하니까 점보때를 요구한다 마리여. 점보때는 또 국까를 끼:여 되개땀 마리여.

- 게 국까를 끼니지45) 앙쿠는 에 기차애다 시러서 그 점부때 백 때르 가주갈 쑤가 이씨야지.

- 기래서 모:타구 또 중지되지 아내써?46)

- 아이, 다릉 건 다: 할 쑤 인는대 돼:지구 꾸리구 다: 이르개 할 쑤 인는대 그다매 이 저: 전부때는 모:타개따 이르키 돼:찌.

그럼 모:타먼 아이47) 된다, 뿌씽한다48) 마리여.

― 그런데 한상 차리는데 한상 차렸는데 백 원짜리, 그때 돈 백 원짜리라야 술 반 근 술 반 근이란 말이야.

― 그다음에 술이 없지 하나도. 그래 이분들은 술을 좋아하는 사람들이지. 그래 나만 그저 술을 그렇게 좋아하지 않지. 그다음에 다 좋아하고.

― 그런데 한상 먹으면서 토론하지. 그러니까 그 사람이 나는 팔지 않겠다. 그런데 내 요구가 있다. 그러면 내가 전깃줄을 주겠다. 내 요구를 해결하면 전깃줄을 주겠다, 그렇게 되었거든.

― 돼지를 잡아서 내장을 뽑아내고 그다음에 싹 튀해서 새하얗게 싹 튀해서 대가리까지 다 싹 튀해서 열 바리만 달라, 열 마리 가량.

― 그리고 그다음에는 꿀을 꿀을 삼백 근 요구한다. 삼백 근 요구하는데 그다음엔 그것만 가져오게 되면 우리가 전깃줄을 주겠다 이랬는데.

― 또 하나는 무엇인가 하면 전봇대, 전봇대를 전봇대를 백 대만 보내달라. 그러면 내선 외선 다 주겠다 이러지.

― 그런데 가서 토론해서 할, 할 수 있는데 돼지도 할 수 있고 꿀도 할 수 있는데 이게 전봇대는 ***** 어디 운반을 하겠는데 이걸 하지 못하겠단 말이야.

― 그 전, 전깃줄도 비밀리에 떼오려고 하는 건데, 사 사오는 건데 국가에서 하는 게 아니고 개인으로 하는 건데 이걸 하려고, 조용히 가져오려고 하니까 전봇대를 요구한단 말이야. 전봇대는 또 국가를 끼어야 되겠단 말이야.

― 그래 국가를 끼지 않고는 에 기차에다 실어서 그 전봇대 백 대를 가져갈 수가 있어야지.

― 그래서 못하고 또 중지되지 않았어?

― 아니, 다른 건 다 할 수 있는데 돼지고 꿀이고 다 이렇게 할 수 있는데 그다음에 이 저 전봇대는 못하겠다 이렇게 됐지.

― 그러면 못하면 안 된다, 부씽(不行)한단 말이야.

- 그다맨 할 쑤 이써? 그냥 도러와찌. 여 활빈까지 가따가 그냥 도러와찌.
- 아 인민드래⁴⁹⁾ 정:기는 놔: 조야 되갠는데 참: 이개 힘든다 마리여.
- 기래 성그니를 보내찌. 김성근이 지부서기를.
- 심냥으루⁵⁰⁾ 함번 가 보시오. 심냥애 가서 어트개 할 쑤 이껄랑 심냥으루 가보시오.
- 게 심냥애 가찌. 심냥애 가서 사:방 이 다: 인재 저 염탐해가주구 아러내가주구 심냥 창꼬 보과뉘늘하구 담화하개 돼따 마리여.
- 그래니까 보과뉘니하니⁵¹⁾ 증기쭈리 인능가 하니까 이따능 기지.
- 게 창꼬애 가뜩 인는대 이건 국까애 국까애 끼지 어느 집 집채⁵²⁾ 끼지 이건 개인 깨 아이라구 이르키 마라등....
- 그러문 그중애서 한 칠 리:: 까량 놀 이런 정기쭈를 쫌 모: 뽀애, 모:꾸해 내갠능가 하구 이개 하이튼 얼망쿰 한 토리애⁵³⁾ 얼망쿰 파러 파러주시오, 이르개.
- 기래서 창꼬 보과뉘니 아 그럼 아:무 날 오시오. 공일라래⁵⁴⁾ 오시오.
- 그래서 공일랄 또 기다려따가 거기 거기서 자면서 공일랄까지 기다려따가 그다맨 거기 가찌.
- 가니까 창꼬 보과뉘니 머라게 하능가 하니까 그러면 가주가되 비밀리애 가주가십씨오 이라거든.
- 게 인재 거기서 창꼬애서 인재 그: 정기쭈르 끄:내땀 마리여.
- 끄내덤 해서 심냥역쩌내서⁵⁵⁾ 부칠라구 해보니까 여 도문까지 부칠라구 해보니까 안 되개따 마리여.
- 발로되기가 사파지.
- 그래서 거기서 마:차루 시러다가 소:역쩐 쪼:꼬만 역쩐, 쪼꼬만 역쩐 내서 시:꾸서 여기 와땀 마리여.
- 와서 도문까지 와서 그: 도문 여개 와서 텅 내려찌.
- 내리닝까 역쩌내다 두개 되면 또 보관비가 만타 마리여.

- 그다음에는 할 수 있어? 그냥 돌아왔지. 여 하얼빈까지 갔다가 그냥 돌아왔지.
- 아 인민들한테 전기는 놓아 줘야 되겠는데 참 이게 힘들단 말이야.
- 그래 성근이를 보냈지. 김성근이 지부서기를.
- 심양으로 한번 가 보시오. 심양에 가서 어떻게 할 수 있거든 심양으로 가 보시오.
- 그래 심양에 갔지. 심양에 가서 사방 이 다 이제 염탐해가지고 알아내가지고 심양 창고 보관원과 담화하게 되었단 말이야.
- 그러니까 보관원에게 전깃줄이 있는가 하니까 있다는 거지.
- 그래 창고에 가득 있는데 이것은 국가의 국가의 것이지 어느 집(체) 집체 것이지 어느 개인 게 아니라고 이렇게 말하더구먼.
- 그러면 그중에서 한 칠 리 가량 놓을 이런 전깃줄을 좀 못 구해, 못 구해내겠는가 하고 이렇게 하여튼 얼마만큼 한 토리에 얼마만큼 팔아 팔아주시오, 이렇게.
- 그래서 창고 보관원이 아 그러면 아무 날 오시오. 공일날에 오시오.
- 그래서 공일날을 또 기다렸다가 거기 거기서 자면서 공일날까지 기다렸다가 그다음엔 거기 갔지.
- 가니까 창고 보관원이 뭐라고 하느냐 하면 그러면 가져가되 비밀리에 가져가십시오.
- 그래 이제 거기에서 창고에서 이제 그 전깃줄을 꺼냈단 말이야.
- 꺼내서 심양역에서 부치려고 해보니까 여기 도문까지 부치려고 해보니까 안 되겠단 말이야.
- 발각되기가 쉽지.
- 그래서 거기서 마차로 실어다가 소역전 조그만 역전, 조그만 역전에서 신고서 여기 왔단 말이야.
- 와서 도문까지 와서 그 도문역에 와서 턱 내렸지.
- 내리니까 역전에다 두면 또 보관비가 많단 말이야.

― 그 역쩌내 보관하자니까56) 보관비가 만타 마리여.

― 그래 개인 개인 찝 여: 김재중이라는 사람내 지비, 그 사라문 일반 노동잔대 여기서 정아매서 어:: 최협똥이라는 사람 싸우지 머.

― 게 그 사람내 지비다 떡 가따 매껴따 마리여. 그래서 매껸는대 어따 매껸느냐 하니까57) 이 불때는 화목 쨍이는 그: 창꼬 그기 토빠비 만타 마리여. 개 톱빱 때등구먼. 그래서 톱빱 쏘개다 가따 파무더찌.

― 파무더따 이잰 파무더 나:씨니까 근시마구58) 인재 메칠 이씨니, 이누무 가주와야 되갠는대, 발로되지 앙캐 가주와야 되갠는대, 차가 또 제대루 우눙되야지.

― 차가 부라개 차가 이씨먼 떼껵 까 시:꾸 오갠는대 부라개 차두 업찌.

― 그래 인재 가마이 생가카다가 훈춘59) 양시꾸개서60) 도무느루61) 저: 양식 시러나르능 개 이찌.

― 그러먼 그 양시기 어디구 기차루 해서 어드루 다: 가지.

― 그 양시글 시러다 그다매 그: 도문시루다 부리능 개 이따 마리여, 도문역쩌내다.

― 그래가주 후추내 도러가능 개 이찌. 그개 메씨애 인능가 하개되면 저녁 때먼 저녕 네 시먼 도러간다 마리여.

― 야 이거 네 시먼 날 발근대 모: 깐다. 새복,62) 새복 세: 시마내63) 너 너 여기서 자그라. 자구 새복 세 시마내 도러가자. 그래 그 터 저: 정기쭈럴 시:꾸 도러가자 이르키 돼:찌.

― 그럼 그러자구. 게 거기서 자따 마리여.

― 재준내 지배 나두 자구 인재 이르카구서 자구서넌 새복 세 시 돼:서 톱빠벌 헤치구서넌 증기쭈럴 끄:내찌. 끄내서넌 차애 막 시러따 마리여.

― 인재 한 토리::, 한 토리64) 가따 차애 시찌 머.

― 신는대 아주머이, 겨테 찌배 아주머이가 오줌 누러 나와따 마리여.

― 게 봐:찌.

- 그 역전에 보관하려니까 보관비가 많단 말이야.

- 그래 개인 개인 집 여(기) 김재중이라는 사람네 집에, 그 사람은 일반 노동자인데 여기에서 정암에서 에 최협동이라는 사람의 사위지 뭐.

- 그래서 그 사람네 집에다 떡 갖다 맡겼단 말이야. 그래서 맡겼는데 어디다 맡겼느냐 하면 이 불때는 화목을 쟁이는 그 창고 거기 톱밥이 많단 말이야. 그래 톱밥을 때더구먼. 그래서 톱밥 속에다 갖다 파묻었지.

- 파묻었다가 이제 파묻어 놓았으니까 근심 (안)하고 이제 며칠 있으니까, 이놈을 가져와야 되겠는데, 발각되지 않게 가져와야 되겠는데, 차가 또 제대로 운용되어야지.

- 차가 부락에 차가 있으면 데걱 가서 싣고 오겠는데 부락에 차도 없지.

- 그래 이제 가만히 생각하다가 훈춘 양식국에서 도문으로 저 양식 실어나르는 게 있지.

- 그러면 그 양식이 어디고 기차로 해서 어디로 다 가지.

- 그 양식을 실어다 그다음에 그 도문시에 부리는 게 있단 말이야, 도문역에다.

- 그래가지고 훈춘으로 돌아가는 게 있지. 그게 몇 시에 있는가 하면 저녁 때면 저녁 네 시면 돌아간단 말이야.

- 야 이거 네 시면 날이 밝은데 못 간다. 새벽, 새벽 세 시에 너 너 여기서 자거라. 자고 새벽 세 시에 돌아가자. 그래 그 저 전깃줄을 싣고 돌아가자 이렇게 되었지.

- 그럼 그러자고. 그래 거기서 잤단 말이야.

- 재준이네 집에서 나도 자고 이제 이렇게 하고서 자고는 새벽 세 시가 돼서 톱밥을 헤치고는 전깃줄을 꺼냈지. 꺼내서는 차에 막 실었단 말이야.

- 이제 한 토리, 한 토리 갖다 차에 싣지 뭐.

- 싣는데 아주머니, 곁에 집의 아주머니가 오줌 누러 나왔단 말이야.

- 그래서 봤지.

- 아이구 바매 무슨 이기 정기쭈를 이르키 시르가능가 하구 이거 봐:찌.
- 게 봔:는대 그래 그 지배:애서 보던 말던 우리는 제깍65) 시꾸서래66) 세 시마내, 그래닝까 세 시 반:마내 이 양수루67) 와:찌 머.
- 양수 와따. 와서넌 와따 하니까 정아매서 술기불 술기,68) 술기 가주구 실러 인저 한 대 두 대 세 대 네 대 이르키 실러 와따 마리여.
- 게 실러 와서, 오자마자 시:꾸 정아매69) 올러가:찌.
- 올라간는대 그 이튼날 그 아주머이 나그내는70) 머 하능가 하니까 그 세:관 세:과내 댕기는 아주머이 나그내라 마리여, 그 아주머이 나그내가.

음음.

- 그 즈: 처가 그르키 얘기하니까 이걸 어따 얘기핸능가 하니까 공앙구개다71) 얘기해찌. 그 나그내가 공안구개다 얘기해찌.
- 얘기해니 아 대:번 아이 오도바이 타구 공안구개서 와따 마리여.
- 거 공안구개서 와:찌. 그런대 정기쭈르 가주온 니리 인능가 하구 그래. 그래니까 인재 촌:장이72) 머라구 핸능가 하니까 가주온 니리 이따구.
- 게 어째 그랜능가 하구.
- 이거넌 몰쑤해야 대거따꾸, 이건 안 된다구 그런다 마리여.
- 그럼 정기쭈른 우리 국까애서 언재 놔: 주능가?
- 아 그건: 상그배서 알지 난 모른다. 파출 싸람이 이라거든.
- 그라자 얘:기하구 이라자, 얘:기하구 우짜구 하는데 그 최경배기라는 사람 지배 노인드리 안자 노라.
- 거기서 인재 얘:기 이르 나처름 우리처름 얘:기두 하구 그다매 거기서 옌:날 그: 그: 육짜배기73) 가튼 노래두 부르구 게 이르캐 안저 노라.
- 노인드리 이 소리럴 드러따 마리여.
- 듣떠니만 노인드리 몽:땅 한: 그저 에: 안승만내 지비서도 놀:구 최경배기내 지비서두 놀:구 노인드리 그때는 여기 에: 우리 아버지니 아버지 또래니까 거뚜 거진 다: 노래,74) 노인드리라 마리여, 만타 마리여, 그개.

‒ 아이고 밤에 무슨 이게 전깃줄을 이렇게 실어가는가 하고 이걸 봤지.

‒ 그래서 봤는데 그래서 그 집에서 보든 말든 우리는 제꺼덕 싣고서 세 시쯤에, 그러니까 세 시 반쯤에 이 양수로 왔지 뭐.

‒ 양수에 왔다. 와서는 왔다고 하니까 정암에서는 수레를 수레, 수레를 가지고 실어서 이제 한 대 두 대 세 대 네 대 이렇게 실으러 왔단 말이야.

‒ 그래 실으러 와서, 오자마자 싣고 정암에 올라갔지.

‒ 올라갔는데 그 이튿날 그 아주머니 남편은 뭐 하느냐 하면 그 세관, 세관에 다니는 아주머니 남편이란 말이야, 그 아주머니 남편이.

음음.

‒ 그 자기 처가 그렇게 얘기하니까 이걸 어디에다 얘기했는가 하면 공안국에다 얘기했지. 그 남편이 공안국에다가 얘기했지.

‒ 얘기하니까 아 대번 아니 오토바이를 타고 공안국에서 왔단 말이야.

‒ 그 공안국에서 왔지. 그런데 전깃줄을 가져온 일이 있는가 하고 그래. 그러니까 이제 촌장이 뭐라고 했는가 하면 가져온 일이 있다고.

‒ 그래 어째서 그랬느냐고 하고.

‒ 이것은 몰수해야 되겠다고, 이건 안 된다고 그런단 말이야.

‒ 그러면 전깃줄은 우리 국가에서 언제 놓아 주는가?

‒ 아 그건 상급에서 알지 나는 모른다. 파출소 사람이 이러거든.

‒ 그러자 얘기하고 이러자, 얘기하고 어쩌고 하는데 그 최경백이라는 사람의 집에서 노인들이 앉아 놀고 있어.

‒ 거기서 이제 얘기를 이렇(게) 나처럼 우리처럼 얘기도 하고 그다음에 거기서 옛날에 그 그 육자배기 같은 노래도 부르고 그래 이렇게 앉아서 놀아.

‒ 노인들이 이 소리를 들었단 말이야.

‒ 듣더니만 노인들이 몽땅 한 그저 에 안성만이네 집에서도 놀고 최경백이네 집에서도 놀고 노인들이 그때는 여기 에, 우리 아버지, 아버지 또래니까 그것도 거의 다 노인, 노인들이란 말이야, 많단 말이야, 그게.

– 아 그래더니 노:인드리 꽹이 쥔 사람 꽹이 쥐구, 강안도낟⁷⁵⁾ 쥔 사람 낟 쥐구 그다매 저기 저 호미 쥔 사람 호미 쥐구 도:끼 쥔 사람 도:끼 쥐구, 아 그다매 왁:: 쓰러드러서 "오도바이 타구 온 공앙국 싸람 와따는대 어딘나 어딘나" 하면서 막: 쩌버들지.⁷⁶⁾

　– 겐 공앙국 싸람 어째 이르키 찬능가 해서 나오지두 모타구 그냥 지배 지바내 이써따 마리여.

　– 그래서 게: 오도바이럴 다: 때려 마술라⁷⁷⁾ 그란다 마리여 그 노인드리. 그래 그다맨 "아: 이라지 말자구 이라지 말자구."

　– "증기쭐 빼스러 와따마?"

　– 그: 막 이르키 얘기해, "우리 증기 보먼 안 대나?" 하면서 막 이르키 얘기해.

　– 아 그러더니 마침 나와써. 공앙국 싸라미 나와써. 서이 서이 나와써.

　– 나완는대 그 오도바이 한 대애다가 아 아 아패 하나 오도바이 운전수 하나 앙꾸 뒤애 하나 앙꾸 여파리⁷⁸⁾ 또 당 개 이때. 그래 스: 세: 사라미 타구 이르키 와따 마리여.

　– "너: 아이 가개 대먼 오도바이 다: 때려부실티여⁷⁹⁾ 가 빨리".

　– 그래 똘겨⁸⁰⁾ 보내자내써?⁸¹⁾ 그 노인드리 하글해서 똘겨 보내찌.

　– 게 똘겨 보내구서넌 쪼꿈 이떠니 하니틀 이썬능가? 이거 아이 되개 따. 전부때두 저: 한 뱅 니 되는 저: 온당수 가서 전부때르 빨리 시러 오라우. 시러다 세우자.

　– 세워 논 다매 제가 푸러 가갠냐. 게 세우자 그래찌. 게 인저 한 머리는 전부때르 시:꾸 한 머리는 석뚜서부터 저까지 땅으루 그 주럴 다: 푸러서 느라나:따 마리여.

　– 느려노쿠 그 인재 즘부때두 세우지 모:태찌 머 아죽. 땅으루 막 그저 해구 우리넌 즘부때 실러 가구 이러개지.

　– 그다매 그래 노쿠 보니까 그 후애 하니틀 이따 또 와땀 마리여 두:

－ 아 그러더니 노인들이 괭이 든 사람 괭이 들고 강원도낫 든 사람 낫 들고 그다음에 저기 저 호미 든 사람 호미 들고 도끼 든 사람 도끼 들고, 아 그다음에는 왁 쓸어들어서 "오토바이 타고 온 공안국 사람 왔다는데 어디 있나, 어디 있나" 하면서 막 덤벼들지.

－ 그래 공안국 사람을 어째서 이렇게 찾는가 해서 나오지도 못하고 그냥 집에 집안에 있었단 말이야.

－ 그래서 그 오토바이를 다 때려 부수려 그런단 말이야 그 노인들이. 그래 그다음에는 "아 이러지 말자고 이러지 말자고."

－ "전깃줄 빼앗으러 왔다며?"

－ 그 막 이렇게 얘기해, "우리 전기 보면 안 되나?" 하면서 막 이렇게 얘기해.

－ 아 그러더니 마침 나왔어. 공안국 사람이 나왔어. 셋이 셋이 나왔어.

－ 나왔는데 그 오토바이 한 대에다가 아 아 앞에 하나 오토바이 운전수 하나 앉고 뒤에 하나 앉고 옆에 또 단 게 있데. 그래 셋 세 사람이 타고 이렇게 왔단 말이야.

－ "너 안 가게 되면 오토바이 다 때려 부술 거야 가 빨리."

－ 그래 쫓아 보내지 않았어? 그 노인들이 학을 해서 쫓아 보냈지.

－ 그래 쫓아 보내고서는 조금 있더니 한 이틀 있었는가? 이거 안 되겠다. 전봇대도 저 한 백 리 되는 저 온당수 가서 전봇대를 빨리 실어 오라고. 실어다 세우자.

－ 세워 놓은 다음에 제가 풀어 가겠느냐. 그러니 세우자 그랬지. 그래 이제 한 머리는 전봇대를 싣고 한 머리는 석두에서부터 저기까지 땅으로 그 줄을 다 풀어서 늘여놨단 말이야.

－ 늘여놓고 그 이제 전봇대도 세우지 못했지 뭐 아직. 땅으로 막 그저 하고 우리는 전봇대 실으러 가고 이렇게 하지.

－ 그다음엔 그래 놓고 보니까 그 후에 한 이틀 있다가 또 왔단 말이야

리. 게 두:리 또 와써.

- 게 또 옹 거 노인드리 막 꼬냥 들구 이르나니까 그냥 또 똘겨 가써. 인잰 오지 앙쿠 어디다 얘기해능가 하니까 이 공사애다[82] 얘기한다 마리여.

- 공사: 그: 지부서기가 그게 배금버미 배금버미라는 사라미 지부서긴대 그이다 자꾸 얘기한다 마리여, "아 그 빨리 보내라구 정기쭐 보내라"구.

- "아 나는 모르는 이리오." 지부서기는 인재 우리 싸느라구[83] 그라지. "나는 모르는 이리오, 난 그거 알지두 모타오, 그 난 내깨선 얘기하지두 마오, 나는 모르오."[84] 그저 이르키 지부서기는 이르키 하지.

- 게 그 어가내 머라구 하능가 하니까 지부서기가 머라구 하기 당지부서기가 머라구 하느냐니까 "빨리 세워 노쏘, 빨리 증기 노쏘." 그저 이러지.

- 그라구서두 오먼 나는 모른다 구라지. 그라구서 청아물[85] 싼다 마리여 자기 공사 내니까.

- 그다매 "돼:따", 그라구서는 빨리 전부때르 시러다가 그저 대 대:개 그저 전부때가 이르문 이르문 여기다가 이르캐 대는 낭구[86] 이짜나. 이거 에우지도 앙쿠 여기다 그저 철싸줄루 꾹 뚱저서는[87] 그냥 그 이르개 세워서 여기다 주르 이르캐 쫑:: 느르놔따.

- 느르노쿠서 석뚜서부터 거까지 다: 느르놔따 말이야.

- 게 내:서니 이씨야지 인저 여기 드르오는[88] 내:서니 업따 마리여. 지바내 디리논는 내선.

- "정기 다: 놔따, 인재 모른다."

- 인재 지부서기 지부서기는 그라구 당지부서기는 그라구. 그다매 인저 우리는 거기서 손 써서 빨리 빨리 해여 되갠대 내:서니 빨리 와야 또 빨리 하지.

- 게 내:서늘 가서 왕창 가 싸와따 마리여. 싸다가 그다매 증기 머 다: 모르니 머: 어트기 햐.[89] 그 놀: 쭈럴 아러야지.

둘이. 그래 둘이 또 왔어.

— 그래 또 온 것을 노인들이 막 그냥 들고 일어나니까 그냥 또 쫓겨갔어. 이제는 오지 않고 어디에다 얘기하는가 하면 이 공사에다가 얘기한단 말이야.

— 공사 그 지부서기가 그게 배금범이 배금범이라는 사람이 지부서기인데 거기에다 자꾸 얘기한단 말이야, "아 그 빨리 보내라고 전깃줄을 보내라"고

— "아 나는 모르는 일이오." 지부서기는 이제 우리를 감싸느라고 그러지. "난 모르는 일이오, 난 그거 알지도 못하오, 그 나는 나한테는 얘기하지도 마오, 나는 모르오." 그저 이렇게 지부서기는 이렇게 하지.

— 그래 그 어간에 뭐라고 하는가 하면 지부서기가 뭐라고 하(느냐 하면) 당지부서기가 뭐라고 하느냐 하면 "빨리 세워 놓소, 빨리 전기 놓소." 그저 이러지.

— 그러고서도 오면 나는 모른다 그러지. 그러고서 정암을 감쌌단 말이야, 자기 인민공사 내니까.

— 그다음에 "됐다", 그러고는 빨리 전봇대를 실어다가 그저 대 대개 그저 전봇대가 이러면 이러면 여기에다가 이렇게 대는 나무 있잖아. 이거 에우지도 않고 여기에다 그저 철삿줄로 꾹 묶어서는 그냥 그 이렇게 세워서 여기다 줄을 이렇게 죽 늘여놨다.

— 늘여놓고서 석두에서부터 거기까지 다 늘여놓았단 말이야.

— 그래 내선이 있어야지 이제 여기 들어오는 내선이 없단 말이야. 집안에 들여놓는 내선.

— "전기 다 났다, 이제 모른다."

— 이제 지부서기 지부서기는 그러고 당지부서기는 그러고. 그다음에 이제 우리는 거기서 손을 써서 빨리 빨리 해야 되겠는데 내선이 빨리 와야 또 빨리 하지.

— 그래 내선을 가서 왕청에 가서 사왔단 말이야. 사다가 그다음에 전기를 뭐 다 모르니 뭐 어떻게 해. 그 놓을 줄을 알아야지.

— 그저 모르개따. 그 증기선 막 끄냥 지비 드르오넝 거 노쿠선 다마를90) 떡 가따 거러 노쿠는 그다맨 "불 키개 다: 준비댄냐!" 하구선 게 다:덜 "준비되따" 그런다 마리여.

— 게 석뚜애 와서 전부때애다 떡 이스니까 부리 화:나캐91) 오지.

— 아: 그다맨 손빠다글 치구 다:: 그냥 아주 조타구 야다니지 증기뿔 보니.

— 야: 그다매는 인재 저: 도문 파출쏘애서 아논다 마리여. 그다맨 다시 정니 잘:하자. 이잰 아논다.

— 그래 인재 다: 한 대 한 대 인재 그: 이거 바:꾸92) 올러가는, 증기 올러가서 에오구 그다맨 저 미태루 가꾸모그루93) 다: 해서 다 뚱딴지94) 이르키 바가서 이르캐서 제대루 해놔찌.

— 그래서 정기 봉 갬니다 저개. 그래서 그래 소 다서 빠리95) 파러가주구 게:.

— 국까애서 뇌주먼 뇌줘찌 밀쑤해 밀쑤해서 밀쑤루다 가따 증기 볼라구 한다구.

아: 전기를 밀쑤루 한다고?

— 어:, 그러치 머.

그래두 전기쭈른 빼찌 말구 전기를 끄너야지 그러면 왜 돈 주구 산 나매 주를 빼서 가요.

— 야: 정말 그래서 그래서 저거 정기 보기 시자개씀다.96) 여 썩뚜까지 배끼 정기 업써씀다 이게.

음:.

— 그래서 나두 거기 하, 함목 드러서 그다맨 야중애 증말 그래니 거기 인민들두 그라지 "아이 저 용아니 때무내 정기 바따"구 그래 그라지.

— 게 하:너는97) 거기애 수 그 수탄 사람 까운대두 하:너는 내배끼 모르지. 그 거기 주긴다 해다, 해두 모르지 처:매는.

– 그저 모르겠다. 그 전기선 막 그냥 집에 들어오는 것 놓고는 전구를 딱 갖다 걸어 놓고는 그다음엔 "불 켜게 다 준비됐나!" 하고선 그래 다들 "준비됐다" 그런단 말이야.

– 그래 석두에 와서 전봇대에다 떡 이으니까 불이 환하게 오지.

– 아 그다음엔 손뼉을 치고 다 그냥 아주 좋다고 야단이지 전깃불을 보니까.

– 야 그다음에는 이제 저 도문 파출소에서 안 온단 말이야. 그다음엔 다시 정리 잘하자. 이제는 안 온다.

– 그래 이제 다 한 대 한 대 이제 그 이거 밟고 올라가는, 전주에 올라가서 에우고 그다음에 저 밑으로 각목으로 다 해서 다 뚱딴지(＝애자) 이렇게 박아서 이렇게 해서 제대로 해놨지.

– 그래서 전기 본 겁니다 저게. 그래서 그래 소 다섯 마리 팔아가지고 그게.

– 국가에서 놓아주면 놓아줬지 밀수해(서) 밀수해서 밀수로 갖다 전기 보려고 한다고.

아 전기를 밀수로 한다고?

– 예:, 그렇지 뭐.

그래도 전깃줄은 뺏지 말고 전기를 끊어야지 그러면 왜 돈 주고 산 남의 줄을 뺏앗아 가요.

– 야 정말 그래서 그래서 저거 전기를 보기 시작했습니다. 여기 석두까지밖에 전기가 없었습니다 이게.

음.

– 그래서 나도 거기 한, 한몫 들어서 그다음엔 나중에 정말 그러니 거기 인민들도 그러지, "아이 저 용안이 때문에 전기 봤다"고 그래 그러지.

– 그래 한어는 거기에 숱(한) 그 숱한 사람들 가운데도 한어는 나밖에 모르지. 그 거기 죽인다고 해도, 해도 모르지 처음에는.

그러면 그저내는 멀:루 불 켜써요, 전기?

— 그저낸 코코리,98) 코코리.

코코리요?

— 예.

코코리가 어트개?

— 여기다가 벼그 뚜꾸.99)

으.

— 요마:난 꽌지르100) 꽌지르 해서 영기르 그리 빠저 나가개 하구.

영기를.

— 게 여기다는 지바내는 요로캐 팬패:낭 개 요로:캐 돼찌.

— 그다매 솔깽이,101) 사내가 솔깽이 캐다가 여기다 불 때서 그 영기는
그리 나가구 그다매 여기서 화:나면 그저 그걸루 보구, 그다매 또 머 하능
가 하니까 좀 빨쩐돼가주구 그 게: 베,102) 베 찌면 그 게:.103)

예.

— 게하구 그다매 저:: 머여 게하구 저: 어:: 게애다가 콩기름 콩기르므
발라가주고 이겨가주구 그다매 이러캐 까:느104) 맨들지105) 이르캐.

— 그래서 그거 이르키 이르키 턱:: 거러 노쿠 이거 타 드러가능 거 보
구 그릉 걸루 다: 불 키구 보구.

음:.

— 그다맨 또 발전되면 거기다 등잔뿔106) 서규 등잔뿔 게 그걸루 보다
개 그거 인저 서규로 싸지 모태서 또 애:르 먹찌.

— 그래서 개 그걸루 보다가 그다매 야중애는 그: 저 머여 초, 초 사다
보구 그래 이개, 이개 그르키 발전해 나와찌.

— 처:매는 야:무거뚜 업써써. 비지깨두107) 이 성냥두 업써서.

— 그다매 애:르 머건는대 그래 소고미 업써서 영:: 그때는 싱거깨 머거
찌.

그러면: 그전에는 뭘로 불을 켰어요, 전기?

― 그전에는 고쿨, 고쿨.

고쿨이요?

― 예.

고쿨이 어떻게?

― 여기다가 벽을 뚫고.

어.

― 요만한 파이프를 파이프를 해서 연기를 그리로 빠져나가게 하고.

연기를.

― 그래 여기에는 집안에는 요렇게 편편한 게 요렇게 되어 있지.

― 그다음엔 관솔, 산에 가서 관솔 캐다가 여기에다 불을 때서 그 연기는 그리 나가고 그다음에 여기서 환하면 그저 그걸로 보고, 그다음에 또 뭐 하느냐 하면 좀 발전이 되어가지고 그 겨 벼, 벼 찧으면 그 겨.

예.

― 겨하고 그다음에 저 뭐야 겨하고 저 에 겨에다가 콩기름 콩기름을 발라가지고 이겨가지고 그다음에 이렇게 깐을 만들지 이렇게.

― 그래서 그거 이렇게 이렇게 턱 걸어 놓고 이거 타 들어가는 거 보고 그런 걸로 다 불을 켜고 보고.

음.

― 그다음엔 또 발전되면 거기다 등잔불 석유 등잔불 그게 그걸로 보다가 그래 그거 석유를 사지 못해서 또 애를 먹었지.

― 그래서 그래 그걸로 보다가 그다음에 나중에는 그 저 뭐야 초, 초 사다 보고 그래 이게, 이게 그렇게 발전해 나왔지.

― 처음에는 아무것도 없었어. 성냥도 이 성냥도 없어서.

― 그다음에 애를 먹었는데 그래서 소금이 없어서 아주 그때는 싱겁게 먹었지.

- 그래서 이: 쌀 가주가서 조선[108] 가서 저: 소금하구 바꿔서 그다매 가따 머꾸 그래찌.

거 그 코쿠리애 키능 거: 그개: 저 소나무 써그먼 고 아내 빨:강 거 그겅가요?

- 에 송지니라능 개.

송진 구등 거?

- 아이 그거뚜 이찌만 머 인능가 거 솔바태 그: 무군:: 잔: 잔나무나 그 다매 이런 저: 솔라무나 거: 메뺑 년 무군 이른 데 가개 되면 거트루 송지니 흐르능 개 이써.

- 여기두 살구나무 보개 대면 살구나무 여파래[109] 거 무순 지니 나오지, 그렁 거 홀터찌 머.

예예, 아 그거.

- 어:.

그걸 머라 그래요?

- 그래 코쿠리라 그라지.

고 이름?

- 어.

고고 송진 그?

- 야: 송지닌대 이 맨드능 건 코쿠리지.

그래서 불 불 키 키능 건 코쿠리고?

- 아이 불 키는 저기가 코쿠리구.

예:.

- 하하하하하 하하.

그거는 그거 그러면 송진 훌터다가 어트개 켜요, 그걸?

- 음:.

그냥 키나요?

- 야:니, 거기다가 거기다가 자:금하지, 그저: 한데 하 하패서 기르미나 개:나.

– 그래서 이 쌀을 가져가서 북한에 가서 저 소금하고 바꿔서 그다음에 갖다 먹고 그랬지.

그 고쿨에 켜는 거 그게 저 소나무 썩으면 그 안에 빨간 거 그건가요?

– 예 송진이라는 게.

송진 굳은 거?

– 아이 그것도 있지만 뭐가 있는가 하면 그 솔밭에 그 묵은 잣 잣나무나 그다음에 이런 저 솔나무나 그 몇백 년 묵은 이런 데 가게 되면 겉으로 송진이 흐르는 게 있어.

– 여기도 살구나무 보면 살구나무 옆에 그 무슨 진이 나오지, 그런 거 훑었지 뭐.

예예, 아 그거.

– 어.

그걸 뭐라 그래요?

– 그래 고쿨이라 그러지.

그 이름?

– 어.

그 송진 그?

– 아 송진인데 이 만드는 것은 고쿨이지.

그래서 불 불을 켜 켜는 건 고쿨이고?

– 아이 불 켜는 저기가 고쿨이고.

예.

– 하하하하하 하하.

그거는 그거 그러면 송진 훑어다가 어떻게 켜요, 그것을?

– 음.

그냥 켜나요?

– 아니, 거기다가 거기다가 자금하지, 그저 한데 합 합해서 기름이나 겨나.

－ 게나 머애서 이기지. 자꾸 자꾸 이기서는 그다매 여먼110) 오래 타구 맨 송진만 여캐 되면 빨리 타지. 그래서 그르키 키지 머.

－ 아이튼 벨라캐111) 다: 사라써, 허허허.

처: 매 여기 중국 와서 그르캐 하셔써요?

－ 처:매 어 머 어트개 해 아무거뚜, 이민 드러오다 나니까 아:무거뚜 가저 옹거 업찌 머 몸떵이만 완는대 그래 머 어터개 해.

− 겨나 뭐해서 이기지. 자꾸 자꾸 이겨서는 그다음에 넣으면 오래 타고 맨 송진만 넣게 되면 빨리 타지. 그래서 그렇게 켜지 뭐.

− 하여튼 별나게 다 살았어, 허허허.

처음에 여기 중국 와서 그렇게 하셨어요?

− 처음에 아 뭐 어떻게 해 아무것도, 이민 들어오다 보니까 아무것도 가져온 거 없지 뭐 몸뚱이만 왔는데 그래 뭐 어떻게 해.

1.4. 조선어 실습지 정암촌

한조기어써요?

= 예, 한조기요, 하조간대.

= 아이 당채 우트갈 쑤가 업써요, 나두 글쎄.

= 게 내가 쪼꼼 질기지.

= 그래서 아이 다른지바:드른 다 이거 와서 주인네서 모두 잘 배와 조112) 가주구 아이 다:: 성저기 조쿠 이런다는데 이 우리집 아:만113) 이르 케 나쿠해서114) 어트가능가 하구.

= 안 되거써. 암:만 머 벰모럴115) 하구 와두 고다내두 할 쑤 업씨. 그해 보메 와가주구 가으레 가써 다. 야듭116) 딸 이따 나니.

= 벰모하구래두 기스매구래두117) 와서 배와조야 되지.

= 증:말 열쩡쩌그루 배와써요.

= 내가 하나를 알켜주면118) 그걸 백 뻐늘 외워요 아:가.

= 그래두 이저머거요,119) 그래두 이저머거요. 아이구, 그르키 다: 그랜 지 그르키 배운기라 돼 그른지 후에 조선마를 이저뻐리들 아니야.

= 가: 저:기 그: 심냥에 에 항국: 무슨 경제영구소에 드르가 이따대.

지그미요?

= 예:, 그 지금. 그랜데 항구글 잘 댕겨요 그래서.

= 겐대 야:가120) 지금두 조선말121) 지금두 이저뻐리들 아니야.

= 그래 오먼 조선말 다 외워요 그래두.

= 그런데 다르나:드른 다: 가서 한 삼 년 사: 년 지나먼 다 이저멍는데 너는 어쩨 이저 아이 버리능가 하먼 너무 힘들게 배와 그런지 이저 아이 진다능 게지 그게.

= 그래미 지금두 댕겨요 아:가.

한족이었어요?

= 예, 한족이요, 한족 애인데.

= 아이 당최 어떻게 할 수가 없어요, 나도 글쎄.

= 그래 내가 조금 질기지.

= 그래서 아이 다른 집 애들은 다 이거 와서 주인이 모두 잘 가르쳐줘서 아니 다 성적이 좋고 이렇다는데 우리집 애만 이렇게 낙후해서 어떻게 하는가 하고.

= 안 되겠어. 아무리 뭐 벼 모종을 하고 와도 고단해도 할 수 없이. 그해 봄에 와서 가을에 갔어. 여덟 달 있으니.

= 벼 모종하고라도 김매고라도 와서 가르쳐 줘야 되지.

= 정말 열정적으로 배웠어요.

= 내가 하나를 알려주면 그걸 백 번을 외워요, 애가.

= 그래도 잊어버려요, 그래도 잊어버려요. 아이고, 그렇게 다 그런지 그렇게 배운 것이라 그런지 후에 조선말을 잊어버리지를 않아.

= 걔 저기 그 심양에 에, 한국 무슨 경제연구소에 들어가 있다고 하더라고

지금이요?

= 예, 그 지금. 그런데 한국을 잘 다녀요, 그래서.

= 그런데 애가 조선말을 지금도 잊어버리지를 않아.

= 그래 오면 조선말 다 외워요, 그래도.

= 그런데 다른 애들은 다 가서 한 삼 년 사 년 지나면 다 잊어버리는데 너는 어째 안 잊어버리느냐고 하면 너무 힘들게 배워서 그런지 안 잊어진다는 거지 그게.

= 그러면서 지금도 다녀요, 애가.

= 지금두 영기래 무슨 이:리 이쓰면 와따는 여기 와 들려가구, 시가니 이쓰면 와두 무거두 가구.

= 우리 저: 덕째¹²²⁾ 갈 때두 가:가¹²³⁾ 쪼꼼 수속 해주느라구 고상해써요, 그뚜.

= 그래구 드문드문 저나두 오구.

= 업써요 그게 정아메 그르키 아:드리 마:니 와 이써두 주인찝 차저 댕기는 아:드리 업써요.

= 그래구 저:기 청:, 거: 무슨 공안청인지 머: 어디메¹²⁴⁾ 가 이떠나 거 왕치미라는 아:두 백썽자의 지비지.

= 겐데 가:는 고 먼저 해 와 이써써요. 가보다 먼저 해에 와 이썬는데, 고건 아:가 여거요,¹²⁵⁾ 거 역꾸 생김새: 모쌩기구.

= 생김새느 증말 지내 모:쌩긴데 역뜨라구요 아:가.

= 그래 그래 배워 그런지 정아매 와서 메따라니써서 입땅꺼지¹²⁶⁾ 하구 가써요.

= 그래두 가:두 그냥 우리 지부루 댕기찌 우리 지부루 댕기구 그저 어마이 아부지라구 게:속 저나두 하구.

= 그래등기 요: 한: 심년 어가네 쪼꼼 인전 뜨:매 저써요.

= 요 훈추내, 훈춘 안정:-군지 안정구긴지 와: 이쓸 때:두 동무드르¹²⁷⁾ 데리구 차르 가지구 우리 정아매 우리 지비 와서 자구두 가구 놀다 가구 이랜는데 이 글려낸 소시기 업써요, 어디 간는지.

= 게 성으루 데비¹²⁸⁾ 올라가따대. 그랭 게 지금 소시기 업써요 그건.

= 그래 댕기는 아:덜 진중해선지 우리집빼끼 지금 가:가 댕기능 게 업써요.

= 아니저진다능 기지 자기 죽끼 저네는.

예.

= 아이구: 공부두 증말 드르께 모태요.

= 지금도 연길에 무슨 일이 있으면 왔다가는 여기 와서 들러가고, 시간이 있으면 와도 묵어도 가고.

= 우리 저 덕재 갈 때도 개가 조금 수속해 주느라고 고생했어요, 그것도.

= 그러고 드문드문 전화도 오고.

= 없어요, 그게 정암에 그렇게 아이들이 많이 와 있어도 주인집 찾아다니는 아이들이 없어요.

= 그러고 저기 청, 그 무슨 공안청인지 뭐 어디에 가 있던 애 그 왕침이라는 애도 백성자의 집이지.

= 그런데 개는 그 먼저 해에 와 있었어요. 개보다 먼저 해에 와서 있었는데 고건 애가 약어요, 그 약고 생김새는 못 생기고.

= 생김새는 정말 아주 못 생겼는데 약더라고요, 애가.

= 그래 그렇게 배워 그런지 정암에 와서 몇 달 안 있어서 입당까지 하고 갔어요.

= 그래도 개도 그냥 우리 집으로 다녔지, 우리 집으로 다니고 그저 어머니 아버지라고 계속 전화도 하고.

= 그러던 것이 요 한 십 년 어간에 조금 이젠 뜸해졌어요.

= 요기 훈춘에, 훈춘 안정구인지 안정국인지 와 있을 때도 친구들을 데리고 차를 가지고 우리 정암에 우리 집에 와서 자고도 가고 놀다가 가고 이랬는데 이 근년에는 소식이 없어요, 어디로 갔는지.

= 그래 성으로 도로 올라갔다더라고 그런 게 지금 소식이 없어요 그건.

= 그래서 다니는 애들 진중해서인지 우리집밖에 지금 개가 다니는 게 없어요.

= 안 잊어진다는 거지 자기가 죽기 전에는.

예

= 아이고 공부도 정말 더럽게 못해요.

= 나는 원 그르케 공부 모타능 거 츰: 바써요.

= 아 그쎄 요기서 이저머꾸 요기서 배와주구 조기 가 무러보문 까:매.

= 아무거뚜 몰라.

= 아이구: 답따비야.129)

= 갸:가 지비 쌘동인지130) 그려. 지비 쌘동에.

= 그란디 그르키 두:나드라고요.

= 그란디 지금두 드문드문 저:나두 오구: 이: 영기레 오구써 이:리 이써 오먼 여기 들려가요.

= 그 정마 진정이란데요 그 진정이.

= 그다매 저 복딴대아게 아:더리요, 무수거 머 사:정해서 수탕 게 와서 메:뻐널 해와써두 처:매 한 메테는 그냥 그래 기별두 하구 편지두 오구 그라대요.

= 그라등 기 이젠 너무 오라니까 거뜨른 다: 이저버려써요.

= 이럼두 이저뻐리구: 어디가 다: 댕기는지두 모르지.

= 게 연변대하게 선생님 보면 알:지.

= 그래 무러보면 어느 안: 어디 가 이꾸 어느 안: 어디 가 이따구 마:라지.

= 그랭 기 이전 연변대아게서 안 댕기다나니까 소시걸 몰라요.

= 큰 니부리 주:께지.

= 그거 왜 자기 이부린데.

배만 더푸먼 대지요 머.

= 아::.

− 이거 안 더푸게써요?

아니 아니요, 전 배만 더푸먼 대요.

= 지근지그타게두 몰라요, 정말 아이구.

그때는 그:, 그때가 언제쯔미요?

= 나는 원 그렇게 공부 못하는 거 처음 봤어요.

= 아 글쎄 요기서 잊어버리고 요기서 가르쳐주고 조기 가서 물어보면 까매.

= 아무것도 몰라.

= 아이고 답답해.

= 걔가 집이 산동성인지 그래. 집이 산동성에.

= 그런데 그렇게 둔하더라고요.

= 그런데 지금도 드문드문 전화도 오고 이 연길에 오고서 일이 있어 오면 여기 들러가요.

= 그 정말 진정이라는 데요, 그 진정이.

= 그다음에 저 복단대학에 아이들이요, 무엇을 뭐 사정해서 숱한 게 와서 몇 번을 해왔어도 처음에 한 몇 해는 그냥 그렇게 기별도 하고 편지도 오고 그러대요.

= 그러던 게 이젠 너무 오래되니까 그것들은 다 잊어버렸어요.

= 이름도 잊어버리고 어디에 가 다 다니는지도 모르지.

= 그래 연변대학에 선생님 보면 알지.

= 그래서 물어보면 어느 안 어디에 가 있고 어느 안 어디에 가 있다고 말하지.

= 그런 것이 이제는 연변대학에서 안 다니니까 소식을 몰라요.

= 큰 이불을 줄 것이지.

= 그거 왜 자기 이불인데.

배만 덮으면 되지요 뭐.

= 아.

= 이거 안 덮겠어요?

아니 아니요, 저는 배만 덮으면 돼요.

= 지긋지긋하게도 몰라요, 정말 아이구.

그때는 그, 그때가 언제쯤이요?

= 칠씨빌 이:년도.

칠시빌 이:년도 그러면, 아이고.

= 갸:가 그쌔 스물 서인지 너인지 그래써요.

= 어쩨뜬 좀, 나이가 마:나찌, 학쌩 아덜 중에서.

= 야: 골두 지글지그다게 두니야.

= 아 그래서 걔:두 야들딸 똥아네 와서 배와가지구 갈 때는 쪼꼼 누니 터가주구 그래두 선생한테 자란다 쏘리 드꾸 가써요.

= 아 거뚜 나무새끼래두 지 지빈는 아:가 너무 모타니까 아주 가문 기분상하드라구.

그리치요.

= 어티게 하면 저거 쪼꼼 누늘 띠워주겐능가 해서 거저 정말 애 떠러지게 배와줘써요.

그때: 연변대하꾜에서는 어트게 해써요. 그링까.

상: 해에서두 옹 거자나요?

= 예:.

연변대하꾜에서두 오구 그래써요?

= 연변대하게서 상해서

= 이 연변대하게서 각 부에서 각 부에 다: 이찌.

예.

= 연변대에 각 부에 다: 이찌 머.

= 연변대하게서 올 때는 복딴대하게서 아놔찌.

= 처:매 연변대하게서 댕기다 마가무루: 해서 복딴대하게서 양 두: 번 와따가써요 양년.

그 칠씨비:년도요?

= 아이 칠씨비년도는 그기 두번채 해.

= 칠씨빌년도부터 이 복찌 연변 조문게가 이써따구.

= 칠십 일, 이년도.

칠십 일, 이년도 그러면 아이고.

= 걔가 글쎄 스물셋인지 넷인지 그랬어요.

= 어쨌든 좀, 나이가 많았지, 학생 아이들 중에서.

= 아 머리도 지긋지긋하게 둔해.

= 아 그래서 개도 여덟 달 동안에 와서 배워가지고 갈 때는 조금 눈이 터가지고 그래도 선생한테 잘한다 소리 듣고 갔어요.

= 아 그것도 남의 새끼라도 자기집에 있는 아이가 너무 못하니까 아주 가면 기분상하더라고.

그렇지요.

= 어떻게 하면 저거 조금 눈을 띄워주겠는가 해서 그저 정말 애 떨어지게 가르쳐줬어요.

그때 연변대학교에서는 어떻게 했어요, 그러니까.

상해에서도 온 거잖아요?

= 예.

연변대학교에서도 오고 그랬어요?

= 연변대학에서 상해에서

= 이 연변대학에서 각 부에서 각 부에 다 있지.

예.

= 연변대에 각 부에 다 있지 뭐.

= 연변대학에서 올 때는 복단대학에서 안 왔지.

= 처음에 연변대학에서 다니다가 마지막으로 해서 복단대학에서 양 두 번 왔다 갔어요 이 년.

그 칠십이년도에요?

= 아니 칠십이년도는 그게 두 번째 해.

= 칠십일년도부터 이 복단 연변(대학교) 조문계가 있었다고.

= 그래서 그해부터 여기와 댕겨찌.

= 그라다가 아마 한: 사: 오룽년 댕긴지 몰라.

= 그래구서리 마지마그루 해:서 저 복딴대아게 아:드리 두: 번와따 가써.

= 그래구넌 그다매넌 안 오대.

그때가 제:일 힘들 때 아니어써요, 여기 중구개서?

= 힘드러찌요.

= 힘드러써요.

개혁개방 저니자너요?

= 예예 힘드러써요. 머글 꺼뚜 어꾸: 머 정말 아:드리 어째가 머: 끄리 줄 꺼뚜 어꾸 정말 힘드러서 우리 농초니다나니 아무거뚜 업찌 머: 그땐 삼정냥131) 타 머글 땐데.

개내드른 머 머글 꺼 앙 가주 와써요 그럼?

= 머글 꺼 모까주오지 어디서 가주 와요 가낸 그저 와서 머꾸: 밥깝썰 할라레 멜썹전씩 쥠는지 몰라요.

= 식삐르 내:찌 식삐 해꾜서.

= 식삐는 쥠:는데 얼마씩 주능 건 모르거써.

= 그 우리지비 이떤 왕치미라는 아:는 아:가 줌 신체가 야캐요, 그래서 자주 아라써요, 그건 또.

= 아르먼 머: 해줄 께 이써요, 내가?

= 그래 좁쌀주게다가서리 달갈이나 하나씩 푸러 끄리구 그래뜨니마넌 그거 엄마가 어려서부터 세:살부터 엄마가 후덤마리여.132)

= 그래서 이릉 걸 몸: 머거바따구 갈 때 글쌔 너머 앙 갈라구 우러서 사흐를 우러서 주글 뻔 해써요.

= 앙 갈래따구. 앙 가문 조은데 여기서 어트개.

= 처음 그런 죽뚜 으더머거바따능 기지 어머이 소내서 그런 주글 처음 머거바따구.

= 그래서 그해부터 여기에 다녔지.

= 그러다가 아마 한 사오륙년 다녔는지 몰라.

= 그러고서 마지막으로 해서 저 복단대학의 애들이 두 번 왔다 갔어.

= 그러고는 그다음에는 안 오대.

그때가 제일 힘들 때 아니었어요, 여기 중국에서?

= 힘들었지요.

= 힘들었어요.

개혁개방 전이잖아요?

= 예예, 힘들었어요. 먹을 것도 없고 뭐 정말 애들이 어째 뭐 끓여줄 것도 없고 정말 힘들어서 우리 농촌이다보니 아무것도 없지 뭐 그땐 삼정량 타 먹을 땐데.

걔네들은 뭐 먹을 것 안 가지고 왔어요, 그럼?

= 먹을 것 못 가지고 오지 어디서 가져와요. 개들은 그저 와서 먹고 밥값을 하루에 몇십 전씩 줬는지 몰라요.

= 식비를 냈지 식비 학교에서.

= 식비는 줬는데 얼마씩 주는지는 모르겠어.

= 그 우리집에 있던 왕침이라는 아이는 애가 좀 신체가 약해요. 그래서 자주 앓았어요. 그건 또.

= 앓으면 뭐 해줄 게 있어요, 내가?

= 그래서 좁쌀죽에다가 달걀이나 하나씩 풀어 끓이고 그랬더니만 그거 엄마가 어려서부터 세 살부터 엄마가 의붓어머니래.

= 그래서 이런 걸 못 먹어봤다고 갈 때 글쎄 너머 안 가려고 울어서 사흘을 울어서 죽을뻔 했어요.

= 안 가겠다고. 안 가면 좋은데 여기서 어떻게 해.

= 처음 그런 죽도 얻어먹어 봤다는 거지. 어머니 손에서 그런 죽을 처음 먹어봤다고.

= 그랭 기 그르키 이찌 앙쿠 그냥 댕기드이마는 요 한 오륭년 어가네 어째 저: 훈추네 안전부에 와 이따가 성 공안처루 가따는데 그담부터 소시기 ㄲ너저써요, 어티기 됀:는지.

= 어전 다: 항:갑 지나써요 다.

그 정도 대깬네요.

= 예:, 항:갑 다: 지나써요.

= 그 오거나라는 야:는 그 먼저 야:보다 나: 더 마는데요 머.

= 한 사린지 이상일 께요.

= 수탄 야:들 처써두 머 그기 하내 지금까지 질기게 댕겨.

= 지금도 오문 그저 지: 지비요.

= 오먼 그저 와서 누버 구르구 시부먼 구루구 시꾸, 머 머꾸 시품 먹꾸 시풍 거 해 머꾸.

그: 사람두 한, 저기 한조기요?

= 다: 한조기지. 조문게 아:드리 다: 한조기지.

그래요?

= 예: 한조기 조선마:를 배우느라구 연변대하게 와 이써찌.

= 선생드리 조선싸람, 선생드리.

= 자내가 한족뜨리 조섬말133) 하니까.

= 예 예예예 그래서 여기에 여기다 저:기 마라자면 붕교:를 안처따 마리요, 정아미다. 그래구서리 방하기먼 데리구 와서 한 달씩 와 이써찌.

= 겐데 그: 가: 지금 야들딸 와 이써따는 아 하나끼를 여기 와 이써서요, 하나끼를. 아주 저기 지불 하나 정해서

= 집체: 화시걸 하구: 하꾜를 하나 항카늘 빌어서 나제 나가 강이를 하구: 그다매 시가네는 지베 도라와서 지비 시꾸덜하구 조섬말 배우구.

= 빠르다닝 게지요, 아:드리. 이응 빠르대요, 그 짐보가, 요기와 배운 아:드리.

= 그러던 게 그렇게 잊지 않고 그냥 다니더니만 요 한 오륙년 어간에 어째 저 훈춘 안전부에 와 있다가 성 공안청으로 갔다는데 그다음부터 소식이 끊겼어요, 어떻게 됐는지.

= 이제는 다 환갑이 지났어요, 다.

그 정도 되었겠네요.

= 예, 환갑 다 지났어요.

= 그 오건아라는 아이는 그 먼저 아이보다 나이 더 많은데요 뭐.

= 한 살인지 이상일 거예요.

= 숱한 아이들 쳤어도 뭐 그게 한 아이가 지금까지 질기게 다녀.

= 지금도 오면 그저 자기 집이요.

= 오면 그저 와서 누워 구르고 싶으면 구르고 싶고, 뭐 먹고 싶으면 먹고 싶은 거 해먹고.

그 사람도 한, 저기 한족이요?

= 다 한족이지. 조문께 아이들이 다 한족이지.

그래요?

= 예, 한족이 조선말을 배우느라고 연변대학에 와 있었지.

= 선생들이 조선사람(이지), 선생들이.

= 쟤들이 한족들이 조선말을 하니까.

= 예 예예예, 그래서 여기에 여기에다 저기 말하자면 분교를 앉혔단 말이요, 정암에다. 그러고서 방학이면 데리구 와서 한 달씩 와 있었지.

= 그런데 그 개 지금 여덟 달 와 있었다는 아이 한 학기를 여기에 와 있었어요, 한 학기를. 아주 저기 집을 하나 정해서.

= 집체 화식을 하고 학교를 하나 한 칸을 빌려서 낮에 나가 강의를 하구 그다음에 시간에는 집에 돌아와서 집에 있는 식구들하고 조선말 배우고.

= 빠르다는 게지요, 아이들이. 응 빠르대요, 그 진보가, 요기 와서 배운 아이들이.

= 요기는 한:조기 업쓰니까요.

= 그래서 배워 간는대 다: 그래두 인제 다: 나가 써: 머께찌 머 저.

= 다: 나가 잘: 써머글끼요.

= 그래서 연변대하게 선생드를 거반[134] 아라찌.

전○썩 선생님이라구 아라요?

= 예?

전○썩.

= 전○-성?

석.

= 모르거써요.

그르키 암 마나서 모르는데 멘년 저네 도라가셔써요.

= 예::.

= 우리지베 여기 와 댕기던 선생내는 그저 나 다: 칠씹, 팔씹 너머쓸끼요 아마. 끄때마내두 그 기매수 선생은 나이 어린 추기언는데, 어린 추기언는데, 나하구 동개빈데 그: 다른 선생내는 다: 그 선생보다 이상이여쓰니까 그전 거반 다: 아마 주그나 무슨 머 이미 댕기지 모타는 형편 될께요.

= 그때 보통 사십 오시비 돼: 와써는데.

= 칠씸 민년도 그때: 돼는데.

= 잘 배와 가주 가써요, 학쌩들.

= 요기는 한족이 없으니까요.

= 그래서 배워 갔는데 다 그래도 이제 다 나가서 써 먹겠지 뭐 저.

= 다 나가서 잘 써 먹을거요.

= 그래서 연변대학에 선생들을 거반 알았지.

전○석 선생님이라고 알아요?

= 예?

전○석.

= 전○-성?

석.

= 모르겠어요.

그렇게 (나이가) 안 많아서 모르는데 몇 년 전에 돌아가셨어요.

= 예.

= 우리 집에 여기에 와 다니던 선생네는 그저 나이가 다 칠십 팔십 넘었을 거요 아마. 그때만해도 그 김○수 선생은 나이 어린 축이었는데, 어린 축이었는데, 나하고 동갑인데 그 다른 선생네는 다 그 선생보다 이상이었으니까 그전 거반 다 아마 죽거나 무슨 뭐 이미 다니지 못하는 형편이 될 거예요

= 그때 보통 사십 오십이 돼 왔었는데.

= 칠십 몇 년도 그때 되는데.

= 잘 배워 가지고 갔어요, 학생들.

1.5. 집체 시기의 생활

그때:는 저기 이:를 어트게 해써요?

= 집체지[135] 그때 집체.

집체는 어티게 하능 거요?

= 집체르 거 그때 생산대서[136] 집체라 하니까 제대망큼 나가서 밤머꾸 나가 생산대 가 이:라지. 이:라구 공수[137] 바꾸.

바븐 지베서 머꾸?

= 바번 제: 지베서 머꾸.

= 그래 가:더리 그저 나지면: 시간 이쓰면 그 집체 생산대 나가서 농민 드리 이:라는데 나가서 가치 일:두 하구 그래 마:를 배와찌, 마:니.

공수는 어티게 조:써요?

= 공수는 인저: 그 사람 능려게 따라서 칠부 반는 사람 칠부 바꾸, 구부하는 사람 구부 바꾸, 마:니 바드면 항공 바꾸 그래찌.

언제 조요?

= 매:일 매:일 그 평공해야 되지 평공.

= 선생하구 나하구 가: 기슴매쓰면 선생이 더 잘 해쓰면 항 공 주구 나는 팔부 바꾸 게 더 자라, 더 자란 사람 더 줄래기지.

= 그래가주구 가으레 가서 인제 거 공수: 그 농사진 수이블 공수에다 따려서 항 공에 얼매다: 이래면 그게 수이비 나오지.

= 겐데 항 공에 그때 머 육씹쩐 오십팔쩐 칠씹쩐 머 이르키 갈 때란 마리여.

= 수이비 업써찌 그때.

그때가 젤: 힘드러께써요?

= 에: 게 우리거틍 거는 머 아드리 어리지 머 노동녀기 업따나니까 머

그때는 저기 일을 어떻게 했어요?

= 집체지, 그때 집체.

집체는 어떻게 하는 거예요?

= 집체를 거 그때 생산대에서 집체라고 하니까 제대만큼 나가서 밥 먹고 나가서 생산대에 가서 일하지. 일하고 공수 받고.

밥은 집에서 먹고?

= 밥은 자기 집에서 먹고.

= 그래 걔들이 그저 낮이면 시간 있으면 그 집체 생산대에 나가서 농민들이 일하는데 나가서 같이 일도 하고 그러면서 말을 배웠지, 많이.

공수는 어떻게 줬어요?

= 공수는 이제 그사람 능력에 따라서 칠부 받는 사람 칠부 받고, 구부 하는 사람은 구부 받고, 많이 받으면 한 공(수) 받고 그랬지.

언제 줘요?

= 매일 매일 그 평균해야 되지 평균.

= 선생하고 나하고 가서 김을 맸으면 선생이 더 잘했으면 한 공(수) 주고 나는 팔부 받고 그래 더 잘하(는), 더 잘한 사람 더 주는 거지.

= 그래가지고 가을에 가서 인제 그 공수 그 농사지은 수입을 공수에다 딸려서 한 공(수)에 얼마다 이러면 그게 수입이 나오지.

= 그런데 한 공(수)에 그때 뭐 육십 전, 오십팔 전, 칠십 전 뭐 이렇게 갈 때란 말이야.

= 수입이 없었지 그때.

그때가 제일 힘들었겠어요?

= 에 그래 우리같은 사람은 뭐 이들이 어리지 뭐 노동력이 없으니까

양식뚜 그냥 빠:빠대써요 양식 꼬:상두 마:니 하구.

= 그라구 또 머: 개인으루는 월래 아무 거뚜 머: 농사 모: 찌어 머께 하
지 그래 집체 나가 일:만 해야지.

= 안 돼.

처:으메 여기 와쓸 때는 개이누루 일하 일:해써요?

= 아:니에요.

처:매두 그르케 아내써요?

= 어 처:메 사심면년도에?

= 그때는 개이누루 해:찌.

= 개이느루 더러 하다가 그다매 호조조라능[138] 게 나오구.

호조조요?

= 예, 기래 이지바구 이지비 두:지비서 이르키 어우러 농사진다 마리
여, 가치 이르키 하패가주구.

= 그래 세:지비 하는 사람 네:지비 하는 사람 이래서 그게 항 개 조:가
돼:찌.

= 그래등 기 그다메 집체르 하다 호조조라능 게 나오구 그다매는, 그다
맨 무스게 초급싸라능[139] 게 나오구.

= 또 초급싸라능 거 이 대대 저:기 고 호조조가 여러가 여러 조에서 하
패가주구 항 개 사를 또 꾸리지.

= 항 개 사를 꾸려서 그래서 그 사에서 또 조루 나눠가주 이:라구.

= 그래다 망하먼 머 임밍공사가[140] 서구 머 그다매는 집체화르 하다나
니까.

= 애이구, 마:니 해써요, 우리 주께 해써요 정말.

그때 뭐:가 젤 힘드러써요?

= 농사지끼가 젤: 힘들지유. 머꾸 살기느라구.

= 그때 소느루다 바뚜 소느루 매구 논두 가서 다:: 소느루 매구 거저

뭐 양식도 그냥 빠듯했어요, 양식 고생도 많이 하고.

= 그리고 또 뭐 개인으로는 원래 아무것도 뭐 농사를 못 지어 먹게 하지 그래 집체에 나가서 일만 해야지.

= 안 돼.

처음에 여기 왔을 때는 개인으로 일하, 일했어요?

= 아니에요.

처음에도 그렇게 안 했어요?

= 어 처음에 사십 몇 년도에?

= 그때는 개인으로 했지.

= 개인으로 더러 하다가 그다음에 호조조라는 게 나오고.

호조조요?

= 예, 그래 이집하고 이집이 두 집이 이렇게 함께 농사를 짓는단 말이야, 같이 이렇게 합해 가지고.

= 그래 세 집이 하는 사람 네 집이 하는 사람 이래서 그게 하나의 조가 됐지.

= 그러던 것이 그다음에 집체를 하다가 호조조라는 게 나오고 그다음에는, 그다음에는 무슨 초급사라는 게 나오고.

= 또 초급사라는 것은 이 대대 저기 그 호조조가 여러 개 여러 조에서 합해 가지고 한 개 사를 또 꾸리지.

= 한 개 사를 꾸려서 그래서 그 사에서 또 조로 나눠가지고 일하고.

= 그러다가 망하면 뭐 인민공사가 서구 뭐 그다음에는 집체화를 하니까.

= 아이고, 많이 했어요, 우리 죽도록 했어요, 정말.

그때 뭐가 제일 힘들었어요?

= 농사짓기가 제일 힘들지요. 먹고 살느라고.

= 그때 손으로 밭도 손으로 매고 논도 가서 다 손으로 매고 그저 새벽

새보게 나감 저녀게 어두워서 드러오구, 그래 일:해찌.

= 지그먼 얼마나 농민들 조아요.

= 지스멀 매능가? 거저 기게루 다: 바까리하구 농가리하구 머 기게루 다: 싱:꾸, 양만 툭 치먼 머 가으레 가 거저 또 기게루 가을하구.

= 그저넨 사라미 다: 매써요. 바뚜 매구 논두 매구 논뚜렁 까구 베두 사라미 가 벼야 되구:.

= 베두 이르케 페:서 무꺼선 메: 날라서 이르케 싸:가주구 또 시러오구.

= 에이, 젤: 바쁘 상 게 식땅호할 때 젤: 바쁘 살:구.

머할 때요?

= 식땅할 때, 식땅호할141) 때, 중구게서 식땅호하라구 식땅해써요.

= 육썹-연도 육썹일런도 그때.

= 그때 중구게서 쏘런 비드감느라구 고상 마:니 해써요, 농민들.

= 양녀네 거저 정말 죽께 사라써요, 맨: 개식죽만 머꾸.

= 배식푸미라는 게 땐쓰른,142) 옥씨기, 깡퇴지,143) 콩깍찌 머 거저 풀뿌리 낭구 껍떼기 이릉 거만 다: 머거써요 그때는.

= 농사 머: 쪼꼼씩 진는데 그때마내두 농어비 나쿠하지 나쿠해 머 그 쏘런 비드 감는다구 머 구까서 하니 머 다 구까다 바치구 이써요? 농민들 머글 께 업찌?

= 그때 중구게서 굴머 주근 사람덜 마:나요.

= 지금 북쪼선처럼 저러케 사라찌.

= 그때 우리는 아이드리 업스니 그래찌 아이들 마:는 집드른 노인들 다: 굴머 주거써요.

그게 저:기 개혁깨방 아니 저, 저저 문하형명하구 그럴 때지요 그게.

= 무나형명 썩: 저니지유. 예:.

= 무나형명은 그: 후에지.

= 무나형명이 칠썹면년도에 나쓸 끼요.

에 나가면 저녁에 어두워서 들어오고, 그렇게 일했지.

= 지금은 얼마나 농민들이 좋아요.

= 김을 매능가? 그저 기계로 다 밭갈이하고 논갈이하고 뭐 기계로 다 심고, 약만 툭 치면 뭐 가을에 가서 그저 또 기계로 추수하고.

= 그전에는 사람이 다 맸어요. 밭도 매고 논도 매고 논두렁 깎고 벼도 사람이 가서 베어야 되고.

= 벼두 이렇게 꿰서 묶어서 메어 날라서 이렇게 쌓아가지고 또 실어오고

= 에이, 제일 바빠 산 게 식당호 할 때 제일 바빠 살고.

뭐할 때요?

= 식당 할 때, 식당호 할 때, 중국에서 식땅호 하라고 식당 했어요.

= 육십년도 육십일년도 그때.

= 그때 중국에서 소련 빚을 갚느라고 고생 많이 했어요, 농민들.

= 양년에 그저 정말 죽도록 살았어요, 맨 개식죽만 먹고.

= 배식품이라는 땐쓰른, 옥수수, 깡퇴지, 콩깍지 뭐 그저 풀뿌리 나무 껍질 이런 것만 다 먹었어요 그때는.

= 농사 뭐 조금씩 짓는데 그때만해도 농업이 낙후하지 낙후해 뭐 그 소련 빚을 갚는다고 뭐 국가에서 하니 뭐 다 국가에다 바치고 있어요? 농민들 먹을 게 없지?

= 그때 중죽에서 굶어 죽은 사람들 많아요.

= 지금 북조선처럼 저렇게 살았지.

= 그때 우리는 아이들이 없으니 그랬지 아이들 많은 집들은 노인들 다 굶어 죽었어요.

그게 저기 개혁개방 아니 저, 저 저 문화혁명하고 그럴 때지요 그게.

= 문화혁명 썩 전이지요. 예.

= 문화혁명은 그 후지.

= 문화혁명이 칠십 몇 년도에 (일어)났을 거에요.

오시팔녀니자나요?

= 오십팔련도 육씹…

오십팔련도는 대욕 대약찐운동이구

= 예 대약찐

육씹녀닝가 육씹년에서

= 그럼.

= 육씹년 후이지유, 무나형명이.

= 에휴 중국뚜 골라나게 사러와써요.

오십팔 년이잖아요?

= 오십팔 년도 육십...

오십팔 년도는 대약, 대약진운동이고.

= 예, 대약진...

육십 년인가 육십 년에서...

= 그럼.

= 육십 년 후지요, 문화혁명이.

= 어휴 중국도 곤란하게 살아왔어요.

1.6. 중국의 생활상

= 지그믄 이저는 머이 부조강 게 인능 거 거찌 아나요, 구까저그로 보
나 개인들 생활 바:두.

= 농민드리 농사저:두 머 땅까불 다: 국까서 다: 대:주지 머.

= 노인드른 다: 또 이 지금두 생활비 다: 대주지.

= 칠씸너문 저: 너문 노인드른 이 교통비꺼지 대:줘요, 구까에서.

= 지금-먼 지금 사회가 제:일 조치 지금.

= 양시기 만:치 자유가 만:치 제:일 페난해요, 중구기 지금 제:일 자유요

= 항국뚜 이르케 자유시럽게 사:능 거 거찌 아나요, 돈: 만타구 해:두

= 지금 살:긴 제:일 조아요 중구기.

= 머꾸 시붕 거 다: 머꾸 이꾸 시붕 거 다: 이꾸 양시기 흐내서 머: 머
글 꺼 고상하는 지비 하나두 업써요.

= 아이 돼:지가 옥씨끼만 머꾸 사:는데요 머.

= 돼:지 메기는 집 옥씨끼만 머꾸 사라요 돼:지가.

여기서요?

= 에:.

= 사람 옥씨끼 멍능 게 업써요.

= - 그거 마스루 그 찰옥씨기 조서 쪼꼼 마스루 쪼꼼씽 먹찌.

= 아이 요기만 해두 좁쌀 구경 모태요, 좁싸리 업써요.

= 그래서 안짜게서 나오는 좁싸르 그거 임마스루 항 근씩 싸:서 한주먹
씩 나:머꾸.

= 옌:나레는 어디서 이파블 머거바요.

= 제 지방에 양시글 제 지방에서 다: 처리 모태요.

= 그래니까 머: 베구 싸리구 만날 무궈서 머꾸

= 지금은 이제는 뭐가 부족한 게 있는 것 같지 않아요, 국가적으로 보나 개인들 생활을 봐도.

= 농민들이 농사를 지어도 뭐 땅값을 다 국가에서 다 대주지 뭐.

= 노인들은 다 또 이 지금도 생활비 다 대주지.

= 칠십넘은 저 넘은 노인들은 이 교통비까지 대줘요, 국가에서.

= 지금은 지금 사회가 제일 좋지 지금.

= 양식이 많지 자유가 많지 제일 편안해요, 중국이 지금 제일 자유요.

= 항국도 이렇게 자유스럽게 사는 것 같지 않아요, 돈은 많다고 해두

= 지금 살기는 제일 좋아요 중국이.

= 먹고 싶은 거 다 먹고 입고 싶은 거 다 입고 양식이 흔해서 뭐 먹을 것 고생하는 집이 하나도 없어요.

= 아이 돼지가 옥수수만 먹고 사는데요 뭐.

= 돼지 키우는 집 옥수수만 먹고 살아요 돼지가.

여기서요?

= 예.

= 사람이 옥수수 먹는 게 없어요.

= 그거 맛으로 그 찰옥수수 줘서 조금 맛으로 조금씩 먹지.

= 아니 요기만 해도 좁쌀 구경 못해요, 좁쌀이 없어요.

= 그래서 안쪽에서 나오는 좁쌀을 그것을 입맛으로 한 근씩 사서 한주 먹씩 넣어 먹고.

= 옛날에는 어디서 쌀밥을 먹어봐요.

= 제지방에 양식을 제지방에서 다 처리 못해요.

= 그러니까 뭐 벼고 쌀이고 만날 묵혀서 먹고

= 파르라구 해두 머이 싸가능 게 업써요.

= 농사 안 진는 사람드리나 쪼꼼씩 싸 먹찌.

= 정말 양시근 중구기 젤: 아마 풍조가게 머글 끼요.

= 항국처럼 그르키 골라난 호드리 업써요. 항국 골라난 집뜨른 대다니 골라나드라구요.

= 머 이 테리비에 나오능 거 보니까 아주 항구건 비미리 업짜너요. 예.

= 비미리 업써요. 그링까 다: 그대루 다: 나온다 마리요.

= 그래구서 골라난 집뜨른 항국뚜 대다니 골라나드라구.

= 아 그래 우리 생가근 해찌 왜: 이 미국 싸람들두 나가서 다: 버러머꾸 사:는데 제 나라 싸람드리 저러키 몰 뻐러머꾸 저르키 골라나게 지나능가.

= 근 왜 그런지 몰라요, 이:라기 시러 그라는지:?

안 하능 거뚜 이써요.

= 그래게 마리요.

그래닝까 거기는 그걸 왜국 싸람드리 하지요.

= 근데 바요, 왜국 싸람드른 나가서 골라나게 지나능 게 업짜나요. 다: 제 버러머꼬 살:지.

─ 근데 왜 제 나라 싸람드른, 그쎄 마리요. 제 나라 싸라미 저르케 골라나게 사라요?

지:드리 안 하능 걸 머.

= 모: 싸르니깐 부모두 다 뿌리데디구144) 아:들두 다: 뿌리데디구.

맨: 처으메 오셔쓸 때는 여기 어트게 해써요?

= 우리: 조서네서145) 드루와쓸 때?

예.

= 나:가 내가 거 사시보년도 아홉싸레 드러완는데

= 팔려고 해도 뭐가 사가는 게 없어요.

= 농사 안 짓는 사람들이나 조금씩 사먹지.

= 정말 양식은 중국이 제일 아마 풍족하게 먹을 거예요.

= 항국처럼 그렇게 곤란한 호들이 없어요. 한국 곤란한 집들은 대단히 곤란하더라고요.

= 뭐 이 텔레비전에 나오는 거 보니까 아주 한국은 비밀이 없잖아요. 예.

= 비밀이 없어요. 그러니까 다 그대로 다 나온단 말이요.

= 그리고 곤란한 집들은 한국도 대단히 곤란하더라고.

= 아 그래서 우리가 생각은 했지, 왜 이 미국 사람들도 나가서 다 벌어 먹고 사는데 제 나라 사람들이 저렇게 못 벌어먹고 저렇게 곤란하게 지내 는가.

= 그건 왜 그런지 몰라요, 일하기 싫어 그러는지?

안 하는 것도 있어요.

= 그러게 말이요.

그러니까 거기는 그걸 외국 사람들이 하지요.

= 그런데 봐요, 외국 사람들은 나가서 곤란하게 지내는 게 없잖아요. 다 제 벌어먹고 살지.

= 그런데 왜 제 나라 사람들은, 글쎄 말이요. 제 나라 사람이 저렇게 곤란하게 살아요?

자기들이 안 하는 걸 뭐.

= 못 사니까 부모도 다 내다버리고 아이들도 다 내다버리고.

맨 처음에 오셨을 때는 여기 어떻게 했어요?

= 우리 조선에서 들어왔을 때?

예.

= 나가 내가 그 사십오년도 아홉살에 들어왔는데

사시보년 아홉싸레...

= 아홉싸레 드루오니까 모두 개인 농사 지뜨라구 개인드리.

= 그때는 모두 개인드리 땅을 그냥 드루와가주구 임민호드리146) 드루와서 땅을 일궈가주구 진능 게 거저 노동녀기 조은 사람드른 마:니 일궈서 마:니 지꾸 노동녀기 엄는 사람드른 거저 쪼꼼씩 저:서 그저 양시기나 그래구 그래드라구.

= 겐데 해:방 되구부터는 그다메 머 호조조요, 무수거 집체호요, 무수거 임밍공사요, 무수게 하메 자꾸 이르케 무꺼 세우다나니까 땅두 거저 항 고데 하파고 사람두 항 고대 하패 농사지꾸 집딴쩌그루 그르케 해:찌.

= 중구게서두 지끔꺼정만 집체:: 집체저그루 저러케 해쓰면 이르키 발쩐 모태요.

그럼요.

= 응, 도고리해서147) 다 헤처 노:니까 이르키 살:지.

개혁깨방 하느라

= 왜?

= 외구게 나가 벌:구 사람들두 다: 제마끔 머: 토지 나눠조가주구 다: 제마끔 버러머꾸 살자니까 저르키 풍조가게 살:지.

= 이전처름 집체에 살:면 이르키 모:싸라요.

= 지금 국까서 바다가능 기 업써요.

= 머 물쩨를 바다가나 머 농업쩨를 바다가나 공양얼148) 바다가나 머: 아:무 하나두 국까에 바치능 게 업써요 농민들뚜.

= 그저 제 농사 저서 지가 파라 머꾸 시부면 파라 머꾸 누구 주구 시부면 주구.

= 땡풍이요 땡풍.149)

= 그랜데두 그쎄 여기 조선싸람드른 제 지방에서 버러머글라구 아나구 저르키 외구그루만 갈라구.

사십오년 아홉살에...

= 아홉살에 들어오니까 모두 개인 농사 짓더라고 개인들이.

= 그때는 모두 개인들이 땅을 그냥 들어와가지고 인민호들이 들어아서 땅을 일궈가지고 짓는 게 그저 노동력이 좋은 사람들은 많이 일궈서 많이 짓고 노동력이 없는 사람들은 그저 조금씩 지어서 그저 양식이나 그러고 그러더라고.

= 그런데 해방이 되고부터는 그다음에 뭐 호조조요, 무슨 집체호요, 무슨 인민공사요, 무엇을 하며 자꾸 이렇게 묶어 세우다보니 땅도 그저 한 곳에 합하고 사람도 한 곳에 합해서 농사짓고 집단적으로 그렇게 했지.

= 중국에서도 지금까지만 집체, 집체적으로 저렇게 했으면 이렇게 발전 못해요.

그럼요.

= 응, 일괄해서 다 헤쳐놓으니까 이렇게 살지.

개혁개방 하느라.

= 왜?

= 외국에 나가 벌고 사람들도 다 제각기 뭐 토지 나눠 줘가지고 다 제각기 벌어먹고 살려니까 저렇게 풍족하게 살지.

= 이전처럼 집체에 살면 이렇게 못 살아요.

= 지금 국가에서 받아가는 게 없어요.

= 뭐 물세를 받아가나 뭐 농업세를 받아가나 공양을 받아가나 뭐 아무(것) 하나도 국가에 내는 게 없어요, 농민들도.

= 그저 제 농사 지어서 자기가 팔아먹고 싶으면 팔아먹고 누구 주고 싶으면 주고.

= 땡풍이요, 땡풍.

= 그런데도 글쎄 여기 조선사람들은 제 지방에서 벌어먹으려고 안 하고 저렇게 외국으로만 가려고.

= 아:: 저: 안쪼게서 저: 안짜게 싼둥짜게서 나온 한족뜨른 여기와 아주 부:자 돼:써요 부:자 되야.

= 잘: 버러요.

그쪽싸람드리 여기 오면 더: 낭:가요?

= 거기는 일까미 업따대 안쪼근.

= 일까미 업때.

= 땅이 작따나니까 농사지어 머글 바티 업찌. 일까미 무슨 또: 그르키 공어비 발쩌나지 모타다나니까 공장이 업찌.

= 그래서 이 연변짜게 나오면 와서 저: 쓰레기 주서서 파라 지금 도:느 메뺑마너씩 세워노쿠 쓰는 사람두 인는데 머.

= 가마:이 보니 조선싸람드른 다 가따 저: 그럼무지다 내삐리구 한족사 람드른 와 다: 주서가구 그래.

= 그래서 파라서 부:자래.

= 근데 조선싸람 그걸 하라먼 안 해요, 그쎄 치사하다구.

= 아나구 외구게 가서 큰돔만 벌라구 지랄덜라구 개고상하구 거 가서 하기 시르먼 돈두 모:뺄구 그냥 가서 비러먹따 오구.

= 항구게 가따구 다: 돈버능 게 아니어요.

열씨미 하는 사라미나 벌지 머.

= 이라기 시러하는 놈드른 가서: 차비두 업써 모뜨러 온다는데 머.

= 댕기메 거저 바비나 어더 머꾸.

= 여:기저기 어디 공짜나 인능가 하구 도라댕기구.

= 에휴 산다능 게 그저 어저네 이: 시기가 조쿠 사회가 조아지니까 어 전 늘거서 매:기 업써서 아무거뚜 모태.

= 게두 지금 우리 요기 늘그니드른 보통 다: 고급쌩화리어요.

= 고급쌩화래요, 노인드리.

= 머 항:국처럼 나: 머꾸 나가 이:라는 사람 인능가.

= 아 저 안쪽에서 저 안쪽에 산동쪽에서 나온 한족들은 여기에 와서 아주 부자 됐어요, 부자 돼.

= 잘 벌어요.

그쪽 사람들이 여기 오면 더 나은가요?

= 거기는 일감이 없다더라고 안쪽은.

= 일감이 없대.

= 땅이 작다 보니 농사지어 먹을 밭이 없지. 일감이 무슨 또 그렇게 공업이 발전하지 못하다 보니 공장이 없지.

= 그래서 이 연변쪽에 나오면 와서 저 쓰레기를 주워서 팔아 지금 돈을 몇백만 원씩 세워놓고 쓰는 사람도 있는데 뭐.

= 가만히 보니 조선사람들은 다 가져다가 저 거름더미에다 내버리고 한족사람들은 와서 다 주워가고 그래.

= 그래서 팔아서 부자래.

= 그런데 조선사람은 그걸 하라면 안 해요, 글쎄 치사하다구.

= 안 하고 외국에 가서 큰돈만 벌려고 지랄떨고 개고생하구 거기 가서 하기 싫으면 돈도 못 벌고 그냥 가서 빌어먹다 오고.

= 한국에 갔다고 다 돈버는 게 아니어요.

열심히 하는 사람이나 벌지 뭐.

= 일하기 싫어하는 놈들은 가서 차비도 없어서 못 들어 온다는데 뭐.

= 다니면서 그저 밥이나 얻어 먹고.

= 여기저기 어디 공짜나 인는가 하고 돌아다니고.

= 아이고, 산다는 게 그저 이제는 이 시기가 좋고 사회가 좋아지니까 이젠 늙어서 맥이 없어서 아무것도 못 해.

= 그래도 지금 우리 요기 늙은이들은 보통 다 고급생활이어요.

= 고급생활해요, 노인들이.

= 뭐 한국처럼 나이 먹고 나가서 일하는 사람이 있는가.

= 거저 모도 안지면 화토치기나 하구, 저:기 거저 저: 오락 노래 배우구 춤추는 데나 댕기구

= 자식뜨리 다: 나가서 외구게 가 버니까 또 도:년 흔장만장 쓰구, 먹꾸 시붕 거 다: 머꾸 페나내요.

= 페나난데 인전 글려기 따라 모까서 좀 불펴내 그러치.

= 에이구 이전 다: 사라써요.

왜요 아직 한참 나머찌 뭘. 한참 나머찌 멀.

= 매:기 모지라서 안 돼요.

= 아무리 머: 돈가주구 야글 써두 약까주구 해결 모태요.

= 머 매:기 업는데 이제.

= 글려기 업써요.

= 그저 모두 앉으면 화투치기나 하고, 저기 그저 저 오락 노래 배우고 춤추는 데나 다니고.

= 자식들이 다 나가서 외국에 가서 버니까 또 돈은 흥청망청 쓰고, 먹고 싶은 거 다 먹고 편안해요.

= 편안한데 이제는 근력이 못 따라가서 좀 불편해 그렇지.

= 아이고 이젠 다 살았어요.

왜요 아직 한참 남았지 뭘. 한참 남았지 뭘.

= 맥이 모자라서 안 돼요.

= 아무리 뭐 돈가지고 약을 써도 약 가지고 해결 못해요.

= 뭐 맥이 없데 이제.

= 근력이 없어요.

■ 주석

1) '서뱅님'은 '서백림'의 음성표기다. '서백림'이 정확히 무엇을 뜻하는지는 제보자도 잘 알지 못하는 것으로 보인다.

2) '왕청현'은 중국 길림성(吉林省) 연변 조선족 자치주에 있는 행적구역의 하나인 현(縣)으로 조선족이 많이 거주하는 곳이다. 일제 강점기 때는 항일 독립 전쟁의 근거지였던 곳이기도 하다.

3) '드러와가주구'는 '드러와+가주구'로 분석된다. '드러와'는 '들어오다'의 어간 '들어오-'에 어미 '-아'가 결합된 것이다. '-가주구'는 ((동사나 형용사 뒤에서 '-어 가지고' 구성으로 쓰여)) 앞말이 뜻하는 행동의 결과나 상태가 그대로 유지되거나, 또는 그럼으로써 뒷말의 행동이나 상태가 유발되거나 가능하게 됨을 나타내는 말로 쓰이는 보조동사 '가지다'에서 온 말인데 충청도 방언이나 이 지역 방언에서는 ((용언의 어간 뒤에 붙어))수단이나 방법을 나타내는 연결 어미 '-(어)서'와 같은 용법으로 문법화하는 과정에 있는 것으로 보인다.

4) '기지'는 '기+지'로 분석된다. '기'는 중앙어 의존명사 '것'을 구어적으로 이르는 '거'에 대응하는 이 지역 방언형이다. '지'는 서술격조사 '이다'의 어간 뒤에 붙어 어떤 사실을 긍정적으로 서술하거나 묻거나 명령하거나 제안하는 따위의 뜻을 나타내는 종결 어미로 쓰인다. 받침이 있는 말에 붙으면 '이지'로 나타나고 예문에서와 같이 받침이 없는 말에 붙으면 '지'로 나타난다.

5) '송전툰'은 한자어 지명 '松田屯'으로 순우리말로는 '솔밭자리' 또는 '솔밭재'라고도 한다. '솔밭재'는 길림성 도문시 양수진 석두촌과 양수진 정암촌 사이에 있는 작은 고개를 말한다. '솔밭재'는 '솔밭+재'로 분석된다. '솔밭'은 다시 '솔+밭'으로 분석되어 '솔나무밭'이라는 뜻을 가진다. '재'는 고개를 뜻하는 말이다. '솔밭재'는 '솔나무가 많은 고개'라는 뜻으로 쓰였는데 여기에 사람이 살게 되면서 '솔밭자리'로도 쓰이게 되고 마을 이름으로 쓰이기도 했으나 지금은 집이 없어졌다.

6) '논'은 물을 대어 주로 벼를 심어 농사를 짓는 땅인데 이 지역에서는 '수전(水田)'이라는 한자어를 자주 쓴다. '수전(水田)'에 대립하는 한자어로 '한전(旱田)'이 쓰인다. '한전'은 물을 대지 아니하거나 필요한 때에만 물을 대서 채소나 곡류를 심어 농사를 짓는 땅을 뜻하는데 보통은 '밭'의 의미로 쓰인다. '한전'에 대응하는 우리말로 '밭'이 쓰인다. 이 지역에서는 '논, 밭'과 '수전, 한전'이 함께 쓰인다. '한전'과 '수전'은 연변 조선말에서 차용하여 쓰이는 말이고 '논, 밭'은 충청도 방언을 유지하고 있는 것으로 이해된다.

7) '무스거'는 사물을 가리키는 지시대명사다. 문맥으로 보면 '무엇'의 고어형 '무슥'의 목적격형이 연변 조선말에서 '무스거'로 쓰이는 것을 학습 차용한 결과가 아닌가 한

다. 이 지역에서 주격형으로는 '무스기'보다는 '무시기'가 주로 쓰인다. '무스거'나 '무시기'는 연변 지역의 함경도 방언 화자들이 많이 쓰는 말인데 이것을 제보자를 비롯한 충청북도 이주민들이 습득하여 사용하는 것이다. 함경도 방언형 '무시기'는 중앙어 '무엇이'에 대응하는 15세기 어형 '므슥'에 소급하는 것이다. 즉 '므슥'이 주격조사 '-이'의 접미사화에 의해 '무스기'가 된 것이다. '무스기'가 마찰음 'ㅅ' 아래에서 모음 '으'가 전설모음화 하여 '무시기'가 된 것으로 보인다. 파생과 곡용에 대하여는 좀더 면밀한 검토가 필요하다.

참고로 현대국어 '무엇'에 대응하는 중세국어형의 발달과정을 보면 다음과 같다. 현대국어의 의문을 표현하는 지시대명사 '무엇'은 중세국어 문헌에서는 '므스것', '므슥', '므섯'으로 나타난다. ≪석보상절≫에 나타난 '므스것'은 '므스(관형사)+것(의존명사)'으로 분석할 수 있다. '므스것'의 '것'을 의존명사로 분석해 내면 '므슥'은 '므스것'의 단축형이 될 수 있다. 즉 '므스것'의 어말 '엇'이 생략되어 '므슥'이 만들어졌다고 할 수도 있다. 그러나 그 반대의 해석도 가능하다. 즉 '므슥'을 기본 어근으로 잡고 '므스것'은 '므슥'에 접미사 '-엇'이 결합한 것이라고 할 수도 있는 것이다. 어느 것이 더 그럴듯한 것인지 단정 짓기는 어려우나 역시 15세기 문헌에 존재하는 '므섯'을 고려하여 '므스-것'으로 분석하는 방법을 취하는 것이 낫다고 여겨진다. '므섯'은 '므스것'의 단축형으로 볼 수 있기 때문이다.

또 다른 의문사로 15세기부터 나타난 '므슴'은 현대국어 '무슨'의 선대형이다. '므슴'과 '므스'는 '믓'을 공유하고 있다. 이 '믓'은 의문사의 핵이 되는 기원적 어근이라 할 수 있다.

현대국어의 '무엇'은 중세국어에 존재한 '므섯'의 후대형이다. '므섯'의 모음 간 'ㅅ'이 약화 탈락되고 순자음 뒤에서 원순모음화가 적용된 것이 '무엇'이다. 즉 '므슷>므엇(모음 간 'ㅅ' 탈락)>무엇(원순모음화)'라는 변화 과정을 상정할 수 있다. 15세기에 존재하였던 고형 '므스것'은 20세기 문헌에도 드물게 나타난다. 또한 현대의 서북방언에서 '무스것'과 같은 형태로 쓰이고 있다.

8) '막'은 겨우 비바람을 막을 정도로 임시로 지은 집을 뜻하는 말이다.

9) '됀:능가 하게 대먼'은 '됐는가 하게 대면'의 음성형인데 이에 대응하는 중앙어 표현은 '되었느냐 하면' 정도가 된다. '-는가 하게 되면'은 함경도 방언에 기반을 둔 연변 조선족들이 사용하는 말을 학습 차용한 것으로 충청도 방언형으로는 '됐느냐 하면'이다.

10) '근너 못 댕기구'의 중앙어 표기는 '건너 못 다니고' 정도가 될 것이고 한국어 어순으로 하면 '못 근너 댕기구'가 된다. 중앙어 표기로 바꾸면 '못 건너 다니고'가 된다. 여기에서 알 수 있는 것이 충청도 방언에서는 부정의 뜻을 나타내는 부사 '못'이 본동사와 보조동사 앞에 오는데 이 지역에서는 '못'이 본동사와 보조동사 사이에 온다는 것이다. 이런 양상은 부정의 뜻을 나타내는 부사 '안'에 대해서도 마찬가지다. 충청도 방언에서는 '안'이 '안 먹어 보다, 안 가 보다'와 같이 본동사와 보조동사 앞에 쓰이는데 비해 이 지역에서는 '못'과 마찬가지로 '먹어 아이 보다, 가 아

이 보다'와 같이 본동사와 보조동사 사이에 부정의 뜻을 나타내는 부사 '아이'가 온다. 이는 함경도 방언에 기반을 둔 연변 조선말을 학습 차용한 것이다.

11) '총독부(總督府)'는 일제 강점기 때 일본이 식민지를 다스리기 위하여 설치한 최고 행정 기관을 말한다.

12) '논얼 푼'은 '논얼 풀다'의 관형구다. 이때의 '풀다'는 '만들다' 정도의 의미로 쓰인 것이다. '논을 풀다'는 '논이 아니었던 땅을 논으로 만들다'의 의미로 쓰였다. 충청도에서는 '논을 뜬다'고도 한다.

13) '그담에'는 '그담+에'로 일차 분석할 수 있다. 중앙어 '그다음에'에 대응하는 이 지역 방언형이다. 현재의 충청도 방언에서도 '그담에'가 쓰이는데 중앙어의 '그것에 뒤이어 오는 때나 자리'를 뜻하는 '그담에'와는 달리 담화표지로도 자주 사용된다. 예의 '그담에'도 담화표지로 쓰인 것으로 이해된다.

14) '송장투니다'는 송전툰이다'의 음성형 '송전투니다'로 발음해야 할 것을 잘못 발음한 것이다.

15) '논 전'은 '밭 전'을 잘못 말한 것으로 보인다. '송전툰'의 한자 표기는 '松田屯'이다. '툰'은 '둔(屯)'을 중국어 발음으로 한 것이다.

16) '존니비골'은 정암촌 북쪽에 있는 골짜기 이름으로 '조빈니곰[조빈니꼴]'이라고도 한다. 큰 마상골 위쪽에 위치하며 이 골짜기를 넘으면 왕청현이다. 다른 제보자는 '조빈니골'이라고 하였다.

17) '마상골'은 정암촌에서 왕청현 방향의 동쪽 위에 있는 골짜기 가운데 하나로 아래에 '작은마상골'이 있고 그 위쪽으로 '큰마상골'이 있다. '마상골'은 '마' 씨 성을 가진 사람이 살았기 때문에 생긴 이름이라고 한다.

18) '금정꼴'은 '금점골'의 음성형이다. '금점골'은 일제 강점기 때 '금점(金店)'을 했던 곳이어서 붙여진 이름이다. 양수진과 왕청현의 경계 지점에 위치한다.

19) '후적질'은 강압적인 수단으로 남의 재물을 빼앗는 짓을 말한다. '후적질'의 정확한 어원은 알 수 없으나 '호적질'에서 유래한 것으로 보인다. 호적질은 '호적(胡狄)＋질'로 분석할 수 있다. 본래 '호적(胡狄)'은 예전에, 두만강 일대의 만주 지방에 살던 여진족을 멸시하여 이르던 말이다. 제보자의 설명에 의하면 이 지역에 살던 후적들이 산에서 밭농사를 지으면서 협박이나 폭력과 같은 수단으로 남의 재물을 빼앗았다고 한다. 이로 보아 '호적'이 '후적'으로 변한 것이라고 할 수 있다.

20) '한전'은 물을 대지 아니하거나 필요한 때에만 물을 대어서 채소나 곡류를 심어 농사를 짓는 땅을 뜻하는 한자어 '한전(旱田)'에서 유래한 말로 보통은 '밭'의 의미로 쓰인다.

21) '농사질'은 '농사일'의 뜻으로 쓰이는 이 지역 방언형이다. 중앙어에서의 '-질'은 "((일부 명사 뒤에 붙어)) 직업이나 직책에 비하하는 뜻을 더하는 접미사"인데 이 지역 방언에서는 '선생질, 목수질'처럼 비하의 뜻이 없이 쓰이는 것이 특징이다.

22) '이원'은 '일 원'을 뜻하는 말로 '이뤈' 또는 '이런'으로 발음해야 할 것을 잘못 발음한 것이다.

23) '부주'는 중앙어에서 잔칫집이나 상가(喪家) 따위에 돈이나 물건을 보내어 도와주는 일이나 또는 그런 돈이나 물건을 뜻하는 '부조(扶助)'에 대응하는 이 지역 방언형이다.

24) '추쿠내'는 '축원하다'의 활용형 '축원해'라고 해야 할 것을 잘못 말한 것이다.

25) '-는가 하니까'는 중앙어 표준어형 '-느냐 하면'에 대응하는 말로 '-는가 하먼'과 함께 쓰이는 이 지역 방언형이다.

26) '한 개 대'는 '한 개 생산대'를 줄여서 이르는 말이다. '생산대'는 중국에서 공동으로 생산하고 분배하던 단위를 말한다. 집체(集體) 시절에 있었던 농촌의 생산단위의 하나다. 이 '생산대'를 줄여서 '대'라고 불렀다.

27) '촌장'은 중국의 행정 단위 가운데 가장 하위 단위인 '촌'의 사무를 맡아보는 사람으로 우리나라의 이장(里長)에 해당한다.

28) '지부서기'는 중국의 말단 행정단위인 '촌'의 사무를 맡아 처리하는 사람을 말한다. '당지부서기' 또는 '지부서기'라고도 하고 그냥 '서기'라고도 한다.

29) '내하구'는 '내+하구'로 분석된다. '내'는 중앙어 '나'에 대응하는 이 지역 방언형이다. 이 지역에서는 '나'와 '내'가 공존하며 쓰인다.

30) '활빈'은 중국 헤이룽장성(黑龍江省)의 성도인 하얼빈(哈爾濱([Harbin]))의 속음으로 쑹화강(松花江)에 면해 있는 중국 둥베이지구(東北地區: 옛 이름은 만주)에서 두 번째로 큰 도시다. 19세기 말과 20세기 초에 러시아인들이 중동(中東) 철도를 건설하면서 이 도시가 생겼다. 1904년에 완공된 이 노선은 시베리아 바이칼호의 동쪽 지점에서 시작하는 시베리아 횡단 철도를 동해에 면해 있는 러시아 항구인 블라디보스토크와 이어주었다. 하얼빈은 러일전쟁(1904~05) 동안 만주에서 러시아의 군사 작전 기지 역할을 하였다. 전쟁이 끝날 무렵 일시적으로 중국과 일본이 공동 관리했다. 1917년 러시아 혁명 뒤 러시아에서 도망친 사람들의 피난처가 되었으며 한때는 소련 밖의 도시 가운데 러시아인이 가장 많이 거주하는 곳이었다.

31) '싸가주'는 중앙어 '사다'에 대응하는 이 지역 방언 '싸다'의 어간 '싸-'에 '-가주'가 결합된 것이다. 이 지역 방언에서 '買'의 의미를 가진 어휘로 '싸다' 외에 '사다'도 함께 쓰인다. '싸다'는 연변 조선말에서 차용한 것이고 '사다'는 충청도 방언형을 유지하는 것으로 이해된다.
'가주'는 '가주구'의 준말이다. '가주구'는 ((동사나 형용사 뒤에서 '-어 가지고' 구성으로 쓰여)) 앞말이 뜻하는 행동의 결과나 상태가 그대로 유지되거나, 또는 그럼으로써 뒷말의 행동이나 상태가 유발되거나 가능하게 됨을 나타내는 말로 쓰이는 보조동사 '가지다'에서 온 말인데 충청도 방언이나 이 지역 방언에서는 ((용언의 어간 뒤에 붙어)) 수단이나 방법을 나타내는 연결어미 '-(어)서'와 같은 용법으로 문법화하는 과정에 있는 것으로 보인다.

32) '덴찌불'은 '덴찌'와 '불'의 합성어다. '덴찌'는 전지를 넣어 불을 밝히는 휴대용 기구로 우리나라에서는 흔히 '플래시'라고 한다. 따라서 '덴찌불'은 덴찌로 밝히는 불, 즉 플래시로 밝히는 불을 뜻한다.

33) '무섭씹다'는 '무섭십다'의 음성형이다. '무섭십다'는 '무섭+십다'로 분석할 수 있다. '무섭-'은 '무섭다'의 어간이고 '-십다'는 하오할 자리에 쓰여, 보거나 듣거나 겪은 사실을 전달하여 알림을 나타내는 중앙어 종결어미 '-습다'에 대응하는 이 지역 방언형이다.

34) '타래'는 사리어 놓은 실이나 노끈, 줄 따위의 뭉치를 이르는 말이다. '타래'의 모양은 원형이거나 타원형, 8자형 등이 있다.

35) '토리'는 실이나 줄 따위를 둥글게 사리어 놓은 뭉치 하나하나를 가리키는 말이다.

36) '토론'은 문맥상 '흥정'의 의미로 쓰였다.

37) '근'은 무게의 단위로 이 지역에서는 한 근이 500g이다 우리나라에서는 한 근이 600g이다.

38) '튀하다'는 새나 짐승을 잡아 뜨거운 물을 끼얹거나 뜨거운 물에 잠깐 넣었다가 꺼내어 털을 뽑는 동작을 말한다.

39) '새타야캐'는 중앙어 '새하얗게'에 대응하는 이 지역 방언형 '샛하얗게'의 음성형이다. 기본형은 '샛하얗다'다.

40) '대갈'은 '대가리'의 준말로 보이는데 예문에서는 낮춤의 의미는 적어 보인다.

41) '빠리'는 '바리'의 음성형이다. '바리'는 발굽을 가진 동물을 세는 단위로 쓰이는 단위성 의존명사다. 이 지역에서는 '바리'가 물고기나 짐승, 벌레 따위를 세는 단위인 '마리'와 수의적으로 쓰인다.

42) '꾸루'는 '꿀+우'로 분석된다. '우'는 목적격 조사 '을'의 이 지역 방언형 '으'가 선행 음절의 모음에 이끌려 '우'로 발음된 것이다. 이 지역에서는 목적격 조사로 '-을, -를'이 '-으, -르'와 함께 수의적으로 쓰인다. '-으, 르'는 연변 조선말에서 차용하여 쓰는 것으로 이해된다.

43) '때'는 '대'의 음성형인데 긴 장대나 통나무, 전봇대 등을 세는 단위로 쓰이는 단위성 의존명사다.

44) '가마이'의 원형은 '가만히'이다. 여기에서는 '몰래'의 뜻인 '남이 모르게 살짝'의 의미로 쓰였다. '가마이'가 이 지역에서는 '아 깨지 않게 가마이 갔다 와'에서처럼 '움직임 따위가 드러나지 않도록 조용하고 은은하게'의 뜻으로도 쓰인다.

45) '끼니지'는 '끼지'를 잘못 말한 것이다.

46) '아내써'는 '안 했어'의 음성형이다.

47) '아이'의 원형은 '아니'다. 용언 앞에서 그 용언의 동작이나 상태를 부정하는 말이다. 중앙어 '아니'나 '안'에 대응하는 말이다.

48) '뿌씽한다'는 한어 '不行[bùxíng]'에 접사 '하다'가 붙은 '不行-하다'의 현재형이다. 문맥에서는 '안 된다, 못 한다' 정도의 의미로 쓰였다.

49) '인민'은 한어에서 보통은 '국가나 사회를 구성하고 있는 사람들', 즉 '국민'을 뜻하는 말로 쓰인다. 여기에서는 의미가 축소된 '주민' 특히 '마을 주민'의 의미로 쓰였다.

50) '심냥'은 중국 요녕성의 성도인 '심양(沈陽, Shenyang)'을 가리킨다. 규범 표기로는 '선양'이다.

51) '보과뉘니하니'는 '보과뉜한테'나 '보과뉜한티' 정도로 발음해야 할 것을 잘못 발음한 것이다.

52) '집채'는 '집체'의 음성형으로 1980년대 이전 중국에서 시행했던 사회주의 집단 경제 체제를 시행했던 생산단위로서의 '집체'를 말한다. 1980년대 이전 중국에서는 생산 수단에 대한 집단 소유제와 공동 노동을 기초로 한 경제 형태를 '집체'라고 했다. 여기에서는 이런 형태의 집체 단위인 '대대'와 같은 생산단위를 '집체'라고 한 것이다.

53) '토리'는 실이나 줄 따위를 둥글게 사리어 놓은 뭉치 하나하나를 가리키는 말이다.

54) '공일날'은 일을 하지 않고 쉬는 날을 뜻하는 '공일'에 하루를 뜻하는 '날'이 결합된 합성어다. 이 지역에서는 일요일이나 국경일 같이 쉬는 날을 모두 '공일날' 또는 '공일'이라고 한다.

55) '심냥역전'은 중국 길림성의 심양시에 있는 역으로 규범 표기로는 '선양역'이다. 조선족들은 한국 한자음으로 '심양역'이라고 발음한다. 이 지역에서는 '역'을 '역전'이라고도 한다.

56) '하자니까'는 '하려고 하니까' 또는 '하려니까'의 뜻으로 쓰이는 이 지역 방언형이다.

57) '매껸느냐 하니까'는 '맡겼느냐 하니까'에서 유래한 '맽겼느냐 하니까'의 음성표기다. 규범 표기 '맡겼느냐 하면'에 대응하는 이 지역 방언형이다.

58) '근시마구'는 '근심하구'의 음성표기로 '근심 안 하구'라고 해야 할 것을 잘못 말한 것이다.

59) '훈춘[琿春]'은 중국 길림성(吉林省) 연변 조선족 자치주에 있는 도시의 하나로 한반도 북단과 러시아 연해주에 접해 있는 교통과 상업의 요충지다. 두만강 하류에 있는 도시다.

60) '양식국'은 양식 업무를 맡아 처리하는 행정기관을 말한다.

61) '도문(圖們)'은 중국 길림성(吉林省) 연변 조선족 자치주에 있는 도시의 하나로 두만

강 중류에 위치하며 맞은편은 북한의 함경북도 온성군, 종성군이다. 교통의 요충지
이며 도문 시내에서 북한과 연결되는 다리가 있고 다리 건너편은 북한의 남양시다.
이 다리를 통하여 북한과 교류를 한다.

62) '새복'은 '새벽'의 이 지역 방언형이다. 충청도 방언에서도 '새복'이 쓰인다.

63) '-만에'는 중앙어 '-에'에 대응하는 이 지역 방언형이다.

64) '토리'는 실이나 줄 따위를 둥글게 사리어 놓은 뭉치 하나하나를 가리키는 말이다.

65) '제깍'은 중앙어 '제꺼덕'의 준말 '제꺽'에 대응하는 이 지역 방언형이다. 충청도 방
언에서도 '제깍'이 쓰인다.

66) '시꾸서래'는 '신구서래'의 음성형이고 표준어형 '신고서'에 대응한다. '-구서래'는
앞뒤 절의 두 사태 간에 계기적인 관계가 있음을 나타내는 연결 어미로 중앙어의
'-고서'에 대응한다. 앞 절의 사태가 뒤 절의 사태에 앞선 것임이 강조된다.

67) '양수(凉水)'는 중국 길림성 도문시에 속하는 행정구역 단위인 양수진(凉水鎭)의 진
소재지다. '양수'는 두만강을 사이에 두고 함경북도 온성과 마주하고 있다. 제보자
이용안 할아버지는 10살에 부모님을 따라 기차를 타고 함경북도 온성에 내린 후 온
성 다리를 건너 양수를 지나 석두(石頭)를 거쳐 정암(亭岩)에 정착하였다. 이후 2001
년부터는 양수로 이주하여 사시다가 2021년 돌아가셨다.

68) '술기'는 사람이나 짐을 실어 나를 수 있게 만든 기구다. 타이어와 같이 큰 바퀴를
달아 소나 말을 메워서 끌 수 있게 만든 운반기구다. 바퀴가 네 개인데 뒤의 두 개
는 크고 앞의 두 개는 작다. 중앙어 '수레'에 대응하는 이 지역 방언형이다.

69) '정암'은 '정암촌(亭岩村)'을 말한다. 중국 길림성 도문시 양수진 정암촌을 가리킬 때
'정암' 또는 '정암촌'이라고 한다. 정암촌은 1938년에 충청북도 출신 이민자들이 이
주하여 개척한 80호 규모의 마을이었으나 지금은 상주하는 가구가 몇 안 된다.

70) '나그내'는 '나그네'의 음성형이다. '나그네'는 '부부 사이에서 남자 쪽을 이르는 말'
로도 쓰이고 '성인 남자를 홀하게 이르는 말'로도 쓰이는데 여기에서는 전자의 의미
로 쓰였다. 중앙어의 '남편'에 대응하는 이 지역 방언형이다. '나그네'가 '남편'의 뜻
으로 쓰이는 것은 연변 조선어(함경도 방언)를 차용한 결과다.

71) '공안국(公安局[gōng'ānjú])'은 중국에서 사회의 치안을 담당하는 부서다. 우리나라
로 말하면 '경찰서'에 해당하는 기관이다.

72) '촌장(村長)'은 중국의 말단 행정 단위인 촌의 사무를 맡아보는 사람으로 우리나라
의 이장(里長)에 해당한다.

73) '육자배기(六字-)'는 우리나라 남도 지방에서 부르는 잡가(雜歌)의 하나로 가락의 굴
곡이 많고 활발하며 진양조장단이다.

74) '노래'는 '노인'이라고 발음해야 할 것을 잘못 말한 것으로 보인다.

75) '강안도날'은 '강원도낫'을 말한다. '강원도낫'은 강원도 지역에서 쓰이는 낫으로

'강원도낫'이 어떻게 생겼는지는 확인하지 못했다.

76) '접어들지'는 '접어들다'의 활용형이다. '접어들다'는 중앙어 '덤벼들다'나 '대들다'에 대응하는 이 지역 방언형이다. '접어들다'는 '접어들구, 접어들지, 접어드니깨, 저버들어'와 같이 활용한다. 곽충구(2019)에 의하면 연변지역에서 '접어들다'는 ① 다투거나 겨루기 위하여 대들다. ②무엇을 해보겠다고 앞으로 나서다. ③짐승이나 곤충이 사납게 덤벼들다. ④이익을 얻기 위하여 달라붙다. ⑤(주로 '-자구 접어들다'의 꼴로 쓰여) 어떤 동작이 급하게 이루어짐을 나타낸다. 등의 뜻으로 쓰인다. 예문에서는 ①의 의미로 쓰였다.

77) '마수다'는 중앙어의 '부수다'에 대응하는 이 지역 방언형이다. ≪표준국어대사전≫에서는 '부수다'에 대하여 '단단한 물체를 여러 조각이 나게 두드려 깨뜨리다.'로 풀이하였고, 곽충구(2019)의 ≪두만강 유역의 조선어 방언 사전≫에서는 기본형을 '마스다'로 설정하고 의미를 세분화하여 '①단단한 물체를 여러 조각이 나게 깨뜨리다'와 '②만들어진 물건을 두드리거나 깨뜨려 못 쓰게 만들다.'로 풀이하였다. 이 방언에서의 용법은 ≪두만강 유역의 조선어 방언 사전≫의 뜻풀이가 더 적절하다.

78) '여파리'는 사물의 옆 또는 가장자리를 뜻하는 이 지역 방언이다.

79) '때려부시다'는 중앙어의 '때려 부수다'에 대응하는 이 지역 방언형이다. '때려부시다'는 '때려부수다'와 함께 충청도 방언에서도 쓰인다.

80) '똘겨'는 '똘기다'의 활용형이다. '똘기다'는 ①'어떤 곳에서 떠나도록 내몰다.'의 뜻으로도 쓰이고 ②'어떤 곳에서 떠나도록 내몰리다.'의 뜻으로도 쓰인다. 이 방언에서 ①은 중앙어 '쫓다'나 연변 조선어 '똘구다'의 의미에 대응하는 것이고, ②는 중앙어 '쫓기다'나 연변 조선어의 '똘기다' 또는 '똘기우다'의 의미에 대응하는 것이다. 이 방언에서 '똘기다'가 ②와 같이 피동의 의미로 쓰이는 자리에서는 '똘기우다'도 수의적으로 쓰인다. 이 방언에서 사동의 의미를 가지는 '똘기다'는 '똘겨 보내다'와 같이 보조동사 '보내다'와 함께 쓰이는 것이 보통이고, '똘기다'가 피동의 의미로 쓰일 때는 '똘겨 가다'와 같이 보조동사 '가다'가 함께 쓰이는 것이 보통이다. '똘기다'가 보조동사와 함께 사동의 용법과 피동의 용법으로 쓰이는 것은 이 방언에서 연변 조선어를 차용하는 과정에서 일종의 의미 확장이 일어난 것이라고 할 수 있다.

81) '보내자내써'는 '보내잔했어'의 음성형㎝이다. '보내잔했어'는 '보내지 안 했어'의 축약형으로 이해된다.

82) '공사'는 '인민공사(人民公社)'의 준말이다. '인민공사'는 농촌에서 기층 정권 기구와 결합되었던 사회주의 집단 소유의 경제 조직인 '농촌인민공사'의 준말이다. ≪조선말사전≫(1992)에 의하면 '농촌인민공사'는 1958년 고급농업생산합작사가 연합되어 조직되었고, 일반적으로 한 개 향(鄕)을 한 개의 공사로 하였다. 생산대를 기본적인 독립 채산 단위로 하는 공사, 생산대대, 생산대 3급 소유 형태를 취하였다고 설명하고 있다.

83) '싸느라구'는 '감싸느라구'의 준말이다.

84) '일이오, 못하오, 마오, 모르오'에는 모두 하오체 어미가 사용되었다. 이 방언에서는 동급이거나 약간의 손위와 손아래에게도 이 하오체를 일상적으로 사용한다.

85) '청아물'은 '정암을'의 음성형 '정아믈'이라고 발음해야 할 것을 잘못 발음한 것이다.

86) '낭구'는 중앙어의 '나무'에 대응하는 이 지역 방언형이다. 충청도 방언에서도 '낭구'가 '나무'와 함께 단독형으로 쓰인다. 이 지역에서 쓰이는 '낭구'의 주격형으로는 '낭기~낭구가'가 쓰이고, 목적격형으로는 '낭구럴'이 쓰이고, 처격형으로는 '낭게~낭구에'가 쓰이고 부사격으로는 '낭기서~낭기에서'가 쓰인다. 또한 이미 어떤 것이 포함되고 그 위에 더함의 뜻을 나타낼 때는 보조사 '두'가 결합된 '낭구두'가 쓰이고 어떤 물건의 재료나 원료를 나타낼 때는 조사 '루'가 결합된 '낭구루'가 쓰인다. 서술어 위치에서는 서술격조사 '이다'와 함께 '낭구지'와 같이 쓰인다. 여기서 알 수 있는 것은 이 지역 방언에서는 '낭구'가 기본형으로 쓰이고 '낭기'형이 주격이나 처격에 쓰인다는 점인데 이는 '낭기'가 체계적으로 곡용하여 쓰이는 것이 아니고 특정한 조사와 함께 하나의 의미 단위로 학습하여 쓰인다는 것을 알 수 있게 한다. 국어사 자료에서 '나무'가 소급하는 최초의 형태는 15세기의 '*나모'인데, 단순 모음 앞에서는 '*'으로 실현되고 그 이외의 환경에서는 '나모'로 실현되었다. 이러한 교체는 20세기 문헌에도 나타나는데, 모음 앞에서 '*'으로 실현되지 않는 예는 19세기부터 나타난다. 16세기에 나타나는 '나무'는 모음 체계의 재정립 과정에서 '나모'의 제2음절 모음 'ㅗ'가 'ㅜ'로 바뀐 것인데, 이러한 변화는 15세기 말부터 나타나기 시작하였다. '나무'가 소급하는 형태들은 19세기에 제2음절이 'ㅜ'로 굳어졌다(2007 한민족 언어 정보화 통합 검색 프로그램 참조). '낭구'는 15세기 국어 '*'에 명사 파생접미사 '-우'가 붙어 파생된 '남구'가 역행동화한 것으로 이해된다. 이에 대하여는 좀 더 면밀한 검토가 필요하다.

87) '둥저서'는 '둥지다'의 어간 '둥지-'에 어미 '-어서'가 결합된 활용형이다. '둥지다'는 '끈이나, 새끼, 철사, 실 따위로 두르거나 감거나 하여 묶다.'의 뜻으로 쓰이는 이 지역 방언형이다.

88) '드루오는'은 중앙어 '들어오는'에 대응되는 표현이고 '들어오는'과 수의적으로 쓰인다.

89) '햐'는 중앙어 '해'에 대응하는 이 지역 방언형이다. '햐'는 충청도 방언에서도 쓰이는 종결형이다. 충청도, 특히 청주 방언에서는 문말의 동사 활용형의 마지막 음절 모음이 'ㅐ'로 끝나면 'ㅑ'나 '이야'로 실현되는 경향이 있다. 예컨대, 종결형으로 쓰이는 명령형 '해, 패, 개, 매' 등이 각각 '햐, 퍄, 갸, 먀'나 '히야, 피야, 기야, 미야' 등으로 실현된다.

90) '다마'는 일본어 たま[tama]에서 온 말로 여기에서는 '전구'를 뜻하는 말로 쓰였다.

91) '화나캐'는 중앙어 '환하게'에 대응하는 이 지역 방언형이다. '환하캐'는 '환핳다'의 활용형이다. '환핳다, 환핳고, 환핳지, 환핳게' 등과 같이 활용한다.

92) '바:꾸'는 '밟다'의 활용형 '밟고'의 이 지역 방언형이다. '밟다'의 어간 '밟-'은 장모음으로 발음되고 '밟:대[밥:따], 밟:구[밥:꾸], 밟:지[밥:찌], 밟어서[밥버서]' 등과 같이 활용한다.

93) '가꾸모그루'는 '가꾸목+으루'로 분석된다. '가꾸목'은 '각목'의 일본어식 발음이다. '-으루'는 도구를 나타내는 조사로 중앙어의 '-으로'에 대응한다.

94) '뚱딴지'는 본래 전선을 지탱하고 절연하기 위하여 전봇대에 다는 기구를 가리키는데 여기에서는 '애자(礙子)'를 가리키는 것으로 보인다.

95) '다서빠리'는 '다섯 바리'의 음성형이다. '바리'는 발굽을 가진 동물을 세는 단위로 쓰이는 단위성 의존명사다. 이 지역에서는 '바리'가 물고기나 짐승, 벌레 따위를 세는 단위인 '마리'와 수의적으로 쓰인다.

96) '시자개씀다'는 '시작했슴다'의 음성형이다. '-ㅆ'은 과거 시제를 나타내는 어미이고 '슴다'는 '-습니다→슴니다→슴다'의 과정을 거친 종결형이 어미다. 연변 조선어에서 많이 쓰이는 종결형이다.

97) '하:너'는 '한어(漢語)'의 음성형이다. 정암촌은 물론이고 주변의 조선족들도 주민의 다수를 차지하고 있어 이주 후 정암촌 사람들은 거의 조선말(충청도말)만 사용하였고 자녀들이 학교에 다니게 되면서 한어를 학습했다고 한다. 그런데 제보자는 열여덟 살에 포병학교에 들어가서 한어를 학습하고 팔로군에 입대하게 되었다고 한다. 그래서 정암촌에는 한어를 구사할 줄 아는 사람이 제보자인 이용안 할아버지밖에 없었다는 말을 한 것이다.

98) '코코리'는 예전에 관솔불을 올려놓기 위하여 벽에 구멍을 뚫어 불을 밝히게 만든 시설을 말한다. 벽에 구멍을 뚫어 그을음이 밖으로 나가게 되어 있다. 등잔이 없던 시절에 등잔불 대신 불을 밝히는 시설로 이용하였는데 이것을 이 지역에서 '코코리'라고 한다. '코코리'에 대응하는 중앙어는 '고콜'이다.

99) '뚜꾸'는 중앙어 '뚫다'에 대응하는 이 지역 방언형 '뜷다'의 활용형 '뜷구'의 음성형이다. 충청도에서도 '뚫다'의 방언형으로 '뜷다'가 쓰인다.

100) '꽌지'는 '관, 통, 파이프'를 뜻하는 한어 '管子[guǎn·zi]'를 음차한 말이다.

101) '솔깽이'는 송진이 많이 엉긴 소나무의 뿌리나 옹이 등을 뜻하는 중앙어 '관솔'에 대응하는 이 지역 방언형이다. 예전에는 이것(솔깽이)을 이용하여 벽에 구멍을 뚫고 이것에 불을 붙여 그을음이 밖으로 나가게 하여 등불 대신 이용하기도 하였는데 이런 시설을 이 지역에서 '코코리'라고 한다. '코코리'에 대응하는 중앙어는 '고콜'이다.

102) '베'는 중앙어 '벽'에 대응하는 이 지역 방언형이다. 연변 조선어에서도 '베'형이 쓰인다. 충청도에서도 '벽'의 방언형으로 '베'가 쓰인다.

103) '게'는 중앙어 '겨'에 대응하는 이 지역 방언형이다. 문맥에서의 '게'는 '겨' 가운데 벼를 찧을 때 나오는 '쌀겨'를 가리킨다. '겨'는 보통 벼, 보리, 조 따위의 곡식을 방아 찧을 때 벗겨낸 껍질을 통틀어 일컫는 말이다. '벼'를 방아 찧을 때 나오는 '겨'는 '왕겨'와 '쌀겨'가 있고, 보리를 방아 찧을 때 나오는 '겨'는 '보릿겨', 조를 방아 찧을 때 나오는 겨는 '좃겨'라고 한다. 충청도에서는 '쌀겨'를 '당가루'라고도 한다.

104) '깐'은 콩기름으로 버무린 겨를 새끼줄처럼 길게 만든 것을 말한다. 이것을 걸어놓고 불을 붙여 놓으면 이것이 타들어 가면서 불빛을 내는데 이것으로 불을 밝힌다.

105) '맨들지'는 중앙어 '만들다'에 대응하는 이 지역 방언형 '맨들다'의 활용형이다. '맨들다'는 맨들다, 맨들구, 맨들지, 맨드니께, 맨들어서'와 같이 활용한다. 충청도에서는 '맨들다' 외에 '맹글다'나 '맹길다'도 쓰인다.

106) '등잔뿔'은 '등잔불'의 음성형이다. '등잔불'은 등잔에 켠 불을 말하는데 여기에서는 '호롱불'을 가리킨다. 등잔은 불을 켤 수 있도록 기름을 담는 그릇을 말하는데 보통은 뚜껑이 없다. 기름을 담은 등잔에 심지를 담은 다음 심지에 불을 붙여 불을 밝히는 것을 '등잔불'이라고 한다. 석유를 담아 불을 켤 수 있게 만든 그릇은 '호롱'이라고 하고 여기에 켠 불을 '호롱불'이라고 한다. '호롱'은 주로 흙으로 빚어 작은 병 모양으로 만든 사기 그릇이다. 아래에는 석유를 담을 수 있도록 둥글게 하고 위 뚜껑에는 심지를 해 박아 불을 켤 수 있도록 작은 구멍을 내어 만든다.

107) '비지깨'는 중앙어 성냥에 대응하는 이 지역 방언이다. '비지깨'는 러시아어 'спичка'를 차용한 말로 연변 지역에서 널리 쓰인다. 본래는 작고 가는 나뭇개비의 한쪽 끝에 황 따위의 연소성 물집을 입혀 불을 일으킬 수 있게 만든 것이므로 '성냥'보다는 '성냥개비'에 더 가깝다. 그런데 이 방언에서는 '비지깨'가 주로 '성냥'의 의미로 쓰인다.

108) '조선'은 '북조선' 즉 '북한'을 일컫는다. 한·중 수교 직후만 하더라도 연변 지역에서 '북한'은 '북조선', '남한'은 '남조선'이라고 했는데 지금은 북한은 여전히 '북조선'으로 지칭하고 남한은 '한국'이라고 지칭한다.

109) '여파래'는 '여파리에'의 축약형이다. '여파리'는 사물의 옆 또는 가장자리를 뜻하는 이 지역 방언이다.

110) '여먼'은 중앙어 '넣다'에 대응하는 이 지역 방언형 '옇다'의 활용형이다. '옇다'는 '옇대[여타], 옇구[여쿠], 옇지[여치], 여먼, 여서'와 같이 활용한다. 이 지역 방언에서 '넣다'도 쓰인다.

111) '삘라캐'는 중앙어 '별나다'에 대응하는 이 지역 방언형 '삘랑다'의 활용형 '삘랑게'의 음성형이다. '삘랑다'는 '삘랑다, 삘랑구, 삘랑지, 삘랑게, 삘라서, 삘라먼' 등과 같이 활용한다.

112) '배와조'는 '배와주다'의 활용형이다. '배와주어→배와줘→배와조'의 과정을 거친

것이다. '배와주다'는 '가르쳐서 알게 해주다'의 뜻으로 쓰이는 중앙어 '가르쳐주다'에 대응하는 이 지역 방언형이다.

113) '아'는 '아이' 또는 '애'의 듯으로 쓰이는 이 지역 방언형이다. '아'가 '어린아이'의 뜻으로도 쓰이지만 여기에서는 어른의 처지에서 대학생을 이르는 말로 쓰였다.

114) '나쿠해서'는 '낙후하다'의 활용형 '낙후해서'의 음성형이다. '낙후하다'는 흔히 '기술이나 문화, 생활 따위의 수준이 일정한 기준에 미치지 못하고 뒤떨어지다'의 뜻으로 쓰이는데 여기에서는 다른 아이들보다 '성적'이 뒤떨어진 것을 표현한 것이다.

115) '벰모'는 '옮겨 심기 위하여 기른 벼의 싹'을 뜻하는 중앙어 '볏모'에 대응하는 이 지역 방언형 '벳모'의 음성형이다.

116) '야듭'은 이 지역 방언형 '야듧'의 음성형이다. '야듧'은 중앙어 '여덟(八)'에 대응하는 이 지역 방언형이다.

117) '기스매구'는 '기슴해다'의 활용형 '기슴해구'의 음성형이다. '기슴해다'는 중앙어 김매다'에 대응하는 이 지역 방언형이다.

118) '알켜주먼'은 '알켜주다'의 활용형이다. 이 방언에서 '알켜주다'는 '모르던 정보나 지식을 알게 하다'의 뜻으로 쓰이는 '알려주다'의 의미로도 쓰이고 '지식이나 기능, 이치 따위를 깨닫게 하거나 익히게 하다'의 뜻으로 쓰이는 '가르쳐주다'의 의미로도 쓰인다.

119) '이저머거요'는 '잊어먹어요'의 음성형이다. '잊어먹다'는 '알았던 것을 기억하지 못하거나 기억해 내지 못하다'의 뜻으로 쓰이는 '잊어버리다'에 대응하는 이 지역 방언형이다. 이 방언에서 '잊어버리다'에 대응하는 방언형으로 '잊어먹다'외에 '잊어삐리다'도 쓰인다.

120) '야'는 '이 아이'를 뜻하는 중앙어 '얘'에 대응하는 이 지역 방언형이다. 이 방언에서 '그 아이'의 뜻으로는 대명사 '가'가 쓰이고 '저 아이'의 뜻으로는 대명사는 '자'가 쓰인다. 대명사 '야, 가, 자'는 충청도 방언에서도 쓰인다.

121) 여기에서의 '조선말'은 중국 조선족들이 쓰는 우리말을 말한다. 북한에서 쓰이는 말은 '조선말' 또는 '북조선말, 북선말'이라고 한다.

122) '덕째'는 '덕재'의 음성형이다. '덕재' 제보자의 첫째 아들 이름이다.

123) '가'는 '그 아이'를 뜻하는 중앙어 '걔'에 대응하는 이 지역 방언형이다. 이 방언에서 '이 아이'의 뜻으로는 대명사 '야'가 쓰이고, '저 아이'의 뜻으로는 대명사는 '자'가 쓰인다. 대명사 '야, 가, 자'는 충청도 방언에서도 쓰인다.

124) '어디메'는 중앙어 '어디'에 대응하는 이 지역 방언형이다. '어디메'는 잘 모르는 어느 곳을 가리키는 지시대명사다.

125) '역어요'는 '역다'의 활용형이다. '역다'는 '역다, 역구, 역지, 역드라, 역어'와 같이

활용한다. 이 지역에서는 '꾀가 많고 눈치가 빠르다'는 뜻 외에 '영리하다'의 의미도 포함되어 쓰이는 것으로 보인다.

126) '입땅'은 '입당'의 음성형이다. '입당'은 공산당에 가입하는 것을 말한다.

127) 여기에서의 '동무'는 '친하게 어울리는 사람' 또는 '가깝게 지내는 사람'을 뜻하는 말로 쓰였다. 중앙어 '친구'에 대응하는 말이다. 참고로 '동무'는 중국에서 혁명을 위하여 함께 일하는 사람이라는 뜻으로 공적인 자리에서 남을 부르던 말로도 쓰였다. 지금은 공적인 자리에서 거의 쓰지 않는다. 참고로, 젊은 세대의 부부 간에는 서로 '동무' 또는 '동미'라고 부르기도 하나 요즈음에는 거의 쓰지 않는다. 이 호칭은 중년 이상의 남자들은 자주 사용하는 반면 여자는 호칭을 생략하는 경향이 있다. 정암촌에서는 중년층 이상의 남자들끼리는 '이 동무!, 김 동무!'와 같이 호칭하는 경우도 있으나 지금은 거의 듣기 어렵다.

128) '데비'는 '먼저와 다름없이', '본래와 같이'의 뜻으로 쓰이는 중앙어 '도로'에 대응하는 이 지역 방언형이다.

129) '답따비야'는 '답답하다'의 활용형 '답답해'에 해당하는 '답답히야'의 음성형이다. 이는 충청도 방언에서 용언의 종결형이 모음 'ㅐ'로 끝날 때 그 모음이 '이야'로 실현되는 것이 반영된 것이다. 충청도 방언에서 용언의 종결형이 '매, 배, 대, 내' 등으로 끝나면 각각 '미야, 비야, 디야, 니야' 등으로 실현되는 것과 궤를 같이 한다. 또한 폐쇄음 'ㄱ, ㄷ, ㅂ'과 'ㅎ'이 결합할 때 중앙어에서는 각각 'ㅋ, ㅌ, ㅍ'으로 실현되는데 충청도 청주를 비롯한 일부 방언에서는 'ㅎ'이 탈락하고 평음 'ㄱ, ㄷ, ㅂ'으로 실현되는 경우가 있는데 '답따비야'도 이러한 예에 속한다. 평폐쇄음과 'ㅎ'이 만날 때 유기음화가 일어나지 않는 현상은 연변 조선어에서도 관찰된다. 예의 경우 충청도 방언의 특징을 유지하고 있는 것인지 연변 조선어의 영향인지는 면밀한 검토가 필요해 보인다.

130) '싼동'는 '산동'의 이 지역 방언형으로 중국의 산동성(山東省) 지역을 말한다.

131) '삼정냥'은 '상정량'의 음성형이다. '상정량'은 중국의 농촌에서 가족이 먹을 양식을 남겨 놓고 난 일정량을 국가에 판매한다. 그리고 남는 곡식은 자유시장에 내다 팔거나 외지의 가족에게 보내기도 하는 것을 말한다.

132) '후덤마'는 '훗엄마'의 음성형이다. '훗엄마'는 아버지가 재혼하여 얻은 여자를 말한다.

133) '조섭말'은 '조선말'의 음성형이다. 문맥에서의 '조선말'은 넓은 의미로 우리말, 즉 한민족이 쓰는 말을 뜻한다. 흔히 이 지역에서 '조선말'이라고 하면 중국 조선족들이 쓰는 우리말을 뜻한다. 문맥에서의 '조선말'도 좁게 보면 중국 조선족들이 쓰는 우리말이라는 뜻으로 이해할 수도 있다.

134) 중앙어에서 '거반'은 거지반(居之半)의 준말로 거의 절반의 뜻으로 쓰이는 말이지만 예문에서는 '거의 다', '대부분'의 의미로 쓰였다.

135) '집체'는 중국에서 1980년대 이전에 시행되었던 사회주의식 집단 경제 체제를 시행했던 생산단위를 말한다. 1980년대 이전 중국에서는 생산 수단에 대한 집단 소유제와 공동 노동을 기초로 한 경제 형태를 '집체'라고 했다. 여기에서는 이런 형태의 경제 단위인 '대대'와 같은 생산단위를 '집체'라고 한 것이다.

136) '생산대'는 중국에서, 집체(集體) 시절에 있었던 농촌의 생산 단위의 하나다. 공동으로 생산하고 분배하던 단위를 말한다. 생산대는 마오쩌둥(毛澤東) 집권 시기에 중국의 농업 집단화 과정에서 체계화된 조직의 하나다. 1958년부터 중국 정부에서 향(鄕)이나 진(鎭) 급의 행정 단위를 한 개의 인민공사(人民公社)로 편성하고 그 아래에 생산대대(生産大隊, 줄여서 '대대'라고도 함)를 두었다. '생산대대'는 중국 행정 조직의 가장 말단 단위인 '촌(村)'을 편성 단위로 하였고 다시 그 아래에 여러 개의 '생산대'를 조직하였다. 이후 덩샤오핑(鄧小平)이 집권한 이후 개혁개방이 본격화되면서 중국의 농업은 종래의 집체(集體)에서 자영 농업(개체(個體)로 점차 전환되었다. 그에 따라 인민공사를 비롯한 이들 조직도 단계적으로 해체되었다.(곽충구, 2019 ≪두만강 유역의 조선어 방언 사전≫에서 인용.)

137) '공수(工數)'는 중국에서 집체를 하던 시기에 생산대에서 일을 한 총 일수와 자기가 참여한 일수의 비율을 말한다. 참여한 비율인 공수에 따라 배당금을 받는다. 제보자는 그 사람의 능력에 따라서 칠부, 팔부, 구부, 한 공 등의 공수를 받는다고 하였다.

138) '호조조'는 작업이나 학습 따위를 서로 돕기 위하여 조직한 조(組)를 말한다.

139) '초급사'는 여러 개의 호조조를 합해서 조직한 작은 단위의 공사를 말한다.

140) '임민공사'는 '인민공사'의 음성형으로 '농촌인민공사(農村人民公社)'의 줄임말이다. 줄여서 '공사'라고도 한다. '농촌인민공사'는 1958년에 중국이 도입한 대규모 지방 조직으로 처음에는 집단농장의 통합으로 시작되었지만, 농업 활동에만 종사했던 집단농장과는 달리 지방 정부를 감독하고 모든 경제·사회 활동을 관리하기 위한 다목적 조직이 되었다. 가장 작은 구성단위는 생산대(生産隊)이고, 그 상부조직이 생산대대(生産大隊)이며, 생산대대가 모여 인민공사를 이룬다.

141) '식당호'는 하나의 운영 단위로서의 식당을 말한다.

142) '땐쓰른'은 먹을 수 있는 식품으로 보이는데 이것이 무엇을 의미하는지 알 수 없다. 제보자의 아들은 '때시격'일 것이라고 하였다. '때시격'은 아침, 점심, 저녁 즉 삼시 세끼를 말하는 이지역 방언형이다.

143) '깡퇴지'는 깨나 콩에서 기름을 짜고 남은 찌끼를 뜻한다. 중앙어에서는 '깻묵'이라고도 한다. 충청도 방언에서는 통틀어 '깻묵'이라고 하기도 하고 고식의 이름을 앞에 붙여 '깻묵', '콩깻묵' 등과 같이 쓰기도 한다.

144) '뿌리데디구'는 이 지역 방언형 '뿌리데디다'의 활용형이다. '뿌리데디다'는 '뿌리+데디다'로 분석할 수 있다. '뿌리'는 '뿌리다'에 기원하는 것이므로 '뿌리데디다'

는 '뿌려던지다' 정도로 바꾸어 쓸 수 있을 것이나 이 지역에서는 '내팽개치다', '내버리다' 정도의 뜻으로 쓰인다. 예문에서는 '내팽개치다'에 가까운 뜻으로 쓰였다.

145) 예문에서의 '조선'은 일제 강점기 때의 한반도를 가리키는 말로 쓰였다. 따라서 당시 상항을 고려하면 '조선'이라고 하기는 어려우나 해방 이후 북한이 '조선' 또는 '북조선'이라는 말을 사용하면서 당시의 남한도 '조선'이라고 부르게 된 것으로 보인다.

146) '인민호'는 국가나 사회를 구성하고 있는 사람들인 인민이 가구를 이룬 것을 말한다.

147) '도고리'는 '일괄(一括)'의 뜻으로 쓰이는 일본어 'いっかつ'에서 온 말이다. 흔히 '도구리' 또는 '도거리'라고도 한다.

148) '공양'은 '공량(公糧)'의 이지역 방언형으로 중국에서 농민이 돈 대신 식량으로 국가에 내던 현물세를 말한다.

149) '땡풍'은 뜻밖에 생긴 좋은 수나 우연히 걸려든 복을 속되게 이르는 말로 쓰이는 중앙어 '땡'에 대응하는 이 지역 방언형이다. 문맥에서는 '아주 좋은 상태'를 뜻하는 말로 쓰였다.

O2 일생 의례

제보자의 출생과 가족 106
제보자의 결혼 과정 116
큰아들 화상과 사람 살린 이야기 138
제보자의 생활 경험_소를 다룬 이야기 162
62년만의 고국 방문 168
제보자의 한국 생활 경험 182
보조 제보자의 근황 190
가족들이 살아온 이야기 196

2.1. 제보자의 출생과 가족

하라부지 무슨 띠애요?

— 예?

무슨 띠애요?

— 내?

예.

— 용띠에요.

용띠.

— 용띠.

용띠면.

— 생은 무진생이구.

무진생?

— 음.

무진생 용띠면 지금 연세가 며치요, 팔씹?

— (팔십)서이.

셋: .

학꾜는 안 다니셛:찌요?

— 아이 난 모: 땡기따구¹⁾ 마라자니여.

그쌔, 그래서 포병학꾜 가셔서 거기서.

— 으으으, 거기서 인저.

중구거 배우구.

— 그다매 하:너²⁾ 좀 배우구.

예.

군, 군대 제대하구 나서는 농사지싱 거요, 그러면?

하라부지 무슨 띠에요?

— 예?

무슨 띠에요?

— 내?

예.

— 용띠에요.

용띠.

— 용띠.

용띠면.

— 생은 무진생이구.

무진생?

— 음.

무진생 용띠면 지금 연세가 몇이요, 팔십?

— (팔십)서이.

셋: .

학교는 안 다니셨지요?

— 아이 난 못 다녔다고 말하잖아.

글쎄, 그래서 포병학교 가서서 거기서.

— 으으으, 거기서 이제.

중국어 배우고.

— 그담에 한어 좀 배우고.

예.

군, 군대 제대하고 나서는 농사지으신 거에요, 그러면?

― 그 그쌔 제대하구 와서 인차3) 농사이래찌.

농사지시구.

― 인차 머: 머 아:무거뚜 업씨 성냥 비지기(비지깨)4) 성냥 하낭각5) 쌀6) 뜬두 업써찌 머.

형재가 그럼 며 뿌니에요, 한 하라버지 면 남매여써요?

― 열 람매.

에, 열 람매요?

― <u>흐흐흐흐</u>, 우리: 내: 출씨 전채 다: 해서 어머니가 낭 개 여:르 나:찌.

― 아이구.

― <u>흐흐</u>.

그럼 지금: 며뿐 게셔요?

― 지금 인저 그개 한나7) 뚤 서이8) 너이9) 다서, 다섣 에: 다서타구 다서 지금 나뭉 개 다섣 나머써.

다섣?

― 어, 현재까지 인능 기, 다: 근 칠씹 다: 거이 너먼는대 머 거이.

음, 그르니까 저기 저 북, 부개 하나 이꾸?

― 북때인능10) 개 앤: 여기서는 줌 아주 그다매 나뭉 개 너이구 여서시 나머찌 머 나뭉개

부개까지?

― 항구개 누이.11)

항구개 누이.

― 예.

거기 오송애?

― 어, 지금 생저니여.

아: , 아직 겅:강하싱가요?

― 예.

－ 그 글쎄 제대하고 와서 바로 농사일 했지.}

농사지으시고.

－ 곧 뭐 뭐 아무것도 없이 성냥, 비지깨 성냥 한 갑 살 돈도 없었지 뭐.

형제가 그럼 몇 분이에요, 할 할아버지 몇 남매였어요?

－ 십 남매.

예, 십 남매요?

－ ㅎㅎㅎㅎ, 우리 나 출신 전체 다 해서 어머니가 낳은 게 열을 낳았지.

－ 아이고.

－ ㅎㅎ.

그럼 지금 몇 분 계세요?

－ 지금 이제 그게 하나 둘 셋 넷 다섯, 다섯 에 다섯하고 다섯 지금 남은 게 다섯 남았어.

다섯?

－ 어, 현재까지 있는 게, 다 거지반 칠십 다 거의 넘었는데 뭐 거의.

음, 그러니까 저기 북, 북(한)에 하나 있고?

－ 북대에 있는 게 애는 여기에서는 좀 아주 그다음에 남은 게 넷이고 여섯이 남았지 뭐 남은 게.

북에까지?

－ 한국에 누이.

한국에 누이.

－ 예.

거기 오송에?

－ 어, 지금 생전이야.

아, 아직 건강하신가요?

－ 예.

요즈맨 제가 모까 바가주구.

- 건:강한데 지금 어째능가 하니까 오마 쓰지¹²⁾ 자꾸.
- 인재 구시비, 구십: 백 쌀 거이 되지, 게 오마이 쓰지 머.

음.

- 흐흐흐.

거기 이꾸 여기 연기래 형님 게시구?

- 에.

또 여기 하라버지 게시구 조서내 하나 이꾸.

- 에.

그다매 또?

- 남동생 여기 하나 이꾸, 양수애.

아:, 남동생 여기 양수애 게세요?

- 어, 여기꾸 여동생 또 저 훈추내¹³⁾ 하나 이꾸.

훈추내 이꾸.

- 여서시내.

아.

- 허허허.

네:슨 도라가션나요?

- 어:.
- 내: 미트루, 내: 미트루 또: 여자 하나 이써찌 여동생이 내 미트루.
- 근데 내 미트루 여동생이 출가가찌¹⁴⁾ 머.
- 게: 기보기라구 이기보기라구 거기 인재 출가간는대 그 그거뚜 아:미지 머, 암:뺑으루다가 저내 주거따 마리여.

음:.

- 그다매 출가 보내노쿠 주거찌 머. 거기서 난: 아드리 하나 이찌 머. 거: 동생한태서 난: 아드리 하나 이찌. 그라구 주거따 마리여.

요즘엔 제가 못 가봐서.

― 건강한데 지금 어떠한가 하면 노망 떨지 자꾸.

― 이제 구십이, 구십 백 살 거의 되지, 그래 엉뚱한 소리 하지 뭐.

음.

― 흐흐흐.

거기 있고 여기 연길에 형님 계시고?

― 예.

또 여기 할아버지 계시고 북한에 하나 있고.

― 예.

그다음에 또?

― 남동생 여기 하나 있고, 양수에.

아, 남동생 여기 양수에 계세요?

― 어, 여기 있고 여동생 또 저기 훈춘에 하나 있고.

훈춘에 있고.

― 여섯이네.

아.

― 허허허.

넷은 돌아가셨나요?

― 어.

― 내 밑으로, 내 밑으로 또 여자 하나 있었지 여동생이 내 밑으로.

― 그런데 내 밑으로 여동생이 출가했지 뭐.

― 그래 기복이라고 이기복이라고 거기 이제 출가했는데 그 그것도 암이지 뭐, 암병으로 전에 죽었단 말이야.

음.

― 그다음에 출가 보내놓고 죽었지 뭐. 거기에서 낳은 아들이 하나 있지 뭐. 그 동생한테서 낳은 아들이 하나 있지. 그리고 죽었단 말이야.

― 그다매, 그다매 또 이 저: 남동생 하나 이찌 고 미트루.

― 남동생 하나 인능 게 잘::해써. 공부두 자라구. 게 머 핸능가 하니깨 이 나팔, 그: 제정 때, 제정 때 그 나팔쑤 해찌 머, 해꾜 나팔쑤.

― 그린대 어티기 돼가주구 목뼝이 나찌 머. 목뼝이 나가주구 이걸 인차[15] 고치개 되문 되는데 에 성대: 이기 나팔 불다 나니까 어트게 돼서 목뼝이 생기가주구 인차 고치면 지금 가트문 능히: 살구지.[16]

― 그때는 도:눕찌, 병워내 모: 까지, 그다매 지비 나도따가 그냥 상사나구[17] 마라찌, 주꾸 마라찌.

다 절머쓸 때 도라가셔깬내 그럼?

― 고때가 열::, 여릴곱 싸래 주건는지 열:, 열:.

아이고, 한:참땐대.

― 열려서 싸래 주건는지 그거 그러치 머.

― 그 머 지금 가트면 당여:니 살지, 근데 그때는 도:니 웁땀 마리여.

― 게서 어: 다:들 가: 때무내 가게 떼서 막 아부지 엄, 엄마가 집뚜 파러서 치료해 보자: 하구.

거기 저: 오송은: 그 아패 이짜나요?

― 음.

그 누니미지요, 거기?

― 누니미지.[18]

누님 찝 그 압쪼개: .

― 으:.

그: 건너애 새로 도시가 하나 생겨요.

― 거기 지금 생기, 도시 생겨요?

예:, 기차역뚜 생기구.

― 기차두 거기루 통하구?

예:, 그 고속철또애요, 빨리 가능 거.

- 그다음에, 그다음에 또 이 저 남동생이 하나 있지 그 밑으로.

- 남동생 하나 있는 게 잘했어. 공부도 잘하고. 그래 뭐 했느냐 하면 이 나팔, 그 일제 때, 일제 때 그 나팔수 했지 뭐, 학교 나팔수.

- 그런데 어떻게 돼가지고 목병이 났지 뭐, 목병이 나가지고 이걸 바로 고치면 되는데 에 성대 이게 나팔 불다보니까 어떻게 돼서 목병이 생겨가지고 바로 고치면 지금 같으면 능히 살리지.

- 그때는 돈이 없지, 병원에도 못 가지, 그다음에 집에 놔뒀다가 그냥 상사나고 말았지, 죽고 말았지.

다 젊었을 때 돌아가셨네요, 그럼?

- 그때가 열, 열일곱 살에 죽었는지 열, 열.

아이고, 한창때인데.

- 열여섯 살에 죽었는지 그거 그렇지 뭐.

- 그 뭐 지금 같으면 당연히 살리지, 그런데 그때는 돈이 없었단 말이야.

- 그래서 에 다들 그애 때문에 가게 떼서 막 아버지 엄, 엄마가 집도 팔아서 치료해 보자 하고.

거기 저 오송은 그 앞에 있잖아요?

- 음.

그 누님이지요, 거기?

- 누님이지.

누님 집 그 앞쪽에.

- 어.

그 건너에 새로 도시가 하나 생겨요.

- 거기 지금 생겨(요) 도시가 생겨요?

예, 기차역도 생기고.

- 기차도 거기로 통하고?

예:, 그 고속철도예요, 빨리 가는 거.

- 거갸: 거갸: 어딩가 하니까 동평닌데.[19)]

거기가 동평이구 동평애서 쪼꿈 더 가요.

- 더 나와? 더 나갸?

고기 마:니 앙가요, 마 마즌펴내 길 건너서.

- 길 근너 마즌펴내?

예: .

- 어:, 동평니 아패.

예.

- 아:, 그러거구, 나는 나ᄂ 삼추니 이짝 오송애[20)] 이짜니여?

네.

- 삼초니 오송 이씨문 그: 오송하구 조치워나구[21)] 고 어간?

예.

- 어간 거 들마리라구[22)] 이써요.

예.

- 그저:내 옌:나래 들마리라구 고 고:기서 탄생해찌 머.

예:, 즈 고기가 지금 새루: 도시가 생기구 그쪼ᄀ로 아주 크:개 발쩌날 꺼요.

- 음:, 그르캐 되능구만.

- 하이튼 발쩐히야,[23)] 항:구기 발쩐해:.

- 거기가 거기가 어딘가 하면 동평리인데.

거기가 동평이고 동평에서 조금 더 가요.

- 더 나와? 더 나가?

거기 많이 안 가요, 맞(은편) 맞은편에 길 건너서.

- 길 건너 맞은편에?

예.

- 아, 동평리 앞에.

예.

- 아, 그렇고, 나는 나는 삼촌이 이쪽 오송에 있잖아?

네.

- 삼촌이 오송 있으면 그 오송하고 조치원하고 그 어간?

예.

- 어간에 그 들말이라고 있어요.

예.

- 그전에 옛날에 들말이라고 고 고기서 탄생했지 뭐.

예, 저 고기가 지금 새로 도시가 생기고 그쪽으로 아주 크게 발전할 거예요.

- 음, 그렇게 되는구먼.

- 하여튼 발전해, 한국이 발전해.

2.2. 제보자의 결혼 과정

겨로는 어트개 하셔써요?

— 내?

네.

— 겨로니:.

할머니 어트개 만나시구 어트개 해서 겨론하셔써요?

— 아:, 처:매?

예.

— 나는 그때꺼지 조서네서[24] 훈짱[25] 타고 '네: 공노가 이끼 때무내 지비 한번 가따 오라'.

— 우리 부대애서 '네 공노루 봐서 너는 지비 한번 휘가르[26] 주마'.

— 이르캐 해서 지비 휘가 그래니까 간딴하개 시보일 똥안 조씁니다, 휘가르.

— 시보일 똥아늘 줘:서 그다맨 기차 타구 여: 두망강 여기 저: 어:: 온성으루[27] 온 나 온성으루 여기루 해서 와찌, 도무누루 근너찌 머.

— 도무누루 근너가주구선 지비 와찌.

— 지비 와 보니까 내 그때만 해두 증말 그렁 걸 몰라찌.

— 엄마 아부지가 게시는대 와서 '자리따 와씁니다:' 하구서 이르캐 저럴 해여 되는대 저럴 아나구 그다매 '엄마 아부지 무사해씀니까' 하구 인사만 하구 마러따 마리여.

— 게 저럴 아내따꾸 그때 아버지 또 노해 또 머여, 하하 그래 그다매 거기서 또 이제 지배 이쓰니까 지비 떡: 와보니까 형니미 떠:긴는대 형니미 파리 한짝 웁땀 마리여.

— 이: 파, 이: 파 여기가 끄너저땀 마리여.

결혼은 어떻게 하셨어요?

— 나?

예.

— 결혼이.

할머니 어떻게 만나시고 어떻게 해서 결혼하셨어요?

— 아, 처음에?

예.

— 나는 그때까지 조선에서 훈장 타고 '네 공로가 있기 때문에 집에 한 번 갔다 와라'.

— 우리 부대에서 '네 공로로 봐서 너는 집에 한번 휴가를 주마'.

— 이렇게 해서 집에 휴가(를) 그러니까 간단하게 십오 일 동안 줬습니다, 휴가를.

— 십오 일 동안을 줘서 그다음에는 기차 타고 여기 두만강 여기 저 에 온성으로 온성으로 여기로 해서 왔지, 도문으로 건넜지 뭐.

— 도문으로 건너가지고는 집에 왔지.

— 집에 와 보니까 내 그때만 해도 정말 그런 걸 몰랐지.

— 엄마 아버지가 계시는데 와서 '잘 있다가 왔습니다' 하고 이렇게 절을 해야 되는데 절을 안 하고 그다음에 '엄마 아버지 무사하셨습니까' 하고 인사만 하고 말았단 말이야.

— 그래 절을 안 했다고 그때 아버지가 또 노해서 또 뭐야, 하하 그래 그다음에 거기서 또 이제 집에 있으니까 집에 떡 와보니까 형님이 떡 있는데 형님이 팔이 한쪽 없단 말이야.

— 이 팔, 이 팔 여기가 끊어졌단 말이야.

다치션나 보지요?

－ 장춘 전투애서.28)

－ 군대 나가서 해:방군 구내 나가서 장춘 전투 때 이개 *끄너저찌*.

아, 아:.

－ 끄너저서 이걸 거르마이다29) 여쿠30) 그다맨 윈:소누루다 바벌 멍넝다 마리여.

－ 그래 그래능 거 보구서 또 지배 이쓰니까 어:: 신:녀르라는 사라미 옌:날 제정 때 서무바늘,31) 일보내덜 아패 서무바늘 해떤 사래미여, 신녀르라는 사라미.

－ 기래 그:집 어무이가32) 에:: 신녀르라는 사람 처가 나르 보더니만 싸우르33) 삼깨따는 기지.

－ 게 아이 어티기34) 우리 딸－하구 우티개35) 야콘 안하갠능가 하구 그래 애:기르 한다마리여.

－ 애:길 하길래 아유 가마이 이써, 바쁘지36) 안씀니다 아직 좀 기다려 보시오.

－ 그런데 또: 이 사라미37) 떵 나타나땀 마리여.

－ 게 나타난는데 그때만 해두 정만38) 모: 주서기 사상이란 마리여.

－ 움:는 사람 가족 새애기르39) 어더가주구 어트기 고상시룹깨 하든 사라물 줌 데리구 사라보개따.

－ 그래서 고상을 며:나개끔 줌 해:주개따.

－ 이른 생가기 그때만 해두 되개 드르가찌.

－ 그래 '우일린민후'라는 이게 고레40) 딱 뜨르가따 마리여 아주.

－ 지금 가트면 돔 마는 여자 어더씨머 얼마 조캔능가 이른 생가개 후회되지.

－ 그러치만 그저내는 그 생가기 할 때 저 서무바내 댕긴 여자가 낭가: 그 가정 가정이 그: 어:: 조꺼니 조치 모탄대 이길 이 여자럴 하능가 이르

다치셨나 보지요?

‒ 장춘 전투에서.

‒ 군대 나가서 해방군 군에 가서 장춘 전투 때 이게 끊어졌지.

아, 아.

‒ 끊어져서 이걸 주머니에다 넣고 그다음에는 왼손으로 밥을 먹는단 마리야.

‒ 그래 그러는 걸 보고서 또 집에 있으니까 에 신열이라는 사람이 옛날 제정 때 서무반을, 일본애들 앞에 서무반을 했던 사람이야, 신열이라는 사람이.

‒ 그래 그집 어머니가 에 신열이라는 사람의 처가 나를 보더니만 사위를 삼겠다는 거지.

‒ 그래 아니 어떻게 우리 딸하고 어떻게 약혼 안 하겠는가 하고 그렇게 얘기를 한단 마리야.

‒ 얘기를 하기에 아이 가만히 있어(보시오), 급하지 않습니다 아직 좀 기다려 보세요.

‒ 그런데 또 이 사람이 떡 나타났단 말이야.

‒ 그래 나타났는데 그때만 해도 말로 모 주석의 사상이란 말이야.

‒ 없는 사람 가족 색시를 얻어가지고 어떻게 고생스럽게 하든 사람을 좀 데리고 살아보겠다.

‒ 그래서 고생을 면하게끔 좀 해주겠다.

‒ 이런 생각이 그때만 해도 되게 들어갔지.

‒ 그래 '우일인민후'라는 말이 이게 머리에 딱 들어갔단 말이야 아주.

‒ 지금 같으면 돈 많은 여자 얻었으면 얼마나 좋겠는가 이런 생각에 후회되지.

‒ 그렇지만 그전에는 그 생각을 할 때라서 저 서무반에 다니는 여자가 나은가 그 가정 가정이 그 에, 조건이 좋지 못한데 이걸 이 여자를 하는가

케 내 생가개 두:리 이써찌, 그 지비[41] 와서.

− 두래 인는데 이 여자가 그때 머 핸능가 하니까 이 여자는 해꼬 조림 마꾸 나와서 그:: 부녀 독뽀:,[42] 부녀 독뽀: 그 일거 주구 거 부녀 학씁씨키는 이릉 거 해:찌.

− 그래 부녀드리 학씁씨기는 그릉 거 하구, 저 새애기들 학쓰바능 거 또 그릉 거하구 기린대 이 여자가 땅 나타나땀 마리여.

− 게 이 여자는 지금두 그러치만 그때두 뚱뚱:항 게 모기 바타,[43] 그 그다맨 모기 줌 쑥 빠진 여자 그 신녀르 여자르 할라 그래찌.

− 그른데 가마:이 생가가니까 그 여자는 성부니[44] 나쁘담 마리여, 그 아부지 성부니 나쁘담 마리여, 게서 그다매 이 여자르 태캐찌.

− 태카구서는 그다매 야코나자구 그래이까 자기는 아징 나이 어려서 실타는 기지.

− 나하구 아홉 쌀 차여써 딱, 그래 실타는 기지, 그럼 고만 두라구.

− 내 조서내 또 휴가 끈마치구 가땀 마리여.

− 간는대 편지가 와땀 마리여.

− 아이, 그저내 얘기하등 거 그대루 하머 어떠캔는가?

− 그래 편지가 또 와땀 마리여. 그래서 그람 그라구 하구 편지상으루 답뽀개[45] 줘:찌.

− 다뽀개 줘: 노쿠 보니까 부대서는 나이 삼시비 너머서니까 부대서넌 아이 어째 장개 앙 가능가 하구 여기 새애기덜[46] 조서내 새애기덜 마:는 대 어째 장가 안 가나?

− 게 거기는 궁간들[47] 장개 보내주거던.

− 그래서 감부들 장개 보내주넌데 그다맨 앙 가능가 하구 무러보덩구만, 아 나 이따구, 그래 이따구 그래.

− 그래이까 그다매는 거기서 내게다 말: 아나지, 부대섬 말: 아나지.

− 그래 그다매는 편지르 해:찌.

이렇게 내 생각에 둘이 있었지, 그 집에 와서.

‒ 둘이 있는데 이 여자가 그때 뭐 했느냐 하면 이 여자는 학교 졸업하고 나와서 그 부녀 독보, 부녀 독보 그 (책) 읽어 주고 그 부녀 학습시키는 (것) 이런 것 했지.

‒ 그렇게 부녀들을 학습시키는 그런 것 하고, 저 색시들 학습하는 것 또 그런 것을 하고 그런데 이 여자가 딱 나타났단 말이야.

‒ 그래 이 여자는 지금도 그렇지만 그때도 뚱뚱한 게 목이 밭아, 그 그 다음엔 목이 좀 쑥 빠진 여자인 그 신열의 여자를 (택)하려 그랬지.

‒ 그런데 가만히 생각하니까 그 여자는 성분이 나쁘단 말이야, 그 아버지 성분이 나쁘단 말이야, 그래서 그다음에 이 여자를 택했지.

‒ 택하고는 그다음에 약혼하자고 그러니까 자기는 아직 나이가 어려서 싫다는 거지.

‒ 나하고 아홉 살 차이였어 딱, 그래서 싫다는 거지, 그럼 그만 두라고.

‒ 내가 조선으로 또 휴가 끝마치고 갔단 말이야.

‒ 갔는데 편지가 왔단 말이야.

‒ 아이, 그전에 얘기하던 거 그대로 하면 어떻겠는가?

‒ 그렇게 편지가 또 왔단 말이야. 그래서 그러면 그러라고 하고 편지상으로 답복해 줬지.

‒ 답복해 줘 놓고 보니까 부대에서는 나이 삼십이 넘어서니까 부대에서는 아이 어째 장가 안 가는가 하고 여기 색시들 조선에 색시들 많은데 어째 장가 안 가나?

‒ 그래 거기는 군관들 장가 보내주거든.

‒ 그래서 간부들 장가 보내주는데 그다음에는 안 가는가 하고 물어보더구먼, 아 나 (사람이) 있다고, 그래 (사람이) 있다고 그래.

‒ 그러니까 그다음에는 거기에서 내게다 말 안 하지, 부대에서는 말 안 하지.

‒ 그래 그다음엔 편지를 했지.

- 아무 날 아무 때 여기루 오라오.
- 게 인재 편지다 오라 그라니까 혼자 올 쑤 이써? 누구랑 완능가 하니까 연길 사는 내 동생, 내 동생하구 또: 옹 거 보니까 내 동생은 또 울:머 와따능 기지 여까지 나 인는 디까지.

조서내?
- 어:, 어쩨: 울, 울:머 완능가, 이래.
- 그래 애:기 드러보니까 아구: 쓸쓰라기 짜기 우꾸 집, 지비구 저이구다: 타 뻐리구 재떠미 돼 뻐리구, 아 그다맨 으응: 이런 데서 어트기 사능가 하는 이런 생가기 드러가문, 드르가능까 자연쩌그루 눈무리 나오드라닝 기지.⁴⁸⁾
- 자기가 하는 마리, 동생이 하는 마리.

음: .
- 게 자연쩌그루 눈무리 나오더라닝 기지.
- 아, 그렁가 하구.
- 그래서 그다매 거기-서 내까지 도차간 다매, 도차간 다매 동생은 인차⁴⁹⁾ 돌려보내찌 지부루 가라구.
- 게 다: 수소개서 차비까지 떼:서⁵⁰⁾ 다: 이르캐 해서 돌려보내구 인재 혼자 떠러저서, 에 떠러저서 또 겨론두 안 하구 가치 이쓸라이까 또 머쩍땀 마리여.
- 그래 그때 혼자서 전사더를⁵¹⁾ 데리고 새루 건축하는데 그:: 강원도어서, 오호리라는 데가 이써 오호리:.
- 게 거: 가서 지부: 건축하는데 돌로다 다: 싸치 머.
- 세멘⁵²⁾ 이겨가지구 돌루다 지불 다: 지찌.
- 그래 지비 웁쓰니까 아무기래두 크개 지어서 어 군대두 들구 인민들두⁵³⁾ 들구 해여 되개땀 마리여.
- 그래서 도:를 깨:지.

― 아무 날 아무 때 여기로 오라고.

　― 그래 이제 편지에다가 오라고 그러니까 혼자 올 수 있어? 누구랑 왔는가 하면 연길 사는 내 동생, 내 동생하고 또 온 걸 보니까 내 동생은 또 울며 왔다는 거지 여기까지 나 있는 데까지.

조선에?

　― 예, 어째서 울(면서), 울면서 왔는가, 이래.

　― 그래서 얘기를 들어보니까 아이구 쓸쓸하기 짝이 없고 집, 집이고 절이고 다 타 버리고 잿더미가 돼 버리고, 아 그다음에는 응 이런 데서 어떻게 사는가 하는 이런 생각이 들어가면, 들어가니까 자연적으로 눈물이 나오더라는 거지.

　― 자기가 하는 말이, 동생이 하는 말이.

음.

　― 그래 자연적으로 눈물이 나오더라는 거지.

　― 아, 그런가 하고.

　― 그래서 그다음에 거기에서 나한테까지 도착한 다음에, 도착한 다음에 동생은 바로 돌려보냈지 집으로 가라고.

　― 그래 다 수속해서 차표까지 사서 다 이렇게 해서 돌려보내고 이제 혼자 떨어져서, 에 떨어져서 또 결혼도 안 하고 같이 있으려니까 또 멋적단 말이야.

　― 그래서 그때 혼자서 전사들을 데리고 새로 건축하는데 그 강원도 오호, 오호리라는 데가 있어 오호리.

　― 그래 거기 가서 집을 건축하는데 돌로 다 쌓지 뭐.

　― 시멘트 이겨가지고 돌로 집을 다 짓지.

　― 그래 집이 없으니까 아무것이라도 크게 지어서 어 군대도 들고 인민들도 들고 해야 되겠단 말이야.

　― 그래서 돌을 깨지.

- 깨는데 이짜개 그:: 머여 그: 짜요,54) 짜요르 가따가서 여쿠 라이깡
으55) 지버여쿠서는 부를 달리기 시자가지.
- 게 부럴 달리서 서른 메깨를, 서른 메깨를 부럴 달리자면 도화서니
자루 재:서 그대 치쑤르 재가주구 그다매 얼만칭 길구 얼만치 길구 얼만치
길구 하는 이거 재가주구 제 동자기 빨러야 서른 메깨가 항꺼버내 다: 태:
뻐리지.
- 그르자느면 먼저 티는 눔 이씨문 저기는 중는다 마리여, 이거 불 달
릴 때 저게 터지문 중는다 마리여.
- 그래서 그닥 그 자:아서56) 다: 해가지구서는 그다매 전사르 파견해:
찌.
- 달려라, 게 히로땀배57) 창: 물구서넌 후:- 해가주구 착 뜨르가면 쭈::
하구 드르가문 또 가서 또 그, 서른 서른 두 갠지 그냥 타서 항꺼버내 탁:
덴찌뿔.58)
- 도:리 다:: 깨진 다매 그 도:럴 또 어: 어: 투이처에59) 연결하문, 저
니 저: 밀:차60) 그걸루 시러다가 인저 그다맨 다: 공그바개 되구 이르캐
되니까, 그다매 그르캐 다: 해 노쿠서는 그다매 떡 오니까 지비 왔, 인저:
열뚜 시애 밤 머글 때 새루 한 시 드루와서 밤 머거따 마리여.
- 게 해 핸 시 드루와서 밤 머꾸 나니까 와떵구면, 한 시 되니까 또 오
후애 쌍발해땀61) 마리여 다:.
- 게서 영장이62) 그러덩구면, 너 이재부터 가서 쉬어, 자래써 자래써
너 드러가서 쉬어.
- 그래서 쉬구 그 이튿나리, 그 이튿날 되니까 그다매 묻때.
- 잔치하갠나?
- 게 거기서는 또 어트개 핸능가 하니까 감:부들 잔치할 때는 매: 사라
매 하나패씩63) 다: 이 오처뉘면 오처뉜 오배궈니면 오배권 오시버니면
오시번 다: 모도가주구64) 그다매 상을 차려, 차려선 그다맨 잔치를 해주

- 깨는데 이쪽에 그 뭐야 그 작약, 작약을 가져다가 넣고 뇌관을 집어넣고는 불을 붙이기 시작하지.

- 그래 불을 붙여서 서른 몇 개를, 서른 몇 개를 불을 붙이려면 도화선을 자로 재서 그대로 치수를 재가지고 그다음에 얼만큼 길고 얼마큼 길고 얼만큼 길고 하는 이것을 재가지고 제 동작이 빨라야 서른 몇 개가 한꺼번에 다 타 버리지.

- 그렇지 않으면 먼저 터지는 놈 있으면 저기는 죽는단 말이야, 이거 불 붙일 때 저게 터지면 죽는단 말이야.

- 그래서 그다음에 그것을 자아서(서려서) 다 해가지고는 그다음에 전사를 파견했지.

- (불을) 붙여라, 그래 궐련을 착 물고는 후- 해가지고 착 들어가면 죽하고 들어가면 또 가서 또 그, 서른 서른 두 개인지 그냥 타서 한꺼번에 탁 후래시불.

- 돌이 다 깨진 다음에 그 돌을 또 에 에 밀차에 연결하면, 저 밀 저 밀차 그걸로 실어다가 이제 그다음에 다 공급하게 되고 이렇게 되니까, 그다음에는 그렇게 다 해놓고서는 그다음에 떡 오니까 집에 와, 이제 열두 시에 밥 먹을 때 새로 한 시에 들어와서 밥을 먹었단 말이야.

- 그래 하 한 시에 들어와서 밥을 먹고 나니까 왔더군, 한 시가 되니까 또 오후에 출근했단 말이야 다.

- 그래 영장이 그러더구먼, 너 이제부터 가서 쉬어, 잘했어 잘했어 너 들어가서 쉬어.

- 그래서 쉬고 그 이튿날이, 그 이튿날이 되니까 그다음에 묻데.

- 잔치하겠나?

- 그래 거기서는 또 어떻게 했는가 하면 간부들 잔치할 때는 매 사람마다 하나씩 다 에 오천 원이면 오천 원 오백 원이면 오백 원 오십 원이면 오십 원 다 모아가지고 그다음에 상을 차려, 차려서는 그다음엔 잔치를 해

덩군 거기서, 군대서 잔치해써.

그럼 식꾸들두 업씨 두:리 핸내요?

― 에:, 두:리 해써, 그래 다: 해써.

― 그다매 여근 머: 골라나개[65] 사는 여자 에매이[66] 아부지도 우꾸 그저 골라나개 살다나니까 천날 리부르[67] 하나르[68] 가저 와갠능가 멀 가주구 와 맨몸떵이지 머, 하:나뚜[69] 안, 입썽[70] 함 벌 재대루 모타구 와따 마리여.

― 게서 그다맨 내가 이재 여기 또 제대되 오개 돼:찌 머, 게 메태 이따가 제대 돼 오개 돼:찌, 여기 먼저 보내찌 머 지부루.

겨로나고 나서 바루?

― 어:, 보내찌 머.

― 보내구서는 그다매 메태 이따 나니까 내가 또: 병워내 가:찌.

― 아퍼서 이 부상처가[71] 도지먼서[72] 병워내 가개 되따 마리여.

― 게 병워내서 이따가 그다매 내 아까 마랑개 이짜니여, 일천양뱅 명[73] 거느리다가 환자덜 거느리다가 내 원장하구 그래가주구, 그랜데 게 거기 다구[74] 떠러지라니 떠러질 쑤가 이씨야지.

― 조서내 이써야지 드러 모 깐다,[75] 조서내 이써라.

― 에::꾸 궈난다 마리여, 아:이 안 된다 나는 엄마 아부지 이끼 때미[76] 지비[77] 가야 되개따.

― 기래 거기서 기릉기리 뼈더가주구선[78] 대사과늘 걸처서[79] 그다매 여 장춘[80] 초대소애[81] 와서 한 달 이써찌.

― 게 올래는 여기 와, 올 낀대, 여기 오지 아늘 낀대 내 목땅강으루[82] 암패[83] 돼:꺼던.

― 목땅강 파출쏘루 암패 되따 말이야.

― 월래 거기: 에: 시, 서류애 써노키는 다: 그르키 써놔따 마리여.

― 가마:이 생가글 하니까 형니미 그래, 형니미 팔 떠러저서 그래, 아부지 엄마르 제대로 모실 쑤가 이씨야지.

거기서, 군대서 잔치했어.

그럼 식구들두 없이 둘이 했네요?

– 예, 둘이 했어, 그래 다 했어.

– 그다음에 여기는 뭐 곤란하게 사는 여자 어머니 아버지도 없고 그저 곤란하게 살다보니까 첫날 이불 하나를 가져왔겠능가 뭘 가지고 와 맨몸뚱이지 뭐, 하나도 안 (가져와), 입성 한 벌 제대로 못하고 왔단 말이야.

– 그래서 그다음에는 내가 이제 여기 또 제대해 오게 되었지 뭐, 그래 몇 해 있다가 제대해 오게 돼었지, 여기 먼저 보냈지 뭐 집으로.

결혼하고 나서 바로?

– 어, 보냈지 뭐.

– 보내고서는 그다음에 몇 해 있다보니까 내가 또 병원에 갔지.

– 아파서 이 부상처가 도지면서 병원에 가게 되었단 말이야.

– 그래서 병원에서 있다가 그다음에 내 아까 말한 게 있잖아, 일천이백 명 거느리다가 환자들 거느리다가 내가 원장하고 그렇게 해가지고, 그런데 그래 거기 자꾸 떨어지라니 떨어질 수가 있어야지.

– 조선에 있어야지 못 들어간다, 조선에 있어라.

– 자꾸 권한단 말이야, 아니 안 된다 나는 엄마 아버지가 있기 때문에 집에 가야 되겠다.

– 그래 거기서 그길로 뻗어가지고는 대사관을 거쳐서 그다음에 여기 장춘 초대소에 와서 한 달 있었지.

– 그래 원래는 여기 와, 올 것인데, 여기 오지 않을 것인데 내가 목단강으로 안폐 되었거든.

– 목단강 파출소로 안폐 되었단 말이야.

– 원래 거기 에 서, 서류애 써놓기는 다 그렇게 써났단 말이야.

– 가만히 생각을 하니까 형님이 그래, 형님이 팔 떨어져서 그래, 아버지 엄마를 제대로 모실 수가 있어야지.

- 동생, 동생은 따루 가 이써.

- 따루: 살림나서 따루 가 이써.

- 게 형니문 하 아부지하구 가치 이써두 아주머이 이찌마는 엄마 아부지도 어뜨개 할 쑤가, 낭구 함 바리를[84] 모타니 어트가개써.

- 게 낭군 낭구두[85] 사내 가서 함 바리씩[86] 해서 와야 지비가 불 때구 어 아부지 저짝 사랑카내 모셔써두 거기두 부함−때야 아부지 뜨뜨다개 자지.

- 기래서 할 쑤 업씨 여기루 온다 그래찌 머. 나 목땅강애 가야 된다구 안 된다구.

- 거기 암패 다: 됀:는대 어째 거기루 갈라구 하능가?

- 게 지금 가트먼 생, 지금 생각 가트먼 거 가 이쓰민서두 에: 목땅강 애서 저: 파출쏘애 가 이쓰민서두 엄마 아부지 모실 쑤 이따 마리여. 데리다 모셔두 되는대.

- 야:: 그때 그라구서는 와서 지여 와서[87] 농사질[88] 해찌.

- 농사질 하다가 그다매 골라내서 이래저래 생가개 보니까 골라나다 마리여.

- 아부지 엄마는 그때 내가 와서는 그저 낭구 빠리나 해오구 그다매 농사진능 거 이르키 하개 되니까 게 아부지 엄마가 좀 헐캐[89] 됀:꾸, 그래 이르치.

- 게 내가 가대기질[90] 때까지 다: 지꾸 농사 지꾸 가대기질 타 지구 소 머리 다 하구 소 메기구 그그 다: 하니까 그러치.

- 그러머서 생가개두 영: 당채 골라내 모: 쌀거든.

- 한 다래 오: 원짜리 심봉장이만[91] 이써두 비지깨나[92] 좀 사 쓰구 그저 이르캐 해간대 하:나두 심봉장이 어:꼬 그저 농사만 지어서 멀: 해서 파라서 쓸라니까 기가 매키지.

- 게 안 대드라구, 한해 농사럴 대대저그루 해써, 됀:지 메기지, 됀:지 가 쿵:개 한 삼배끈[93] 짜리 사써.

- 동생, 동생은 따로 가 있어.
- 따로 살림나서 따로 가 있어.
- 그래 형님은 아 아버지하고 같이 있어도 아주머니 있지마는 엄마 아버지도 어떻게 할 수가 (없고), 나무 한 바리를 못하니 어떻게 하겠어.
- 그래 나무 나무도 산에 가서 한 바리씩 해서 와야 집에 불 때고 어 아버지 저쪽 사랑에 모셨어도 거기도 불 한번 때야 아버지가 뜨뜻하게 자지.
- 그래서 할 수 없이 여기로 온다고 그랬지 뭐. 나 목단강에 가면 안 된다고.
- 거기 안폐 다 됐는데 어째 거기로 가려고 하는가?
- 그래 지금 같으면 생(각), 지금 생각 같으면 거기에 가 있으면서도 에 목단강에서 저 파출소에 가 있으면서도 엄마 아버지를 모실 수가 있단 말이야. 데려다가 모셔도 되는데.
- 야 그때 그러고는 와서 집에 와서 농사일 했지.
- 농사일 하다가 그다음에 곤란해서 이래저래 생각해 보니까 곤란하단 말이야.
- 아버지 엄마는 그때 내가 와서는 그저 나무 바리나 해오고 그다음에 농사짓는 거 이렇게 하게 되니까 그래 아버지 엄마가 좀 수월하게 되었고, 그래 이렇지.
- 그래 내가 가대기질(쟁기질) 때까지 다 짓고 농사짓고 가대기질(쟁기질) 다 짓고 소먹이 다 하고 소 먹이고 그거 다 하니까 그렇지.
- 그러면서 생각해도 영 당최 곤란해서 못 살겠거든.
- 한 달에 오 원짜리 월급쟁이만 있어도 성냥이나 좀 사서 쓰고 그저 이렇게 하겠는데 하나도 월급쟁이가 없고 그저 농사만 지어서 뭘 해서 팔아서 쓰려고 하니까 기가 막히지.
- 그래 안 되더라고, 한해 농사를 대대적으로 했어, 돼지 먹이지, 돼지를 큰 게 한 삼백 근짜리 샀어.

− 기래서 덕째르94) 이쪼개 이까리 조으니까 덕재 장개더리자.

− 그래 가주선 새애기르95) 올러오라 그래서 지비서 지비 올러오라 그래서 이 여기 여기 새애기지 머 월래는. 월래는 거 새애기가 오지공장애,96) 이: 저: 연나미97) 에미가 오지공장애 이써찌 머.

− 게 올러오라구 해서는 올러와서 우리 지비서 야코내찌 머.

− 야코나구서는 나는 마미 섭써:밥때,98) 저 한짝 따리 잘 쓰지두 모타구 서서.

− 아: 떡째 어머이는 자:꾸만 아: 아: 얼구리 그른대 어디가 새애기르 어갠능가?

− 게 암디라두 부처노쿠 보자.

− 자:꾸 우긴단 마리여.

− 게 난 또 섭써:배서 실 실쭈개서99) 대다불 아나지 머, 그냥 이찌. 근대 즈:끼리 조타먼 하개 하라 그래라구.

− 게 전 즈끼리 조은지 야콘시개찌.

− 시개서 잔치르 하는대 그때 옥씨기르, 옥씨기르 아마 요기 마근 이카내루 이거 하:나 하:나 꿀떡100) 다 돼써, 옥씨기르 마:이 해써.

− 옥씨기르 양저내101) 가따 다 터러 파러가주구 그게 일천 어: 일천양 배권 너머써.

− 그라구 돼:지, 돼지르 그르 자바찌 머.

− 그 돼:지 삼백끈짜리르 그 자버찌. 자꾸 그다맨 내 참패금102) 나웅 거 그 육씨뷘씩 나와써.

− 육씨뷘:씩 나완는대 육씨붜느 그냥 가주구 그다매 저기 저 부조 드러오능 거 해서 다: 해서 잔치르 해뻐려찌.

− 잔칠 해, 해구 나니까 그래두 마미 섭써배서 안 네리가더먼. 그래 그래두 나한태 메누리 절 함번 모: 빠더써.

− 이르키 다리 꾸부리구 저를 모탄다 마리여.

- 그래서 덕재를 이쪽에 이깔이 좋으니까 덕재 장가들이자.
- 그래가지고는 색시를 올라오라고 해서 집에서 집에 올라오라고 해서 이 여기 여기 색시지 뭐 원래는. 원래는 그 색시가 오지공장에, 이 저 연남이 에미가 오지공장에 있었지 뭐.
- 그래 올라오라고 해서 올라와서 우리 집에서 약혼했지 뭐.
- 약혼하고 나서는 나는 마음이 섭섭합대, 저 한쪽 다리 잘 쓰지도 못하고 서서.
- 아 덕재 어머니는 자꾸만 애 애 얼굴이 그런데 어디가서 색시를 얻겠는가?
- 그래 아무데라도 붙여놓고 보자.
- 자꾸 우긴단 말이야.
- 그래 난 또 섭섭해서 실쭉해서 대답을 안 하지 뭐, 그냥 있지. 그런데 저희끼리 좋다면 하게 하라고 그러라고.
- 그래 저는 저희끼리 좋은지 약혼식 했지.
- (약혼)식 해서 잔치를 하는데 그때 옥수수를, 옥수수를 아마 요기 막은 이 칸으로 이거 하나 하나 가득 다 되었어, 옥수수를 많이 했어.
- 옥수수를 양전에 가져다가 다 털어 팔아가지고 그게 일천 에 일천이 백 원 넘었어.
- 그리고 돼지, 돼지를 그래 잡았지 뭐.
- 그 돼지 삼백 근짜리를 그 잡았지, 잡고 그다음에는 내 참패금 나온 거 그 육십 원씩 나왔어.
- 육십 원씩 나왔는데 육십 원을 그냥 가지고 그다음에 저기 부조 들어오는 것을 해서 다 해서 잔치를 해버렸지.
- 잔치를 하, 하고 나니까 그래도 마음이 섭섭해서 안 내려가더구먼. 그래 그래도 나한테 며느리의 절을 한 번 못 받았어.
- 이렇게 다리를 구부리고 절을 못 한단 말이야.

- 기래서 막 함 번두 모타구, 시곱까내두[103] 함: 번두 제대루 밥쌍 하나 내 아패 드러다 논 저기 업써써.

- 그래두 내 첨:버터 섭써방개 마음 Z까지 주글 때까지 인재 이르쿠나: 이런 생각빼끼 업써지 머.

- 그래서 그다매는 인재 그담 저 덕째 어머이가 다: 하니까 머 그다매는 그래구 지내찌.

- 그래 이제까지 그냥 야코는[104] 그러키 돼:찌. 그래 조선[105] 가 잔치하구 **.

- 그래 벨수 업씨 조선 가 잔치할 쩌개 에: 감:부덜 사:심 명, 감:부덜 사:심 명하구 사심 명 꺼하구 내 저:: 그기 무순 무순 누덩가 무순 수리덩가.

- 그게 무순 수린지 몰러. 그거 사:십 뺑사리.[106] 사십 뺑사리 그다맨 상차림 항 건 그저 벨거 업찌 머. 과:일 그저 조서내 과:이리 마:는대 과:이르 줌 쓰구 그저 이러캐 차려서 어 진, 지내구 그래 두:리 그저 약쏘가구서넌 인, 인사하구 그저 이러카구서는 지비 보내찌 머.

- 보내구서는 지브 와따가 보니까 지금까지두 내가 천난[107] 이부르, 천날 이부를 내가 해찌 머.

- 핸는대 그 천날 이부럴 한: 번두 모: 떠퍼 봐써.

- 어찌 몯 뻐뜽가?[108]

- 애끼느라구 단쓰애[109] 둬:땀 마리여.

- 그 일반쩌그루 다른 니불 덥찌 천날 리부르 안: 더퍼꺼던.

- 그른대 어티기 됀:능가 하니까 김남시기라는[110] 사라미 으: 아:러땀 마리여.

- 아런는대 우리 지배 군대가 군대 으사가 와서 우빵애 누워 이찌. 그래 그 그 군대 으사를 보이개따구 우리 지비 와땀 마리여 그: 김남시기라는 사라미.

- 완는대 여기 인저 군대 의사는 저짜 카내 이코[111] 은 저: 아래빵애

- 그래서 막 한 번도 못하고, 시곱 간에도 한 번도 제대로 밥상 하나 내 앞에 들어다 놓은 적이 없었어.
- 그래도 내가 처음부터 섭섭한 게 마음 끝까지 죽을 때까지 이제 이렇구나 이런 생각밖에 없었지 뭐.
- 그래서 그다음에는 이제 그다음에 저 덕재 어머니가 다 하니까 뭐 그다음에는 그러고 지냈지.
- 그렇게 이제까지 그냥 약혼은 그렇게 되었지. 그래서 북한에 가서 잔치하고 **.
- 그래 별수 없이 북한에 가서 잔치할 적에 에 간부들 사십 명, 간부들 사십 명하고 사십 명 것하고 나 저 그게 무슨 무슨 *든가 무슨 술이던가.
- 그게 무슨 술인지 몰라. 그거 사십 병. 사십 병 그다음에는 상차림 한 것은 그저 별것 없지 뭐. 과일 그저 북한에 과일이 많은데 과일을 좀 쓰고 그저 이렇게 차려서 어 지내, 지내고 그렇게 둘이 그저 약속하고는 인사, 인사하고 그저 이렇게 하고는 집에 보냈지 뭐.
- 보내고서는 집에 왔다가 보니까 지금까지도 내가 첫날 이불을 첫날 이불을 내가 했지 뭐.
- 했는데 그 첫날 이불을 한 번도 못 덮어 봤어.
- 어찌 못 덮었는가?
- 아끼느라고 장롱에 뒀단 말이야.
- 그 일반적으로 다른 이불 덮지 첫날 이불을 안 덮었거든.
- 그런데 어떻게 되었는가 하면 김남식이라는 사람이 에 앓았단 말이야.
- 앓았는데 우리 집에 군대가 군대 의사가 와서 윗방에 누워 있지. 그래서 그 군대 의사를 보이겠다고 우리 집에 왔단 말이야 그 김남식이라는 사람이.
- 왔는데 여기 이제 군대 의사는 저쪽 칸에 있고 어 저 아랫방에 이제

인재 여 정, 정지애112) 인재 여기 딱 누버 알치.

　－ 아 그른대 저기서 주사럴 마꾸 여기 오더니만 여기 그대루 누버 아러.

　－ 아러 그 이튼날쯤 되더니 그 이튼날 저녁쯤 되더니 여기서 하루 쩌녁 자찌.

　－ 게 즈: 처두 이찌 머 지베.

　－ 그래 그다맨 와서 또 누워 이써.

　－ 그 이튼날 쩌녁, 저녀개 되더니 의사가 탁 와서 보구서 그래 이런 상 하닌대 그판 병인대 이거 이버내 고치지 모타면 중는다능 기지, 상항 상항 이라구.

　－ 으사가 마라길 그르키 마란다 마리여.

　－ 그러면 빨리 지부루 가개 해야 되지 안능가?

　－ 아 쪼끔 기다려 보라우.113)

　－ 쪼끔 기다려, 으:사가 기다려 보라 그라더이 치:므 한 대 놔. 치:므 한 대 노쿠 야그 하나 조 나놔조.

　－ 주더니 이 사라미 뜨검물 해서 그다매 야:그 메겨찌.

　－ 게 메기구서는 그다매 점 이씨니까 춥따 그란다 마리여.

　－ 춥따 그랑깨 덕째 어메이가114) 천난 니부를 가따 떡 떠퍼조따.

　－ 갠 한: 범두115) 모 더푸찌 우리는 머.

　－ 게 떠퍼조따 마리여.

　－ 게 다른 니부를 가따 떠퍼 조씨문 조:캔는대 천난 니부를 딱: 가따 더퍼 조따 마리여.

　－ 그래서 그다맨 어: 천날 리부른 니가 처매, 천날 리부른 니가 더퍼꾸나, 난 이 생가그루 저 그냥 이중116) 마:라나구 그냥 이써찌.

　－ 그래더니 그다매는 그 이튼나래 밤새:두룩 알터니만 그 이튼나래 자기 처가 와써, 남시기 처가. 와서는 대리가, 대리가서 그 그 질루 그냥 나서찌 머.

여(기) 부(엌), 부엌에 이제 여기 딱 누워 앓지.

− 아 그런데 저기서 주사를 맞고 여기 오더니만 여기 그대로 누워 앓어.

− 앓고 그 이튿날쯤 되더니 그 이튿날 저녁쯤 되더니 여기에서 하루 저녁 잤지.

− 그래 자기 처도 있지 뭐 집에.

− 그래 그다음에는 와서 또 누워 있어.

− 그 이튿날 저녁, 저녁이 되니까 의사가 떡 와서 보고서 그래 이런 상황인데 급한 병인데 이거 이번에 고치지 못하면 죽는다는 거지, 상황 상황이라고.

− 의사가 말하길 그렇게 말한단 말이야.

− 그러면 빨리 집으로 가게 해야 되지 않는가?

− 아 조금 기다려 보라고.

− 조금 기다려, 의사가 기다려 보라고 그러더니 침을 한 대 놔. 침을 한 대 놓고 약을 하나 줘 나눠줘.

− 주더니 이 사람이 뜨거운 물을 해서 그다음에 약을 먹였지.

− 그래 먹이고는 그다음에 좀 있으니까 춥다 그런단 말이야.

− 춥다고 그러니까 덕재 어머니가 첫날 이불을 갖다 떡 덮어줬다.

− 그건 한 번도 못 덮었지 우리는 뭐.

− 그래 덮어줬단 말이야.

− 그래 다른 이불을 갖다 덮어줬으면 좋겠는데 첫날 이불을 딱 가져다 덮어줬단 말이야.

− 그래서 그다음엔 에 첫날 이불은 네가 처음에, 첫날 이불은 네가 덮었구나, 나는 이 생각으로 저 그냥 여적 말 안하고 그냥 있었지.

− 그러더니 그다음에는 그 이튿날 밤새도록 앓더니만 그 이튿날 자기 처가 왔어, 남식이 처가. 와서는 데려가, 데려가서 그 그 길로 그냥 나았지 뭐.

- 나서가주구 그걸 그냥 에우지[117] 이 사라문, 내가 천날 리불 더퍼따 구 허허, 그냥 에우지.

- 그래 남시기 처가 하는 마리 머라구 핸능가 하니까, 그래 그 은해를 아능가 하구, 천날 리불 더푼 은해를 아능가 하구.

- 그래 그 사라미 저: 나서가주구 그: 소대서 과:수 시뭉 거, 그거 과: 수 시뭉 게 과:수가 커써. 낭기 한 대 저 기둥보다두 더 굴거 이러캐.

- 근대 그 사람 배가 잘: 되지. 또 다루기두 잘: 다루구.

- 어:: 한 양처뭔씩, 삼 이천뭔씩, 삼처뭔씩 도:널 조:다가 비료 싸다 가[118] 그 과수 미티다 다: 여[119] 주가주 배가 하나애 한 근 가능 개 이써.

- 앤대 그다맨 배만 대면 매:년 따오지 그냥.

- 따서 우리 지비 가따준다 마리여 머그라구.

- 야:, 이게 우리 금년도 농사 잘 됀는대 머그라구.

- 배가 그냥 하나애 항 근, 멀::겅 갠 배가, 그걸 따다 주지.

- 그래서 그 사람 사라찌 머.

- 그 사라가주구 저 장년 그러깨 장년 그러깨[120] 상사난능가? 그래 그 래 그 사람.

- 나아가지고 그냥 그걸 외우지 이 사람은, 내가 첫날 이불 덮었다고 허허, 그냥 외우지.

- 그래 남식이 처가 하는 말이 뭐라고 했는가 하면, 그래 그 은혜를 아는가 하고, 첫날 이불 덮은 은혜를 아는가 하고.

- 그래서 그 사람이 저 나아가지고 그 소대서 과수 심은 것, 그거 과수 심은 게 과수가 컸어. 나무 한 대가 저 기둥보다도 더 굵어 이렇게.

- 그런데 그 사람의 배가 잘 되지. 또 다루기도 잘 다루고.

- 에 한 이천 원씩, 삼 이천 원씩, 삼천 원씩 돈을 줘서 비료를 사다가 그 과수 밑에다 다 넣어 줘서 배가 하나에 한 근 가는 게 있어.

- 그런데 그다음에는 배만 (익게) 되면 매년 따오지 그냥.

- 따서 우리 집에 갖다 준단 말이야 먹으라고.

- 아, 이게 우리 금년도 농사 잘 되었는데 먹으라고.

- 배가 그냥 하나에 한 근, 멀건 것이 배가, 그걸 따다 주지.

- 그래서 그 사람 살았지 뭐.

- 그 살아서 저 작년 그러께 작년 그러께 죽었는가? 그래 그래 그 사람.

2.3. 큰아들 화상과 사람 살린 이야기

- 그라구 내 또: 중는 사람 두: 사람 살궈써,[121] 인재 그 사람까지 세 사라미여.
- 하나는 훈추내[122] 아주머이여.

음: .

- 훈추내 아주머인대 내가 덕째[123] 부래 데쓸 쩌개 그다매 도문 가서 덕째 치료하느라구 거: 가 이써찌.
- 거 가, 무나형명[124] 때 거 가 이써따 마리여.
- 이 거 가 인는데 도 에: 아주머이 하나가 장마당애[125] 나가니까 사래미 꽉:: 뚤러차따 마리여 그개, 다:: 귀경하느라구.
- 게 척:: 이르캐 해서 떡 뽀니까 어뜬 아주머이가 배르 끄랑꾸 막:: 땅애서 그냥 그 막 구분다[126] 말이야.
- 게 구불거내 떡 뽀니까, 아 이사람 배 아퍼 구불그덩.
- 근대 사람더런 다:: 구융만[127] 한다 마리여.
- 아 구경만 해서, 야 이거 나는 빨리 그 애:덜 때매 빠이[128] 가야 되거꾸 한데 아이 안대개따구.
- 그 아주머이 그저 서시뭅씨 척 뜨러가서넌 떡 끄러앙꾸서넌 저드랑얼 끄러앙꾸서넌 아 아푸먼 병워내 가야지 어트가능가 하구.
- 아유: 배 아퍼 모: 까개따능 기지.
- 아 그렁가 하구 어부라구 둘처어버찌.
- 둘처어꾸서는 병워내 거:이 오는데 거기서두 한 한 뱅 미다 거르니까 영 그뚜 매:기 웁따[129] 마리여, 사라멀 이 어꾸서 백 한 뱅 미다 거러...
- 아 그다맨 병워내 거이 다: 완는데 호사가[130] 하나 나오덩구만 병워내 호사가, 새타야캐[131] 이꾸서.

- 그리고 내가 또 죽는 사람 두 사람을 살렸어, 이제 그 사람까지 세 사람이야.

- 하나는 훈춘에 (사는) 아주머니야.

음.

- 훈춘에 (사는) 아주머니인데 내가 덕재가 불에 데었을 적에 그다음에 도문에 가서 덕재 치료하느라고 거기에 가 있었지.

- 거기에 가, 문화혁명 때 거기에 가 있었단 말이야.

- 그래 거기에 가 있는데 도(문) 에 아주머니 하나가 장에 나가니까 사람이 꽉 둘러찼단 말이야 그게, 다 구경하느라고.

- 그래 척 이렇게 해서 떡 보니까 어떤 아주머니가 배를 끌어안고 막 땅에서 그냥 그 막 뒹군단 말이야.

- 그래 뒹굴기에 떡 보니까, 아 이 사람 배가 아파서 뒹굴거든.

- 그런데 사람들이 다 구경만 한단 말이야.

- 아 구경만 해서, 야 이거 나는 빨리 그 애들 때문에 빨리 가야 되겠고 한데 아니 안되겠다고.

- 그 아주머니 그저 서슴없이 척 들어가서는 떡 끌어안고는 겨드랑을 끌어안고는 아 아프면 병원에 가야지 어떻게 하는가 하고.

- 아휴 배가 아파 못 가겠다는 거지.

- 아 그런가 하고 업으라고 들쳐업었지.

- 들쳐업고는 병원에 거의 오는데 거기서도 한 한 백 미터 걸으니까 영 그것도 맥이 없단 말이야, 사람을 이 업고서 백 한 백 미터 걸어...

- 아 그다음에는 병원에 거의 다 왔는데 간호사가 하나 나오더구만 병원의 간호사가, 새하얗게 입고서.

− 아이 호사 동무,132) 호사 동무, 호사 동무 그파니까 호사 동무라구
해따 마리여.

　　− 그래서 내라니까133) 빨리 오라구 이 사람 죽깨따 그래.

　　− 그랜떤 머 그때 무놔형명 때 또 캉:다니134) 빠올치니135) 무순 조지기 마:나써.

　　− 무순 어: 무순 조직, 홍새기니136) 뭐, 이릉기 만:타 마리여.

　　− 그르니 그 병위는 또 병원 이르미 카, 저 조직 이르미 홍새기란 마리여.

　　− 그래서 그다맨 고리137) 빽:또러가주구서는 어딩가 하구 어느 조지깅
가 하구 무떵구먼.

　　− 그래서 아 우리 홍새기라구 근대 이: 이 아주머이 주깬는대 빨리 줌
살귀달 달라 그래서.

　　− 아, 그릉가 홍새기먼 드러오라구.

　　− 게 드러가서 수:, 데끄닥138) 수수래짜너.

　　− 수술핸데: 거이 다: 터저땀 마리여, 터지먼 중는다능 기지.

맹장?

　　− 어, 맹장인데 급쌍 맹장이라능 기지.

예.

　　− 터지문 중는다능 기지.

　　− 아, 그다매는 거 수수래구서넌 침대애 떡 가따 뉘펴 놔따 마리여, 게
덕째는 여기꾸 그 아주머인 이짜개 노쿠, 이르캐 돼:따 마리여.

　　− 아, 그른대 아 그 아주머이 또 쑤수라구 난 다매 또 까쓰가139) 통하
야 된다능 거 머, 방귀가 나가야 된다능 거.

　　− 아, 그래 또 그걸 기다리구 이쓴저. 그래 인차140) 보고해 달라능 기
지 까쓰 나가문.

　　− 그래 그다매 방귀 나가먼 또 알리달라구 그래서 거기 침대애 가
친141) 이찌.

　　− 아 인대 이: 수수란 자리는 뻐그::낭 개 그냥 이룹따142) 그란다 마리

- 아이 간호사 동무, 간호사 동무, 간호사 동무 급하니까 간호사 동무라고 했단 말이야.
- 그래서 말하니까 빨리 오라고 이 사람 죽겠다고 그래.
- 그랬더니 뭐 그때 문화혁명 때 또 캉다니 빠얼치니 무슨 조직이 많았어.
- 무슨 에 무슨 조직, 홍색이니 뭐, 이런 게 많단 말이야.
- 그러니 그 병원은 또 병원 이름이 캉(다), 조직 이름이 홍색이란 말이야.
- 그래서 그다음에는 머리가 획(빨리) 돌아가지고는 어디인가 하고 어느 조직인가 하고 묻더구먼.
- 그래서 아 우리 홍색이라고 그런데 이 이 아주머니 죽겠는데 빨리 좀 살려 달(라) 달라 그래서.
- 아, 그런가 홍색이면 들어오라고.
- 그래 들어가서 수(술), 제꺽 수술했잖아.
- 수술했는데 거의 다 터졌단 말이야, 터지면 죽는다는 거지.

맹장?
- 어, 맹장인데 급성 맹장이라는 거지.

예.
- 터지면 죽는다는 거지.
- 아, 그다음에는 그 수술하고는 침대에 떡 갖다 눕혀 놨단 말이야, 그래 덕재는 여기에 있고 그 아주머니는 이쪽에 놓고, 이렇게 되었단 말이야.
- 아, 그런데 그 아주머니가 또 수술하고 난 다음에 또 가스가 통해야된다는 거 뭐, 방귀가 나가야 된다는 거(야).
- 아, 그래 또 그걸 기다리고 있었지. 그래 바로 보고해 달라는 거지 가스가 나가면.
- 그래 그다음에 방귀가 나가면 또 알려달라고 그래서 거기 침대에 같이 있지.
- 아, 그런데 이 수술한 자리는 뻐근한 게 그냥 괜찮다 그런단 말이야.

여. '더 아푸지 안능가?' 그래이 '이룹따' 그란다.

― 기래는데 새복쯤: 되니까 오줌 마렵따구 한다 마리여.

― 그래니 수수란 자리 이기 다: 부처농개 아퍼서 막 움지기지 모타개 쓰니깨 아: 방버비써? 내가 오줌 뉘켜찌,[143] 그 여자 꺼.

― 게 오주무 뉘켜서 그다매 오줌 바더내구 이르카구서, 이 여자가 하는 마리 그란다 마리여.

― 아:, 훈춘소해꾜[144] 뒤찌비면 우리지빈데, 거기 우리 나그내두[145] 이꾸 우리 크나덜두 이꾸 한대 거 줌 연락 쯤 해 줄 쑤 엄능가 하구 또 이르타 마리여.

― 그때는 양표가[146] 인나 도:니 인나, 아:무거뚜 업따 마리여 그 여자 개는.

― 게 장보러 와따능 개 어트기 돼 완는지 머: 가주구 완는지 도:니 하나두 업따 마리여.

― 게 훈춘 가따와 달라능 기지, 저:나두 업찌 머 그때는.

― 그래가주서는 머: 홍새기니 머:니 해서 무나형명 때 벅쩌꺼구[147] 막 쏴: 주기구 할 땐데 아: 열라글 취할래야 연라글 취헬 쑤 이쓰야지.

― 그래서 또 거기럴 내: 돈 팔구[148] 또 뼈쓰 타구 가따 와써.

― 가 보니까 아:들하구 영가마구 이때.

― 그래서 사실 얘기를 하니까, 오릉가 하니까, 이기 아무개:내 지비 아닝가 그래니까 올타능 기지.

― '아, 그래 어쩨 그래능가?'. '아 지금 노치니[149] 도무내―서 수수라구 병워내 이따'구, 그래기 지금 빨리 줌 가보자구.

― 게 이르캐 하니까 으: 하더니만 그: 즉씨루다가 그냥 이르나서 그다매 양표하구[150] 돈:하구 준비해가주구 나하구 가치 도무내 와찌 머.

― 그래 온 다맨 나그내한태[151] 텅 매껴 노쿠는 그다맨 난 부관해찌[152] 머, 그래 과날[153] 안해구 그냥 마라찌.

'더 아프지 않은가?' 그러니까 '괜찮다' 그런다.

　─ 그러는데 새벽쯤 되니까 오줌 마렵다고 한단 말이야.

　─ 그러니 수술한 자리 이게 다 붙여놓은 게 아파서 막 움직이지 못하겠으니까 아 방법이 있어? 내가 오줌 뉘었지, 그 여자 것.

　─ 그래 오줌을 뉘어서 그다음에 오줌 받아내고 이렇게 하고는, 이 여자가 하는 말이 그런단 말이야.

　─ 아:, 훈춘소학교 뒷집이 우리집인데, 거기에 우리 남편도 있고 우리 큰아들도 있고 한데 거기 좀 연락 좀 해 줄 수 없는가 하고 또 이렇단 말이야.

　─ 그때는 양표가 있나 돈이 있나, 아무것도 없단 말이야 그 여자에게는.

　─ 그래 장보러 왔다는 게 어떻게 되어서 왔는지 뭐 가지고 왔는지 돈이 하나도 없단 말이야.

　─ 그래 훈춘 갔다가 와 달라는 거지, 전화도 없지 뭐 그때는.

　─ 그래서는 뭐 홍색이니 뭐니 해서 문화혁명 때 벅적하고 막 쏴 죽이고 할 때인데 아 연락을 취하려야 연락을 취할 수가 있어야지.

　─ 그래서 또 거기를 내 돈을 들여서 또 버스 타고 갔다 왔어.

　─ 가 보니까 아들하고 영감하고 있데.

　─ 그래서 사실 얘기를 하니까, 옳은가 하니까, 이게 아무개네 집이 아닌가 그러니까 옳다는 거지.

　─ '아, 그래 어째서 그러는가?'. '아 지금 할머니가 도문에서 수술하고 병원에 있다'고, 그러니 지금 빨리 좀 가보자고.

　─ 그래 이렇게 하니까 어 하더니만 그 즉시 그냥 일어나서 그다음에 양표하고 돈하고 준비해가지고 나하고 같이 도문에 왔지 뭐.

　─ 그렇게 온 다음에는 남편한테 턱 맡겨 놓고는 그다음에는 나는 부관했지 뭐, 그래서 관여를 안하고 그냥 말았지.

- 그랜는대 후:애 좀 만내볼까 해두 그른대 몸: 만내써, 여적찌154) 간다매는.

- 아이가, 가 나 가보지두 앙코 게 몸: 만내찌.

- 아:가 그르캐 된데 어디를 갈 쑤가 이씨야지. 우리 아:가 사시빌, 사시빌 똥아늘 거기 인대.

- 게 덕째도: 어트기 살권능가 하개 대문.

어트가다 그래써요?

- 하기는 그 엔:나래 저: 항도저니라구155) 해써, 한종말루156) 말하자면 땅 굴: 파구 드르가서 그다매 영와라능 걸 봐:찌 야:드리.157)

- 그: 저: 갱도전, 마라자먼 갱도전.

예예.

- 갱도전 영와를 봐:따 마리여 애더리.

- 그래 인재 인저 그때 파럴 따링가 구월 따링가, 구월 구월 시월 따리 돼찌 아매 시월 따리.

- 그때 야:들 그릉 개 봉 개 이씨니까 그른: 노르멀158) 좀 핻 하자구 해:뜬 모냥이지.

- 그래 이용보기159) 아드리 으:: 이용보기 아드리 여란 여란 사리구 야:가 일곱 싸리지.

- 근데 덕째는160) 우리 큰지배서 엄 할머이한태 그냥 그: 마당애서 노러찌.

- 노런넌데 용보기 아드리 여란 살짜리가 야 놀러 가자.

- 그래이까 덕째가 아이161) 가개따 그래찌.

- 그라니까 그:: 농초내 그릉 기 만타 마리여, 새끼 이 꼬는 새끼 산내 끼루162)다 가럴163) 에: 이르캐 거러가주구 그저 끌구서 가따 마리여.

- 그래 가서 인는대 그다매는 그: 탈곡짱 마당애서 한 오심 미다 되게 되면 거기 고:라니164) 인는데 고란 사태 사태가 이르캐 무너저서 일으키,

- 그랬는데 후에 좀 만나볼까 해도 그런데 못 만났어, 여태까지 간 다음에는.

- 아이고, 가 내가 가보지도 않고 그래서 못 만났지.

- 애가 그렇게 되었는데 어디를 갈 수가 있어야지, 우리 애가 사십 일, 사십 일 동안을 거기 있었는데.

- 그래 덕재도 어떻게 살렸는가 하면.

어떻게 하다가 그랬어요?

- 하기는 그 옛날에 저 항도전이라고 했어, 중국말로 말하자면 땅에 굴 파고 들어가서 그다음에 영화라는 것을 봤지 얘들이.

- 그 저 갱도전, 말하자면 갱도전.

예예.

- 갱도전 영화를 봤단 말이야 얘들이.

- 그래 이제 그때 팔월 달인가 구월 달인가, 구월 구월 시월 달이 되었지 마아 시월 달이에요.

- 그때 얘들이 그런 것을 본 게 있으니까 그런 놀이를 좀 했, 하자고 했던 모양이지.

- 그래 이용복이 아들이 에 이용복이 아들이 열한, 열한 살이고 애가 일곱 살이지.

- 그런데 덕재는 우리 큰집에서 엄(마) 할머니한테 그냥 그 마당에서 놀았지.

- 놀았는데 용복이 아들이 열한 살짜리가 야 놀러 가자.

- 그러니까 덕재가 안 가겠다 그랬지.

- 그러니까 그 농촌에 그런 게 많단 말이야, 새끼 이 꼬는 새끼 새끼로 개를 에 이렇게 걸어가지고 그저 끌고서 갔단 말이야.

- 그렇게 가서 있는데 그다음에는 그 탈곡장 마당에서 한 오십 미터 되게 되면 거기 골이 있는데 골 안에 사태(가) 사태가 이렇게 무너져서 이

이르키 된 데가 이써, 여가 집 지푸다나개 이르캐 된 데가 이찌.

- 겐데 여가 번버:낭개[165] 이르캐 돼찌 사태가 나가주구.

- 겐대 여기를 가드리[166] 여기를 마거따 마리여, 막꾸서 무널 요마:이[167] 내찌.

- 그래가주서는 그다매 이 우애는 또 낭구까 낭구까지 가따가 이르키 걸처 노쿠 인저 거기다가 탈곡짱애서 지::푸 가따가 이 꼭때기 가따 더퍼 땀 말이야.

- 더꾸서는 인저 갱도저니다,[168] 인재 그르캐 드러안즌 누문 우리가 다: 한펴니여, 적뜨리 드르오면 인재 여기 수머, 인재 이라구서는 거기 드르가따 마리여.

- 근데 여란 살짜리가 그른 줄 몰러꺼덩, 거기 드러 여사, 여란 살짜리가 성냥, 비지깨르[169] 가주가따 마리여.

- 게 이:리 미티 땅 판 데 미티 안저보니까 차곱찌.

- 생산대[170] 마당애 가서 뿍띠기르 가따 여기다 가따 까러따 마리여.

- 까런는대 그 까른 까런는대 그다매 차거 저: 추우니까 이 그르니까 시월 따리니까 춥찌 머. 게 추우니까 시비럴딸 거이 된데 추우니까 여기다 성냥뿌럴 키: 대따 마리여, 애:더런 이르키 뺑 돌려 앙꾸.

- 성냥뿌럴 키: 대니까 뿍띠기가 탈 께 아니여, 타니까 이: 부리 내 아푸루 온다구 또 뿍띠기럴 거더서 열따.[171]

- 이눔두 거더 여쿠 이눔두 거더 여쿠 내 아푸루 자꾸 온다구 거더 여니까 더 잘 타지.

- 그르니까 부리 꼬꺼지[172] 올러가면서 천장애 부터따 그 지베.

- 거기 부털 그 또 화:럴타니까 천장애 그 낭구가 쪼그망 거 거러씨니 타서 뚝 떠러저따 마리여, 딱 떠러지니까 더 잘 타지 이건.

- 아 이래니깨 즈: 형제드리 인능 건 형재르 끄내구 그다매 야:는 형제가 업찌 인재 제 혼자 가찌.

렇게, 이렇게 된 데가 있어, 여기가 깊(고) 깊다랗게 이렇게 된 데가 있지.

— 그런데 여기가 펀펀하게 이렇게 되었지 사태가 나가지고.

— 그런데 여기를 걔들이 여기를 막았단 말이야, 막고는 문을 요만하게 냈지.

— 그래가지고는 그다음에 이 위에는 또 나뭇가(지) 나뭇가지 가져다가 이렇게 걸쳐 놓고 이제 거기에다가 탈곡장에서 짚을 가져다가 이 꼭대기에 가져다 덮었단 말이야.

— 덮고서는 이제 갱도전이다, 이제 그렇게 들어앉은 놈은 우리가 다 한편이야, 적들이 들어오면 이제 여기 숨어, 이제 이러고서는 거기에 들어갔단 말이야.

— 그런데 열한 살짜리가 그런 줄 몰랐거든, 거기 들어 열 한, 열 한 살짜리가 성냥, 성냥을 가져갔단 말이야.

— 그래 이리 밑에 땅 판 데 밑에 앉아보니까 차갑지.

— 생산대 마당에 가서 북데기를 가져다 여기에다 가져다 깔았단 말이야.

— 깔았는데 그 깐 깔았는데 그다음에 차가(우) 추우니까 이 그러니까 시월 달이니까 춥지 뭐. 그래 추우니까 십일월 달 거의 되었는데 추우니까 여기다 성냥불을 켜 댔단 말이야, 애들은 이렇게 빙 돌려 앉고.

— 성냥불을 켜 대니까 북데기가 탈 게 아니야, 타니까 이 불이 내 앞으로 온다고 또 북데기를 걷어서 넣었다.

— 이놈도 걷어 넣고 이놈도 걷어 넣고 내 앞으로 자꾸 온다고 걷어 넣으니까 더 잘 타지.

— 그러니까 불이 꼿꼿이 올라가면서 천장에 붙었다 그 집에.

— 거기 붙은 그 또 활활 타니까 천장에 그 나무가 조그마한 것을 걸었으니 타서 뚝 떨어졌단 말이야, 딱 떨어지니까 더 잘 타지 이건.

— 아 이러니까 자기 형제들이 있는 건 형제를 꺼내고 그다음 얘는 형제가 없지 이제 저 혼자 갔지.

- 그래니까 그다맨 거기서 막 탄다 마리여. 그래 콩을 나는 생산대 마당애서 콩을 이르키 얼겅치루173) 처서 도:르 빼내구 알콩만, 알콩만 여기루 내:서 거더내구 아 그다매 빨리 오라구 그란다 마리여.

- 게게 어쩌 그러능가 하구 기버리 와써.

- 게 저: 가보라구 병워내 가보라구 그: 저: 시망구기라는174) 사라미 으:사여.

- 그래 거기루 또 가이 가이까 마당애 새:카망개 그저 이르카구 이찌, 이기 머리두 다: 타구 그다매 귀두 다: 쪼그러들구 이르캐 다: 쪼그러들구 그다매 이기 다: 그냥 쪼그러드러 눈만 깜짝깜짜간다 마리여.

- 아: 그다맨 처다보니까 기가 매키지.

- 이거 안 되개따구 으사가 딱 보데, 보더니만 여기서 모 탕개 빨리 양수175) 네리가라구.

- 게 오주공장176) 차루 오기루 하구 그다매 저 우애서 당까루177) 해가주구 망 메구 네 네리뛰지.

- 네리뛰에서 석뚜까지178) 석뚜까지 지내니까 오주공장 차가 석뚜애 인대 거기 와따 마리여.

- 게 거기다 시:꾸 병워내 가찌 양수 병워내, 저:: 아래 병워내 이쓸 때: 여기 병원 아니구 저:: 아래 이쓸 때, 그래 가찌.

- 가니까 양수 병워내서 모: 타개따 그라데. 애:덜 너인디 너이럴 치료 모: 타거따넝 기지, 너머 시:매서.

- 그다매 어트개 도문179) 뼝워내 빨리 가라능 기지. 도문 뼝워내 빨리 가지 아느문 죽는다구 빨리 가라구 그런다 말이야.

- 아, 그다맨 또 도문 뼝워내 가는대 차가 이씨야지, 그때 뻐쓰두 우꾸 아무거뚜 업따 마리여.

- 그때 가시리니까180) 배:차 배:차르 시:꾸 이: 배:차 움반하는 차가 이따 마리여.

─ 그러니까 그다음에는 거기에서 막 탄단 말이야. 그래 콩을 나는 생산 대 마당에서 콩을 이렇게 어레미로 쳐서 돌을 빼내고 알콩만, 알콩만 여기로 내서 걸어내고 (그러고 있는데) 아 그다음에 빨리 오라고 그런단 말이야.

─ 그래 그래 어째 그러는가 하고 기별이 왔어.

─ 그래 저기 가보라고 병원에 가보라고 그 저 심한국이라는 사람이 의사야.

─ 그래 거기로 또 가니 가니까 마당에 새까맣게 그저 이렇게 하고 있지, 이게 머리도 다 타고 그다음에 귀도 다 쪼그라들고 이렇게 다 쪼그라 들고 그다음에 이게 다 그냥 쪼그라들어서 눈만 깜짝깜짝한단 말이야.

─ 아 그다음에는 쳐다보니까 기가 막히지.

─ 이거 안 되겠다고 의사가 떡 보데, 보더니만 여기서 못 하니까 빨리 양수로 내려가라고.

─ 그래 오지 공장 차로 오기로 하고 그다음에 저 위에서 담가를 해가 지고 막 메고 내리뛰었지.

─ 내리뛰어서 석두까지 석두까지 지나니까 오지 공장 차가 석두에 이제 거기 왔단 말이야.

─ 그래 거기에다 싣고 병원에 갔지 양수 병원에, 저 아래에 병원이 있을 때 여기 병원 아니고 저 아래에 있을 때, 그래 갔지.

─ 가니까 양수 병원에서 못하겠다 그러데. 애들이 넷인데 넷을 치료 못 하겠다는 거지, 너무 심해서.

─ 그다음에 어떻게 도문 병원에 빨리 가라는 거지. 도문 병원에 빨리 가지 않으면 죽는다고 빨리 가라고 그런단 말이야.

─ 아, 그다음에는 또 도문 병원에 가는데 차가 있어야지, 그때는 버스 도 없고 아무것도 없단 말이야.

─ 그때 가을이니까 배추 배추를 싣고 에 배추 운반하는 차가 있단 말 이야.

- 그: 배:차를 실른 차를, 그개 양잔[181] 찬대 양전[182] 차럴 도중애서 세워찌.

- 세워가주구서넌 그다매 '사실 내 이러이러한대 아:르 줌 병워내 빨리 가야 댄대 배:차가 중하냐 사라미 중하냐'.

- '하이튼 배:차는 여러 지비 노나 멍능 기기 때매 아무 때 머거두 멍능 기니까 여기다 부려노쿠[183] 아르 줌 너:이 시:쿠서 도문 뼁원까지 가조씨먼 어떠캔능가' 게 얘:기를 해:찌. 얘:길 해니까 그때사 어 그럼 그러자구, 그게 원치기라구.

- 기래 그다매 어째라 가능가 하이까 나는 도문 뼁워누루 아: 때매 간다구 공사[184] 지부 저: 서기애다[185] 배금버미[186] 서기애다 얘:기를 해찌.

- 얘:길 해구서는 간 간다구 가찌.

- 아, 그래떠이 배금버미가 그렁가 하구 그라덩구면. 그래 병워내 가 이쓰니까 아:이 으:사가 진단하더니 아이 그 다릉 거보다두 지금 수혀리 중요하다 수혀리 중요한대 어트가갠능가 하구.

- 이: 병워내 수혈꽈가 업씀니까?

- 아, 도무내 무슨 수혈꽈가 인능가 하구 수혈꿔니 영길빼끼[187] 업따구, 게 영기래 가서 싸오먼 안됨니까, 아 싸가주구 어트개 들구 와서 되능가 하구 안 된다구.

- 아, 그라문 내 저: 영길루 피 가질루 갈테니까 그럼 그때까지 저 줌비만 해주시오. 명을 연장만 해주시오. 이르개 돼:찌.

- 게 지금 바미구 나재구 시아릴 꺼 업씨 그저 아치매 아치매 그저 역 쩌느루다 지금 나가지 피 가질러 영길루 피 가질러.

- 피 오:형이면 된다구 해꺼덩. 그래서 그다매 피 가질러 가지.

- 가는대 어떤 사라미 내::다라[188] 오더니 생동가치 나 다러가는대[189] 동무,[190] 동무, 동무 그란다 마리여.

- 어째 그럼니까 내 바쁨니다, 내 그랜데.

- 그 배추를 싣는 차를, 그게 양잔 차인데 양잔 차를 도중에서 세웠지.

- 세워가지고는 그다음에 '사실 내가 이러이러한데 애를 좀 병원에 빨리 가야 되는데 배추가 중하냐 사람이 중하냐'.

- '하여튼 배추는 여러 집이 나눠 먹는 것이기 때문에 아무 때 먹어도 먹는 거니까 여기다 부려놓고 애를 좀 넷을 싣고서 이 도문 병원까지 가줬으면 어떻겠는가' 그렇게 얘기를 했지. 얘길 하니까 그때야 에 그러면 그러자고, 그게 원칙이라고.

- 그래 그다음에 어떻게 갔는가 하면 나는 도문 병원으로 애 때문에 간다고 공사 지부 저 서기한테 배금범이 서기한테 얘기를 했지.

- 얘기를 하고는 간 간다고 갔지.

- 아, 그랬더니 배금범이가 그런가 하고 그러더구먼. 그래 병원에 가 있으니까 아이 의사가 진단하더니 아니 그 다른 것보다도 지금 수혈이 중요하다 수혈이 중요한데 어떻게 하겠는가 하고.

- 이 병원에 수혈과가 없습니까?

- 아, 도문에 무슨 수혈과가 있는가 하고 수혈권이 연길밖에 없다고, 그래 연길에 가서 사오면 안됩니까, 아 사가지고 어떻게 들고 와서 되는가 하고 안된다고.

- 아, 그러면 내가 저 연길로 피를 가지러 갈 테니까 그럼 그때까지 저 준비만 해주시오. 수명을 연장만 해주시오. 이렇게 되었지.

- 그래 지금 밤이고 낮이고 헤아릴 것 없이 그저 아침에 아침에 그저 역전으로 지금 나가지 피 가지러 연길로 피 가지러.

- 피가 오형이면 된다고 했거든. 그래서 그다음에 피 가지러 가지.

- 가는데 어떤 사람이 내달아 오더니 **같이 내가 달려가는데 동무, 동무, 동무 그런단 말이야.

- 어째 그럽니까 나 바쁩니다, 내가 그랬는데.

－ 아, 여기 병워니 어딤니까.

－ 어째 그러능가 하오.

－ 아, 병워내 저 가서 피를 뺄 빼:야 내가 살갠는대 피가 업써서 저: 피를 모: 빼서 주깨, 주깨씀다.191) 이르캐 된다 마리여.

－ 아, 그래 떡 뽀니까 당신 피가 메텡이여,192) 무러 봐찌.

－ 아, 오영임:다,193) 이르타 마리여.

－ 아, 그럼 피 사러 가능 거보다 그 사람 대려오능 게 더 날 ㄲ따 마리여.

－ 게 떼깍194) 데리구 와서 피 거, 피 검사를 해보니까 오형이거던. 그럼 조타, 얼마 팔개씀니까, 무러바:찌.

－ '내 사:백 꾸라물 팔개씀니다' 이래따 마리여. 그럼 그러커따구.

－ 그래 그 덕째 침대 여파리다195) 뉘펴 노쿠서 그다애 호사떠러196) '이사람 내 피 싸쓰니까 사백 꾸람 뽀버 여라'구 이래찌.

－ 그럼 그러타구 호사가 데깍197) 손 씨꾸 다 준비해다 놔.

－ 그저 쭉:쭉 큰 주사끼 이마:낭 걸루 이러더니 여기다 노쿠선 빼:서 두:리 호사 두리, 하나는 바더 여쿠 하나는 데비198) 대예 여쿠 빼:구 이르개.

－ 이래서 삼백 꾸라물 빼:니까 호사가 아 피 무든 소누루 나:를 툭 따친다 마리여.

－ 게 어째 그러능가?

－ 고마나자능 기지, 저 사람 눈 줌 보라능 기지.

－ 아, 누니 힐::거낭199) 기 그저 그 사라 그러타 마리여.

－ 아, ㄲ름 고만 하자구 내 또 이래찌.

－ 그래뜨니 호사가 뭐라구 말거나 하니까 빨리 네리가서 사탕까루200) 두: 근만201) 싸오라능 기지.

－ 아 어때 새보개 어 누가 무널 여러야 싸지 어디 가.

― 아, 여기 병원이 어딥니까?

― 어째 그러는가 하오.

― 아, 병원에 저 가서 피를 빼 빼야 내가 살겠는데 피가 없어서 저 피를 못 빼서 죽겠, 죽겠습니다. 이렇게 되었단 말이야.

― 아, 그래 떡 보니까 당신 피가 무슨 형이야, 물어 봤지.

― 아, 오형입니다, 이렇단 말이야.

― 아, 그럼 피 사러 가는 것보다 그 사람을 데려오는 게 더 나을 것 같단 말이야.

― 그래 바로 데리고 와서 피 검, 피 검사를 해보니까 오형이거든. 그럼 좋다, 얼마나 팔겠습니까, 물어봤지.

― '내가 사백 그램을 팔겠습니다' 이랬단 말이야. 그럼 그렇게 하겠다고.

― 그래 그 덕재 침대 옆에다 눕혀 놓고서 그다음에 간호사더러 '내가 이 사람의 피를 내가 샀으니까 사백 그램을 뽑아 넣으라'고 이랬지.

― 그럼 그렇다고 간호사가 대번 손 씻고 다 준비해 놔.

― 그저 죽죽 큰 주사기 이만한 것으로 이러더니 여기에다 놓고는 빼서 둘이 간호사 둘이, 하나는 받아 넣고 하나는 도로 대에 넣고 빼고 이렇게.

― 이래서 삼백 그램을 빼니까 간호사가 아 피 묻은 손으로 나를 툭 친단 말이야.

― 그래 어째 그러는가?

― 그만하자는 거지, 저 사람 눈 좀 보라는 거지.

― 아, 눈이 희멀건한 게 그저 그 사람이 그렇단 말이야.

― 아, 그러면 그만하자고 내가 또 이랬지.

― 그랬더니 간호사가 뭐라고 말하느냐 하면 빨리 내려가서 설탕 두 근만 사오라는 거지.

― 아 어째 새벽에 어 누가 문은 열어야 사지 어디 가(서 사).

- 어디가 무널 열지 열지 머 상저매 가두 무늘 열지 아나.

- 아:: 어트개 후꾼 다는지 덕째는 깔리[202] 그 빨리 가서 봐야 되개찌.

- 아 그다매 사탕까루 싸루 나완는대 빨리는 모 까거찌 사탕까루는 모 싸거찌.

- 에이 씨 안 되개따고 이: 저른 다므 뛰: 너머찌.

- 너머가주구 드르가니까 아이 지기리[203] 지길 슨다는[204] 사라미 지기 슨다내 깜짱 놀라오.

- 오:째 이르키 으: 담 너머 뛰 오면, 뭬 너머오능가 하구, 도둥노밍가 해서 깜짱 놀랜다 마리여.

- 아, 그릉 개 아이라 사실 이만저만해서 아:가 이르키 되는대 쫌 사탕까루 쪼꿈만 사러 와따구 게 하이튼 파러 주시오.

- 저: 거: 내 쥐기림다,[205] 모: 팜다. 또 이르키 된다 마리여.

- 아: 두 근만 끄내 주시요, 그라구 이따가 동무는[206] 날 샌 다매 내 이따가 또 올 테니까 그럼 두 근만 끄내 주시요.

- 안됨니다, 안됨니다, 아주 말: 드러야지. 게 한종말루[207] 에 "뿌씽? 니지우뿌완너 지우시마샹시 니전머빤?"[208]

- 게 인재 자:꾸 얘:길 해:서 사정얼 두 구널 구해 가주 와찌.

- 와가주구 막 다러[209] 올러와써 병워누루. 다러 올러와가주구서는 보니까 호사가 저 뜨건 무래 대접 이마:난 데다가 사탕까루 한 그늘 다: 여, 다 여뜨니 그다매 무르 다: 해서는 하:루 저때, 다 저서서는 그 사람 주머 마시라구 빨리 마시라 그래.

- 게 그 사람 그거 한 대접 다: 먹뜨니 따미 홀::란다[210] 마리여 그 사라미.

- 아, 그런다매 한 대접 더 머그라니까 몸 머깨따 그란다 말이야.

- 아:, 마시라고 호사가 자꾸 궈내, 암 마시면 안 된다구 마시라구 게 절바는 또 이 대:접 절바는 마셔찌 머.

─ 어디가 문을 열지 열지 뭐 상점에 가도 문은 열지 않아(서)...

─ 아 어떻게 (몸이) 후끈 다는지 덕재는 빨리 그 빨리 가서 봐야 되겠지.

─ 아 그다음에 설탕을 사러 나왔는데 빨리는 못 가겠지 설탕은 못 사겠지.

─ 에이 씨 안 되겠다고 이 저런 담을 뛰어넘었지.

─ 넘어가지고 들어가니까 아니 당직이 당직을 선다는 사람이 당직 서다가 깜짝 놀라오.

─ 어째 이렇게 어 담을 넘어 뛰어 오면, 뛰어넘어오는가 하고, 도둑놈인가 해서 깜짝 놀란단 말이야.

─ 아, 그런 게 아니라 사실 이만저만해서 아이가 이렇게 됐는데 좀 설탕을 조금만 사러 왔다고 그래, 하여튼 팔아 주시오.

─ 저 거 내 당직입니다, 못 팝니다. 또 이렇게 된단 말이야.

─ 아 두 근만 꺼내 주시오, 그리고 이따가 동무는 날이 샌 다음에 내가 이따가 또 올 테니까 그럼 두 근만 꺼내 주시오.

─ 안됩니다, 안됩니다, 아주 말을 들어야지. 그래서 중국말로 에 "不行? 你就不玩 就是馬上死 你怎么辦?(안돼? 안 해줘서 죽으면 너 어떻게 할래?)"

─ 그래 이제 자꾸 얘기를 해서 사정을 (해서 설탕) 두 근을 구해가지고 왔지.

─ 와가지고 막 달려 올라왔어 병원으로. 달려 올라와가지고는 보니까 간호사가 저 뜨거운 물에 대접 이만한 데다가 설탕 한 근을 다 넣어, 다 넣더니 그다음에 물을 다 해서는 계속 젓데, 다 저어서는 그 사람 주면서 마시라고 빨리 마시라 그래.

─ 그래 그 사람 그거 한 대접 다 먹더니 땀이 죽 난단 말이야 그 사람이.

─ 아 그런 다음에 한 대접 더 먹으라니까 못 먹겠다 그런단 말이야.

─ 아, 마시라고 간호사가 자꾸 권해, 안 마시면 안 된다고 마시라고 그래서 절반은 또 이 대접 절반은 마셨지 뭐.

- 그라구서 더 머검 배: 불러 더 몸 머께따 그런다 마리여 설탕까루.
- 아, 그라구서는 게:: 피 항 구루마애211) 항 구라무애,212) 항 구라무애 그때 십 쩐씨개써, 그래 누꺼리지.213)
- 그래서 그다매 에:: 삼백 끄람 뽀바 뽀부면 삼배귄 조야 되자나.
- 삼백-오시본 조써 내가.
- 게 삼배고시본 내가 주구서는 아 잘: 가서 식싸러214) 자:라시오, 그라구선 그다맨 나와찌.
- 게 나와가주구서는 그다매 덕째가 저거 사:시 빌, 사:시 빌 근 오:시 빌 거기 이써써, 병워내.
- 그래가주선 가보니까 또 하라 그란다 마리여, 더 하라구, 저거 작따구.
- 피를 또 어디가 구햐.215) 에이 씨 아이 되게따. 대번 도문 주둔부두216) 사령부루217) 드르가찌.
- 사령부 드러가개 포초218) 두:리서 디리보내야 마리지 또, 보초병 두리서, 거 문지키 두:리서 안 디리보낸다 마리여.
- 그다매 한종말루 마래찌.
- 사실 이만저마내서 내 여그 완는대 사령관 줌 만내 보자구 와따구.
- 그렁가구 그럼 따러 드러오라오. 내 드르가 보개따구, 억찌루 어기쓰구서는219) 드르가니까 따라온다 마리여.
- 따라서 가 드르가니까 책쌍 하나애다 저놔기 한 통배끼 업써, 아무 거뚜 업써.
- 그다매 혼 저: 또 저 고기 대:번 열락뼁 요기 여, 그 여짜카내 열락뼁 하나 이때.
- 그라고서는 또 이찌. 그때 가서 한종말루 사령관한티 얘:길 해:찌. 사실 이만저마내서 어리나애 쉬 수혀리 피리, 피료한대 수혀를 모태 조서 아:는 주깬는대 이 저, 좀 도와줄 쑤 인능가 하구 줌 얘:기를 해:찌, 한종말루.

- 그러고서 더 먹으면 배가 불러서 더 못 먹겠다고 그런단 말이야 설탕가루.
- 아, 그러고는 그래 피 일 그램에 일 그램에, 일 그램에 그때 십 전씩 했어, 그래 싸구려지.
- 그래서 그다음에 에 삼백 그램을 뽑아 뽑으면 삼백 원 줘야 되잖아.
- 삼백오십 원 쳤어 내가.
- 그래 삼백오십 원 내가 주고서는 아 잘 가서 식사를 잘 하시오, 그러고는 그다음에는 나왔지.
- 그래 나와가지고는 그다음에 덕재가 저기 사십 일, 사십 일 거지반 오십 일 거기 있었어, 병원에.
- 그래가지고는 가보니까 (수혈을) 또 하라 그런단 말이야, 더 하라고, 저거 적다고.
- 피를 또 어디에 가서 구해. 에이 씨 안 되겠다. 대번 도문 주둔부대 사령부로 들어갔지.
- 사령부 들어가려니 보초 둘이 들여보내야 말이지 또, 보초병 둘이서, 그 문지기 둘이서 안 들여보낸단 말이야.
- 그다음에 중국말로 말했지.
- 사실 이만저만해서 내가 여기 왔는데 사령관 좀 만나보자고 왔다고.
- 그런가 하고 그러면 따라 들어오라고. 내가 들어가 보겠다고, 억지로 어거지 쓰고는 들어가니까 따라온단 말이야.
- 따라서 가 들어가니까 책상 하나에다 전화기 한 통밖에 없어, 아무것도 없어.
- 그다음에 * 저 또 저 거기 대번에 연락병 요기 여, 그 이쪽 칸에 연락병이 하나 있더라고.
- 그러고는 또 있었지. 그때 가서 중국말로 사령관한테 얘기를 했지. 사실 이만저만해서 어린아이에게 수 수혈이 필요, 필요한데 수혈을 못 해줘서 애는 죽겠는데 이 저, 좀 도와줄 수 있는가 하고 좀 얘기를 했지, 중국말로

― 얘:길 하니까, 그릉가 하구 그럼 그파면 ** 병워내 가라능 기지. 지금 당장 병워느루 가라능 기지.

― 중해꾜 학쌩드럴 동원해씨니까 저놔상으루 동원할 티니까 거: 나보든 당신 가능 거보다 더 빠를 테니까 그다맨 먼저 가라구.

― 그래 그라구선 그다매 떡 오니까 아이 학쌩드리 꽉: 뜨르차땀 마리여, 병워내.

― 게서 오:형을 뽀부니까 이써야지.

― 오형언 딱 하나람 마리여. 학쌩 중애 딱 하나람 마리여. 그 마:는 학쌩애.

― 게: 학쌩뜨래 하난대 선생이 나한태 마래준다 마리여. 오시 꾸라매 이상 더 모: 뽀씀니다. 학쌩드리 학쌩이기 때매 오십 꾸라매 이상 더 모: 뽀씀니다. 거 오십 꾸람하고.

― 그다매 정부 드르가서 얘기하니까 정부애서 아주머이 하나 아주머이가 사무실 사무 보다가 내가 오형이라 그란다 말이야.

― 그래서 그서 그 아주머이하구 개 일빼꾸 일빽 오시꾸라무를 더 여찌, 그거 덕째게다가.

― 그래이까 사:백 사:배고십 끄람 드르간 심미여 덕째에. 그라구서 살궈써.

― 게 마정 수미 고만 떠러질 꺼 가튼대 어트기야. 그 그래서 가:래가 끌태 발써.

― 그래서 이 고무쭈래 여기다 이꾸 병사리 야들 깨를 텅 노쿠서 그담 모다 쪼:꾸만 모다예220) 요런 모다루 텅 녀니까 가래르 쪽: 뽀버 내대, 야들 깨예다 그냥, 그래 가래르 뽀버내 그래 살궈써요 그.

― 그래: 그래가주구서 살궈가주구 지 또 와서는 바브 머꾸 치료하니까 그다매 오시 빌 걸런는대 기가 매키지.

― 그때 가:221) 동생이 이재여.222) 이재가 이재 고만대 만:날 덕째 어머

－ 얘기를 하니까, 그런가 하고 그럼 급하면 ** 병원에 가라는 거지. 지금 당장 병원으로 가라는 거지.

－ 중학교 학생들을 동원했으니까 전화상으로 동원할 테니까 그 나보다 당신 가는 것보다 더 빠를 테니까 그다음에는 먼저 가라고.

－ 그래 그러고는 그다음에 떡 오니까 아니 학생들이 꽉 들어찼단 말이야, 병원에.

－ 그래서 오형을 뽑으니까 있어야지.

－ 오형은 딱 하나란 말이야. 학생 중에 딱 하나란 말이야. 그 많은 학생 중에.

－ 그래 학생들 중에 하난데 선생이 나한테 말해준단 말이야. 오십 그램 이상 더 못 뽑습니다. 학생들이 학생이기 때문에 오십 그램 이상 더 못 뽑습니다. 그 오십 그램하고.

－ 그다음에 정부에 들어가서 얘기하니까 정부에서 아주머니가 하나 아주머니가 사무실에서 사무 보다가 내가 오형이라 그런단 말이야.

－ 그래서 거기서 그 아주머니하고 그래 일백(그램) 일백오십 그램을 더 넣었지, 그것을 덕재에게다가.

－ 그러니까 사백 사백오십 그램 들어간 셈이야 덕재에게. 그러고서 살렸어.

－ 그래 마저 숨이 그만 떨어질 것 같은데 어떻게 해. 그 그래서 가래가 끓더라고 벌써.

－ 그래서 이 고무줄에 여기에 잇고 병 여덟 개를 턱 놓고서 그다음에 모터 조그만 모터에 요런 모터로 턱 넣으니까 가래를 쪽 뽑아 내더라고, 여덟 개에다가 그냥, 그렇게 가래를 뽑아내서 그래서 살렸어요 그거.

－ 그래 그렇게 해가지고서 살려가지고 저 또 와서는 밥을 먹고 치료하니까 그다음에 오십 일 걸렸는데 기가 막히지.

－ 그때 걔 동생이 의재야. 의재가 이제 고만한데 만날 덕재 어머니는

이는 가: 어꾸 댕기느라구 뭐, 멀 할래야 할 쑤가 이씨야지, 이르캐 살구나여.[223]

개 업고 다니느라고 뭐, 뭘 하려야 할 수가 있어야지, 이렇게 살린 애야.

2.5. 제보자의 생활 경험_소를 다룬 이야기

- 그러구 이짝 석뚜애 석뚜애 박꽝능이라구[224] 싸 박꽝능이 매제여. 그 박꽝능이 매부여. 그: 박꽝능이 누이가 정아매 사는 누이가 석뚜루 시지봐찌.
- 게 석뚜래서[225] 석뚜루 시지봐가주구 석뚜애서 그 사람 농사 지꾸 사:는대 함번 양수애[226] 공사애[227] 회: 와가주구, 회: 끈나구 그다매 또: 공자[228] 타구 이라다이까 자주 댕기개 되. 참패금[229] 타구 회애 댕기구 머 자주 댕기개 되지.
- 게 재장구[230] 타구 거기르 올라가서 올라가 보니까, 올라가다 보니까 아패 쿵 길 그: 큰 우리 정아매 올라가는 쿵 길 아니여? 이짜개는 갱벼니지.
- 이짜개 갱배내서[231] 어떤 사라미 소르 하나 끌구 갱벼내서 쿵 길루 나온다 마리여.
- 나:는 나:는대, 나는 재장구 타구 여기루 오구 그 사라문 이르키 가구 그른대.
- 소가 잘 끄: 따러오지 아느니까 아피다 세우구 때리개따구 아피다 이르키 에: 쇠우 꼬삐를 자부댕겨서 아프루 가개 하구 자기는 뒤애 서 가주.
- 소가 이르키 도라스자 이 주인 배때를[232] 탁:: 떠땀마리여.[233] 어: .
- 소가 날: 세:살 네:살 짜린대 소가 황소.
- 게 네덜따린대[234] 콱: 떠따 마리여. 까:마캐 올라가더니만 사라미 까:마캐 올라가더니 쇠 뜽때기[235] 떠러저땀 마리여.
- 쇠 등때기 떠러저따 땅애 들 땅애 또 떨어지지. 아무래두 등때기 떠러지면 씨개 또 떠러지개 마려닌대 그게.

- 그리고 이쪽 석두에 석두에 박광녕라고 박광녕이 매제야. 그 박광녕이 매부야. 그 박광녕이 누이가 정암에 사는 누이가 석두로 시집 왔지.

- 그래 석두에서 석두로 시집와가지고 석두에서 그 사람이 농사짓고 사는데 한번은 양수에 공사에 회의에 와가지고, 회의 끝나고 그다음에 또 월급 타고 그러다 보니까 자주 다니게 돼. 참패금 타고 회의에 다니고 뭐 자주 다니게 되었지.

- 그래 자전거 타고 거기를 올라가서 올라가 보니까, 올라가다 보니까 앞에 큰길 그 큰 우리 정암에 올라가는 큰길 아니야? 이쪽에는 강변이지.

- 이쪽에 강변에서 어떤 사람이 소를 하나 끌고 강변에서 큰길로 나온단 말이야.

- 나는 나오는데, 나는 자전거 타고 여기로 오고 그 사람은 이렇게 가고 그런데.

- 소가 잘 끌(려) 따라오지 않으니까 앞에다 세우고 때리겠다고 앞에다 이렇게 에 소의 고삐를 잡아당겨서 앞으로 가게 하고 자기는 뒤에 서가지고

- 소가 이렇게 돌아서자 이 주인 배때기를 딱 떴단 말이야.

아.

- 소가 나(릅) 세 살 네 살짜린데 소가 황소가.

- 그래 네 살짜린데 콱 떴단 말이야. 까맣게 올라가더니만 사람이 까맣게 올라가더니 소 등때기에 떨어졌단 말이야.

- 소 등때기에 떨어졌다가 땅에 땅에 또 떨어지지. 아무래도 등때기에 떨어지면 세게 또 떨어지게 마련인데 그게.

- 땅애 떡 떠러지니까 대번 가서 소가 그냥 비빈담 마리여. 이 뿔따구루236) 가스매 대:구선 이르키 이르키 떡 뻐러찐 노물 뿔따구루 가스매 대구서는 이르키 이르키 이 비빈다 마리여.

- 그래 너머 그패서 재장구 타구 간 재장구를 확: 찌버내비리구서는 펄떡 뛔 내려가주구 돌맹이를 지버서 쇠: 대가리럴 딱:: 때려찌.

- 딱:: 때리니까 버쩍 뜰더니만 아 나인는 대 저버들라237) 그런다 마리여.

- 그다매 또 하나 딱: 때려찌. 딱: 때리카 획 또러시더니 획 또러스더니 저짜그루 가서는 떡:: 처다본다 마리여. 먼 데 가서 처다본다 마리여.

- 처다보능 걸 재:차 함 번 또 딱:: 때려찌. 그때는 뿔따구 마저땀 마리여. 그래 뿔따구 땅: 하문서 그저 비껴가이 아푸지 아나깨찌 머.

- 그른대 그 담부터는 처다보구 저버 안 들구 가대.

- 가는대 이걸 혼자서 어트개 할 쑤가 이씨야지. 아이구: 아이구 하문서 그냥 인는대.

- 그 다맨 석뚜 태마이라구238) 이써. 태마이 질 근너가다가 거 여파리 여패 찌비 태마인대, 게 태마이럴 태마이! 태마이 이써! 하고선 좀 이씨니 나와. 아이 중는 사람 줌 살구기요.239) 이거 다: 주거가오.

- 게서 게::오 드러서 두:리 두:리 부추개서 드러서 그 지베 데리구다 드르가찌 머. 그 그이 아푼 사람내 지비루 데리구 드르가찌.

- 드르가선 으:사 저 석뚜 으:사가 떡 와 보더니만 아이 되개쏘. 여기서 모타개쏘. 빨리 도문 뼁워내 가오.

- 게 도루 차 가주구 도문 뼁워내 대꺽240) 가:찌.

- 도문 뼁워내서 진단내 보니까 이 갈비때241) 두: 개 부러지구, 갈비때 두 개 부러지구 이: 가:니 약깐 눌리워따242) 그래. 헤질라243) 말라 해따 마리여.

- 그래 그거 아선 치료해가주구 한:: 달 넹개 건사해써.244) 두: 달 두: 달 거이 고생해써.

- 땅에 딱 떨어지니까 대번에 가서 소가 그냥 비빈단 말이야. 이 뿔로 가슴에 대고는 이렇게 이렇게 떡 벌어진 놈을 뿔로 가슴에 대고서는 이렇게 이렇게 이 비빈단 말이야.

- 그래서 너무 급해서 자전거 타고 간 자전거를 확 집어내버리고는 펄떡 뛰어내려가지고 돌맹이를 집어서 소 대가리를 딱 때렸지.

- 딱 때리니까 번쩍 들더니만 아 나 있는 데로 달려들라고 그런단 말이야.

- 그다음에 또 하나를 딱 때렸지. 딱 때리니까 획 돌아서더니 획 돌아서더니 저쪽으로 가서는 떡 쳐다본단 말이야. 먼 데 가서 쳐다본단 말이야.

- 쳐다보는 걸 재차 한 번 또 딱 때렸지. 그때는 뿔을 맞았단 말이야. 그래서 뿔이 땅 하면서 그저 비켜가니 아프지 않았겠지 뭐.

- 그런데 그다음부터는 쳐다보고 달려들지 않고 가더라고.

- 가는데 이걸 혼자서 어떻게 할 수가 있어야지. 아이구 아이구 하면서 그냥 있는데.

- 그다음에는 석두에 태만이라고 있어. 태만이는 길 건너가다가 그 옆에 옆에 집이 태만이인데, 그래서서 태만이를 태만이! 태만이 있어! 하고는 좀 있으니까 나와. 아니 죽는 사람 좀 살립시다. 이거 다 죽어가오.

- 그래서 겨우 들어서 둘이 둘이 부축해서 들어서 그 집에 데리고 들어갔지 뭐. 그 그이 아픈 사람네 집으로 데리고 들어갔어.

- 들어가서는 의사 저기 석두 의사가 떡 와 보더니만 안 되겠소. 여기서 못하겠소. 빨리 도문 병원에 가오.

- 그래 도로 차를 가지고 도문 병원에 제꺼덕 갔지.

- 도문 병원에서 진단해 보니까 이 갈비뼈가 두 개 부러지고, 갈비뼈가 두 개 부러지고 이 간이 약간 눌렸다고 그래. 헤지려 말라 했단 말이야.

- 그래 그거 우선 치료해가지고 한 달 넘게 고생했어. 두 달 두 달 거의 고생했어.

- 게 두 달 넹개 고상얼 해 다: 나서찌. 기본상 말:하구 인재 거: 댕길 쑤넌 이찌.

- 이르키 된 다매 앙까니하구[245] 두:리서 다칸마리하구 술 한 병사리 하구[246] 가주구 와때. 헤헤헤, 으니늘 만내 사러따구.

- 그래 그: 소는 또 도러가서 이짝 여패 찌배 늘 배자,[247] 늘 배자 항 걸 막:: 뿔따구루다 다:: 마사뜨린다[248] 마리여, 도러가머 그냥.

- 그래 석뚜 싸라미 거기서 탕광애 이:라다가 탕광서 또 **쌰바래서**[249] 네려오는 사라미지.

- 거: 한 대:여서시 네리와따 마리여, 쌰바라구. 게 인저 퇴근 하는 파 이지. 게 네리온다 마리여.

- 아, 저 소가 나무 배재를[250] 다: 마순다고[251] 와: 와: 그저 부뜰라 그 래찌.

- 아 부뜰라 그래는 누무걸 휙 또러스면서 탁 뜽개[252] 이 부랄 여기서 부터 여까지 드리 떤는대[253] 쪽: 짜개지면서 살두 살두 쪽: 짜개저찌, 바 지두 쪽: 짜개저찌. 아 그래 이 사람두 또 병워내 가개 되따 마리여.

- 아 그래서 그누무 소 아이 되개따구, 이거 뜨개소니까[254] 농초내서 모 끼른다. 그 사라만티 마:라라구, 자바멍는 디다 파르라구.

- 그래 마:눤짜리 한 오처눠내 그저 마:눤짜리 오처눠내 그저 가따 자 버라. 아 그 지비서 그 오처눤 가주구 병워내서 치료하자내써?

- 야:: 증말 애르, 그래 또 살구구.

- 하여튼: 나두 댕기면서 수탄.

조은닐 마니 하션내요.

- 하하하하하.

허허허.

- 하이튼.

‒ 그렇게 두 달 넘게 고생을 해서 다 나았지. 기본상 말을 하고 이제 그 다닐 수는 있지.

‒ 이렇게 된 다음에 아내하고 둘이서 닭 한 마리하고 술 한 병하고 가지고 왔더라고. 허허허 은인을 만나서 살았다고.

‒ 그렇게 그 소는 또 돌아가서 이쪽 옆에 집에 널 배자, 널 배자 한 것을 막 뿔로 다 부숴버린단 말이야, 돌아가면서 그냥.

‒ 그래 석두 사람이 거기에서 탄광에서 일하다가 탄광에서 또 퇴근해서 내려오는 사람이지.

‒ 그 한 대여섯이 내려왔단 말이야, 퇴근하고. 그래 이제 퇴근하는 판이지. 그래 내려온단 말이야.

‒ 아 저 소가 남의 배자를 다 부순다고 워 워 그저 붙들려고 그랬지.

‒ 아 붙들려고 그러는 놈의 것을 획 돌아서면서 탁 뜬 것이 이 불알 여기서부터 여기까지 들입다 떴는데 쭉 찢어지면서 살도 살도 쭉 찢어졌지, 바지도 쭉 찢어졌지. 아 그래서 이 사람도 또 병원에 가게 되었단 말이야.

‒ 아 그래서 그놈의 소 안되겠다고 이건 뜨는 소니까 농촌에서 못 기른다. 그 사람한테 말하라고. 잡아먹는 데다 팔라고.

‒ 그래 만 원짜리 한 오천 원에 그저 만 원짜리 오천 원에 그저 갖다 잡아라. 아 그 집에서 그 오천 원 가지고 병원에서 치료하지 않았어?

‒ 야 정말 애를(먹고), 그렇게 또 살리고.

‒ 하여튼: 나도 다니면서 숱한.

좋은 일 많이 하셨네요.

‒ 하하하하하.

허허허.

‒ 하여튼.

2.6. 62년만의 고국 방문

여기 월래 할머니 고향은 옥처니시라 그러셔짜나요?

— 옥천, 옥처닌데: 에:: 방문타니루[255] 우리 가쓸 때, 그때 가서 차즐라 그라니까 힘드러 모:찾어 집뚜 집뚜 다:: 업써지구 때:미[256] 돼 뻐리구, 때:미라 구라지 인재 그거.

네.

— 때:미, 때:미 돼 뻐리구 그래 살던 고향두 우꾸 물바다 되구 그냥 그 때:미 물바다 되따 마리여.

— 그다매는 어:: 무순 에 청주애 저: 고무[257] 하나 이따는대 고무는 다:: 늘거서 요러카구 이쑵대,[258] 요로카구. 아주 그른대 머 머리두 다 그냥 흐무항 개 이르키 하구 이써. 머 무러봐도 답뿍뚜[259] 모르구, 누가 누군지두 모르구, 그저 이르카구 이쑵대.

— 그저 오라자내때 머. 인재 천당애 갈라리 오라자내때 머. 올라가구 그래서 거선 맨 마디만 무러봐두 답복뚜 웂꾸, 뭐라구 누기[260] 어떠쿠 어떠쿠 머 이런 얘:기두 모태보구, 그다맨 아:무 기엉녁뚜 어꾸 드러두 모르구 그 이르키 게 만내구서 그냥 모: 차꾸 마러찌.

— 그래 덕째 어머이는 그때 가씰 때 엉:엉 울다 와찌 머 그저. 어 아무 거뚜 몸: 만내갠는대 어트기야. 게 그거 살던 고향, 차루다 추수차[261] 저: 차애다 시꾸서 거까지 지빈는 대까지 가자 해서 가가주구서넌 그래 점 알쑤나 인능가: 해서 그 아래 네리가니까 내 혼자서 그 아래 네리가찌 머.

— 네리가서 그: 사 사민한태[262] 무러찌 머. '여기 살던 아무거시가 여기 인능가?' 하구. 그래니까 모르개따능 기지 자기두.

— 그래서 그다맨 더 무찌 모타구 그냥 이르키 차따 차따 차찌 모타구 덕째 어머이한태 시가늘 얼마 보낸능가 하니까 한: 서너 시간 거이 보내

여기 원래 할머니 고향은 옥천이시라 그러셨잖아요?

— 옥천, 옥천인데 에 방문단으로 우리가 갔을 때, 그때 가서 찾으려고 그러니까 힘들어 못 찾아, 집도 집도 다 없어지고 댐이 돼 버리고, 댐이라 그러지 이제 그거.

예.

— 댐이, 댐이 되어 버리고 그래 살던 고향도 없고 물바다가 되고 그냥 그 댐이 물바다가 되었단 말이야.

— 그다음에는 에 무슨 청주에 저 고모가 하나 있다는데 고모는 다 늙어서 요렇게 하고 있습디다, 요렇게 하고. 아주 그런데 뭐 머리도 다 그냥 흐무한 게 이렇게 하고 있어. 뭐 물어봐도 답변도 못하고, 누가 누군지도 모르고, 그저 이렇게 하고 있습디다.

— 그저 오래지 않았데 뭐. 이제 천당에 갈 날이 오래지 않았데 뭐. 올라가고 그래서 거기서는 몇 마디만 물어봐도 답변도 없고, 뭐라고 누가 어떻고 어떻고 뭐 이런 얘기도 못해보고, 그다음에는 아무 기억력도 없고 들어도 모르고 그 이렇게 그래 만나고서 그냥 못 찾고 말았지.

— 그래서 덕재 어머니는 그때 갔을 때 엉엉 울다가 왔지 뭐 그저. 어 아무것도 못 만나겠는데 어떻게 해. 그래 거기 살던 고향, 차로 택시 저 차에다 싣고서 거기까지 집이 있는 데까지 가자고 해서 가가지고는 그래 좀 알 수나 있는가 해서 그 아래 내려가니까 나 혼자서 그 아래 내려갔지 뭐.

— 내려가서 그 주 주민한테 물었지 뭐. '여기 살던 아무것이가 여기 있는가?' 하고. 그러니까 모르겠다는 거지 자기도.

— 그래서 그다음에는 더 묻지도 못하고 그냥 이렇게 찾다 찾다 찾지 못하고, 덕재 어머니한테 시간을 얼마나 보냈는가 하면 한 서너 시간 거의

써. 그래두 모: 차저써 하나두. 고향 가서두 친처근 모: 차저써.

　그 뒤애두 모: 차전나요?

　― 그 후애두 모: 차저써. 여 덕째한태 열락해가주구 그다매 거기 저 아:는 사라미 인능가 차자보자구 해두 모: 차저써.

　아: .

　― 가따온 사람 거기 이떤 사람두 와서 옥천 싸람 머: 거기두 아는대, 이:라러 온 사람 그 사흘 연탄해구²⁶³⁾ 그래두 모르개따능 기지.

　이르문 알, 아시나요? 그: 그르니까 하라버지 장인어른 이르문 아셔요?

　― 장이는 도러가시구:.

　그르니까 이르문 아라요?

　― 몰라요.

　누구 이르물 아라야지 차찌요. 주소하구 이름 아르먼 차즐 쑤 인는데?

　― 상사난는대²⁶⁴⁾ 어트개 차저.

　― 객쓰 객싸핸는대.

　조카나 머 누구라두 이쓰 꺼 아니요?

　― 객싸나 핸는, 조카구 머구 어디다, 나는 지금 청주애: 청주애 지금 이모가 이써. 이모가 청주애서 대부자여.

　― 근디두 저나만 거르면 저나 바끼는 한 번 받때.

　― 그런데 이모가 바등 개 아니라 이모는 인재 뒤쩌니구 다: 늘거서. 근데 이모가 바등 거 가튼데 ‘난 모른다!::’ 하구선 그냥 말덩구만. 그라구선 이적까지 한: 번두 영:개가²⁶⁵⁾ 업찌 머.

　― 대:부자여, 살:기는 대:부자루 사능 기여.

　― 근데: 내 감초기²⁶⁶⁾ 그르치. 항국 까개 되면 중구개서 나간 사람드리 어트기 거:지처럼 생가가는 모냥이여, 항국 싸라미.

　― 거:지라능 게 어:더 멍는 사람, 그릉 거처럼 생가가능 거 가티야. 아주 가마니 보게 되면.

보냈어. 그래도 못 찾았어 하나도. 고향 가서도 친척은 못 찾았어.

그 뒤에도 못 찾았나요?

− 그 후에도 못 찾았어. 여기 덕재한테 연락해가지고 그다음에 거기 저 아는 사람이 있는가 찾아보자고 해도 못 찾았어.

어.

− 갔다온 사람이 거기 있던 사람도 와서 옥천 사람 뭐 거기도 아는데, 일을 하러 온 사람이 그 사흘 염탐하고 그래도 모르겠다는 거지.

이름은 알, 아시나요? 그 그러니까 할아버지 장인어른 이름은 아셔요?

− 장인은 돌아가시고.

그러니까 이름은 알아요?

− 몰라요.

누구 이름을 알아야지 찾지요. 주소하고 이름 알면 찾을 수 있는데?

− 돌아가셨는데 어떻게 찾아.

− 객사 객사했는데.

조카나 뭐 누구라도 있을 거 아니에요?

− 객사나 했는(데) 조카고 뭐고 어디다, 나는 지금 청주에 청주에 지금 이모가 있어. 이모가 청주에서 대부자야.

− 그런데도 전화만 걸면 전화 받기는 한번 받더구먼.

− 그런데 이모가 받은 게 아니라 이모는 이제 뒷전이고 다 늙어서. 그런데 이모가 받은 것 같은데 '난 모른다!' 하고는 그냥 말더구먼. 그러고는 이적까지 한 번도 연계가 없지 뭐.

− 대부자야, 살기는 대부자로 사는 거야.

− 그런데 내 감촉이 그렇지. 한국에 가면 중국에서 나간 사람들을 어떻게 거지처럼 생각하는 모양이야, 한국 사람이.

− 거지라는 게 얻어먹는 사람, 그런 것처럼 생각하는 거 같아. 아주 가만히 보면.

그르캐 생가카는 사람: 모르갠는대요, 저는 그런 사람 엄는대.

― 엄는대?

예:.

― 그르개 바버더먹찌 모태서 여기 나와서 버러머글라구 하능가부다 이런 생가가는대 우리는 뭐: 내 공자267) 반능 검마내두 실컨 써.

그쌔 그::항 항구개서는 따릉 거는 모르개꾸 그저내 보니까.

― 음.

그르니까 여기 저 연나미 아버지:.268)

― 음:.

초청장 만드를 때:.

― 음.

그 제가 세:번 해짜너요?

그때: 그거 만드러 달라구 하니까 잘 암 만드러 주드라구요.

― 으: 암: 만드러줘.

그게 왜 그랜냐 하면 거기 그 저기 윤명화라구269) 그 조캉가 그르차나요?

― 음, 명화 어.

아 그래두 그 사라미 좀 깨어써요. 이르캐 운전하구 사방 다녀서:.

― 응:.

근대 그거 해줄라면 저기를 해야 돼요. 여:기 저: 각써를 써야 돼요 범무부애.

― 음.

와가주구 일: 저질러거나 사고치면 니가 다: 채김저라:, 그 도장 찌거야 돼요.

― 음, 음.

그거 때매 안 해줄라 그러지요.

― 그러치 머. 뻐나지 그개 저: 다: 이 저: 우리 사춘더른 그릉 건 둘째처노쿠 우트개 하능가 그걸 몰러서 모태주구 안해 조:.

그렇게 생각하는 사람은 모르겠는데요, 저는 그런 사람 없는데.

─ 없는데?

예.

─ 그렇게 밥 얻어먹지 못해서 여기 나와서 벌어먹으려고 하는가 보다 이런 생각하는데 우리는 뭐 내가 연금 받는 것만 해도 실컷 써.

글쎄 그 한 한국에서는 다른 거는 모르겠고 그전에 보니까.

─ 음.

그러니까 여기 저 연남이 아버지:.

─ 음.

초청장 만들 때.

─ 음.

그 제가 세 번 했잖아요?

그때 그거 만들어달라고 하니까 잘 안 만들어 주더라고요.

─ 응 안 만들어줘.

그게 왜 그랬느냐 하면 거기 그 저기 윤명화라고 그 조카인가 그렇잖아요?

─ 음, 명화 어.

아, 그래도 그 사람이 좀 깨었어요. 이렇게 운전하고 사방 다녀서.

─ 응.

그런데 그것을 해주려면 저기를 해야 돼요. 여기 저 각서를 써야 돼요 법무부에.

─ 음.

와가지고 일 저지르거나 사고치면 네가 다 책임져라, 그거 도장 찍어야 돼요.

─ 음, 음.

그거 때문에 안 해주려고 그러지요.

─ 그렇지 뭐. 뻔하지 그게 저 다 이 저 우리 사촌들은 그런 것은 둘째 치고 어떻게 하는가 그걸 몰라서 못 해줘 안 해줘.

- 앙 세 번 네 번 공고해찌.[270] 내 갈 떼개 명화한태 그래찌. 이: 맘대
루 가주가지 모태요.

- 사향[271] 사향을 구루무루[272] 한 통 싸찌.

- 구루무럴 파내구 구루무 아내다가 사향을 여서 쏠료애다[273] 쏠료애
다 잘:: 싸가주구서는 밀봉하는 쏠료애다 잘 싸가구주서는 구루무통 아내
다 여따 마리여.

- 구루무탕애다[274] 여가주구 또 구루무 우애다 더꾸 우애다 싹: 더꾸
파넝 거처럼 딱캐가주구서는 우애 우애 딱찌 딱 뿌처가주구서는 그래가주
구 근너가써.[275]

- 그 능당[276] 가틍 건 그냥 근너가구. 그다맨 그래가주구 여기서 준비
잘:해찌.

- 잘해가주구 그런데, 그래 그: 가따 주구 이랜데, 누구를 줸능가 하니
까 월:래는 사추늘[277] 조야지.

- 사추늘 줴:쓰면 해결될런지 몰러, 촌장하든[278] 사추늘. 그: 이원 무순
면, 며내 머 이워니라나 그거 하든 사람 사추늘 줴:쓰면 좀 어뜰런지 모르
는데 명화를 줴:찌, 명활 주니까.

- 그건 하이튼 명화 처가 써뜬 명화 따리 써뜬 구루무를 써깨찌. 어째
뜬 쓰문 나온다 마리여 그기.

- 게 나완대 그거 그게 여기서 얼마 쩌르구 싼능가 하니까 그: 약쩌울
루 함푼쫑,[279] 약쩌울루 함푼쫑애 그: 어트기 됀능가 하니까 으: 한 오배
권씩[280] 갈 끼여 그기.

- 어째 가능가 하개 되면 쏘련서 야:드리 덕째두 가구 이재두 가구 이
래쓸 쩌개 쏘려내서 그거 함 포르 가주고 와찌.

- 가주구 와가주구 와서 그다매는 여: 저: 머여 조카, 이 저 동생 아들
게[281] 쫌 주구. 왜 줸능가 하면 가 뽀 차가 뽈 차다가 다리 다리를 상해서
그거 머그면 나깬능가 해서 그때 갸: 쪼꿈 주구 그다매는 나머지는 다: 거

- 아 세 번 네 번 공고했지. 내가 갈 적에 명화한테 그랬지. 이것을 마음대로 가져가지 못해요.

- 사향 사향을 크림(통)으로 한 통 샀지.

- 크림을 파내고 크림 안에다가 사향을 넣어서 비닐에다 비닐에다 잘 싸가지고서는 밀봉하는 비닐에다 잘 싸가지고는 크림통 안에다 넣었단 말이야.

- 크림통에다 넣어가지고 또 크림 위에다 덮고 위에다 싹 덮고 파는 것처럼 딱 해가지고서는 위에 위에 딱지 딱 붙여가지고서는 그래가지고 건너갔어.

- 그 웅담 같은 것은 그냥 건너가고. 그다음에는 그래가지고 여기서 준비 잘했지.

- 잘해가지고 그런데, 그래 그걸 갖다 주고 이랬는데, 누구를 줬는가 하면 원래는 사촌을 줘야지.

- 사촌을 줬으면 해결되었을는지 몰라, 이장하던 사촌을. 그 이원 무슨 면 면에 뭐 의원이라나 그거 하던 사람 사촌을 줬으면 좀 어땠을는지 모르는데 명화를 줬지, 명화를 주니까.

- 그건 하여튼 명화 처가 썼든 명화 딸이 썼든 크림을 썼겠지. 어쨌든 쓰면 나온단 말이야 그게.

- 그렇게 나왔는데 그거 그게 여기서 얼마 주고 샀는가 하면 그 약저울로 한 푼쭝, 약저울로 한 푼쭝에 그 어떻게 됐느냐 하면 에 한 오백 원씩 갈 거야 그게.

- 어떻게 가져왔는가 하면 소련에서 애들이 덕재도 가고 의재도 가고 이랬을 적에 소련에서 그거 한 포를 가지고 왔지.

- 가지고 와가지고 와서 그다음에는 여기 저 뭐야 조카, 이 저 동생 아들에게 좀 주고. 왜 줬는가 하면 걔가 볼 차(다가) 볼 차다가 다리 다리를 다쳐서 그거 먹으면 낫지 않을까 해서 그때 걔 조금 주고 그다음에는 나

기다 여서 보내땀 말이야.

－ 그런데 이제까지 그런 소 소시근 업써요.

얘기 안 해써요? 주면서 그거 이따구?

－ 이따구 얘:끼 해찌 머. 얘:기 핸:는대 그 사양282) 드러씨니까 내 쓰구서283) 사양 사용해라. 그라구서 주구 얘기해:찌. 게 명화를 줘:찌 머.

－ 게 명화 주니깬 보니까 명화르 상푸문 명화르 딱 중게 아니라 누이르284) 줘:찌. 누이르 줘:씨니까 누이가 줘깬 명화애개 가찌 머 그개.

이: 얘:기를 자래써야지: .

－ 그래 그래서 그기.

직쩝 줘써야지 오히려.

－ 근데 그거는 사향은 이: 비지깨:285) 성냥쌀.286)

예.

－ 성냥쌀 가틍 걸루 해가주구 귀 아푼 사람 귀 쪼꿈 여캐 대문 그 대구서 훅: 해 노문 근 싹: 이럽써,287) 근 머: 이럽꾸.

－ 그다매 풍이 당금288) 와서 벌벌 떨개 되자니여, 그 쪼:꼼만 메겨 봅소,289) 대번 이럽쏘.

－ 그: 그: 그 근디: 여기서 대다이 비싸: 여기서. 구해지두 월래 구핼래 구핼 쑤두 업꾸.

음, 음.

－ 여기 메기는290) 사향은 이써. 그러치면 사내 사향이291) 업써 산 상. 게 그게 참: 대다니 비쌍 기여 그게. 게 금버다두 더 비쌍 기여 그게.

그때 저기: 처으매 방문단 가쓸 때 그때 가저강 거요?

－ 으음.

그 뒤애, 그 저내?

－ 어: 방문단 가쓸 때 그때 가주강 거여. 그때배끼는 보지 모태찌.

예: .

머지는 다 거기에다 넣어서 보냈단 말이야.

‒ 그런데 이제까지 그런 소(식) 소식은 없어요.

얘기 안 했어요? 주면서 그거 있다고?

‒ 있다고 얘기했지 뭐. 얘기했는데 그 사향 들었으니까 꺼내어 쓰고서 사향 사용해라. 그리고서 주고 얘기했지. 그렇게 명화를 줬지 뭐.

‒ 그렇게 명화에게 주니까 보니까 명화를 상품은 명화에게 딱 준 게 아니라 누님을 줬지. 누님에게 줬으니까 누님이 줬을 (테니까) 명화에게 갔지 뭐 그게.

이 얘기를 잘 했어야지요.

‒ 그래 그래서 그게.

직접 줬어야지 오히려.

‒ 그런데 그거는 사향은 이 성냥 성냥개비.

예.

성냥개비 같은 걸로 해가지고 귀가 아픈 사람한테 귀에 조금 넣게 되면 그걸 대고 훅 불어 놓으면 그건 싹 괜찮아, 그건 뭐 괜찮고.

‒ 그다음에 풍이 금방 와서 벌벌 떨게 되잖아, 그거 조금만 먹여 보소, 대번 괜찮소.

‒ 그 그 그 그런데 여기서 대단히 비싸 여기서. 구하지도 원래 구하려야 구할 수도 없고.

음, 음.

‒ 여기 기르는 사향은 있어. 그렇지만 산에 사향이 없어 산 사향. 그래 그게 참 대단히 비싼 거야 그게. 그게 금보다도 더 비싼 거야 그게.

그때 저기 처음에 방문단으로 갔을 때 그때 가져간 거예요?

‒ 으음.

그 뒤에, 그 전에?

‒ 어 방문단으로 갔을 때 그때 가져간 거야. 그때밖에는 보지 못했지.

예.

— 그때 가주강 기지.

어째뜬 머 그 뒤:애 그래두 그:…

— 덕째 엄마 여 가치 가씨니까 그때 다:.

예 그때 그래두 그: 윤, 윤명화씨가: 그 초청짱 만드러 조써요. 그 사라미 만드러 조써요 그거.

— 어어.

제가 가가주고 메: 뻔 얘기해서: 피해 업깨 해주개따: 걱쩡하지 마라. 이르캐 해가주고 그래서 그 사라미 도장 찌거 조써요. 그래두 그: 도장 찌거조가지고 지금 연나미 아버지 그르캐 항국 깔 쑤 이써떵 거요 그거.

— 어: 그르키 돼:꾸먼.

예:.

— 게: 선생이 고상해꾸만, 대꾸 댕기느라고.

저는 인재 중가내서 와따 가따 하면서 그거, 그 사람보구 해달라고 하구:.

— 그리두, 그리도, 그리두 그 얼마나 힘썬는지 고생 마:니 해구.

그걸 가주구 또 저기 범무사 가서 범무사애서 또 그거 공증해야 되거등뇨, 돈 주구.

— 오러 어.

그거 도장 찌거서 이르캐 보내구 그거.

— 어:.

그래두 그걸 그쪼개서 윤명화 씨가 그거 도장 안 찌거 조쓰면 모 타능 거요:.

— 그럼.

그거 해달라구 제가 인재 여:러 번 얘기해꾸, 게 머 지금 어째뜬 그: 연나미 아버지 가서 잘: 이짜나요?

— 응: 이써요.

그러구 거기 머 가:끔 거기 가보능 거 가때요. 명절 때 이럴 때 인사두 하구?

− 그때 가져간 거지.

어쨌든 뭐 그 뒤에 그래도 그...

− 덕재 엄마 여기 같이 갔으니까 그때 다.

예 그때 그래도 그 윤, 윤명화씨가 그 초청장 만들어 줬어요. 그 사람이 만들어 줬어요 그거.

− 아아.

제가 가가지고 몇 번 얘기해서 피해 없게 해주겠다 걱정하지 마라. 이렇게 해가지고 그래서 그 사람이 도장 찍어 줬어요. 그래도 그 도장 찍어줘가지고 지금 연남이 아버지 그렇게 한국에 갈 수 있었던 거예요 그거.

− 아 그렇게 됐구만.

예.

− 그래 선생이 고생했구만, 자꾸 다니느라고.

저는 이제 중간에서 왔다 갔다 하면서 그거, 그 사람보고 해달라고 하고.

− 그래도, 그래도, 그래도 그 얼마나 힘썼는지 고생 많이 하고.

그걸 가지고 또 저기 법무사 가서 법무사에서 또 그거 공증해야 되거든요, 돈 주고.

− 옳아 어.

그거 도장 찍어서 이렇게 보내고 그거.

− 아.

그래도 그걸 그쪽에서 윤명화 씨가 그걸 도장 안 찍어 줬으면 못 하는 거예요.

− 그럼.

그거 해달라고 제가 이제 여러 번 얘기했고, 그래 뭐 지금 어쨌든 그 연남이 아버지 가서 잘 있잖아요?

− 응 있어요.

그리고 거기 뭐 가끔 거기 가보는 것 같던데요. 명절 때 이럴 때 인사도 하고?

— 예.

　　— 가 봐:찌. 근데 마:니 가써요: 가기두. 우리 아들 얘기가 하녕거 보게 대면 명질 때마다 가구 또 내가 내가 중건만 해두 심마뉜 넹기 가써요.

　　— 내가 중 건만, 내가 거 가쓸 때 강검만 해두, 게 그랜데 초청짱 줌 하나 더 해달라구 얘길 하니까 안 된다능 기지.

　　누구?

　　— 명와.

　　아이 누구 초청짱?

　　— 어?

　　누구 초청짱?

　　— 의재292) 꺼.

　　아 동생 꺼?

　　— 이재 꺼, 이재 자그나들.

　　예예.

　　— 그다매 하나 덜라구293) 하니까 아이 된다 그라데 이젠, 어: 모 탄다 그라데.

　　그 해주먼 되지 머 어려울 꺼 이써. 그 형두 그르캐 가서 잘: 이꾸 그른대 그거 해주능 게 머: 그르캐 어렵따구.

　　— 야:드른294) 가서 이적까지295) 나뿐 지슬 안 해유 이적찌296) 크먼서.

　　그쎄 괄장이 사람 진짜 다: 차칸 사라미자나요?

　　— 에: 사람더른 우리 우리츠게 다: 이씨내가 감 저: 다:: 무스 크개 머 해:먹찌 모타구 그저 이르카구 사:니깨 그래 아마 이 이르키 사:능 모냥이여 우리가, 마:미 너무 이래서.

　　아이 맘 조아야지 잘 살지요.

　　— 흐흐.

－ 예.

　－ 가 봤지. 그런데 많이 갔어요 가기도. 우리 아들 얘기를 하는 거 보면 명절 때마다 가고 또 내가 내가 준 것만 해도 십만 원 넘게 갔어요.

　－ 내가 준 것만, 내가 거기에 갔을 때 간 것만 해도, 그래 그런데 초청장 좀 하나 더 해달라고 얘길 하니까 안 된다는 거지.

　누구?

　－ 명화.

　아니 누구 초청장?

　－ 어?

　누구 초청장?

　－ 의재 것.

　아 동생 것?

　－ 의재 것, 의재 작은아들.

　예예.

　－ 그다음에 하나 더 할라고 하니까 안 된다 그러데 이제, 어 못 한다고 그러데.

　그거 해주면 되지 뭐 어려울 것 있어. 그 형도 그렇게 가서 잘 있고 그런데 그거 해주는게 뭐 그렇게 어렵다고.

　－ 애들은 가서 이제까지 나쁜 짓을 안 해요 이제까지 크면서.

　글쎄 굉장히 사람 진짜 다 착한 사람이잖아요?

　－ 어 사람들은 우리 우리측에 다 이씨네가 저 다 무슨 크게 뭐 해먹지 못하고 그저 이렇게 하고 사니까 그래서 아마 이 이렇게 사는 모양이야 우리가, 맘이 너무 이래서.

　아이 맘 좋아야지 잘 살지요.

　－ <u>흐흐</u>.

2.7. 제보자의 한국 생활 경험

─ 그래 그저네는 님 선, 님 교수두[297] 그저니넌 여기 댕기, 처:매 댕길 째는 마니 가찌요. 고사리요 무 저: 도라지요 그다매 무슨 식품─애 대해서는 마:이 조 보내써.

─ 내가 그래두 올 때마다 그저 여러 번 댕겨꺼덩. 올 때마다 그냥 보내지 아내찌.

─ 그런데 조선[298] 가서 내 헤택 빠다찌 또. 조선 가서 저 항:국 까서 또 헤택 빠다찌.

─ 나만 보면 그저, 그저 오마뉘니요, 심마뉘니요 그저 자꾸 이르키 머 머그라구 주구 싸머그라구 주구, 그다매 그 머 해꾜 보초스는[299] 데두 어디 나갈 때 이써 머 싸 머글 깨 이써? 그다매 거 상점두 어:꾸 거기는.

─ 거기서 상점 나오자면 청주를 나와야 되는데 거기서 머 사머글 깨 이써?

─ 그래서 마이덜 그래 통구[300] 다:합패서 하오스애[301] 가서 버릉 거, 해꾜 가서 슥: 따래 버릉 거, 그다매 또 에: 이르캐 해서 그다맨 통구 다: 해서 그저 한 뱅마 눤? 뱅마눤 그저 내가 쥐구 와찌.

─ 그래서 비행기 타구 나니까 머 거기서 비행기 타구 나니까 한 칠씸만 그저 가주구 와찌.

─ 그래서 제:는[302] 젤: 고상항 게 하우스 가서 이랄 쩌개 에: 컨추개 드르가서[303] 이랄 쩌개 젤: 고생해찌.

그기 힘드러요. 절문사람 하는 이리요.

─ 아유 모:타개써. 모:타개 씨디여, 월래.

─ 건추개 드르가서 게::우 그저 한 달 이랑 게 한 달 이르개 팔씸만, 팔씸만 바다찌. 자기내는 얼마 바단능가 일빽삼심만, 일빽삼심만 이르키 바꾸 한 달 이랑 개.

- 그래 그전에는 임 선(생도) 임 교수도 그전에는 여기 다닐, 처음에 다닐 때는 많이 갔지요. 고사리니 무슨 저 도라지니 그다음에 무슨 식품에 대해서는 많이 줘 보냈어.

- 내가 그래도 올 때마다 그저 여러 번 다녔거든. 올 때마다 그냥 보내지 않았지.

- 그런데 조선(한국)에 가서 내가 혜택을 받았지 또. 조선(한국)에 가서 저 한국에 가서 또 혜택을 받았지.

- 나만 보면 그저, 그저 오만 원이나 십만 원이나 그저 자꾸 이렇게 뭐 먹으라고 주고 사먹으라고 주고, 그다음에 그 뭐 학교에서 보초서는 데도 어디 나갈 데가 있어 뭐 사 먹을 게 있어? 그다음에 그 상점도 없고 거기는.

- 거기서 상점에 나오려면 청주로 나와야 되는데 거기서 뭐 사 먹을 게 있어?

- 그래서 많이들 그래 전체 다 합해서 하우스에 가서 번 것, 학교에 가서 석 달 번 것, 그다음에 또 에 이렇게 해서 그다음에 전체 다 해서 그저 한 백만 원? 백만 원 그저 내가 쥐고 왔지.

- 그래서 비행기 타고 나니까 뭐 거기서 비행기 타고 나니까 한 칠십만 원 그저 가지고 왔지.

- 그래서 제일은 제일 고생한 게 하우스에 가서 일할 적에 에 건축현장에 들어가서 일할 적에 제일 고생했지.

그게 힘들어요. 젊은사람 하는 일이에요.

- 아유 못하겠어. 못하게 (일이) 세대여, 원래.

- 건축현장에 들어가서 겨우 그저 한 달 일한 게 한 달 이렇게 팔십만(원), 팔십만(원) 받았지. 자기네는 얼마 받았는가 (하면) 일백삼십만(원), 일백삼십만(원) 이렇게 받고 한 달 일한 게.

― 기래서 그다맨 나와서 에:이 그 모타개따구 청주루 가니까 해꼬 보초스는 디다 암패해[304] 놔찌. 거 가선 순전 공닐 해땀 마리여 그냥.

이를 너무 마니 하셔써.

― 해꼬애 해꼬만 보구 이써쓰먼 되는데 아: 잔디 까꺼야지, 거 배재[305] 돌려 다:: 까꺼야지, 돌: 마당애 인녕 거 다: 이르키 요로키 다: 뽀조:가개 요로캐 다:: 도라가머 싸:찌.

― 그다맨 창꼬 그 저: 차 드리는 창꼬 그거 다 집 뒤: 호리가다[306] 다: 모새 사내서 무너징 거 그 흘그 메:칠 두구 파써. 일쭈일 두구 판능가 파낸능가 그거?

― 그래구 다: 파내서 물 니리가개 다: 공고리,[307] 이짜개는 다: 공고리 해:찌 머 양쪼그루 이르키. 요기는 약깨하구 요기는 노푸다:나개 해:찌.

― 게 사내서 모새는 비 와서 모새 내려옹 거 홍 내려옹 거 돌: 래려옹 거 그거 쌔잉 거 그저 다: 파내자니까 다 찬는대 어트기야. 그라구 젤: 바뿌기는 거기 수명통이[308] 하나 이써.

― 이러키: 이르캐 해서 이르캐 호리가다가 이 물 니리가는 그게 이르키 이쓰문 여기 대서 이르키 마가농 개 이써.

― 이르키 마가농 개 인는대 거기 드르가서 그 아내 드르가서 파내자니까 거기 줌 시간 걸리찌. 사흐르 판능가 거기. 그래 가주서는 다:: 파내구.

― 그다매 그 흘그 파낸 흘그 또 어트가. 그다매 이짜그루는 마당쪼구루는 다: 평을 맨드러.

― 그다매 그거뿌니여? 개: 메겨찌[309] 개: 새끼 내워찌.[310]

― 그다매 저 그 창꼬 다: 정리해 놔찌. 차 대구 인는 창꼬 정니해 줘찌.

― 차는 드르가야 되겐대 아이 가꾸모기[311] 이기 딱:: 이써놔서, 차는 요기 딱 이꾸 사람 여기 차 새워노면 사람 빠저 나오지두 모타개 돼땀 마리여. 차는 여기 드르가 인는.

― 이걸 가마니 보니까 아이 되개따. 그래니 떡때를[312] 매구서 이 가꾸

─ 그래서 그다음엔 나와서 에이 못하겠다고 청주로 가니까 학교 보초 서는 데다가 배치해 놨지. 거기에 가서는 순전히 공일 했단 말이야 그냥.
일을 너무 많이 하셨어.

─ 학교에 학교만 보고 있었으면 되는데 아 잔디 깎아야지, 거 울타리 다 깎아야지, 돌 마당에 있는 거 다 이렇게 요렇게 다 뾰족하게 요렇게 다 돌아가며 쌓았지.

─ 그다음에는 창고 그 저 차 들이는 창고 그거 다 집 뒤 홈 그 다 모래 산에서 무너진 거 그 흙을 며칠을 두고 팠어. 일주일 두고 팠던가 파냈던 가 그거?

─ 그리고 다 파내서 물이 내려가게 다 콘크리트(했지), 이쪽에는 다 콘 크리트 했지 뭐 양쪽으로 이렇게. 요기는 얕게 하고 여기는 높다랗게 했지.

─ 그래 산에서 모래는 비가 와서 모래 내려온 거 흙 내려온 거 돌 내려 온 거 그거 쌓인 거 그저 다 파내려니까 (홈이) 다 찼는데 어떻게 해. 그리 고 제일 힘들기는 거기 수멍이 하나 있어.

─ 이렇게 이렇게 해서 이렇게 홈이 이 물이 내려가는 그게 이렇게 있 으면 여기 대서 이렇게 막아 놓은 게 있어.

─ 이렇게 막아 놓은 게 있는데 거기 들어가서 그 안에 들어가서 파내려 니까 거기 좀 시간이 걸렸지. 사흘을 팠는가 거기. 그래가지고는 다 파내고.

─ 그다음에 그 흙을 파낸 흙은 또 어떻게 해, 그다음에 이쪽으로는 마 당쪽으로는 다 수평을 만들어.

─ 그다음에 그것 뿐이야? 개 먹였지 개 새끼 낳게 했지.

─ 그다음에 저 그 창고 다 정리해 놨지. 차 대고 있는 창고 정리해 줬지.

─ 차는 들어가야 되겠는데 아니 각목이 이게 딱 있어서, 차는 요기 딱 있고 사람 여기 차 세워놓으면 사람이 빠져나오지도 못하게 되었단 말이 야. 차는 여기 들어가 있는(데).

─ 이걸 가만히 보니까 안 되겠다. 그러니 시렁을 매고서 이 각목을 이

모그 이 떵때313) 우애다 다:: 올리노쿠는 새다리를314) 하나 탁: 맨드러서 노쿠선, 선생님 쓸 깨 이쓰면 여기서 빼내다 쓰라구 차 여기 드르가니까 휘:나지 머.

－ 거 맘대루 하지. 여기서 수리할라문 수리하라구 머 이:룹찌.315) 차 다리논 디가 그르키 돼가주구 그거 다: 수리해 줘찌.

－ 그래떠이 슥: 딸 똥아내 뒈떠니 해무더 해마다 또 머야 저거 슥 딸 똥아내 보미 되니까 잔디 다: 까꺼야지. 나스루 그저 요로캐 가머지쿠는316) 짝:짝 까꺼내는대 아주 허허허 싹: 까꺼내찌.

그 천:처니 하시면 될 껄 그르키 막, 그르키 그파개 하셔써요?

－ 아 건: 가마이 생가개 보니까 나르 여기다 혼자서 이르키 땅 매껴 난는대 제집처럼 딱 가꿔야지 나미 와 보드래두 이거 보초만 스니까317) 저렁가부다 하는 이른 생기기 나서.

아니 그쎄 하는대: 천:처니 쪼꼼씩: 쪼꼼씩 하시면 될 껄 그르:캐 힘들개 하셔:. 그르캐 보초 스면서 천:처니 하셔두 될 껄 심시말 때마다.

－ 동사미니318) 또 어트키여. 그다맨 인재 이 저 그거 화가가 이르키 그링 그리능 거 이꾸:, 거기 그 아내 다: 이따 마리여.

－ 그: 정:기를319) 으:면320) 모다가321) 도라가면서 까쓰가 여기 통하면서 저개 더버저 더버지면서 지바니 우누:나지.322)

－ 그래 이글 담당하는 재간 인나. 까쓰두 머이구 너머 지비 크니까 크커야지 해꾜니까 머 크지.

－ 아 그래니까 인재 무순 생기기 나능가 하니까 날로 날로를 하나 가따 탁: 이르키 날로를 해서 거서 에:: 양철루다가 이러키 구새통을323) 맨드러서 이르키 뽀버내:찌 지바늘 빼다가.

－ 거기다 부럴 때서 이: 날로가 벌:거캐 다르면 지바니 우니 온도가 영: 조타 마리여. 얼궈서는 안 된다능 기지.

－ 그다매 그래서 그런데 여기 낭구324) 땔라니까 낭구럴 얼마면 당해여. 그래서 그다매 그 낭구뿌리 캐능 거 그:: 낭구뿌리 캐농 개 쿵: 개 이써.

시렁 위에다 다 올려놓고는 사다리를 하나 탁 만들어 놓고는, 선생님 쓸 게 있으면 여기서 빼내다 쓰라고 차 여기 들어가니까 훤하지 뭐.

― 그렇게 마음대로 하지. 여기에서 수리하려면 수리하라고 뭐 문제없 지. 차 들여놓는 데가 그렇게 되어가지고 그거 다 수리해줬지.

― 그랬더니 석 달 동안에 뒀더니 해마다 해마다 또 뭐야 저거 석 달 동 안에 봄이 되니까 잔디 다 깎아야지. 낫으로 그저 요렇게 감아쥐고는 싹싹 깎아내는데 아주 허허허 싹 깎아냈지.

그 천천히 하시면 될 걸 그렇게 막, 그렇게 급하게 하셨어요?

― 아 그것은 가만히 생각해 보니까 나를 여기에다 혼자서 이렇게 딱 맡겨 놨는데 제집처럼 딱 가꿔야지 남이 와서 보더라도 이거 보초만 서니 까 저런가 보다 하는 이런 생각이 나서.

아니 글쎄 하는데 천천히 조금씩 조금씩 하시면 될 걸 그렇게 힘들게 하셔. 그렇게 보초 서면서 천천히 하셔도 될 걸 심심할 때마다.

― 겨울이니 또 어떻게. 그다음에는 이제 이 저 그거 화가가 이렇게 그 림 그리는 게 있고, 거기 그 안에 다 있단 말이야.

― 그 전기를 넣으면 모터가 돌아가면서 가스가 여기 통하면서 저게 더 워져 더워지면서 집안이 훈훈하지.

― 그래 이걸 담당하는 재간이 있나. 가스고 뭐고 너무 집이 크니까, 커 야지 학교니까 뭐 크지.

― 아 그러니까 이제 무슨 생각이 나는가 하면 난로 난로를 하나 가져 다 탁 이렇게 난로를 해서 거기서 에 양철로 이렇게 연통을 만들어서 이 렇게 뽑아냈지 집안을 (통과해서) 빼다가.

― 거기에다 불을 때서 이 난로가 벌겋게 달면 집안이 온도가 아주 좋 단 말이야. 얼려서는 안 된다는 거지.

― 그다음에 그래서 그런데 여기 나무 때려니까 나무가 얼마면 당해. 그 래서 그다음에 그 나무뿌리 캐는 거 그 나무뿌리 캐놓은 게 큰: 게 있어.

메 깨 되지 머 그개.

― 도끼루다가 그걸 다:: 뽀개써.325) 쪼씨러서326) 다: 뽀개가주구서는 여기 불 때구 그다매 이르카구 한대 그거뚜 모:땅하지.

― 모땅핸데 어트개. 사내 가서 낭구 참나무 베다가 짤러서, 짤라서 게 인재 거기 싸라미 머라 그라나 "어 이거 이르키 하먼 안 되요" 마라덩구매.

― 게 낭구 이르키 이르키 굴:긍 거, 굴:긍 거 한 대:여서 깨 여나무 개씩 까:주문 한 이틀씩 땐다 마리여 저개.

― 그래 그 사내 가서 그거 끄서내리야지.327) 비어서 끄서내리야지. 또 지비 와서 절통해서328) 뽀개서 또 거기 여야지. 아이구 아주 그래서 그래선 하는데 슬그머:니 땀나개 해:써 하이튼.

― 그래서 그개 온:두루가:.

아이 글쎄 연세 드신 부니 슬슬 하시지 그르캐.

― ㅎㅎㅎㅎ.

그거 까쓰 때문 뜨뜨탈 껄 멀 머할루 그래요.

― 까:쓰 안 땐는대 머:. 게 차가 온다 그래두, 하루는 와 보니까 와 보니까 벼개 성애가 잔:뜩 찌어서 그다매는 까쓰 안 느튼대329) 머. 그래 낭구 때라구.

― 거 기름, 자동차애다 기름 시러 와서 또 가따 분는 사람 이써.

― 그래 그 해:서 까쓰 그저 여쿠서는 그라니까 어트개 이: 미티루 어디루 다:: 증기가 통하 그 까쓰가 통하문서 더버지더구만.

하 하라버지 그:.

몇 개 되지 뭐 그게.

　－ 도끼로 그걸 다 쪼갰어. 쪼실러서 다 쪼개가지고는 여기 불 때고 그 다음에 이렇게 하고 있는데 그것도 못 당하지.

　－ 못 당하는데 어떻게 해. 산에 가서 나무 참나무 베다가 잘라서, 잘라서 그래 이제 거기 (사는) 사람이 뭐라 그러나 "어 이거 이렇게 하면 안 돼요" 말하더구만.

　－ 그래 나무 이렇게 이렇게 굵은 거, 굵은 거 한 대여섯 개 여남은 개씩 가지면 한 이틀씩 땐단 말이야 저게.

　－ 그렇게 그 산에 가서 그거 끌어내려야지. 베어서 끌어내려야지. 또 집에 와서 잘라서 쪼개서(=패서) 또 거기 넣어야지. 아이구 아주 그래서 그래서 하는데 슬그머니 땀나게 했어 하여튼.

　－ 그래서 그게 온도가.

　아니 글쎄 연세 드신 분이 슬슬 하시지 그렇게.

　－ ㅎㅎㅎㅎ.

　그거 가스 때면 따뜻할 걸 뭘 뭐하러 그래요.

　－ 가스 안 땠는데 뭐. 그래 차가 온다고 해도, 하루는 와 보니까 와 보니까 벽에 성에가 잔뜩 끼어서 그다음에는 가스 안 넣던데 뭐. 그래서 나무 때라고.

　－ 그거 기름, 자동차에다 기름 실어 와서 또 갖다 붓는 사람이 있어.

　－ 그래 그거 해서 가스 그저 넣고는 그러니까 어떻게 이 밑으로 어디로 다 전기가 통해(서) 그 가스가 통하면서 더워지더구만.

　하 할아버지 그.

2.8. 보조 제보자의 근황

할머니 무슨 띠에요?

= 소띠.

소띠.

소띠면 며싸리야.

= 칠씹 다서시요.

이른 다섣.

= 예.

= 억찌루 사라요, 억찌루.

= 도:니쓰까 살:지 돈: 업쓰면 주근 지 오라요.

= 하두 야그루 그저 이르키 이서대:니까 그르치, 이 노인 나가구 야듭 딸 똥아네 도느 머 맨 양만 싸머근 도니 마:눤 넹기 썬는데 여기 또느루

= 공, 심봉330) 나오능 거 다: 쓰구 업써요.

= 그르키 쓰니까 살:지 그르지 아느면 주거찌.

= 주근 지 오라요.

= 장년 봄부터, 저장년 봄부터 장년 여름꺼지 그쎄 일런 바늘 쌀 하나 를 몸: 머거쓰니까.

아이구 고생이 시마셔께써요.

= 고상이나마나 밥뚜 모: 끄려 머거써요, 귀신마냥 그냥 안자서 벌:벌 게: 댕겨찌.

= 그래서 너머 바빠서 나두 양노원 갈라구 그래써요.

= 가서 그저 해:주는 바비나 한수깔씩 어더머구 거 가 이따 주거두 주 거야 되거따 하구 그래뜨니만 아 이 양바니 항국 간다는 바라매 글쎄 머: 어트게 햐요 그래서 아드리나 딸래 지부 갈라 그래찌.

할머니 무슨 띠에요?

= 소띠.

소띠.

소띠면 몇 살이야.

= 칠십다섯이요.

이른 다섯.

= 예.

= 억지로 살아요, 억지로.

= 돈이 있으니까 살지 돈 없으면 죽은 지 오래요.

= 하도 약으로 그저 이렇게 이어대니까 그렇지, 이 노인 나가고 여덟 달 동안에 돈을 뭐 맨 약만 사먹은 돈이 만원 넘게 썼는데 여기 돈으로.

= 공(자), 신봉 나오는 거 다 쓰고 없어요.

= 그렇게 쓰니까 살지 그러지 않으면 죽었지.

= 죽은 지 오래요.

= 작년 봄부터, 재작년 봄부터 작년 여름까지 글쎄 일년 반을 쌀 하나를 못 먹었으니까.

아이고 고생이 심하셨겠어요.

= 고생이나마나 밥도 못 끓여 먹었어요, 귀신처럼 그냥 앉아서 벌벌 기어 다녔지.

= 그래서 너무 힘들어서 나도 양로원 가려고 그랬어요.

= 가서 그저 해주는 밥이나 한술 얻어먹고 거기 가 있다가 죽어도 죽어야 되겠다 하고 그랬더니만 아 이 양반이 한국 간다는 바람에 글쎄 뭐 어떻게 해요, 그래서 아들이나 딸 집을 가려고 그랬지.

= 할 쑤 웁씨 머 소 수소개쓰니 가야 되지 어트게 그래 아들 지비나 딸 지부 가 이쓸라니까 모: 까거써요 또 거기두.

= 밥뚜 모태머꾸 벌:벌 기어 댕기능 게 그쎄 가서 어트게 어트게 이꺼 서요 그쎄 불펴나지.

= 그눔들두 나가 이:래야 머꾸 샤:는데 언제 나만 부뜰구 안자꺼써요?

= 아이구 지베서 중는날꺼지 지베서 주글란다 하구 앙 가찌. 그래뜨니 우리 두:째가 고상해써요 저기.

= 내리와서 그저 이트레 함 번 사흐레 함 번씩 와 탄 디리구 재 퍼내구 머: 싸다 메기구 약 쩌 오구 거저 데리구 댕기메 땐디하구 고상해써요 그 기.

= 그래서 그 도문 고무공장에 교수 노인한테 가니까 양만 써가주 안 된다능 기지.

= 영양실쪼가 와가주구 바블 몸 머그니까 몬 니러난다능 기지 나.

= 그래서 야그 적께 쓰구 영양 보충을 마:니 하라구 그라데.

= 그래서 그담부터 영양 보충하기 시자강 게 지난 가을부터 바브 쪼끔 씩 머거 그래 이르케 사라나써요.

= 그래 지금 밤 머그니까 이마이래두 이라구 댕기지 그러자늠 주거써 요, 모:싸라요.

고생 마:니 하셨네.

= 예:.

= 한 다레 양처눤씩 여기 똔 양처눤씩 나마 써쓰니까.

= 한: 달 서른 날 치먼 수무다쌔 병워내 가써.

= 그래니 무순 도:니 나마요 그래.

= 으: 멍는 야게 주사에 또 보건야게 머: 머 머이 돈: 나오능 게 이쓰니 그러치 그저 돈 나오능 데 업쓰먼 주거써요, 모: 싸라요.

= 아이휴.

= 할 수 없이 뭐 수(속), 수속했으니 가야 되지 어떻게 해. 그래서 아들 집이나 딸 집에 가서 있으려니까 못 가겠어요, 또 거기도.

= 밥도 못 해먹고 벌벌 기어 다니는 게 글쎄 가서 어떻게 어떻게 있겠 어요 글쎄 불편하지.

= 그놈들도 나가서 일해야 먹고 사는데 언제 나만 붙들고 앉아 있겠어요?

= 아이고 집에서 죽는 날까지 집에서 죽으련다 하고 안 갔지 그랬더니 우리 둘째가 고생했어요 저기.

= 내려와서 그저 이틀에 한 번 사흘에 한 번씩 와서 탄 들이고 재 퍼내고 뭐 사다 먹이고 약 지어 오고 그저 데리고 다니며 링거맞고 고생했어요 그게.

= 그래서 그 도문 고무공장에 교수 노인한테 가니까 약만 써가지고는 안 된다는 거지.

= 영양실조가 와가지고 밥을 못 먹으니까 못 일어난다는 거지 나.

= 그래서 약을 적게 쓰고 영양 보충을 많이 하라고 그러더라고.

= 그래서 그다음부터 영양 보충하기 시작한 게 지난 가을부터 밥을 쪼 금씩 먹어 그래 이렇게 살아났어요.

= 그래 지금은 밥을 먹으니까 이만큼이라도 이러고 다니지 그렇지 않 으면 죽었어요, 못 살아요.

고생 많이 하셨네.

= 예.

= 한 달에 이천 원씩 여기 돈 이천 원씩 넘게 썼으니까.

= 한 달 서른 날로 치면 스무닷새 병원에 갔어.

= 그러니 무슨 돈이 남아요 그래.

= 으 먹는 약에 주사에 또 보건약에 뭐 뭐 뭐가 돈이 나오는 게 있으니 그렇지 그저 돈 나오는 데가 없으면 죽었어요, 못 살아요.

= 아이고.

= 으응: 매기 업쓰니까 더 살:구 십찌두 앙쿠 내 매미므루 어찌지 모타 건는데...

개혁깨방하구 나서는 어트게 하셔써요.

= 개혁깨방하구[331] 도구리 농사[332] 지니까 부:자 돼:찌요.

그때는 땅을 나눠 조찌요?

= 그래 땅 노니구 바티구 다: 집찜마다 노나주구, 시꾸에 따라서.

= 그래 그거 가주 농사지꾸 아:드리 커서 그다매 하꼬 다: 나오구 아나와 이:라구 하니까 아 머 단통 한해 거저 농사지니까 빋 다 뻐꾸 머 머글께 풍조가지 그래니까 사라찌.

= 대:지 머 소 메기구, 당 메기구, 개: 돼:지 짐승치게 다: 하구 그때만 해두 매:기 이쓰니까 그래찌.

= 여르미먼 산뿌업뚜 하구 그래니까 그다메 생화리 페:기 시자가구 좀 살:만하지요.

= 중국뚜 집체루 해쓰먼 안죽 이르키 발쩐 모:태요.

= 으응 맥이 없으니까 더 살고 싶지도 않고 내 마음으로 어쩌지 못하겠는데...

개혁개방하고 나서는 어떻게 하셨어요.

= 개혁개방하고 일괄농사 지으니까 부자 됐지요.

그때는 땅을 나눠 줬지요?

= 그래 땅을 논이고 밭이고 다 집집마다 나눠주고, 식구(수)에 따라서.

= 그래 그거 가지고 농사짓고 애들이 커서 그다음에 학교 다 나오고 아 나와서 일하고 하니까 아 뭐 대번에 한해 그저 농사지으니까 빚 다 갚고 뭐 먹을 게 풍족하지 그러니까 살았지.

= 돼지 뭐 소 먹이고, 닭 먹이고, 개 돼지 짐승 기르게 다 하고, 그때만 해도 맥이 있으니까 그랬지.

= 여름이면 산 부업도 하고 그러니까 그다음에 생활이 펴기 시작하고 좀 살만하지요.

= 중국도 집체로 했으면 아직 이렇게 발전 못 했어요.

2.9. 가족들이 살아온 이야기

그러면 연나미 아뿌, 아부지는 하꾜를 어트게 다녀써요, 어디서 다녀써요?
= 정아매서 댕겨찌.
= 정아매서 여 양술 댕겨찌.

중하꾜?
= 예, 고중333) 고중꺼정.

고중두 여기서?
= 예, 고중꺼지 댕기구 우리 둘째 아두 고중꺼지 여기 네리 댕기구.
= 정아매서 네려 댕겨써요.
= 그래 큥 거는: 자정거를 하나 싸서 타구 댕기구, 자긍 거는: 여르매 는 거러 댕기구 동사매는: 갠: 찌베 네려와 이꾸. 그래구 저기 고중 조러바구.
= 우리 큰새아가가334) 고중 모 까써요. 중해꾜 댕기다 마라써요, 저기.

예: 연나미 엄마?
= 아니 우리 큰따리.
= 항국 깐.

항국깐 딸?
= 그게 고중 모: 까써요.
= 에휴: 몰라요 어티게 그냥 살다보니까 이전 양 한펑생 다 지나가써요, 이러케.
= 우리 저 덕째는 공부 자래써요.
= 선생 쯤쩌머께335) 해써요 공부를.
= 그래서 선생덜두 다: 이 대학쌩라구, 대학쌩이라구.
= 지비 골라내서 모: 까찌, 지비 골라내서.

그러면 연남이 아버(지), 아버지는 학교를 어떻게 다녔어요, 어디서 다녔어요?

= 정암에서 다녔지.

= 정암에서 여기 양수에 다녔지.

중학교?

= 예, 고중 고중까지.

고중도 여기서?

= 예, 고중까지 다니고 우리 둘째 애도 고중까지 여기에서 내려 다니고

= 정암에서 내려 다녔어요.

= 그래 큰 애는 자전거를 하나 사서 타고 다니고, 작은 애는 여름에는 걸어 다니고 겨울에는 개인 집에 내려와서 있고. 그리고 저기 고중 졸업하고.

= 우리 큰딸이 고중 못 갔어요. 중학교 다니다 말았어요, 저기.

예 연남이 엄마?

= 아니 우리 큰딸이.

= 한국 간.

한국 간 딸?

= 그게 고중 못 갔어요.

= 아이고 몰라요 어떻게 그냥 살다보니까 이젠 그냥 한평생 다 지나갔어요, 이렇게.

= 우리 저 덕재는 공부 잘했어요.

= 선생 찜쪄먹게 했어요, 공부를.

= 그래서 선생들도 다 이 대학생이라고, 대학생이라고.

= 집이 곤란해서 못 갔지, 집이 곤란해서.

= 그때 아:드리 너이지 머 보는 사라미 업찌.

= 집체 땐데 그래서 선생덜두 다: 대하꾜 보내라능 걸.

= 그때는 고중 갈라면 영길 고중에 가 댕겨야 대:써요. 여기 고중이 업써서요, 훈추내두 어:꾸.

= 그래 영기레 그쎄 보내자니 고중언 여기서 댕겨찌.

= 대학으 보내갠는데 그쎄 제 대학 까먼 지베서 제 동생들 소 공부 모씨긴다구 앙 가게따구 시험두 안 치데.

= 그래 저기 모 깡 기여.

= 그래 대하그 조럼 모태서 지금 어떤 때 저르케 지거비 업꾸 답다마먼 술 머그먼 지랄-해.

둘째?

= 쿵게.

= 쿵게, 자긍거는 대학씨험 처 미끄러저 모: 까찌.

= 근 지가 미끄러저 모: 까쓰니까 워니 업찌 머.

= 쿵거는 시험두 모:처따 마리여, 지비 골라내서.

= 그래 저르케 버:러머꾸 살:기가 힘들다구 어떤 때먼 좀 술그면 조차는 소리 해요.

= 지베 지비 골라내 공부 모: 태따구.

다: 그래찌 머 그때는.

= 그때 대항만 잘: 지금 써먹찌유.

근데 그때는 다: 지비 골라내짜너요.

= 예:, 그래서 모: 까찌.

= 머 요샌 잘: 돼찌 머 잘:하구 있지요.

= 그래두 힘들지요. 그쎄 가서 이:라자니 얼마나 힘드러요.

= 이제 거기 오십 한 사린데 지금 오십 하나요.

= 겐데 이제 저 한 오:년 이따 나오먼 육씹 쌀 메끼 되먼 머: 그다메

= 그때 애들이 넷이지 뭐 보는 사람이 없지.

= 집체 땐데 그래서 선생들도 다 대학교 보내라능 걸.

= 그때는 고중 가려면 연길 고중에 가서 다녀야 되었어요. 여기 고중이 없어서요, 훈춘에도 없고.

= 그래서 연길에 글쎄 보내자니 고중은 여기에서 다녔지.

= 대학을 보내야 되겠는데 글쎄 자기 대학 가면 집에서 제 동생들 소 공부 못 시킨다고 안 가겠다고 시험도 안 보데.

= 그래서 저게 못 간 거야.

= 그래 대학을 졸업 못 해서 지금 어떤 때 저렇게 직업이 없고 답답하면 술 먹으면 지랄해.

둘째?

= 큰애.

= 큰애, 작은애는 대학시험 봤다가 떨어져서 못 갔지.

= 그건 지가 떨어져서 못 갔으니까 원이 없지 뭐.

= 큰애는 시험도 못 봤단 말이야, 집이 곤란해서.

= 그래 저렇게 벌어먹고 살기 힘들다고 어떤 때 좀 술을 먹으면 좋지 않은 소리를 해요.

= 집에 집이 곤란해서 공부 못 했다고.

다 그랬지 뭐 그때는.

= 그때 대학만 (갔으면) 잘 지금 써먹지요.

그런데 그때는 다 집이 곤란했잖아요.

= 예, 그래서 못 갔지.

머 요새는 잘 됐지 뭐 잘하고 있지요.

= 그래도 힘들지요. 글쎄 가서 일하자니 얼마나 힘들어요.

= 이제 거기 오십 한 살인데 지금 오십 하나요.

= 그런데 이제 저 한 오 년 있다가 나오면 육십 살 먹게 되면 뭐 그다

매:기 이써요?

= 매:기 업찌.

= 이제 거저 아:덜 아: 집깝시라 무러주구 아이구 그거 아: 하나 공부 시키는데 에미 애비가 죽뚜룩 고상해요 지금.

= 그거 삼년 반, 사:년 삼년 바:네 가 공부르 해:찌.

= 가: 그게 저:기 뗀노336) 하귀니라 마리요, 제 대하기 아이라 학궈느 간는데 피럽짱은337) 대학 피럽짱을 타구 그래서 또 안 돼서 항구게 가서 일런 반 이따 와쓰껴 애가.

= 일런바:늘 가서 머 연수두 하구 일:두 하구 머 그래다 마까찬타구338) 또 티드르루와서 지금 저기다 지부 싸구 인능 게, 지금두 생활비르 엄마가 보태여 돼:요.

= 그 광고공사에 쌍바라능339) 게 처딸 처:매 일천오배권씩 타구 여기 또느루 일천오배권 가주구 제 소비두 안 돼요.

= 지금 머 얼마씨기나 타는지 소비 뚠두 엄마가 대야 돼.

= 그런데다 지브 저거 육씸만뉜 주구 오십팔만 주구 싸써요.

= 칠씹 평방이라는지:~ 칠씹한 평방이라는지 그란데 그거 장추네 지비가 한 평방에 사천 팔백 사천 팔백.

엄청 비싸네요?

= 예. 그래서 고거 상: 게 오천 오시, 오심 민마니 드러때요, 집깜만.

= 그래구 그거 머 그 개발쎄다 쌍 게 장시가느라구 지바네께 또 한 머 심만 똔 거이 드러따대, 팔마이 드러따는지 머어: 게다나니 한 육씸만 주구 싼는데 집까븐 삼심만배끼 몸: 무러때요 형그먼.

= 게구 삼심마는 지금 해마다 해마다 가푸래라 하구 싸:찌.

= 겐데 그 리자를 해마다 무러야 된다 마리여, 리자를. 그 리자 또늘 에미가 지금 물:지.

= 게 가덜 두:리 나가 버러때야 가 하나 치다꺼리바께 항 게 업써요.

음에 맥이 있어요?

= 맥이 없지.

= 이제 그저 애들 아 집값이나 물어주고 아이고 그거 애 하나 공부시키는데 에미 애비가 죽도록 고생해요, 지금.

= 그거 삼년 반, 사년 삼년 반 동안에 걔가 공부를 했지.

= 걔 그게 저기 컴퓨터학원이란 말이요, 제 대학이 아니라 학원을 갔는데 졸업장은 대학 졸업장을 타구 그래서 또 안 돼서 한국에 가서 일년 반 있다가 왔을 거야 애가.

= 일년 바을 가서 뭐 연수도 하고 일도 하고 뭐 그러다 마땅치 않다고 또 튀어 들어와서 지금 저기에다 빕을 사고 있는 게, 지금도 생활비를 엄마가 보태야 돼요.

= 그 광고회사에 출근하는 게 첫 달 처음에 일천오백 원씩 받고 여기 돈으로 일천오백 원 가지고 제 소비도 안 돼요.

= 지금 뭐 얼마씩이나 받는지 소비 돈도 엄마가 대줘야 돼.

= 그런데다 집을 저거 육십만 원 주고 오십팔만 (원) 주고 샀어요.

= 칠십 평방이라는지~ 칠십 한 평방이라는지 그런데 그거 장춘의 집이 한 평방에 사천 팔백, 사천 팔백.

엄청 비싸네요?

= 예. 그래서 그거 산 게 오천오십, 오십 몇 만(원)이 들었대요, 집값만.

= 그리고 그거 뭐 그 개발세다 싼 게 장식하느라고 집안에 것이 또 한 뭐 십만(원) 돈 거의 들었대다, 팔만이 들었다는지 뭐 그러다 보니 한 육십만 주고 샀는데 집값은 삼십만밖에 못 치렀대요, 현금은.

= 그리고 삼십만은 지금 해마다, 해마다 갚는다 하고 샀지.

= 그런데 그 이자를 해마다 물어야 된단 말이야, 이자를. 그 이자 돈을 에미가 지금 물지.

= 그래 걔들 둘이 나가 벌었다고 해야 걔 하나 치다꺼리밖에 한 게 없어요

= 아 겐데 인저 또 간나:르340) 차구 댕기년지 벌써 한 칠년 돼요.

= 한족 새:가341) 차구 댕기능 기. 그렁게 두리 셀 그 제지베 세간사리 하는 개.

= 잔치는 야:내두 이럽때요. 그래매 자가용을 싸내라지, 자가용.

= 아 월래 가보니까 예, 그 차 차타구 쌍바라능 게 힘들드라구요.

= 아치매 둘: 다 가능 게 갈 때 시:번 올 때 시: 번 두리 사시버니여 매:일.

= 그래구 또 정시무 가서 또 사머거야지 할라래 오룩씨번씩 써야 돼요.

= 차비하구 멍능 거만 두:리서.

= 그래니 공:자342) 타가주 무수게 남:능 게 이써요 글쎄.

= 아이구, 답따배 그래 잔치는 이따 해두 자가용 먼저 싸달래.

지:가 버러서 사야지 머 엄마 아빠는 머

= 지가 버러서 글쎄 돼야 마리요.

= 한 양천원씩 바다가주구 머 제 소비바께 안 되는데.

= 그래지 그: 집깝쓰 지금 몸: 무러찌. 집깝쎄 그 리자르 무러야 되지.

= 머꾸 사라야 되지?

= 안 돼.

= 그래서 어째뜬 집깝씨나 버러서 무러주구 보자구 그쎄 저러케 애르 쓰능 긴데 잘 안되는 가비어요.343)

= 또 항:꾹 깐대.

누가?

= 우리 연나미.

연나미?

= 항:꾸까서 또 번대.

= 하이구

그때 항구게 이쓸 때 내가 거기서 대하꾜 다녀가주구 하라니까 그르케 안 하구.

= 아 그런데 인제 또 아가씨를 차고 다니는지가 벌써 한 칠 년 돼요.

= 한족 처녀 차고 다니는 게. 그러니까 둘이 셋 그 제집에 세간살이하는 게.

= 잔치는 안 해도 괜찮대요. 그러면서 자가용을 사내라지, 자가용.

= 아 원래 가보니까 예, 그 차 차타고 출근하는 게 힘들더라고요.

= 아침에 둘 다 가는 게 갈 때 십 원 올 때 십 원 둘이 사십 원이야 매일.

= 그리고 또 점심을 가서 또 사 먹어야지 하루에 오륙십 원씩 써야 돼요

= 차비하고 먹는 것만 둘이서.

= 그러니 월급 타가지고 무엇이 남는 게 있어요 글쎄.

= 아이고, 답답해 그래 잔치는 있다가 해도 자가용 먼저 사달래.

자기가 벌어서 사야지 뭐 엄마 아빠는 뭐…

= 자기가 벌어서 글쎄 돼야 말이요.

= 한 이천 원씩 받아가지고 뭐 제 소비밖에 안 되는데.

= 그렇지 그 집값을 지금 못 갚았지. 집값에 그 이자를 물어야 되지.

= 먹고 살아야 되지?

= 안 돼.

= 그래서 어쨌든 집값이나 벌어서 갚아주고 보자고 글쎄 저렇게 애를 쓰는 건데 잘 안 되는가 봐요.

= 또 한국 간대.

누가?

= 우리 연남이.

연남이?

= 한국가서 또 번대.

= 아이고…

그때 한국에 있을 때 내가 거기서 대학교 다녀가지고 하라니까 그렇게 안 하고.

= 그 간나 때미 드루와찌 간나 때미 간나르 그거 차구 댕기등 거 혼자 나두구 가니까 그거 몸 미더가 또 퉤 드러와찌 저르케.

그거만 생가캐야지 암날 생가캐

= 그때는 그거 생각 암날 생각할 때 이써요, 나이 어링 기?

= 그때 한 이십쌀 푼난데,[344] 수물 한사린지 수물 두:살 머긍 게.

= 게 또 간대, 금녀네 가겐지 멩녀네 가갠지.

= 또 간대.

= 근데 아:가 가서 이:른 모태요.

= 야캐서 이:를 할 꺼거찌 아너요.

= 이 야카지만 해두 무슨 이:를 해바써야 이:를 하지.

= 아침 머 아홉씨나 열씨꺼지 자구 이러나 밤 머구 쌍발가따 머 저나게 와서 또 머꾸 자구 머 이:럴 해바써야 이:럴 하지 그쎄.

= 무슨 이:럴 하거써요.

= 주그나 사:나 에미 애비 안 주거 버:러서 그 집 깝씨나 다: 가파 조야 되지.

= 아이구 공부씨기는데 한 심만 들구 사년 반 하는데.

= 에미가 하두 억척씨럽게 이:르 하니 그러치 그러자느면 그 공부두 모: 시켜요. 여기써쓰먼 공부 모: 시켜요 가:.

근데 모미 야캐서어:~ 자꾸 아푸다 그러대:.

= 어전 아풀 때 댕겨찌요.

= 성한 사람두 어전 여자 나이 오시비먼 아풀 때 돼:찌.

= 그랭게 월래 좀 신체가 부시랑 게 어트게 어전 다: 아푸지 어디나.

= 게 그쎄 어티게 하던지 더 저기하기 더 아푸기 저네 집깝씨나 버:러 가파주구 주거두 죽구 와 사라두 산다능 게.

= 그래구 훈추네다 또 지부 하나 싸:써요 가:덜.

= 십쌈만 십쌈만 사천인지 주구 여기 또느루.

= 그 계집아이 때문에 들어왔지 계집아이 때문에 계집아이를 그거 차고 다니던 것 혼자 놔두고 가니까 그거 못 미더워서 또 튀어 들어왔지 저렇게.

그것만 생각해야지 앞날 생각해야지.

= 그때는 그거 생각 앞날 생각할 때 있어요, 나이 어린 게?

= 그때 한 이십 살 푼한데, 스물한 살인지 스물두 살 먹은 게.

= 그래 또 간대, 금년에 가겠는지 명년에 가겠는지.

= 또 간대.

= 그런데 애가 가서 일은 못 해요.

= 약해서 일을 할 것 같지 않아요.

= 이 약하지만 해도 무슨 일을 해봤어야 일을 하지.

= 아침 뭐 아홉 시나 열 시까지 자고 일어나 밥 먹고 출근했다가 뭐 저녁에 와서 또 먹고 자고 뭐 일을 해봤어야 일을 하지 글쎄.

= 무슨 일을 하겠어요.

= 죽으나 사나 에미 애비 안 죽어 벌어서 그 집 값이나 다 갚아 줘야 되지.

= 아이고 공부시키는데 한 십만(원) 들고 사년 반 하는데.

= 에미가 하도 억척스럽게 일을 하니 그렇지 그렇지 않으면 그 공부도 못 시켜요. 여기 있었으면 공부 못 시켜요, 걔.

그런데 몸이 약해서어~ 자꾸 아프다 그러대요.

= 이젠 아플 때 됐지요.

= 성한 사람도 이젠 여자 나이 오십이면 아플 때 됐지.

= 그러니까 원래 좀 신체가 부실한 게 어떻게 이젠 다 아프지 어디나.

= 그래 글쎄 어떻게 하든지 더 저기 하기 더 아프기 전에 집값이나 벌어 갚아주고 죽어도 죽고 와서 살아도 산다는 게.

= 그리고 훈춘에다 또 집을 하나 샀어요, 걔들.

= 십삼만, 십삼만 사천인지 주고 여기 돈으로.

= 지부 저 이 그거 이 저: 지부이 꾸앙에345) 드러 나가는 지불 지금 싸:놔:찌요 그래닝게.

= 이제 지부 거기 밀:구 다시 지문 와서 도늘 보태여 싸는지 어찐지 모르지.

어트게 이르케 아파트요?

= 에: 이런 지빈데 그게 이 훈춘 얼중346) 아핀데 그거 다 이제 민담 마리여, 다: 밀구, 금녀넨 다: 밀끼여.

= 밀:구 이제 거기다 지부 지:먼 새: 지부 타야지.

= 그래서 한나 싸: 난는데 그지부 심멘마네 싸:찌 그래.

= 아덜 지분 거이 육씸마네 싸:찌.

= 벙: 게 이써요? 그 어가네 즈덜 머꾸 살:구 가르 공부 씨키구 그저 아: 한나 그거 인저 시킹 거바께 나뭉 기 업써요.

= 우리 덕째, 이재두347) 한 오:년 버:러야 된다는데 에휴, 오:녀늘 벌:갠는지 어찌겐는지 모미나 성해서 그저 드루와쓰면 되겐는데 그라다 병나 아를까바 걱쩡이여.

건강하먼 갠찬치요 머.

= 남자들 돈: 모: 뻐러요.

= 제 버러 제 머꾸는 개뿔두 쓰구 나먼 머:~ 남능 기 이써요?

= 우리 연나미 엄마가 하두 억척씨룹께 하니 그러치 안까니348) 업쓰면 돈: 그르케 모두지도 모태.

= 남자드른 헌니리여.

혼자 가 인는 사람 트키 더 그래요.

= 그러묘, 더: 하지.

= 그쎄 그거떨두 두:리 나가 이써두 맨날, 연나미 엄마는 거저 연나미 아부지 돈: 암 버러온다구 맨날 싸우미여, 맨날 싸우미여.

= 그르키 객찌에 나가 이따나니 도늘 모둘 쎄 업찌 글쎄.

= 집을 저 이 그거 이 저 집을 계획에 들어 나가는 집을 지금 사놨지요, 그러니까.

= 이제 집을 거기 밀고 다시 지으면 와서 돈을 보태야 사는지 어쩐지 모르지.

어떻게 이렇게 아파트요?

= 예, 이런 집인데 그게 이 훈춘 이중(二中) 앞인데 그거 다 이제 민단 말이야, 다 밀구, 금년에는 다 밀 거야.

= 밀고 이제 거기다 집을 지으면 새 집을 타야지.

= 그래서 하나 사 놨는데 그 집을 십 몇 만(원)에 샀지 그래.

= 아들 집은 거의 육십만(원)에 샀지.

= 번 게 있어요? 그 어간에 저희들 먹고 살고 걔를 공부 시키고 그저 애 하나 그거 인제 시킨 거밖에 남은 게 없어요.

= 우리 덕재, 의재도 한 오 년 벌어야 된다는데 아유, 오 년을 벌겠는지 어쩌겠는지 몸이나 성해서 그저 들어왔으면 되겠는데 그러다 병이 나서 앓을까봐 걱정이야.

건강하면 괜찮지요, 뭐.

= 남자들 돈 못 벌어요.

= 제가 벌어 제가 먹고는 개뿔도 쓰고 나면 뭐~ 남는 게 있어요?

= 우리 연남이 엄마가 하도 억척스럽게 하니 그렇지 안식구 없으면 돈 그렇게 모으지도 못해.

= 남자들은 헛일이야.

혼자 가 있는 사람 특히 더 그래요.

= 그럼요, 더 하지.

= 글쎄 그것들도 둘이 나가 있어도 만날 연남이 엄마는 그저 연남이 아버지 돈 안 벌어온다고 만날 싸움이야, 만날 싸움이야.

= 그렇게 객지에 나가 있으니 돈을 모을 새 없지 글쎄.

= 이:라구 오먼 술 머거야지 담:배 피워야지.

= 아이 또 동무들과 가치 이:라능 게 또 머 가서 머꾸 놀구 또 노래빵 가구 머 어디 가구 머 도러댕기다나먼 돈: 모둘 쌔 이써요?

= 아 그라구 저르키 기보느루 댕기머 하능 게 비오문 모티야, 더부먼 모티야, 머 제두 머 아푸먼 모티야.

= 한 달치먼 보름 하먼 마:니 한대요, 보름하먼.

= 그래두 회:사 이:런 하라먼 실타구.

= 몰라요 이전 버:러머꾸 살거찌 머어:.

= 내가 매기 업쓰니까 이전 꿈마니여.

= 죄:다 나가쓰닝께 다: 버:러머꾸 살:거찌.

= 에이그.

지금 그럼 큰딸하구 메누리:는 어티게 강 거요?

= 시험 치서

항구게서 이르케 어티기 이루 오라구 이르케 항 거요?

= 오라구 안 해찌. 현 주소 거저 비자 떠러지니까 가찌, 여기서 수속 여:서.

= 그랜데 가서 이제 거 감 머 일쭈이레 두: 번씩 또 학쓰벌 해야 된다대.

= 공일하구 토요이른 학쓰배여 된대.

= 그래구 닫쌔 똥안 쌍발하는데 그 어디 가서 일: 하라구 시켜준대 이:르

= 기양 닫쌔 거기서 이:라구 이트른 또 일쭈이레 이트른 또 회:르 하야 되구.

그러니까 정부에서 일짜리를 알 알써내 주자나요.

= 예예예.

= 글쎄 닫쌔:는 닫쌔씩 그래 이럴 할 때 이쓰먼 암패럴[349] 해준대 긴데.

= 지가 하구 시퍼두 어디 가서 그: 학쓰불 그쎄 어느: 자리 조은데 드르가두 이틀씩 거 빠저서 거: 학쓰발라 가다나먼 어느 다뉘에서 조타하거

= 일하고 오면 술 먹어야지 담배 피워야지.

= 아이 또 친구들과 같이 일하는 게 또 뭐 가서 먹고 놀고 또 노래방 가고 뭐 어디 가고 뭐 돌아다니다 보면 돈 모을 새 있어요?

= 아 그리고 저렇게 기본으로 다니며 하는 게 비오면 못 해, 더우면 못 해, 뭐 저도 뭐 아프면 못 해.

= 한 달 치면 보름 하면 많이 한대요, 보름 하면.

= 그래도 회사 일은 하라면 싫다고.

= 몰라요, 이젠 벌어먹고 살겠지 뭐.

= 내가 맥이 없으니까 이젠 꿈만이야.

= 죄다 나갔으니까 다 벌어먹고 살겠지.

= 에이고.

지금 그럼 큰딸하고 며느리는 어떻게 간 거예요?

= 시험 쳐서.

한국에서 이렇게 어떻게 이리 오라고 이렇게 한 거예요?

= 오라고 안 했지. 현재 주소 그저 비자가 떨어지니까 갔지, 여기서 수속 넣어서.

= 그런데 가서 이제 거기 가면 뭐 일주일에 두 번씩 또 학습을 해야 된다대.

= 공일하고 토요일은 학습해야 된대.

= 그리고 닷새 동안 출근하는데 그 어디(엔가) 가서 일을 하라고 시켜준대 일을.

= 그냥 닷새 거기서 일하고 이틀은 또 일주일에 이틀은 또 회의를 해야 되구.

그러니까 정부에서 일자리를 알 알선해 주잖아요.

= 예예예.

= 글쎄 닷새는 닷새씩 그렇게 일을 할 데가 있으면 배치를 해준대 그런데.

= 자기가 하고 싶어도 어디 가서 그 학습을 글쎄 어느 자리 좋은데 들어가도 이틀씩 그 빠져서 그 학습하러 가다보면 어느 단위에서 좋다고 하

써요.

그런데 소개시켜주게찌.

= 그거 소개시켜 소개시켜 준대 그래서.

나가두 되는데 소개시켜주구.

= 석 따를 하래 석 딸.

그걸 힘드러두 해야지 그담에 편하지요.

= 어: 석 딸 하문 머: 오년 비자를 준다는지 어찐다는지 그래면 그다매는 일:업따대350) 아무데 가서 해두.

= 게 그르케 예산하구 가찌 머.

= 우리 저 딸래는 아:르 공부시키느라구 거 비드 마:니 저써요.

= 아부지가 머: 혼자 공자르 아이 공자351) 저:기 심봉얼352) 머 일천 얼매씩 타가주구 가: 공부시키자니 어방두353) 업찌 머, 안 대요.

= 그래서 가:가 월래 소해꾜 때부터 공부는 영 특쑤하게 해써요 아:가. 특쑤하게 핸는데 중하꾜: 이항년 땐지:~ 에미가 저: 상해루 일:하러 가써요.

= 가서 일련 반 이써써요.

= 일련 반: 이따가 야:가 고중가게 되니까 와찌. 고중 시험친다니까 완는데 와보니까 그쎄 야:가 성저기 뚝 떠러저서 고중 모뽀게 돼써요.

= 고중이 머 메쩜 모지래 몹 부터따대.

= 그래니 어트개요 그쎄. 그거 대학 보내자면 에미가 데리구 이써야지 안 된다능 게지 글쎄.

= 그래서 여: 훈추내 나와 세찜 마꾸서리 가:르 삼녀는 공부 시켜찌 고중 공부럴.

= 그래 고중어넌 저: 농초내 아:드리 부터땡 게 학삐르 몬: 내서 모:뜨러 오는 아:드리 이써땀 마리요.

= 게 그 자리다 가:르 미러여쿠 고중 부쳐찌.

= 그래 부치구 에미 세찜 마꾸 이쓰매 시타나니354) 대하그 가:찌.

겠어요.

그런데 소개시켜 주겠지요.

＝ 그거 소개시켜, 소개시켜 준대 그래서.

나가도 되는데 소개시켜주고.

＝ 석 달을 하래 석 달.

그걸 힘들어도 해야지 그다음에 편하지요.

＝ 어 석 달 하면 뭐 오 년 비자를 준다는지 어쩐다는지 그러면 그다음에는 괜찮대 아무 데 가서 해도.

＝ 그래 그렇게 예산하고 갔지 뭐.

＝ 우리 저 딸내는 애를 공부 시키느라고 그 빚을 많이 졌어요.

＝ 아버지가 뭐 혼자 월급을 아니 월급 저기 급여를 뭐 일천 얼마씩 타가지고 걔 공부시키자니 어림도 없지 뭐 안 돼요.

＝ 그래서 걔가 원래 초등학교 때부터 공부는 영 특수하게 했어요 애가. 특수하게 했는데 중학교 이학년 땐지~ 에미가 저 상해로 일하러 갔어요.

＝ 가서 일 년 반 있었어요.

＝ 일 년 반 있다가 얘가 고등학교 가게 되니까 왔찌. 고등학교 시험본다니까 왔는데 와 보니까 글쎄 애가 성적이 뚝 떨어져서 고등학교 (시험) 못 보게 되었어요.

＝ 고등학교가 뭐 몇 점이 모자라 못 붙었다더라고.

＝ 그러니 어떻게 해요 그쎄. 그거 대학 보내려면 에미가 데리고 있어야지 안 된다는 거지 글쎄.

＝ 그래서 여기 훈춘에 나와 셋집을 맡고서 걔를 삼 년은 공부 시켰지 고등학교 공부를.

＝ 그래서 고등학교는 저 농촌에 애들이 붙었던 게 학비를 못 내서 못 들어오는 애들이 있었단 말이요.

＝ 그래 그 자리에다 걔를 밀어넣고 고등학교 붙였지.

＝ 그래 붙이고 에미 셋집 맡고 있으면서 있다나니 대학을 갔지.

= 대학 간는데 그다메 돈: 이써요?

= 대학 가구서리 애비 머 매달 심봉에 고까지꺼 이천 얼매씩 타가주구 월래 안 되지 머꾸 살기두 바뿌지.

= 그래서 비드 마:이 저써요 가:더리.

= 갸: 공부 시킨데 사:년 공부럴 하는데 아마 멤마눤 잘: 전능 개비여.

= 에미 머 그 어가네 모: 뻐러찌.

= 아이 항:국 간다 간다하능 게 또 가게 아이 되지.

= 아:르 중가네 제뿌리구³⁵⁵⁾ 가면 그거 또 공부 안 되게찌.

= 아부지 쌍바라느라구 머: 아:르 상 광겔 아나능 게 어째요 그쎄.

= 그래니 아:가 성저기 뚝 떠러저가주구 그래서 대하글 조러배:써요.

= 금년 뽀메 조러, 금년 여르메 조러바구서리 지금 북껭 무슨 삼다 기업이라는지 무슨 기어비라는지 머 거기 드르가써.

= 거기 드르가 이제 쌍바라기 이제, 그래 이:라니까 에미 이젠 나갔지. 게 이건 서:이 버러서 그글 다: 가파야지 한 칠만 저딴지 팔마늘 저딴지 이건.

= 그거이 서:이 버:러서 그거 비드 가파야지 겐데 저: 대학 조럽한 누먼 머: 볼 꺼 거찌 아너요.

= 한 다레 사천, 여기 또느루 사천 오배권씩 반느대요, 공자르.

= 겐대 집세 무러야지 머 제 소비 써야지 머꾸 사라야지 남능 기 업때요.

= 에미 애비 나강 기 멀 어찌 가서 얼매나 벌:갠지.

= 우리 싸우는 월래 아푸기두 하지만 야캐요. 야캐서 나가 일: 할꺼 거찌 아너요.

= 거기서 모:타먼 드러와서 또 줄그니나 하라 그래야 되지.

머 한 이삼 년 벌: 면 되겐네요.

= 이삼 년 벌:먼 되는데: 우리 싸우가 그르케 이:를 모태요 글쎄 야캐서.

= 대학 갔는데 그다음에 돈이 있어요?

= 대학 가고서 애비 뭐 매달 급여에 그까짓것 이천 얼마씩 타가지고 원래 안 되지 먹고 살기도 바쁘지.

= 그래서 빚을 많이 졌어요, 걔들이.

= 걔 공부시키는데 사 년 공부럴 하는데 아마 (빚을) 몇만 원 잘 졌는가봐.

= 에미 뭐 그 어간에 못 벌었지.

= 아니 한국 간다 간다 하는 게 또 가게 아니 되지.

= 애를 중간에 팽개치고 가면 그거 또 공부 안 되겠지.

= 아버지 출근하느라고 뭐 애들 상관을 안 하는 게 어째요 글쎄.

= 그러니 애가 성적이 뚝 떨어져 가지고 그래서 대학을 졸업했어요.

= 금년 봄에 졸업(하고), 금년 여름에 졸업하고서 지금 북경 무슨 삼다 기업이라는지 무슨 기업이라는지 뭐 거기 들어갔어.

= 거기 들어가서 이제 출근하기 이제, 그래 일하니까 에미 이젠 나갔지. 그래 이건 셋이 벌어서 그걸 다 갚아야지 한 칠만(을) 졌다는지 팔만을 졌다는지 이건.

= 그게 셋이 벌어서 그거 빚을 갚아야지, 그런데 저 대학 졸업한 놈은 뭐 볼 것 같지 않아요.

= 한 달에 사천, 여기 돈으로 사천오백 원씩 받는대요, 월급을.

= 그런데 집세 내야지 뭐 제 소비 써야지 먹고 살아야지 남는 게 없대요.

= 에미 애비 나간 게 뭘 어찌 가서 얼마나 벌겠는지.

= 우리 사위는 원래 아프기도 하지만 약해요. 약해서 나가 일을 할 것 같지 않아요.

= 거기서 못하면 들어와서 또 출근이나 하라 그래야 되지.

뭐 한 이삼 년 벌면 되겠네요.

= 이삼 년 벌면 되는데 우리 사위가 그렇게 일을 못 해요 글쎄 약해서.

= 야카지 병이 이찌.

= 모르지 하기는 한다구 하덩구만 하거써요? 모태요.

= 이:르 월래 아내나서 일: 할 쭈두 모르지.

= 힘든 이:른 모태요.

= 항구게 가 힘 안든 이:리 어디이써요.

= 게 모타먼 드러와서 츨그나나 하래써요.

= 츨그나나 하구 혼자 밥 끄려 머꾸 이쓰래써요 어트기.

= 여저는 드러갈 또니 업쓰니까 제 버러 제 머금 되지.

= 에이 아: 하나 공부 시키기 정말 돈 마니 드러요.

요새 다: 그래요. 애:들 공부시키느라구.

= 그래게 마리요. 아 그래구 새:가드리먼356) 좀 나:껜는데 남자드리 되노니까 돈 아까운 줄 몰라요.

= 그래두 우리 외손자 가는 좀 소바카게 살:긴 사:는데 그래두 도:니 그르키 마이 드러요.

거 북꼉 간 애?

= 예:.

애 하나요?

= 하나요.

= 하난데 아:새끼 잘라써요 나기는.

= 나기두 잘라구 아:가 조품두357) 조쿠 어디가두 누가 밉따구는 아나는데 일짜리 잘: 부터서 벌:, 버:러야 되겐데 그쎄 모르지 어트게 하겐지.

머 큰따른 머: 요리 솜씨두 이꾸 그러타면서요.

= 요리 솜씨 이써두 그쎄 일짜리럴 잘: 만나야 글쎄 가서 벌:지.

요리 솜씨 이쓰면 머 할 게 만치 머.

= 그거 항가진 잘:해, 식땅 이:른.

= 그 중국 채소 하라먼 하구 항국 채소 하라먼 하구 남 식땅으로 댕기

= 약하지 병이 있지.

= 모르지 하기는 한다고 하더구만 하겠어요? 못 해요.

= 일을 원래 안 해봐서 일을 할 줄도 모르지.

= 힘든 일은 못 해요.

= 한국에 가서 힘 안드는 일이 어디 있어요.

= 그래 못 하면 들어와서 출근이나 하렸어요.

= 출근이나 하고 혼자 밥 끓여 먹고 있으렸어요, 어떻게.

= 이제는 들어갈 돈이 없으니까 제 벌어 제 머그면 되지.

= 에이 애 하나 공부시키기 정말 돈 많이 들어요.

요새 다 그래요. 애들 공부시키느라고.

= 그러게 말이요. 아 그리고 계집애들이면 좀 낫겠는데 남자들이 되니까 돈 아까운 줄 몰라요.

= 그래도 우리 외손자 개는 좀 소박하게 살긴 사는데 그래도 돈이 그렇게 많이 들어요.

그 북경 간 애?

= 예.

애 하나요?

= 하나요.

= 하난데 애새끼가 잘났어요, 나기는.

= 나기도 잘나고 애가 성품도 좋고 어디 가도 누가 밉다고는 안 하는데 일자리 잘 부터서 벌, 벌어야 되겠는데 글쎄 모르지 어떻게 하겠는지.

뭐 큰딸은 뭐 요리 솜씨도 있고 그렇다면서요.

= 요리 솜씨 있어도 글쎄 일자리를 잘 만나야 글쎄 가서 벌지.

요리 솜씨 있으면 뭐 할 게 많지 뭐.

= 그거 한가지는 잘해, 식당 일은.

= 그 중국 요리 하라면 하고 한국 요리 하라면 하고 남의 식당으로 다

머 구버나:서.

= 머 튀기두 하구 전두 잘: 구꾸 번채두358) 잘하구 그렁 건 매킨대 업
씨 해요.

= 겐데 일짜리 만, 잘 만나야 나가 벌:지.

= 에이 후:~.

= 거저 이르키 밤만 잡쑤면 쉬요.

= 저나그 다서씨에 머그면 거저 누분 자리에 자구.

= 아치메 또 세 시나 네 시 돼 깨어나서는 아침 다서씨나 여서씨에 머
그면 또 한잠 자구 또 야덥씨나:: 되면 나가구 나제 와서 또 한잠 자구 게:
속 자요 이르케.

경강하지요 그래서. 규칙쩌그루.

= 아니 에: 너머 잠면 너머 자두 안 돼.

= 이저네는 그저 정시므로 한잠씩 자찌 한 시간씩 그래등 게 이전 누
부면 자요.

= 그래이가 매:기 모자라지.

= 매:기 모자라니까 그러캐찌.

= 항국 까따와서 폭싹 해써요.

가까패서 그르치 머 거기. 어디 갈 때두 우꾸.

= 까까방 기야 그쎄 나가 댕기면 되지 댕기들 아내 그르치.

저의 집 한번 오시라 그래뜨니…

= 아무래두 멍능 거뚜 모타지 메느리 아침 새보게 해머꾸 가면 바메나
오능 게 혼자서 지베서 머그면 머꾸 거저 저낙 또 한다능 게 그저 바비나
지서 해노쿠 메누리 바메 오니까 와서 바배줄 쌔 업찌 머.

= 객찌에서 마음 꼬상두 해찌만 식싸가 문제는 마니 떠러저찌.

아까 그러시대. 시구웅거 잘 먹끼 시른데.

= 예:, 시구웅 거 짜구웅 거 매웅 거 거 몸 멍는데 어째요.

니며 굴러나서.

= 뭐 튀김도 하고 전도 잘 굽고 무침도 잘하고 그런 건 막힌 데 없이 해요.

= 그런데 일자리 만, 잘 만나야 나가 벌지.

= 에이 후~.

= 그저 이렇게 밥만 잡수시면 쉬어요.

= 저녁을 다섯 시에 먹으면 그저 누운 자리에 자구.

= 아침에 또 세 시나 네 시 되어 깨어나서는 아침 다섯 시나 여섯 시에 먹으면 또 한잠 자고 또 여덟 시나 되면 나가고 낮에 와서 또 한잠 자고 계속 자요 이렇게.

건하지요, 그래서. 규칙적으로.

= 아니 에, 너무 잠만 너무 자도 안 돼.

= 이전에는 그저 점심으로 한잠씩 잤지, 한 시간씩 그러던 게 이젠 누우면 자요.

= 그러니까 맥이 모자라지.

= 맥이 모자라니까 그렇겠지.

= 한국 갔다 와서 폭삭 했어요.

갑갑해서 그렇지 뭐 거기. 어디 갈 데도 없고.

= 갑갑한 거야 글쎄 나가 다니면 되지 다니지를 안 해서 그렇지.

저희 집에 한번 오시라 그랬더니...

= 아무래도 먹는 것도 못 하지, 며느리 아침 새벽에 해 먹고 가면 밤에 나 오는 게 혼자서 집에서 먹으면 먹고 그저 저녁 또 한다는 게 그저 밥이나 지어서 해놓고 며느리가 밤에 오니까 와서 밥해줄 새 없지 뭐.

= 객지에서 마음 고생도 했지만 식사가 문제는 많이 떨어졌지.

아까 그러시대 시거운 거 잘 먹기 싫은데...

= 예, 시거운 거 짜거운 거 매운 거, 그거 못 먹는데 어째요.

= 아 그래구 메누리가 그쎄 비지장이나 머 고기니 무슨 채소 막 머 싸다 여쿠 가기는 가두 자기절루 할 쭐 모르니까 모태 먹찌.

= 그저 아치메 머 짐치찌게나 머 된장찌게 끄려노쿠 가면 그거 해전359) 머거야 되지.

= 그래구 저나게 또 메누리 오기 저네 방이나 구드리나360) 따꾸 치우구 또 바브 해놔야 되지.

= 그래 그게 또 바메 와서 머 아홉씨나 돼 드루와 밤 머꾸 머 빨래 씨꾸 어찌구 나면 또 열뚜시 된다는데 머.

= 그래구 여서씨에 이러나 또 일곱씨에 가구 밤만 해노쿠.

= 덕째가 지베 업따나니까 더 바빠께찌.

= 여기서는 할::랄두 지베 아니써요.

= 게::속 거저 나가지.

= 나가서 면출361) 치구:: 면출 안치면 장기 뚜구 푸커 치구 거저 게:송 나가 도러댕기지.

= 게속 그 나치구는 쪼꼼 경, 쫌 경강하기는 경강한 추기지 머.

지금 나이 팔씹...

= 너:이.

넷:?

= 에.

= 겐데 노세싸니362) 슬쩍 와땀 마리여.

하라부지 생년워리리 어티게 돼요.

= 동지딸 초하룬날인데 머.

= 용띠.

호:저게 그러쿠 월래두 그래요?

= 예:.

월래두 그게 마자요?

= 아 그리고 며느리가 글쎄 비지장이나 뭐 고기니 무슨 채소 막 뭐 사
다 넣고 가기는 가도 스스로 할 줄 모르니까 못 해먹지.

= 그저 아침에 뭐 김치찌개나 뭐 된장찌게 끓여놓고 가면 그거 종일
먹어야 되지.

= 그리고 저녁에 또 며느리 오기 전에 방이나 구들이나 닦고 치우고
또 밥을 해 놔야 되지.

= 그래 그게 또 밤에 와서 뭐 아홉 시나 돼서 들어와 밤 먹고 뭐 빨래
하고 어찌고 나면 또 열두 시 된다는데 뭐.

= 그리고 여섯 시에 일어나 또 일곱 시에 가고 밥만 해놓고.

= 덕재가 집에 없으니까 더 힘들었겠지.

= 여기서는 하루도 집에 안 있어요.

= 계속 그저 나가지.

= 나가서 게이트볼 하고 게이트볼 안 하면 장기 두고, 포커 치고 그저
계속 나가 돌아다니지.

= 계속, 그 나이 치고는 조금 건(강), 좀 건강하기는 건강한 축이지 뭐.

지금 나이 팔씹…

= 넷.

넷?

= 예.

= 그런데 뇌출혈이 슬쩍 왔단 말이야.

할아버지 생년월일이 어떻게 돼요.

= 동짓달 초하룻날인데 뭐.

= 용띠.

호적에 그렇고 원래도 그래요?

= 예.

원래도 그게 맞아요?

= 예:.

= 용띠라.

이십 이십팔련생잉 거 가뜬데.

= 예:.

이시팔련 동쩌딸 초하루?

= 예:.

= 게두 그 동개비들 중에는 제일 그 든드난 추기여.

그럼요 아까 저:기 뭉구 치는데 가보니까 다:들 머 더 점:꾸 그러시대요.

= 절무이드리 조아 안 해요, 누구 나: 머근 사라미 나와 치니까.

= 그래두 머: 암 바들라구 하는데 게:속 가 치는데.

= 미버하던 머: 고워하든

머: 월래 사라미 마:니, 마:니 피료해서 가셔두 갠창깨뜬데 머.

여러시 하능 거자너요? 열 며치나 하능 거든대.

= 예:.

= 저 어전 매:일가지 머. 매:일 가요.

= 화토먼 화토:, 푸커먼 푸커, 장:기먼 장:기 거저 아무기나 닥치는 대루 가 노라.

= 에휴.

그러면 머 다: 자라시능 건데요.

모타시능 게 엄능 거 가터요.

= 다: 자래요, 잔소리두 자라구.

= 에:유 자라빠저 승질, 꽁꼬마구 자라빠저요.

= 내 승지라구는 하나두 암 마저.

= 그래 만날 싸우지.

그래야지 할 말두 있지 머.

= 예?

= 예.

= 용띠라.

이십, 이십 팔년 생인 거 같던데.

= 예.

이십 팔년 동짓달 초하루?

= 예.

= 그래도 그 동갑들 중에는 제일 그 든든한 축이야.

그럼요, 아까 저기 게이트볼 하는 데 가보니까 다들 뭐 더 젊고 그러시대요.

= 젊은이들이 좋아 안 해요. 누구 나이 먹은 사람이 나와 치니까.

= 그래도 뭐 안 받으려고 하는데 계속 가서 치는데.

= 미워하든 뭐 고와하든

뭐 원래 사람이 많이, 많이 필요해서 가셔도 괜찮겠던데 뭐.

여럿이 하는 거잖아요? 열 몇이나 하는 거던데.

= 예.

= 저 이젠 매일 가지 뭐, 매일 가요.

= 화투면 화투, 포커면 포커, 장기면 장기 그저 아무거나 닥치는 대로 가서 놀아.

= 어휴.

그러면 뭐 다 잘하시는 건데요.

못하시는 게 없는 거 같아요.

= 다 잘해요, 잔소리도 잘하고.

= 어휴 잘아빠져 성질, 꼼꼼하고 잘아빠져요.

= 내 성질하고는 하나도 안 맞아.

= 그래서 만날 싸우지.

그래야지 할 말도 있지 뭐.

= 예?

그래야지 할 말두 있지.

= 승:지리 암 마저.

지금 정아매는 누가 이써요?

= 왜, 노인들?

예.

= 노인들 나지, 나기처니 이꾸, 나 대장 이꾸, 두경이두 주꾸, 이사두 이저는 죽꾸, 이사 있는 주긍기나 항가지여.

= 머 바지 뻐꾸 오즘 똥 싸니까 머이 주긍 기나 항가지여.

= 나기처니 제:일 나: 머긍 게 한나 이써요.

= 그라구 영:구, 영구:가 이꾸, 우리 아주바이363) 머: 어전 쌍지팽이 지꾸 댕기능 귀:신, 귀:신가틍 기 하나 이꾸.

= 업서요 노인덜 다 죽꾸.

= 다: 죽꾸 메덥써요.

여:자들.

= 여자드른 저:기 거 두경이 처요.

= 두경이 처 한나 이꾸 업써요.

= 동그니 엄마 정복수 이뚱 게 항구게 가 이꾸, 박쩡수기라구 낭기 엄마 가 인능 게 그저네 지부서기 엄마라구 그뚜 항구게 가 이꾸, 안 노인들 두 읍써요.

= 우리 언니 이꾸 메덥써요. 다 해야 한 대여선 되는지 업서요. 맨: 벵 다리364) 늘그니 거저 일: 모타는 벵:신 이릉 거만 이써요.

= 지븐 영: 잘 저써요. 지부 잘 저노쿠 머: 길 다: 공고리하구 아주 딱 땅 머 규겨게 마께 해난는데 사람 새끼라구 이써요? 움넌데.

= 다: 외국 까구 이사가구 머:.

빈: 집뚜 이써요?

= 빈: 집 마:나요.

그래야지 할 말도 있지.

= 성질이 안 맞아.

지금 정암에는 누가 있어요?

= 왜, 노인들?

예.

= 노인들 나지, 나기천이 있고, 나 대장 있고, 두경이도 죽고, 의사도 이제는 죽고, 의사 있는(데) 죽은 거나 한가지야.

= 뭐 바지 벗고 오줌 똥 싸니까 뭐 죽은 거나 한가지야.

= 나기천이 제일 나이 먹은 게 하나 있어요.

= 그리고 영구, 영구가 있고, 우리 아주버니 뭐 이젠 쌍지팡이 짚고 다니는 귀신, 귀신같은 게 하나 있고.

= 없어요, 노인들 다 죽고.

= 다 죽고 몇 없어요.

여자들.

= 여자들은 저기 거 두경이 처요.

= 두경이 처 하나 있고 없어요.

= 동근이 엄마 정복수 있던 게 한국에 가 있고, 박정숙이라고 남기 엄마 가 인는 게 그전에 지부서기 엄마라고 그것도 한국에 가 있고, 안 노인들도 없어요.

= 우리 언니 있고, 몇 없어요. 다 해서 한 대여섯 되는지, 없어요. 맨 병다리 늙은이 그저 일 못 하는 병신 이런 것만 있어요.

= 집은 아주 잘 지었어요. 집을 잘 지어 놓고 뭐 길은 다 콘크리트 하고 아주 딱딱 뭐 규격에 맞게 해놨는데 사람 새끼라고 있어요? 없는데.

= 다 외국 가고 이사 가고 뭐.

빈 집도 있어요?

= 빈 집 많아요.

= 빈: 집 마:나요.

= 열네 개라나 빈: 지비?

= 농사진는 사람 한 집빼끼 옵써요.

금 다: 머해요?

= 다: 외구게 가구 안 지꾸 그래지. 그래 그 밭 논바트 다: 저 안쪼게서 한쪽뜨리 나와써요, 한족뜨리.

= 한족뜨리 나와 농사지꾸 이따구 짐승 메기구 봄부락 싸람 농사진는 집 한 집빼끼 옵써요.

거기 저:기 사슴두 키운다면서요. 그건 누가 키우는 거요?

= 그거 월래 항구게 싸라미 투자를 하구 영기레 싸라미 와서 해:찌.

= 핸:는데 사스미 삼천 멤 마리 싸따 능 게 다: 주꾸 이제 한 열댐 마리 남아때요.

왜 주거요?

= 그기 괄리 모: 따라가니까 그러치 괄리가 안 대니까.

= 망해써요 그사람들.

= 괄리가 따라 모:까니까 머:: 안 되지요.

하이튼 만:타 그래능 거 거뜨니만.

= 마:니 해찌유.

= 처:매 싸다 영: 거는 삼천 마리 싸다 연:는데.

= 우리 저 둘째 거기 회게질 해짜너요.

= 거기 회게지를 삼 년 하다가서리 시시해지니까 그 나와찌.

= 이제 머: 열댐 마리 남응 게 머: 사람두 머: 메치 업따대.

= 사슴 메기는 사람 머 두:리하구 거기서 괄리하는 사람 하나 이꾸 업때요.

= 다: 가구 업써요, 다: 항국까구 외국 까구.

= 다: 빈 지비여 거반.

= 빈 집 많아요.

= 열네 개라나 빈 집이?

= 농사짓는 사람은 한 집밖에 없어요.

그러면 다 뭐해요?

= 다 외국에 가고 (농사) 안 짓고 그러지. 그래 그 밭 논밭을 다 저 안 쪽에서 한족들이 나왔어요, 한족들이.

= 한족들이 나와서 농사짓고 있다고, 짐승 먹이고 본부락 사람 농사짓 는 집 한 집밖에 없어요.

거기 저기 사슴도 키운다면서요. 그건 누가 키우는 거요?

= 그거 원래 한국 사람이 투자를 하고 연길 사람이 와서 했지.

= 했는데 사슴이 삼천 몇 마리 사다 넣은 게 다 죽고 이제 한 열댓 마 리 남았대요.

왜 죽어요?

= 그게 관리가 못 따라가니까 그렇지 관리가 안 되니까.

— 망했어요, 그 사람들.

= 관리가 못 따라가니까 뭐 안 되지요.

하여튼 많다고 그러는 것 같더니만.

= 많이 했지요.

= 처음에 사다 넣은 것은 삼천 마리 사다 넣었는데.

= 우리 저 둘째가 거기 회계일 했잖아요.

= 거기 회계일을 삼 년 하다가 시시해지니까 그 나왔지.

= 이제 뭐 열댓 마리 남은 게 뭐 사람도 뭐 몇 없다더라고.

= 사슴 기르는 사람 뭐 둘하고 거기서 관리하는 사람 하나 있고 없대 요.

= 다 가구 없어요, 다 한국 가고 외국 가고.

= 다 빈 집이야 거반.

거기 머 저: 장녀네 보니까 메주 된:장잉가 머 메주두 하능 거 가떠니

= 된장 해:찌. 장공장 핸:는데 거기 지부서기가 해:써요, 한영오기가.

= 한영오기가 핸:는데 아 그느러 지지배 이제는 부녀주임지르365) 한 심 멘년 해:써요.

= 부녀주임지르 한 심멘 년 하구 지부서기지르366) 한 메테르 하다나니까 마:니 떼: 머거써요 도널.

= 도니 마:니 글거머거써요.

= 그래서 장년부터 쌰르367) 머 쌰태 마저368) 나가다나니 장으 양년 핸는지: 그래구 인제 안해요.

= 다: 항:구게서 거기다가 정암 대대다 지원 마니해써요.

= 금녀네두 노무369) 또 간는데 해마다 노무 이눠느 데리다가 기수르 양성해주지 도:느 투자를 해주지 하이튼 림 교수 마:니 지워내: 조찌 머. 그런데 업써.

= 항구게 가따 머 연수르 가따 온 사람드른 다: 또 외국 다: 나가다나니 머 인재두 어:꾸 그 장공장 한다구 지부서기가 한 양년 해써요.

- 콩 싸디리가주구 핸:는데 게 저르키 사:라미 몰기우구370) 이저는 저래다나니까 거뚜 다: 거더치우구 업써요.

= 항구게서 드러온 도:넌 아마 거반 다: 떼:머긍 거 가태요 가:가.

거기 좀 이거저거태서 잘살게 해준다구 임 교수님 맨날 그래션는데.

= 그래, 그래찌유. 그래구 하 일려네 여섣씩 데려다가 인재 다 배양해준371) 지 미테요, 이전 오:년 되는지.

= 그래게 가따온 놈들 다: 외구그 다: 다라나구 머 나가 버:러 보니까 제: 마을보다 나가 버:능 게 더 조옹 게지.

= 싹 까구 업써요.

= 항구그 영오기랑 가따 와서 머 장공장 앉힌다구 제 친척뜰 메치 데리구서리 핸:는데 한 양:년 핸:는지 몰러.

거기 뭐 저 작년에 보니까 메주 된장인가 뭐 메주도 하는 거 같더니…

= 된장 했지. 장 공장 했는데 거기 지부서기가 했어요, 한영옥이가.

= 한영옥이가 했는데 아 그놈의 계집애 이제는 부녀주임 일을 한 심 몇 년 했어요.

= 부녀주임 일을 한 십 몇 년 하고 지부서기 일을 한 몇 해를 하다보니 까 많이 떼먹었어요, 돈을.

= 돈을 많이 긁어먹었어요.

= 그래서 작년부터 퇴진 뭐 퇴진 당해 나가다 보니 장을 이년 했는지 그리고 인제 안 해요.

= 다 한국에서 거기다가 정암 대대에다 지원 많이 했어요.

= 금년에도 연수 또 갔는데 해마다 연수 인원을 데려다가 기술을 양성 해주지 돈을 투자를 해주지 하여튼 임 교수가 많이 지원해 줬지 뭐. 그런 데 없어.

= 한국에 갔다가 뭐 연수를 갔다 온 사람들은 다 또 외국 다 나가다 보 니 뭐 인재도 없고 그 장 공장 한다고 지부서기가 한 이년 했어요.

= 콩 사 들여가지고 했는데 그게 저렇게 사람이 몰리고 이제는 저러다 보니까 그것도 다 걷어치우고 없어요.

= 한국에서 들어온 돈은 아마 거반 다 떼먹은 거 같아요, 개가.

거기 좀 이것저것 해서 잘살게 해준다고 임 교수님 만날 그러셨는데…

= 그래, 그랬지요. 그리고 하 일 년에 여섯씩 데려다가 인제 다 양성해 준 지 몇 해요, 한 오 년 되는지.

= 그렇게 갔다 온 놈들 다 외국으로 다 달아나고 뭐, 나가 벌어보니까 제 마을보다 나가 버는 게 더 좋은 거지.

= 싹 가고 없어요.

= 한국을 영옥이랑 갔다 와서 뭐 장 공장 앉힌다고 제 친척들 몇을 데 리고 했는데 한 이년 했는지 몰라.

= 그래다가 저르키 모두 번저지니까372) 그만둬찌.

= 사라미 이써야 머:럴 하지 글쎄 사라미 업써요.

= 이전 늘그니들하구 맨: 뼁신들바께 업써요.

드러와서 사는 사라믄 업써요? 따른 딴 데서?

= 아:이 그저 안쪼게서 한쪽싸람드리 메치 와서 농사진느라구 와 이찌.

= 머가 와요, 멀: 바라고 올 게 또 업찌.

= 농사두 안 지찌 머: 기업뚜 업찌, 머가 드루와. 드러오능 거뚜 업써.

= ***는 맨: 빈 집.

= 우리 아덜래두 거다 지부 하나 잘: 저 낟는데 게 비워 노쿠 가면 머 집뚜 이전 망태기되지.373)

집 안 살면 금방 망가저자나요.

= 그래 비워 노문 망가지지 어트게 그래두 할 쑤 업찌 머 어트게 가 버:러야지 머 거기서 해머글 꺼뚜 업씨 안자 이쓰면 머 하거써.

= 일거리두 업씨 나가서 한 삼 년 버:러야 늘거서 저:기 티슈비나374) 타 먹께 어트기 도느 거더 여캔지.

= 일려네 오천원씩 디려놔야 되지 단위다.

= 그래 육씹싸리 돼야 튀슈비 준대.

어디:에서요?

= 우리 둘째는 훈춘 양식꾸게 단위지.

지금요?

= 예, 거 양시꾸게 이따가서리 쏘련 가 한 오:년 이따 오다나니까 머 와보니까 제 나: 또래 사람드른 다: 나가고 맨: 코풀래기들만 드루와 안자 이뜨리야. 하니십쌀씽만 머근 거뜰만.

= 그랜다구 나와찌, 쌍발 안하구.

= 겐데 그 어가네 육씹쌀 어가네 그거 도:늘 디려놔야 다뉘에다 디려놔야 이제 육씹싸리 너므면 노부375) 타 멍는다 마리여.

= 그러다가 저렇게 모두 들춰지니까 그만됐지.

= 사람이 있어 뭐를 하지, 글쎄 사람이 없어요.

= 이젠 늙은이들하고 맨 병신들밖에 없어요.

들어와서 사는 사람은 없어요? 다른, 딴 데서?

= 아이 그저 안쪽에서 한족 사람들이 몇이 와서 농사짓느라고 와 있지.

= 뭐가 와요, 뭘 바라고 올 게 또 없지.

= 농사도 안 짓지 뭐 기업도 없지, 뭐가 들어와. 들어오는 것도 없어.

= ***는 맨 빈 집.

= 우리 아들네도 거기에다 집을 하나 잘 지어놨는데 그래 비워놓고 가면 뭐 집도 이젠 망가지지.

집에 안 살면 금방 망가지잖아요.

= 그래 비워놓으면 망가지지 어떻게 그래도 할 수 없지 뭐 어떻게 가서 벌어야지 뭐 거기서 해 먹을 것도 없이 앉아 있으면 뭐하겠어.

= 일거리도 없이 나가서 한 삼 년 벌어야 늙어서 저기 퇴직금이나 타먹게 어떻게 돈을 넣을 것인지.

= 일 년에 오천 원씩 들여놔야 되지 단위에다.

= 그래서 육십 살이 돼야 퇴직금 준대.

어디에서요?

= 우리 둘째는 훈춘 양식국이 단위지.

지금요?

= 예, 거기 양식국에 있다가 소련 가서 한 오년 있다가 오다 보니까 뭐 와보니까 제 나이 또래 사람들은 다 나가고 맨 코흘리개들만 들어와 앉아 있더래. 한 이십 살씩만 먹은 것들만.

= 그렇다고 나왔지, 출근 안 하고.

= 그런데 그 어간에 육십 살 어간에 그 돈을 들여놔야 단위에 들여놔야 이제 육십 살이 넘으면 놉을 타 먹는단 말이야.

아 그때 일해떵 거?

= 예:.

= 게 이제 이재두 심녀늘 심년치르 무룰라먼 한 융마눠는 무러야 돼요.

= 융마눠는 무러야 육씹쌀부터 돈: 타멍는다구.

= 게 그돈 무를라먼 가 버러야지.

아: 일려네 오처눤씩.

= 예:.

= 일려네 오처눤씩 디려놔야 돼요.

쪼끔 이따가 나가서 열씨미 하면 대게찌요 뭐.

= 몰라요. 나가서 벌:러 간다구 모두 추썩거리구 가기는 간는데 벌:겐지 말:겐지 머어: 남 다: 버러머꾸 난 뒤에 이제 뒤 찌끄래기에376) 가서 뭘: 벌:거써요.

= 할라먼 시초에 가야 되는데

가서 어트게 하느냐가 중요하지요 머.

= 아이 게:구 그때 처까메에 가쓰만 지금 사:람 너무 마:나서 항국뚜 복자바장쿠 머요.

= 이저네 우리 가따올 때는 중국 싸라미 면 나강 게 업써지 그때는.

= 그 더콴네랑 그때 가낄래 저거 아이 지금 아들 딸 머 싸우 손녀꺼지 다: 데려내다가 어전 갸:더른 메테 가 잘: 버:러써요.

= 한 오룽년 남 나마 되는데 나간지.

= 겐데 우리는 이 양바니 잘모태서 이래요.

= 그때 가따 드루오지를 마라써야 되능 긴데 데리구 나간다능 게 애비 드러오니 아들 나가구 머 또 나가기 또 안 돼서 가따 또 신청하구 드루와 따가 이따나니 시가니 지나서 다: 무효되구, 이번에두 앙 갈라능 걸 억찌루 보내서 가서 그르케 이써요? 그거 영주꿘 내러 가서두.

= 처까메 가서 그르케 해뜨라먼 호적 신청해서 해서 해뜨라먼 이전 아:

아 그때 일했던 거?

= 예.

= 그게 이제 이제도 십년을 십년치를 물으려면 한 육만 원은 물어야
돼요.

= 육만 원은 물어야 육십 살부터 돈 타 먹는다고.

= 그게 그 돈 물으려면 가서 벌어야지.

아, 일년에 오천원씩.

= 예.

= 일년에 오천원씩 들여놔야 돼요.

조금 있다가 나가서 열심히 하면 되겠지요 뭐.

= 몰라요. 나가서 벌러 간다고 모두 추썩거리고 가기는 갔는데 벌 건지
말 건지 뭐 남 다 벌어먹고 난 뒤에 이제 뒤 찌꺼기에 가서 뭘 벌겠어요.

= 하려면 시초에 가야 되는데.

가서 어떻게 하느냐가 중요하지요, 뭐.

= 아니 그리고 그때 처음에 갔으면, 지금은 사람이 너무 많아서 한국도
복잡하잖고 뭐요.

= 이전에 우리 갔다 올 때는 중국 사람이 몇 나간 게 없었지 그때는.

= 그 덕환네랑 그때 갔기에 저거 아니 지금 아들, 딸 뭐 사위 손녀까지
다 데려내다가 이젠 걔들은 몇 해 가서 잘 벌었어요.

= 한 오륙년 넘, 넘게 되는데 나간 지가.

= 그런데 우리는 이 양반이 잘 못 해서 이래요.

= 그때 갔다가 들어오지를 말았어야 되는 건데 데리고 나간다는 게 애
비 들어오니 아들 나가구 뭐 또 나가기 또 안 돼서 갔다가 또 신청하고 들
어왔다가 있다 보니 시간이 지나서 다 무효 되구 이번에도 안 가려는 걸
억지로 보내서 가서 그렇게 있어요? 그거 영주권 내러 가서도.

= 처음에 가서 그렇게 했더라면 호적 신청해서 해서 했더라면 이젠 애

들 다: 디리내가서 다: 버:러찌 이전.

= 우리 가따 온 제두 양천년도 와딴대 벌써 시비녀니 되는데 얼매요
그기.

= 근데 가두 진드가:니377) 이뜰 모탄다 마리여 글쎄 어디 가서.

가가패서 그러치요.

= 아 까까패두 하내만 나가서 고상하면 다: 해결되장쿠 머요 글쎄.

= 난 가니까 머이 내: 친처기 하나두 업써요.

= 다: 머: 이따능 게 고모네 두:리 인능 게 다: 주꾸 머 고모 아들래꺼
지두 다: 주꾸 업찌.

= 머이 머: 으지할 떼가 업뜨라구유, 친척뜨리 다: 주꾸.

= 무수게 쪼꼼이라두 걸리능 게 이써쓰면 내가 나가쓰면 다: 돼찌 머.

= 근데 며:네 가니까 호저근 이뜨라구 호저근 인는데 친처기 한나두
업따나니 무스게 한나 보증서주는 누미 이써야 할테지?

= 그래서 모: 까찌.

지금 그러면 이버네 가서 영주꿔낭 거 하라부지 하구 저: 연나미 아부지 항
거요?

= 예:.

= 두:리 가 하는데 그 때 지금 요기 야:더리 저 둘째하구 딸 거기 가치
해쓰면378) 다: 된다능 기지.

= 가네두 가치 신청해쓰면 그래선 가:더른 그저 와따 가따 버:러먹찌
앙쿠는 인제 덕째가 머 한나 하다나니까 덕째가 바께 모태찌.

= 그래서 아부지가 가:덜 요청짱379) 해가주 와뜨람 마리여.

= 요청짱얼 해가주 완는데 요청짱으루 나가다나니까 지금 여기 비자유
리가380) 요청짱이가 백뿌네 일두 떠러지나마나 하대.

= 아내주지.

= 그래두 그거루 모타구서루 시험 칭걸루 나가찌 다: 아:더리.

들 다 데려가서 다 벌었지 이젠.

= 우리 갔다 온 지도 이천년도 갔었는데 벌써 십이년이 되는데 얼마요 그게.

= 그런데 가도 진득하니 있지를 못한단 말이야 글쎄 어디 가서.

갑갑해서 그렇지요.

= 아 갑갑해도 한 해만 나가서 고생하면 다 해결되지 않고 뭐요 글쎄.

= 난 가니까 뭐가 내 친척이 하나도 없어요.

= 다 뭐 있다는 게 고모네 둘이 인는 게 다 죽고 뭐 고모 아들네까지도 다 죽고 없지.

= 뭐가 뭐 의지할 데가 없더라고요, 친척들이 다 죽고.

= 무엇이 조금이라도 걸리는 게 있었으면 내가 나갔으면 다 됐지 뭐.

= 그런데 면에 가니까 호적은 있더라고. 호적은 있는데 친척이 나나도 없다보니 무엇이 하나 보증 서주는 놈이 있어야 할테지?

= 그래서 못 갔지.

지금 그러면 이번에 가서 영주권 한 거 할아버지하고 저 연남이 아버지 한 거요?

= 예.

= 둘이 가서 하는데 그때 지금 요기 애들이 저 둘째하고 딸 거기 같이 했으면 다 된다는 거지.

= 걔네도 같이 신청했으면 그래서 걔들은 그저 왔다 갔다 벌어먹지 않고는 인제 덕째가 뭐 하나 하다 보니까 덕째밖에 못 했지.

= 그래서 아버지가 걔들 초청장 해가지고 왔더란 말이야.

= 초청장을 해가지고 왔는데 초청장으로 나가다 보니까 지금 여기 비자 발급률이 초청장이 백분의 일도 떨어지나 마나 하대.

= 안 해주지.

= 그래서 그것으로 못 하고서 시험본 것으로 나갔지 다 애들이.

= 그거 아부지가 해가주 올 때를 바라구 인느라구 괘니 어넝 나가겐능 걸.

= 이제는 나가서 다시 신청하면 가네가 해줄 쑤 이따지, 둘: 다.

= 근데 주거두 또 앙 간대요 이젠.

= 버러머께씀 머꾸 말게씀 마라라, 이전 주거두 안 나간단데 머.

가서 고생하셔서서 그렁가봐요.

= 아: 이버네는 가서 신청만하면 본인 드러와두: 가덜 영주꿔널 해겨래 준다지 머.

= 근데 앙 가게따능 걸 어트해요 그쎄, 억찌루 모: 끌구 가지.

= 가서 거저 신청하구 가 사흐리면 가따 도라와두 된다는데 실타는데 머.

= 아드리가 차비 대:준대두 실탄대요.

= 평양감사두 제하기 시르먼 안 한단데 머.

= 하기 실타는데 또 내:비도야지 어티기야.

= 그 경만네랑 우리 언네랑 그때 나가서 그 동포 일쎄루 나가가주구 다: 하다나니 아들 너이 다: 나간찌.

= 메누리두 두:리 나가찌 손네꺼지 다: 나간데 머.

= 따:리 나가구 다: 나가써.

= 다: 나가 버:러서 딱:딱 한 다레 여기 똔 오백 원씩 엄마 아부지 생활비 생긴대.

= 쿵 게 나가 둘째 나가 세째 나가 네째 나가 딸꺼지 다서신데 한 다레 양처노백 원씽만 드루와두 영감 노친³⁸¹⁾ 시컨 머꾸 살:지.

= 그때만 해두 나이 쪼끔 절므니까 어디 농장에나 나가서 이써씀 돼:찌.

= 그랜데 누구한테 자꾸 어디 일짜리 해겨래 달라니까 글쎄 그 임 교수가 해겨래 줘따능 게 하꾜 지키는 데 가 이따가서리 그쎄 그 앙까이 잔소리한다구 디끼 실타구 퉤 드루와 버려써.

= 그거 아버지가 해가지고 올 때를 바라고 있느라고 괜히 얼른 나갈 수 있는 걸.

= 이제는 나가서 다시 신청하면 걔들이 해줄 수 있다지, 둘 다.

= 그런데 죽어도 또 안 간대요, 이젠.

= 벌어먹겠으면 먹고 말겠으면 말아라, 이젠 죽어도 안 나간다는데 뭐.

가서 고생하셔서 그런가 봐요.

= 아 이번에는 가서 신청만 하면 본인 들어와도 걔들 영주권을 해결해 준다지 뭐.

= 그런데 안 가겠다는 걸 어떻게 해요 글쎄, 억지로 못 끌고 가지.

= 가서 그저 신청하고 가서 사흘이면 갔다가 돌아와도 된다는데 싫다는데 뭐.

= 아들이 차비 대준대도 싫다는데요.

= 평양 감사도 제하기 싫으면 안 한다는데 뭐.

= 하기 싫다는데 또 내버려둬야지 어떻게 해.

= 그 경만네랑 우리 언네랑 그때 나가서 그 동포 일세로 나가가지고 다 하다 보니 아들 넷이 다 나갔지.

= 며느리도 둘이 나갔지 손녀까지 다 나갔는데 뭐.

= 딸이 나가고 다 나갔어.

= 다 나가 벌어서 딱딱 한 달에 여기 돈 오백 원씩 엄마 아버지 생활비 생긴대.

= 큰 게 나가, 둘째 나가, 셋째 나가, 넷째 나가, 딸까지 다섯인데 한 달에 이천오백 원씩만 들어와도 영감 할머니가 실컷 먹고 살지.

= 그때만 해도 나이 조금 젊으니까 어디 농장에나 나가서 있었으면 됐지.

= 그런데 누구한테 자꾸 어디 일자리 해결해 달라니까 글쎄 그 임 교수가 해결해 줬다는 게 학교 지키는 데 가서 있다가 글쎄 그 안식구가 잔소리한다고 듣기 싫다고 튀어 들어와 버렸어.

= 한 달만 더 이써쓰면 우리 덕째가 나가지 그때. 깅게 아부지 사멀 이
릴랄 드루완는데 가:가 사멀 이식꾸나레 나가땀 마리여.

= 그래두 그 후에 또 나가서 한다구 항 게 신청해 노쿠 와 삼년 이따나
니까 그게 다 무효 돼:써.

= 그래 또 그 마라찌, 거기 이써야 되는데.

= 자꾸 댕기기만 하먼 멀:해요 그쎄, 하나두 해:결 모타능 거.

= 한 달만 더 있었으면 우리 덕재가 나가지 그때. 그러니까 아버지 삼월 일일날 들어왔는데 걔가 삼월 이십구일에 나갔단 말이야.

= 그래도 그 후에 또 나가서 한다고 항 게 신청해 놓고 와서 삼 년 있다 보니까 그게 다 무효가 됐어.

= 그래서 또 그 말았지, 거기 있었어야 되는데.

= 자꾸 다니기만 하면 뭘 해요 글쎄, 하나도 해결 못하는 거.

■ 주석

1) '댕기따'는 중앙어 '다녔다'에 대응하는 이 지역 방언형 '댕기다'의 과거형이다. '댕기다'는 충청도 방언에서도 폭넓게 관찰되는데 '댕기다, 댕기구, 댕기지, 댕기니' 등과 같이 활용한다. '댕기다'는 국어사에서 17세기부터 관찰되는 '둔기다'에 소급하는 것으로 보인다. '둔기다'가 18세기 이후 '·'의 'ㅏ' 합류와 움라우트 및 연구개음화에 의해 '댕기다'가 된 것으로 보인다.

  참고로 현대 중앙어 '다니다'는 15세기 문헌에서 '둔니다'와 '둗니다'로 나타난다. '둔니다'는 '둗니다'의 자음 동화를 반영한 형태다. '둗니다'는 '둗다[走]'의 어간 '둗-'과 '니다[行]'의 어간 '니-'가 합성된 동사다. 이와 같이 동사 어간을 결합하여 합성 동사를 만드는 방식은 중세국어에서 아주 일반적이었다. 특히 '니다'는 '둗니다'를 비롯하여 '노니다, 걷니다, 노니다(날아다니다)' 등에서 보듯이 합성 동사 생성에 적극적으로 참여한다. 이 경우의 '니-'는 계속 진행의 뜻을 가진 접미사에 가까운 성격을 띤다.

2) '하너'는 '한어(漢語)', 즉 중국어를 말한다.

3) '인차'는 '지체함이 없이 바로', '금방', '멀지 않은 기간에', '그때에 곧' 등의 뜻으로 쓰이는 이 지역 방언형이다. 주로 북한에서 쓰이는 말인데 연변 지역의 말을 차용한 것이다.

4) '비지기'는 '비지깨'라고 말해야 할 것을 잘못 말한 것이다. '비지깨'는 중앙어 '성냥'에 대응하는 이 지역 방언형이다. '비지깨'는 러시아어 'спичка'를 차용한 말로 연변 지역에서 널리 쓰인다. 본래는 작고 가는 나뭇개비의 한쪽 끝에 황 따위의 연소성 물집을 입혀 불을 일으킬 수 있게 만든 것이므로 '성냥'보다는 '성냥개비'에 더 가까운 것이 '비지깨'다. 그런데 이 방언에서는 '비지깨'가 주로 '성냥'의 의미로 쓰인다.

5) '하낭각'은 '[한각]'이라고 발음해야 할 것을 잘못 말한 것이다. '[한각]'은 중앙어 '한 곽'에 대응하는 이 지역 방언형 '한 각'이다. 충청도 방언에서도 '곽'을 '각'이라고 발음하기도 한다. '곽'은 물건을 담는 작은 상자를 뜻하는 표준어 '갑'에 대응한다.

6) '쌀'은 중앙어 '사다'의 어간 '사-'에 관형사형 어미가 결합된 '살'의 이지역 방언형이다. 이 지역에서는 중앙어 '사다'에 대응하는 말로 '사다' 외에 '싸다'도 쓰인다. '싸다'는 주변의 연변 조선어에서 차용한 것이다.

7) '한나'는 중앙어 '하나'에 대응하는 이 지역 방언형이다.

8) '서이'는 수사 '셋'에 대응하는 이 지역 방언형이다. 충청도 방언에서도 수사 '셋'과 '넷'에 대하여 각각 '서이', '너이'도 수의적으로 쓰인다.

9) '너이'는 수사 '넷'에 대응하는 이 지역 방언형이다. 충청도 방언에서도 '너이'가 '닛~넷'과 함께 수의적으로 쓰인다.

10) '북때'는 '북대'의 음성형이다. '북대'는 정암촌 인근에 있는 마을 이름이다.

11) '누이'는 같은 부모에게서 태어난 사이거나 일가친척 가운데 항렬이 같은 사이에서 남자가 여자 형제를 이르는 말로 흔히 손아래인 여자를 이르는데 여기에서는 손위 여자를 가리킨다. 중앙어에서는 손위 여자 형제를 흔히 '누님, 누나'라고 하는데 이 지역 방언에서는 '누이'라고도 하고 손아래 여자 형제에게도 '누이'라고 하고 '동생' 또는 '여동생'이라고도 한다.

12) '오마 쓰지'는 '오망 쓰지'에서 온 말로 보인다. '오마 쓰다' 외에 '오마이 쓰다'도 이 방언에서 쓰인다. '오마' 또는 '오망'은 연변 지역에서 '늙거나 정신이 흐려서 말 이나 행동이 비정상적임'을 이르는 말이다. '오마 쓰다'는 중앙어로 '노망 부리다'에 대응한다. 충청도 방언에서는 흔히 '망령 떤다'나 '노망 떤다' 또는 '망령 들었다'나 '노망 들었다'는 표현을 쓴다. 행위를 중심으로 말할 때는 '떨다'가 공기하고, 상태 를 중심으로 말할 때는 '들다'가 공기하는 것으로 보인다.

13) '훈춘[琿春]'은 중국 길림성(吉林省) 연변 조선족 자치주에 있는 도시의 하나로 우리 나라와 러시아 연해주에 접하여 있는 교통과 상업의 요충지다. '훈춘'은 중국의 동 북 끝에 있는 도시로 두만강 하류 지역에 있다.

14) '출가가다'는 중앙어 '출가(出嫁)하다'에 대응하는 이 지역 방언형이다.

15) '인차'는 '지체함이 없이 바로', '금방', '멀지 않은 기간에', '그때에 곧' 등의 뜻으 로 쓰이는 이 지역 방언형이다. 주로 북한에서 쓰이는 말인데 연변 지역의 말을 차 용한 것이다.

16) '살구지'는 중앙어 '살리다'에 대응하는 이 지역 방언형 '살구다'의 활용형이다. '살 구다'는 '살구구, 살구지, 살궈서', 살구니께' 등과 같이 활용한다.

17) '상사나다'는 중앙어에서 사람이 '죽다'나 '돌아가다'에 대응하는 이 지역 방언형이 다. 이 방언에서는 '죽다'나 '돌아가다'보다 '상사나다' 또는 '상세나다'를 주로 사용 한다. '상사나다'는 한자어 '상사(喪事)'에 접미사 '-나다'가 결합한 단어다.

18) '누님'은 같은 부모에게서 태어난 사이거나 일가친척 가운데 항렬이 같은 사이에서 남자가 손위의 여자 형제를 이르는 말이다. 어릴 때는 '누나'가 흔히 쓰이고 나이가 들어 어른이 되면 '누님'이라고 한다. 그런데 이 지역 방언에서는 남자가 손위 여자 형제를 '누이'라고도 한다. 중앙어에서 '누이'는 남자가 손아래 여자 형제를 이르는 말이다. 그런데 이 방언에서는 '누이'가 손위 여자 형제에게도 쓰이고 손아래 여자 형제에게도 쓰인다. 손아래 여자 형제에게는 '누이' 외에 '동생' 또는 '여동생'이라 고도 한다.

19) '동평리'는 충청북도 청주시 강외면 동평리를 가리킨다. 고속철도 오송역사가 바로 인근에 있다.

20) '오송'은 충청북도 청주시 강외면 오송리를 가리킨다. 여기에 고속철도 오송 역사가 있다.

21) '조치원'은 세종특별자치시에 있는 읍으로 면적은 13.56㎢다. 경부선 철도가 이곳을 지난다. 오송과 조치원은 다리를 사이에 두고 행정구역을 달리한다.

22) '들말'은 충청북도 청주시 강외면 동평리에 있는 자연마을 이름이다. 제보자 이용안 할아버지가 태어난 곳이기도 한다.

23) '발쩐히야'는 중앙어 '발전해'에 대응하는 이 지역 방언 음성형이다. '히야'는 중앙어 '해'에 대응하는 이 지역 방언형이다. 충청도, 특히 청주 방언에서는 문말의 동사 활용형의 마지막 음절 모음이 'ㅐ'로 끝나면 'ㅑ'나 '이야'로 실현되는 경향이 있는데 '히야'도 그러한 예의 하나다. 예컨대, 명령문이나 서술문의 종결형이 '해, 패, 개, 매' 등과 같이 모음 'ㅐ'로 끝나면 각각 '햐, 퍄, 갸, 먀'나 '히야, 피야, 기야, 미야'와 같이 실현되는 특징이 있다.

24) '조선'은 '북조선' 즉 북한을 가리킨다.

25) '훈쨩'은 '훈장(勳章)'의 이 지역 방언 음성형이다. 이 훈장은 중국에서 팔로군에 입대하여 중화인민공화국이 수립된 이후 조선족 부대가 해체되었다가 재소집되어 6·25 남침 때 투입되어 전투에 참여한 공로를 인정받아 수여 받은 것을 말한다. 제보자는 마오쩌둥이 이끄는 팔로군에 입대하여 중화인민공화국 수립에 기여한 공로를 인정받아 마오쩌둥으로부터 훈장을 수여 받았고, 6·25 남침에 투입되어 활약한 공로를 인정받아 김일성으로부터 훈장을 수여 받았다. 제보자는 중화인민공화국으로부터 국가유공자로 인정되어 평생 연금을 받으면서 경제적으로 어렵지 않은 노후생활을 하였다.

26) '휘가'는 중앙어 '휴가(休暇)'에 대응한다. 이 지역 방언형이라기보다는 개인어로 보인다.

27) '온성'은 함경북도 온성군에 있는 읍으로 온성군의 군 소재지다. 두만강에 면하여 있으며, 함경선(咸鏡線) 철도가 지나는 중요한 역이 있다. 우리나라의 최북단에 위치하며 동쪽으로 흐르던 두만강이 온성을 끼고 남동 방향으로 흐른다. 온성은 제보자가 살던 중국 길림성 도문시 양수진의 두만강 건너편에 있다. 양수진과 온성을 잇는 다리가 있었는데 제보자가 1938년 중국으로 이주할 때 이 다리를 건넜다고 하는데 일본이 패망하면서 끊어 놓은 다리는 지금도 잔해만 남아 역사의 흔적을 보여주고 있다.

28) '장춘(長春)'은 중국 길림성의 성도(省都)다. 중국 송화강(松花江)의 지류에 접하여 있는 도시로 징하(京哈) 철도를 비롯한 세 개의 철도가 교차하는 교통 요충지이다. 마오쩌둥이 이끄는 인민해방군과 국민당 군대가 장춘에서 벌인 전투를 제보자는 장춘 전투라고 하였다.

29) '거르마이'는 옷의 일정한 부분에 헝겊을 달거나 덧대어 돈이나 물건을 넣도록 만든

것으로 중앙어의 '주머니'에 대응하는 말이다. '거르마이'는 연변 조선족말에서 차용한 것인데 본래는 러시아어 'карма́н'에서 차용한 말이다. 연변 지역에서는 '거르마이' 외에 '거르마니', '거르만'을 쓰기도 한다.

30) '여쿠'는 중앙어 '넣다'에 대응하는 이 지역 방언형 '옇다'의 활용형 '옇구'의 음성형이다. '옇다'는 '옇다, 옇구, 옇지, 여라'와 같이 활용한다.

31) '서무반'이 무엇을 뜻하는지 정확히 알 수 없다.

32) '어무이'는 중앙어 '어머니'에 대응하는 이 지역 방언형이다. 연변 조선족 말에서 차용한 것이다.

33) '싸우'는 중앙어 '사위'에 대응하는 이 지역 방언형이다. 연변 조선족 말에서 차용한 것이다.

34) '어티기'는 중앙어 '어떻게'에 대응하는 이 지역 방언형이다. '어티기' 외에 '어트기', '우티개' 형으로도 쓰이며 '어떤 방법으로' 정도의 뜻으로 쓰인다.

35) '우티개'는 중앙어 '어떻게'에 대응하는 이 지역 방언형이다. '우티개' 외에 '어티기', '어트기' 형으로도 쓰인다.

36) '바뿌지'는 '바뿌다'의 활용형이다. '바뿌다'는 '바뿌다, 바뿌구, 바뿌지, 바뻐' 등과 같이 활용한다. 이 지역에서의 '바뿌다'는 중앙어의 '바쁘다'의 의미 외에 다른 의미로도 쓰인다는 점에서 차이가 있다. 중앙어에서는 '바쁘다'가 흔히 '일이 많거나 또는 서둘러서 해야 할 일로 인하여 딴 겨를이 없다.'의 의미로 쓰이지만 예문에서는 '급하다'의 의미로 쓰였다. 그러나 이 방언에서 자주 쓰이는 용법은 '힘이 들다' 나 '힘에 겹다' 또는 '문제를 해결하기가 어렵다'나 '글이나 말을 이해하기가 까다롭다', '몸이 힘들거나 고단하다', '생활 형편이 어렵다' 등 다양한 의미로 쓰인다.

37) '이 사람'은 제보자의 배우자인 '신명옥' 할머니를 가리킨다.

38) '정만'은 '거짓이 없이 말 그대로'를 뜻하는 '정말' 또는 '정말로'의 의미로 쓰였다.

39) 문맥에서의 '새애기'는 '아직 결혼하지 아니한 시집갈 나이의 여자.'를 뜻하는 중앙어 '색시'에 대응하는 이 지역 방언형이다. 이 외에도 이 지역 방언에서 '새애기'는 '시집가지 않은 젊은 여자아이'의 뜻으로도 쓰이고 '갓 시집온 색시'나 '시집가는 여자'의 뜻으로도 쓰인다.

40) '골'은 중앙어 '머리'에 대응하는 이 지역 방언이다. 문맥에서 '골'을 좀더 정학하게 표현하면 '뇌'에 대응한다. 이 지역 방언에서 '골 좋다'고 하면 '머리가 좋다'의 뜻으로 쓰인다.

41) '그 집'은 제보자의 집을 뜻한다. '그'는 담화표지로 이해된다.

42) '부녀 독보'는 부녀들의 친목과 학습을 위해 꾸린 자치회를 말한다. 이곳에서 부녀들이나 젊은 여성들을 대상으로 국가 시책이나 정책 등을 전달하고 교육시키는 역할을 담당하기도 한다.

43) '바타'는 '밭다'의 활용형 '밭아'의 음성형이다. 문맥에서 '밭다'는 '짤따랗다'의 의미로 쓰였다.

44) '성분'은 사상적인 성행(性行)이나 사회적인 계층 또는 출신 성분을 말한다. 여기에서는 출신 성분의 뜻으로 쓰였다.

45) '답뽀개'는 '답복하다'의 활용형 '답복해'의 음성형이다. '답복'은 묻는 말에 대하여 대답하는 것을 뜻한다.

46) 문맥에서 '새애기'는 아직 결혼하지 아니한 젊은 여자를 뜻하는 이 지역 방언이다. 문맥에서는 중앙어 '색시'나 '처녀'에 대응하는 뜻으로 쓰였다.

47) '궁간'은 '군관'의 음성형이다. 여기에서의 '군관'은 군대 조직의 하급 간부를 뜻하는 말로 쓰였다.

48) '기지'는 '기+지'로 분석된다. '기'는 중앙어 의존명사 '것'을 구어적으로 이르는 '거'에 대응하는 이지역 방언형이다. '지'는 서술격조사 '이다'의 어간 뒤에 붙어 어떤 사실을 긍정적으로 서술하거나 묻거나 명령하거나 제안하는 따위의 뜻을 나타내는 종결어미다. 받침이 있는 말에 붙으면 '이지'로 나타나고 예에서와 같이 받침이 없는 말에 붙으면 '지'로 나타난다.

49) '인차'는 '지체함이 없이 바로', '금방', '멀지 않은 기간에', '그때에 곧' 등의 뜻으로 쓰이는 이 지역 방언형이다. 주로 북한에서 쓰이는 말인데 연변 지역의 말을 차용한 것으로 보인다.

50) '차비까지 떼서'는 이 지역에서 흔히 쓰이는 표현이다. 이 지역에서 '떼다'는 '표를 떼다, 차표 떼다'와 같이 주로 '표'와 함께 쓰이는데 여기에서도 의미는 '차표를 떼서'와 같은 의미로 쓰였다. 차표를 뗀다는 표현은 차표가 여러 장의 묶음으로 되어 있고 그것을 한 장씩 떼어서 표를 팔기 때문에 차표를 뗀다고 한 것으로 보인다.

51) '전사(戰士)'는 싸움을 하는 병사를 뜻한다.

52) '세멘'은 건축이나 토목 재료로 쓰는 접합제로 석회석과 진흙과 적당량의 석고를 섞어 이긴 것을 구워서 가루로 만든 '시멘트(cement)'의 이 지역 방언형이다. '세멘'은 충청도 방언에서도 사용한다.

53) 인민들은 '인민+들'로 분석된다. '인민(人民)'은 국가나 사회를 구성하고 있는 사람들을 말한다. 국가의 차원에서는 '국민'에 대응하고 지역의 차원에서는 '주민'에 대응한다.

54) '짜요'는 '폭약' 또는 '다이너마이트'를 뜻하는 중국어 단어 '炸藥[zhàyào]'의 발음을 차용한 것이다.

55) '라이깡'은 폭발물의 화약을 점화시키는 데 쓰이는, 금속으로 만든 관을 뜻하는 일본어 'らいかん'의 우리말식 발음이다. 한자 표기는 '雷管'이다.

56) '자아서'는 '잣다'의 활용형이다. 여기에서 '잣다'가 헝클어지지 않게 둥그렇게 돌려

서 포개어 감는다는 뜻으로 쓰인 것이다.

57) '히로땀배'는 '히로+담배'로 분석된다. '히로'가 종이로 말아 놓은 담배를 뜻하므로 '히로담배'는 '담배'의 의미가 중복된 단어다.

58) '덴찌뿔'은 '덴찌불'의 음성형이다. '덴찌불'은 '덴찌'와 '불'의 합성어다. '덴찌'는 전지를 넣어 불을 밝히는 휴대용 기구로 우리나라에서는 '플래시'라고 한다. 따라서 '덴찌불'은 덴찌로 밝히는 불, 즉 플래시로 밝히는 불(=플래시불)을 뜻한다.

59) '투이처'는 손수레를 뜻하는 한어 '推車[tuīchē]'를 음차한 것이다.

60) '밀차'는 손으로 밀어서 움직이는 작은 짐수레를 말한다. 한어 '推車[tuīchē]'를 음차한 '투이처'를 이 방언에서는 '밀차'라고도 하고 '니야까'라고도 한다. '니야까'는 바퀴가 두 개이고 사람이 끄는 작은 수레를 뜻하는 '리어카(rear car)'의 이지역 방언형이다. '니야까'는 충청도 방언에서도 사용한다.

61) '쌍발'은 일터로 근무하러 나가거나 나오는 것, 즉 '출근'을 뜻하는 한어(漢語) '上班[shàngbān]'을 차용한 말이다. 이 지역에서 '출근'에 대하여 '퇴근'을 뜻하는 말은 한어(漢語) '下班[xiàbān]'을 차용하여 쓴다.

62) '영장(營長)'은 군대가 집단으로 거처하는 곳의 우두머리를 말한다.

63) '하나패씩'은 한 사람마다 하나씩을 뜻하는 '하나 앞에 하나씩'에 대응하는 이 지역 방언형이다.

64) '모도가주구'는 중앙어 '모아가지고'에 대응하는 이 지역 방언형이다. '모도'는 '모두다'의 어간 '모두-'에 어미 '-어'가 결합한 '모두어'의 축약형이다.

65) '골라나게'는 '곤란하게'의 음성형이다. 문맥에서 '곤란하다'는 '사정이 몹시 딱하고 살기가 어렵다'는 뜻으로 쓰였다. 중앙어에서는 흔히 상황이나 상태가 난처하거나 어려운 것을 뜻하는 단어로 쓰이지만 여기에서는 경제적인 형편이 어려움을 나타내는 말로 '곤란하다'가 쓰였다.

66) '에매이'는 중앙어 '어머니'에 대응하는 이 지역 방언형 '어머이'라고 해야 할 것을 잘못 발음한 것이다.

67) '리부르'는 중앙어 '이불을'에 대응하는 이 지역 방언형이다. '리부르'는 '리불+으'로 분석할 수 있는데 '리불'은 연변지역 방언형을 고려하면 '니불'이라고 발음할 법한 것인데 과교정하여 발음한 것으로 보인다. '으'는 목적격 조사 '을'에 대응하는 이 지역 방언형이다. 선행 체언의 말음이 모음으로 끝나면 목적격 조사 '으'를 취하고 선행체언의 말음이 자음으로 끝나면 목적격 조사 '르'를 취한다.

68) '하나르'의 '르'는 중앙어의 목적격 조사 '를'에 대응하는 이 지역 방언형이다. 선행체언의 말음이 자음으로 끝나면 목적격 조사 '르'를 취하고 선행체언의 말음이 모음으로 끝나면 목적격 조사 '으'를 취한다.

69) '하나뚜'는 중앙어 '하나도'에 대응하는 이 지역 방언 음성형이다. '하나'에 '두'가

결합할 때 '뚜'로 발음하는 것은 15세기 국어의 '하나'가 ㅎ종성체언이었다는 사실과 관련이 있어 보인다. '하나ㅎ'의 'ㅎ'이 자음 앞에서 ㄷ으로 중화되어 뒤에 오는 자음을 경음으로 발음하는 것이라고 해석할 수 있다. 이와 같은 해석이 가능한 것은 충청도 방언에서 동일한 구성에서 '하나투'로 발음하기도 하는데 이때의 '투'는 선행명사의 말음 ㅎ과 조사 '두'가 결합하여 '투'로 실현되기 때문이다.

70) '입썽'은 '입성'의 음성형이다. '입성'은 '옷'을 뜻하는 이 지역 방언형으로 중앙어에서와 같이 속된 의미는 없다.

71) '부상처'는 몸에 상처를 입다의 뜻으로 쓰이는 '負傷'에 위치나 장소를 나타내는 '處'가 결합한 한자어 '負傷處'를 말한다. '부상처'는 '부상당한 곳'의 의미로 쓰인 것이다.

72) '도지다'는 나아지거나 나았던 병이 도로 심해지다는 뜻으로 쓰이는 말이다.

73) '일천양뱅 명'은 '일천양백 명'의 음성형이다. '일천양백'은 '일천이백'을 뜻하는 이 지역 방언형이다. 이 지역에서는 연변 지역 방언을 차용하여 '이백'을 '양백', '이천'을 '양천'이라고 한다. 연변 지역 방언형 '양백'이나 '양천'은 각각 한어(漢語) '兩百[liǎngbǎi]'과 '兩千[liǎngqiān]'를 차용한 것이다. '이백'이나 '이천'을 사용하는 대신 '양백'과 '양천'을 사용하는 것은 한어(漢語)로 일(一)의 발음이 '[yī]'여서 우리말의 '이'와 혼돈할 염려 때문이 아닌가 한다.

74) '다구'는 중앙어 '자꾸'에 대응하는 이 지역 방언형이다. 충청도에서는 '대구'가 쓰인다.

75) '드러 모 깐다'는 중앙어 '못 들어 간다'에 대응하는 이 지역 방언형 '들어 못 간다'의 음성형이다. 중앙어에서는 '못 들어 간다, 못 먹어 보다, 안 들어 간다' 등에서와 같이 부정부사가 본동사와 보조동사 앞에 놓이는데 이 지역 방언에서는 '들어 못 간다, 먹어 못 보다, 먹어 아이(아니) 보다'와 같이 부정부사가 본동사와 보조동사 중간에 놓인다. 이런 문법적인 배열은 함경도 방언에 기반하는 연변 조선어에서 차용한 것이다.

76) '때미'는 중앙어 '때문에'에 대응하는 이 지역 방언형이다. 충청도 방언에서는 '때매'가 많이 쓰인다.

77) '지비'는 중앙어 '집에'에 대응하는 이 지역 방언형이다. 충청도 방언에서도 '집에 간다'를 '집이 간다'고로 쓰기도 한다. 충청도 방언에서 '집'에 조사 '에'나 '에서'가 결합하는 환경에서 '집이'나 '집이서'와 같이 '에'가 '이'로 실현되기도 한다.

78) '기릉기리 뻐더가주구선'은 중앙어 표현으로 '길길이 뻗어가지고선' 정도에 대응하는 이 지역 방언 표현이다. '기릉기리'는 성이 나서 펄펄 뛰는 모양을 뜻하는 중앙어 '길길이'에 대응한다. '뻗다'는 쉽게 따르지 않고 고집스럽게 버티다의 뜻으로 쓰이는 중앙어 '뻗대다'에 대응하는 이 지역 방언형이다.

79) '걸처서'는 중앙어의 '거처서'에 대응하는 단어로 쓰였다. 개인어인지 이 지역 방언

형인지는 확인하지 못했다.

80) '장춘(長春)'은 중국 지린성(吉林省)의 성도(省都)다. 중국 송화강(松花江)의 지류에 접해 있는 도시로 징하(京哈) 철도를 비롯한 세 개의 철도가 교차하는 교통 요충지이다.

81) '초대소(招待所)'는 새로운 직무를 맡아 곧 배치되어 갈 사람들을 맞아들여 편의를 돌보아 주며 머물러 있게 하는 숙박 시설이다.

82) '목땅강'은 '목단강'의 음성형이다. '목단강(牧丹江)'의 규범 표기는 '무단장[Mudan-jiang]'이며 중국 동북부에 있는 헤이룽장성(黑龍江省)의 동남부에 있는 도시로 무단장(牧丹江) 유역에 위치한다. 부근에서 생산되는 밀·콩·쌀·옥수수의 집산지다. 기계, 화학 비료, 식품, 방적 따위의 공업이 활발한 곳이다. '목단강(牧丹江)=무단장'은 역사적으로 항일투쟁지이기도 하다. 무단장시는 헤이룽장성에서 세 번째로 큰 도시이고, 헤이룽장성 동부의 가장 큰 도시로 정치, 문화, 교통, 과학기술, 경제의 중심 지역이다. 총면적은 4.06만km2, 인구는 280만 명이다. 동쪽은 러시아 연방 연해주 지방과 접하며, 남쪽은 지린성 연변 조선족 자치주와 접한다.

83) '안폐'는 한어(漢語) '안배(按排[ānpái])'의 발음을 차용한 것이다. 여기에서의 '안폐'는 '직장에 배치하다'의 뜻으로 쓰였다.

84) '바리'는 본래 수량을 나타내는 말 다음에 쓰여 마소의 등에 잔뜩 실은 짐을 세는 단위로 쓰거나 마소의 등에 잔뜩 실은 짐을 뜻하는 말로 쓰이지만 의미가 확장되어 여기에서는 발구에 잔뜩 실은 짐을 뜻하는 말로 쓰였다. 이 지역에서는 겨울에 나무를 할 때 발구에 실어나르기 때문에 '낭구 한 바리'라고 하면 발구에 잔뜩 실은 나무를 뜻한다. 충청도에서는 마차나 수레에 잔뜩 실은 짐을 가리키는 말로도 '바리'가 쓰인다.

'바리'가 마소의 등에 잔뜩 실은 짐을 세는 단위로도 쓰이지만 발에 굽이 있는 짐승인 소나 말, 돼지 등을 세는 단위로도 쓰인다. '소 한 바리 사왔다'나 '돼지 두 바리 팔았다'와 같이 쓰인다. 충청도에서도 굽이 있는 짐승을 세는 단위로 쓰인다.

85) '낭구'는 중앙어 '나무'에 대응하는 이 지역 방언형이다. 단독형으로 '낭구' 외에 '낭기'도 쓰인다. 예문의 '낭구두'는 '낭구'에 이미 어떤 것이 포함되고 그 위에 더함의 뜻을 나타내는 보조사 '두'가 결합된 것이다. 이 지역에서 쓰이는 '낭구'의 주격형으로는 '낭기~낭구가'가 쓰이고, 목적격형으로는 '낭구럴'이 쓰이고, 처격형으로는 '낭게~낭구에, 낭기서~낭기에서'가 쓰인다. 또한 어떤 물건의 재료나 원료를 나타낼 때는 조사 '루'가 결합된 '낭구루'가 쓰이고 서술어 위치에서는 '낭구지'와 같이 쓰인다. 여기서 알 수 있는 것은 '낭구'가 기본적으로 쓰이고 '낭기'형이 주격이나 처격에 쓰인다는 것이다. 이는 '낭기'가 곡용에 의해 체계적으로 쓰이는 것이 아니라 특정한 조사와 함께 하나의 단위로 학습하여 쓰이는 것을 말한다.

참고로 국어사 자료에서 '나무'가 소급하는 최초의 형태는 15세기의 '났~나모'인데 단순 모음 앞에서는 '났'으로 실현되고 그 이외의 환경에서는 '나모'로 실현되었

다. 이러한 교체는 20세기 문헌에도 나타나는데 모음 앞에서 '낡'으로 실현되지 않
는 예는 19세기부터 나타난다. 16세기에 나타나는 '나무'는 모음 체계의 재정립 과
정에서 '나모'의 제2음절 모음 'ㅗ'가 'ㅜ'로 바뀐 것인데, 이러한 변화는 15세기 말
부터 나타나기 시작하는 것이다. '나무'가 소급하는 형태들은 19세기에 제2음절이
'ㅜ'로 굳어졌다. 17세기와 19세기에 나타나는 '남우'는 '나무'를 분철한 것이며, 19
세기에 나타나는 '나무'는 18세기에 어두음절의 'ㆍ'가 'ㅏ'로 바뀐 결과 나타날 수
있었던 표기이다.(한민족 언어 정보화 통합 검색 프로그램, 2003. 참조)

86) '함 바리'는 '한 바리'의 음성형이다. 여기서의 '한 바리'는 발구에 가득 실은 짐을
말한다. 이 지역에서는 겨울에 나무를 할 때 지게로 져 나르지 않고 소를 이용하여
발구에 실어서 나른다.

87) '지여 와서'는 '지비 와서(집에 와서)'라고 발음해야 할 것을 잘못 발음한 것이다.

88) '농사질'은 '농사+질'로 분석된다. '질'은 중앙어에서 ((일부 명사 뒤에 붙어)) 직업
이나 직책에 비하하는 뜻을 더하는 접미사로 쓰이지만 이 지역에서는 비하의 의미
가 없다. 따라서 이 지역에서 '농사질'은 '농사일' 정도의 의미로 쓰인다.

89) '헐캐'는 '헐하게'의 축약형 '헐케'의 음성형이다. '헐하다'는 '헐하다~헐타, 헐하구,
헐하지~헐치, 할하게~헐케, 헐해서' 등과 같이 활용한다. 문맥에서는 '헐하다'가
'일 따위가 힘이 들지 아니하고 수월하다'의 뜻으로 쓰였다. 이 지역에서는 '헐하다'
가 흔히 '값이 싸다'의 의미로도 쓰인다.

90) '가대기질'은 '가대기+질'로 분석된다. '가대기'는 소 두 마리에 메워 밭을 갈아엎
는 데 쓰는 농기구의 하나다. 볏은 없고 보습만 있으며 주로 밭을 가는 데 사용된
다. '질'은 ((도구를 나타내는 일부 명사 뒤에 붙어)) '그 도구를 가지고 하는 일'의
뜻을 더하는 접미사다. 따라서 '가대기질'은 가대기를 가지고 하는 일을 말한다. 참
고로 연변 지역에서 흙을 갈아엎는 데 쓰는 농기구 중에서는 '가대기'가 제일 크고
그 다음이 '후치'이고 제일 작은 것이 '호리'다.(곽충구, 2019, ≪두만강 유역의 조
선어 사전≫에서 일부 인용)

91) '심봉장이'는 '신봉장이'의 음성형이다. '신봉장이'는 '신봉+장이'로 분석할 수 있
다. '신봉'은 한어 '신봉(薪俸[xīnfèng])'에서 차용한 말이다. '신봉'은 한어 [xīnfèng]
의 한자어 '薪俸'을 한국 한자음으로 차용한 말이다. 우리말의 '급여, 월급' 등의 뜻
으로 쓰이는 말이다. '신봉'과 비슷한 뜻으로 '공자(工資)'가 쓰이는데 '신봉'이 매월
정해진 일정한 급여를 받는 것인데 비해 '공자'는 노동의 대가로 불규칙적으로 받
는 '임금, 노임'의 뜻으로 쓰인다. 그러나 이 지역에서는 '신봉'과 '공자'를 구별하
지 않고 매달 받는 급여나 연금 등을 가리키는 말로 쓰인다. '장이'는 중앙어 '쟁이'
에 대응하는 접미사로 '그것과 관련된 일을 직업으로 하는 사람'의 뜻으로 쓰인다.
이 방언에서는 중앙어에서와 같이 그런 사람을 낮잡아 이르는 뜻으로 쓰이지 않고
가치 중립적으로 쓰인다. 여기에서는 '월급쟁이' 정도의 뜻으로 쓰였다.

92) '비지깨'는 중앙어 '성냥'에 대응하는 이 지역 방언형으로 쓰였다. '비지깨'는 본래

러시아어 'спичка'를 차용한 말로 연변 지역에서 널리 쓰인다. 본래는 작고 가는 나뭇개비의 한쪽 끝에 황 따위의 연소성 물질을 입혀 불을 일으킬 수 있게 만든 것이므로 '성냥'보다는 '성냥개비'에 더 대응된다. 그런데 이 방언에서는 '비지깨'가 주로 '성냥'의 의미로 쓰인다.

93) '삼배끈'은 '삼백 근'의 음성형이다. 이 지역에서는 한 근이 500g이므로 300근은 150kg이다.

94) '덕쩨르'는 '덕재를'에 대응하는 이 지역 방언 음성형이다. '덕재'는 구술하는 제보자의 큰아들 이름이다.

95) 문맥에서의 '새애기'는 '아직 결혼하지 아니한 시집갈 나이의 여자.'를 뜻하는 중앙어 '색시'에 대응하는 이 지역 방언형이다. 이 지역 방언에서 '새애기'는 '시집가지 않은 젊은 여자아이'의 뜻으로도 쓰이고 '갓 시집온 색시'나 '시집가는 여자'의 뜻으로도 쓰인다.

96) '오지공장'은 '오지그릇을 만드는 공장'을 말한다. 정암촌의 아래에 있는 석두촌에 오지공장이 있다. 오지는 붉은 진흙으로 만들어 볕에 말리거나 약간 구운 다음, 오짓물을 입혀 다시 구운 그릇으로 검붉은 윤이 나고 단단하다. 단지, 옹기 등이 오지로 만든 그릇이다.

97) '연나미'는 '연남이'의 음성형이다. '연남'이는 제보자의 손자 이름이다.

98) '섭서밥때'는 '섭섭합대'의 음성형이다. 중앙어의 표현으로는 '섭섭합디다' 정도에 대응한다. 섭섭한 것은 며느리 될 사람이 소아마비로 한쪽 다리를 잘 쓰지 못하는 것에 대한 아쉬움의 표현이다.

99) '실쭈개서'는 '실쭉해서'의 음성형이다. '실쭉하다'는 마음에 차지 아니하여서 약간 고까워하는 데가 있다는 뜻으로 쓰인 형용사다.

100) '꿀떡'은 중앙어에서 넘칠 만큼 아주 꽉 들어찬 모양을 뜻하는 '꼴딱'에 대응하는 이 지역 방언형이다. 이 방언에서 '꿀떡'과 비슷한 뜻으로 '꼴똑'도 쓰인다. '꼴똑'은 '꿀떡'보다 좀더 작은 느낌을 준다.

101) '양전'은 사람의 먹을거리를 사고 파는 곳을 이르는 말이다. 한자어 '糧廛'을 말한다.

102) '참패금'은 제보자가 중화인민공화국 수립을 위해 팔로군에 입대했다가 6·25에 참전하여 부상당한 일로 받는 일종의 연금을 말한다. 전쟁에 나가 부상당한 사람에게 주는 생활보상비의 일종으로 갑, 을, 병 등의 등급이 있다고 한다.

103) 문맥에서의 '시곱'은 '시아버지와 며느리' 또는 '시부모와 며느리'의 뜻으로 쓰였다. '시곱'은 '媤姑婦'에서 온 말로 보인다.

104) '야콘'은 '약혼'의 음성형이다. 여기에서의 '약혼'은 제보자 본인의 약혼을 말한다.

105) '조선'은 '북조선', 즉 북한을 이르는 말이다.

106) '사십 뼁사리'는 '사십 병사리'의 음성형이다. 이 지역에서는 병을 셀 때의 단위로 '병사리'를 쓴다. '사십 병사리'는 '마흔 병'을 뜻한다. '병사리'의 또 다른 의미는 주로 액체를 담는 데에 쓰는, 목과 아가리가 좁은 그릇을 말한다.

107) '천난'은 '천날'이라고 발음해야 할 것을 잘못 발음한 것으로 보인다. 제보자는 계속 '천난 니불'이라고 하다가 뒤에서 '첫날 이불'로 바꾸어 말하기도 하였다. '천날'은 '첫날'의 음성형으로 시집가거나 장가드는 날의 뜻으로 쓰였다.

108) '몰 뻐뜽가'는 '몰 떠편능가(못 덮었는가)'라고 해야 할 것을 잘못 발음한 것이다.

109) '단쓰'는 '단스'의 음성형으로 의류 따위를 넣어 보관하는 장을 말한다. 일본어투 한자 단어 단스(簞笥[tansu])에서 온 말이다. '단스' 대신 순화한 용어 '옷장', '장롱' 만 쓰도록 하고 있다. 문맥에서는 이불을 넣어둔 곳이므로 '장롱'에 대응하는 말이다.

110) '김남식'은 정암촌에 살던 사람 이름이다.

111) '이코'는 '이꼬(있고)'라고 발음해야 할 것을 잘못 발음한 것이다.

112) '정지'는 '정주간(鼎廚間)'에 대응하는 이 지역 방언형이다. 흔히 '정지간'이라고도 한다. '정지'는 부엌과 안방 사이에 벽이 없이 부뚜막에 방바닥을 잇달아 꾸민 함경도식 가옥 구조에서 많이 볼 수 있는 부엌을 말한다.

113) '보라우'는 '보다'의 하오체 명령형이다.

114) '어메이가'는 '어머이가(어머니가)'라고 해야 할 것을 잘못 말한 것이다.

115) '한 범두'는 '한 번두'라고 해야 할 것을 잘못 발음한 것이다.

116) '이중'은 '이죽'의 음성형이다. '이죽'은 중앙어 '여적'에 대응하는 이 지역 방언형이다. '이적'이라고 했어야 할 것으로 보인다.

117) '에우지'는 '같은 내용의 말을 잊지 않고 되풀이하다' 정도의 뜻으로 쓰이는 이 지역 방언 '에우다'의 활용형이다. '에우다'는 '에운다, 에우구, 에우지, 에워서'와 같이 활용한다. '외우다'에서 변한 말로 보인다.

118) '싸다가'는 중앙어 '사다(買)'에 대응하는 이 지역 방언형 '싸다'의 활용형이다. '싸다'는 '싸다가, 싸서, 싸지, 싸구, 쌌다'와 같이 활용한다.

119) '여'는 중앙어 '넣다'에 대응하는 이 지역 방언형 '옇다'의 활용형이다. '옇다'는 '옇구, 옇지, 여, 여서' 등과 같이 활용한다. 이 지역 방언에서는 '옇다'와 같은 뜻으로 '넣다'도 쓰인다.

120) '그러깨'는 지난 해의 바로 전해를 뜻하는 중앙어 '그러께'에 대응하는 말이다. '그러깨' 외에 '재작년'이라는 말도 쓴다.

121) '살궈써'는 중앙어 '살리다'에 대응하는 이 지역 방언형 '살구다'의 활용형이다. '살구다'는 '살구구, 살구지, 살궈서, 살군다' 등과 같이 활용한다.

122) '훈춘[琿春]'은 중국 지린성(吉林省) 연변 조선족 자치주에 있는 도시의 하나로 우리나라와 러시아 연해주에 접하여 있는 교통과 상업의 요충지다. 두만강 하류에 있는 도시다.

123) '덕째'는 '덕재'의 음성형이다. '덕재'는 제보자의 큰아들 이름이다.

124) '무나혁명'은 '문화혁명'의 음성형이다. '문화혁명'은 보통 문화대혁명(文化大革命)이라고 한다. 1966년 5월부터 1976년 12월까지 중화인민공화국에서 벌어졌던 사회·문화·정치상의 대변혁 또는 소란으로, 공식 명칭은 무산계급문화대혁명(无産階級文化大革命)이고 약칭은 문혁(文革)이다. 중국에서는 이 기간을 십년 동란(十年動亂)이라고 부르기도 한다.
문화대혁명의 형식상 표면에 내세운 구실은 "회생하려는 전근대성 문화와 시장 정책 문화를 비판하고 더욱 새로운 공산주의 문화를 창출하자!"라는 정치·사회·사상·문화 개혁 운동이었지만, 실질로는 대약진 운동이 크게 실패한 탓에 정권 중추에서 잠시 물러난 마오쩌둥이 자신의 재부상을 획책하기 위해 프롤레타리아 민중과 학생 폭력 운동을 동원해 시장 회생파를 공격하고 죽이려고 몰아간 마오쩌둥파와 덩샤오핑파 간의 권력 투쟁을 겸하였다.
이 운동은 1966년 5월 16일 중국 공산당의 중앙위원회 주석이었던 마오쩌둥의 제창으로 시작되었다. 그는 부르주아 계급의 자본주의와 봉건주의, 관료주의 요소가 공산당과 중국 사회 곳곳을 지배하고 있으니 이를 제거해야 한다고 주장하였다. 또한 중국의 청년 학생들과 민중들이 사상과 행동을 규합해 인민민주독재를 더욱 확고히 실현키 위해 "혁명 후의 영구적 계급 투쟁"을 통해 이런 것들을 분쇄시켜야 한다고 하였다. 이는 중국 전역에서 벌어진 홍위병의 움직임으로 구체화되었다. 마오가 문혁을 제창하게 된 동기는 노선을 변경한 소련의 잘못된 수정주의가 중공에서도 재연되는 것을 방지하고 중국에서 더욱 이상적인 공산국가를 건설하기 위한 것이라고 공식적으로 천명하였다. 한편, 마오쩌둥 자신이 시도한 대약진 운동에서 파멸적인 결과를 빚어 당에 대한 권력과 영향력이 덩샤오핑과 류샤오치에게 넘어가려 하자, 극좌적 계급투쟁 형식을 빌어 이를 선회하기 위해 시도한 것이라는 것이 통설이다. 1969년 마오는 공식적으로 문혁이 끝났다고 선언하였고 학생과 노동 운동가들 일부를 체포하였으나, 사실상 1976년 마오쩌둥의 죽음과 사인방의 체포까지 벌어졌던 일련의 여러 혼돈과 변혁을 통틀어 길게 문혁 기간이라고 지칭하는 것이 일반적이다.
문화혁명으로 인해 수십만에서 이천만에 이르는 추정 사망자가 발생하였다. 베이징의 "붉은 8월"을 시작으로 광시 대학살, 내몽골 사건, 광동 대학살 등 중국 본토 전역에서 학살이 일어났다. 문혁은 대개의 중국인들이나 외부인 심지어는 중국 공산당 내에서도 국가적 재난이라고 간주되고 있다. 중국 공산당은 1981년에 이를 마오의 과오가 크다고 공식적으로 발표하였으며, 린뱌오와 사인방도 주요 책임자로 지목하였다.

125) '장마당'은 여러 가지 물건을 사고파는 곳을 뜻하는 이 지역 방언형이다. '장마당'

은 재래시장을 가리키고 현대식 시장인 대형 마트는 '백화'라고 한다.

126) '구분다'는 중앙어 '뒹굴다'에 대응하는 이 지역 방언형 '구불다'의 활용형이다. '구불다'는 '구분다, 구불지, 구불구, 구불어'와 같이 활용한다.

127) '구융만'은 '구경만'이라고 할 것을 잘못 말한 것이다.

128) '빠이'는 '빨리'라고 해야할 것을 잘못 말한 것이다.

129) '매기 웂따'는 '맥이 옶다'의 음성형이다. '맥'은 중앙어의 '기운' 또는 '힘'에 대응하는 이 지역 방언형이다. 이 방언에서는 '힘이 없다'나 '기운이 없다'는 잘 쓰이지 않고 주로 '맥이 옶다'나 '맥이 없다'가 관용어처럼 쓰인다.

130) '호사'는 의사의 진료를 돕고 환자를 돌보는 사람을 뜻하는 중앙어 '간호사'에 대응하는 이 지역 방언형이다.

131) '새타야캐'는 중앙어 '새하얗게'에 대응하는 이 지역 방언형 '샛하얗게'의 음성형이다. 기본형은 '샛하얗다'다.

132) '동무'는 중국에서 혁명을 위하여 함께 일하는 사람이라는 뜻으로 공적인 자리에서 남을 부르던 말이다. 지금은 공적인 자리에서 거의 쓰지 않는다. 참고로, 젊은 세대의 부부 간에는 서로 '동무' 또는 '동미'라고 부르기도 하나 요즈음에는 거의 쓰지 않는다. 이 호칭은 중년 이상의 남자들이 자주 사용하는 반면 여자는 호칭을 생략하는 경향이 있다. 정암촌에서는 중년층 이상의 남자들끼리는 '이 동무!, 김 동무!'와 같이 호칭하는 경우도 있으나 지금은 거의 듣기 어렵다.

133) '내라니까'는 '마라니까(말하니까)'라고 할 것을 잘못 말한 것이다.

134) '캉다'는 한어 '抗大[kàngdà]'를 음차한 것으로 본래는 중화인민항일군사정치대학(中國人民抗日軍事政治大學)'의 준말이다. 여기에서는 문화혁명 당시 군대의 하나를 가리킨다.

135) '빠올치'는 중국 문화혁명 때의 '827 무장대'인 '빠얼치'를 가리키는 말이다. '827'을 한어로 발음한 것이 '빠얼치'다. 제보자는 '빠올치'라고 발음하기도 하고 다른 때는 '빠얼치'라고 발음하기도 하였다.

136) '홍색'은 중국의 문화대혁명 시기에 홍색편을 가리키던 말이다.

137) '고리'는 '골이'의 음성형이다. 이 지역에서는 생각하고 판단하는 능력을 뜻하는 중앙어 '머리'의 의미로 쓰였다.

138) '데끄닥'은 어떤 일을 시원스럽게 빨리 해치우는 모양을 뜻하는 중앙어 '재까닥'에 대응하는 이 지역 방언형이다.

139) '까쓰'는 '방귀'를 뜻하는 말로 쓰였다. '까쓰'의 규범 표기는 '가스'다. 병원에서는 '방귀' 대신 '가스'라는 말을 자주 사용하기도 한다.

140) '인차'는 '지체함이 없이 바로'의 뜻으로 쓰이는 이 지역 방언형이다. 연변 지역의 말을 차용한 것으로 '금방', '멀지 않은 기간에', '그때에 곧' 등의 뜻으로도 쓰인다.

141) '가친'은 '가치(같이)'라고 할 것을 잘못 발음한 것이다.

142) '이룹따'는 '일없다'의 이 지역 방언형인 '일욹다'의 음성형이다. '일욹다'는 중앙
어에서 탈이나 문제, 걱정이 되거나 꺼릴 것이 없다는 뜻으로 쓰이는 '괜찮다'에
대응하는 이 지역 방언형이다.

143) '뉘켜찌'는 배설물을 몸 밖으로 내보내게 하다의 뜻으로 쓰이는 중앙어 '누이다'에
대응하는 이지역 방언형 '뉘키다'의 활용형이다.

144) '훈쩐소해꾜'는 '훈춘소학교'의 이지역 방언형인 '훈춘소핵교'의 음성형이다. 중국
의 '소학교'는 우리의 '초등학교'에 해당한다.

145) '나그내'는 '나그네'의 음성형이다. '나그네'는 '부부 사이에서 남자 쪽을 이르는
말'로도 쓰이고 '성인 남자를 홀하게 이르는 말'로도 쓰이는데 여기에서는 전자의
의미로 쓰였다. 중앙어의 '남편'에 대응하는 이 지역 방언형이다. '나그네'가 '남
편'의 뜻으로 쓰이는 것은 연변 조선말(함경도 방언)을 차용한 결과다.

146) '양표(糧表)'는 중국에서 식량을 대신하는 증표로 사용되는 쌀표나 양권과 같은 식
량표를 말한다. 양권은 일정량의 식량을 대신하는 증표로, 사용목적에 따라 사전에
발급 신청을 해야 하며 식당 이용 시에는 양권과 식대를 함께 지불해야 한다. 중
국 주민들의 소속 직장에서 발급받는데, 출장용 양권과 가정용 양권으로 나뉜다.
출장용 양권은 여행 중에 식당이나 여관에 투숙할 때 사용된다. 이런 양표는 북한
에서도 그대로 사용되었다. 지금은 양표를 사용하지 않는다.

147) '벅쩌꺼구'는 이 지역 방언형 '벅적허다'의 활용형 '벅적허구'의 음성형이다.

148) '돈 팔구'는 '돈을 팔다'의 구성에서 '팔다'가 활용한 형태다. 이때의 '팔다'는 중앙
어 '쓰다'에 대응한다. 따라서 '돈 팔구'는 '돈 쓰고'의 뜻으로 쓰인다.

149) '노친'은 나이 많은 여자 노인을 대접하여 이르는 말이다. 여기에서는 '아주머니'
라고 부를 수 있는, 상대방의 부인을 지칭하는 말로 쓰였다.

150) '양표(糧表)'는 과거에 중국에서 식량을 대신하는 증표로 사용되는 쌀표나 양권과
같은 식량표를 말한다. 양권은 일정량의 식량을 대신하는 증표로, 사용 목적에 따
라 사전에 발급 신청을 해야 하며 식당 이용 시에는 양권과 식대를 함께 지불해야
한다. 중국 주민들의 소속 직장에서 발급받는데, 출장용 양권과 가정용 양권으로
나뉜다. 출장용 양권은 여행 중에 식당이나 여관에 투숙할 때 사용된다. 이런 양표
는 북한에서도 그대로 사용되었다. 지금은 양표를 사용하지 않는다.

151) '나그내'는 '나그네'의 음성형이다. '나그네'는 '부부 사이에서 남자 쪽을 이르는
말'로도 쓰이고 '성인 남자를 홀하게 이르는 말'로도 쓰이는데 여기에서는 전자의
의미로 쓰였다. 중앙어의 '남편'에 대응하는 이 지역 방언형이다. '나그네'가 '남
편'의 뜻으로 쓰이는 것은 연변 조선말(함경도 방언)을 차용한 결과다.

152) '부관해찌'는 '부관했지'의 음성형이다. '부관'은 '~에 관여하지 않다'의 뜻으로 쓰
이는 한어 '不關[bùguān]]'을 음차한 말이다. 따라서 '부관했지'는 '관여하지 않았

지'의 뜻으로 쓰였다.

153) '과날'은 '과녈'이라고 할 것을 잘못 발음한 것으로 보인다. '관녈'은 어떤 일에 관계하여 참여하는 것을 뜻하는 '관여(關與)'에 목적격 조사가 결합된 것이다.

154) '여적지'는 '지금까지' 또는 '아직까지'의 뜻으로 쓰이는 이 지역 방언형이다. 충청도 방언에서도 '여적지'와 함께 '여적'도 같은 뜻으로 쓰인다.

155) '항도전'은 '갱도전(坑道戰)'을 잘못 말한 것이다. '坑道戰([kēngdàozhàn])'은 터널 전쟁을 뜻한다. 지하에 서로 연결된 땅굴을 파서, 군사나 저장 물자를 은폐시키거나 적을 죽일 기회를 엿보는 전쟁 방법을 가리키는 말이다. '갱도전' 또는 '참호전'이라고도 한다.

156) '한족말'은 '한어(漢語)'를 뜻한다.

157) '야드리'는 '야들이'의 음성형으로 '야+들+이'로 분석된다. '야'는 중앙어에서 '이 아이'를 뜻하는 '얘'에 대응하는 이 지역 방언형이고 '들'은 셀 수 있는 명사나 대명사에 붙어 복수의 뜻을 나타내는 접미사이고 '이'는 주격조사. 참고로 이 방언에서 '그 아이'의 뜻으로 쓰이는 대명사는 '가'이고 '저 아이'의 뜻으로 쓰이는 대명사는 '자'다. 대명사 '야, 가, 자'는 충청도 방언에서도 쓰인다.

158) '노르멀'은 '노름얼'의 음성형으로 '놀음+얼'로 분석된다. '놀음'은 여러 사람이 모여서 즐겁게 노는 일 또는 그런 활동을 뜻하는 이 지역 방언형으로 쓴다. '놀이'와 같은 뜻으로 쓰이는 말이다.

159) '이용복'은 정암촌에 살던 사람의 이름이다.

160) '덕재'는 제보자의 큰아들 이름이다.

161) '아이'는 중앙어에서 부정이나 반대의 뜻을 나타내는 부사 '아니'에 대응하는 이 지역 방언형이다.

162) '산내끼'는 중앙어 '새끼'에 대응하는 이 지역 방언형이다. 충청도 방언, 특히 제보자의 고향인 청주 지역에서도 '산내끼'가 쓰인다.

163) '가럴'은 '가+럴'로 분석할 수 있다. '가'는 중앙어에서 '그 아이'의 뜻으로 쓰이는 '걔'에 대응하는 이 지역 방언형이다. '럴'은 목적격 조사다. 참고로 이 지역 방언에서 '이 아이'의 뜻으로 쓰이는 대명사는 '야'이고, '저 아이'의 뜻으로 쓰이는 대명사는 '자'다. 대명사 '야, 가, 자'는 충청도 방언에서도 쓰인다.

164) '고라니'는 '골안+이'로 분석할 수 있다. '골안'은 움푹 패어 들어간 곳을 가리키는 이 지역 방언형이다. '골'은 충청도에서는 '골짜기'의 뜻으로도 쓰인다.

165) '번버낭개'는 '번번한 게'의 음성형이다. '번번하다'는 울퉁불퉁한 데가 없이 편편하고 번듯하다는 뜻으로 쓰이는 이 지역 방언형이다.

166) '가드리'는 '가들이'의 음성형으로 '가+들+이'로 분석된다. '가'는 중앙어에서 '그 아이'를 뜻하는 '걔'에 대응하는 이 지역 방언형이고 '들'은 셀 수 있는 명사나 대

명사에 붙어 복수의 뜻을 나타내는 접미사이고 '이'는 주격조사다.

167) '요마이'는 '요만이'의 음성형이다. '요만이'는 크기나 상태가 요만한 정도로의 뜻으로 쓰이는 이 지역 방언형이다. '요만하다'를 고려하면 '요만히'로 표기할 수도 있어 보인다.

168) '갱도전(坑道戰)([kēngdàozhàn])'은 땅굴을 이용하여 벌이는 터널 전쟁을 뜻한다. 지하에 서로 연결된 땅굴을 파서, 군사나 저장 물자를 은폐시키거나 적을 죽일 기회를 엿보는 전쟁 방법을 가리키는 말이다. '갱도전' 또는 '참호전'이라고도 한다. 이 말은 당시에 중국에서 '갱도전(坑道戰)'이라는 영화가 유행했는데 이것을 본 아이들이 놀면서 그 흉내를 낸 것을 설명하는 내용이다.

169) '비지깨'는 러시아어 차용어로 중앙어 성냥에 대응하는 이 지역 방언형이다. '비지깨'는 러시아어 'спи́чка'를 차용한 말로 연변 지역에서 널리 쓰인다. 본래는 작고 가는 나뭇개비의 한쪽 끝에 황 따위의 연소성 물집을 입혀 불을 일으킬 수 있게 만든 것이므로 '성냥'보다는 '성냥개비'에 더 가깝다. 그런데 이 방언에서는 '비지깨'가 주로 '성냥'의 의미로 쓰인다.

170) '생산대'는 중국에서, 집체(集體) 시절에 있었던 농촌의 생산 단위의 하나다. 공동으로 생산하고 분배하던 단위를 말한다. 생산대는 마오쩌둥(毛澤東) 집권 시기에 중국의 농업 집단화 과정에서 체계화된 조직의 하나다. 1958년부터 중국 정부에서 향(鄕)이나 진(鎭) 급의 행정 단위를 한 개의 인민공사(人民公社)로 편성하고 그 아래에 생산대대(生産大隊, 줄여서 '대대'라고도 함)를 두었다. '생산대대'는 중국 행정 조직의 가장 말단 단위인 '촌(村)'을 편성 단위로 하였고 다시 그 아래에 여러 개의 '생산대'를 조직하였다. 이후 덩샤오핑(登小平)이 집권한 이후 개혁개방이 본격화되면서 중국의 농업은 종래의 집체(集體)에서 자영 농업(개체(個體))으로 점차 전환되었다. 그에 따라 인민공사를 비롯한 이들 조직도 단계적으로 해체되었다.(곽충구, 2019 ≪두만강 유역의 조선어 방언 사전≫에서 인용.)

171) '옇따'는 중앙어 '넣다'에 대응하는 이 지역 방언형 '옇다'의 과거형이다. '옇다'는 '옇구, 옇지, 옇으니까[여니까], 여라'와 같이 활용한다. 이 지역 방언에서 '넣다'도 쓰인다.

172) '꼬꺼지'는 이 지역 방언형 '꽂꽂이'의 이형태 '꽂껒이'의 음성형이다. '꽂꽂이'는 [꼬꼬지]로 발음하는 것이 보통이고 중앙어 '꼿꼿이'나 '똑바로'에 대응한다. 예문에서는 수직으로 올라가는 것을 표현한 것이므로 '꼿꼿이'에 대응한다. 이에 비해 수평으로 휘거나 구부러지지 않은 것은 '똑바로'에 대응한다. '꼿꼿이 올라간다'나 '꼿꼿이 걸어간다'와 같이 쓰인다.

173) '얼겅치'는 바닥의 구멍이 굵은 체를 뜻하는 중앙어 '어레미'에 대응하는 이 지역 방언형이다. 충청도에서는 어레미의 방언형으로 '얼겅체'가 쓰인다.

174) '시망구기라는'은 '심안국+이라는'으로 분석된다. '심안국'은 사람 이름으로 동네

의사 일을 하던 사람이라고 한다.

175) '양수(凉水)'는 지명으로 중국 길림성 도문시 양수진(凉水鎭)의 소재지 이름이다.

176) '오주공장'은 '오지공장'을 말한다.

177) '당까'는 환자나 물건을 실어 나르는 기구의 하나로 네모난 거적이나 천 따위의 양 변에 막대기를 달아 앞뒤에서 맞들게 되어 있는 '담가(擔架)'의 이 지역 방언 음성 형이다. 순화한 우리말로는 '들것'에 해당한다.

178) '석뚜'는 지명으로 중국 길림성 도문시 양수진 석두촌을 말한다. 이곳에 오지공장 이 있다.

179) '도문(圖們)'은 중국 길림성 연변조선족자치주 중동부에 위치한 조선족 집거지역이 다. 도문은 길림성 연변조선족자치주의 현급 도시로 두만강 유역의 교통·경제활 동의 요지이다. 지리적으로 북한·중국 양국 변경을 따라 흐르는 두만강 가에 자 리 잡고 있다. 동쪽으로는 훈춘, 서쪽으로는 연길과 용정, 북쪽으로는 왕청현과 가 까우며, 남쪽으로는 두만강 너머 북한의 온성군과 인접해 있다.

180) '가시리니까'는 '가실이니까'의 음성형이다. '가실'은 중앙어 '가을'에 대응하는 이 지역 방언형이다. 국어사 자료에서 '가을'이 소급하는 최초의 형태는 15세기의 'ᄀᆞ 슳'이다. 이 지역 방언형 '가실'이나 '가슬'은 'ᄀᆞ슳'의 'ᇂ'이 탈락하고 16세기 이 후에 'ᄀᆞ슬>ᄀᆞ슬>가슬>가실'의 과정을 거친 것으로 보인다. △의 흔적이 가장 오래까지 남아 있는 것이라고 할 수 있다.

181) '양잔'은 중국에서 식량을 구매하고 판매하는 곳으로 한어 '粮站[liángzhàn]'을 음 차한 말이다.

182) '양전'은 '양잔'이라고 해야 할 것을 잘못 발음한 것이다.

183) '부려노쿠'는 '사람의 등에 지거나 자동차나 배 따위에 실었던 것을 내려 놓다'의 뜻으로 쓰이는 '부려놓다'의 이 지역 방언 활용형 '부려놓구'의 음성형이다.

184) '공사'는 '농촌인민공사(農村人民公社)'의 줄임말로 '인민공사'라고도 한다. '농촌인 민공사'는 1958년에 중국이 도입한 대규모 지방 조직으로 처음에는 집단농장의 통 합으로 시작되었지만, 농업 활동에만 종사했던 집단농장과는 달리 지방 정부를 감 독하고 모든 경제·사회 활동을 관리하기 위한 다목적 조직이 되었다. 가장 작은 구성단위는 생산대(生産隊)이고, 그 상부조직이 생산대대(生産大隊)이며, 생산대대 가 모여 인민공사를 이룬다.

185) '서기'는 '지부서기'를 말한다. '지부서기'는 중국의 말단 행정단위인 '촌'의 사무 를 맡아 처리하는 사람이다. '당지부서기' 또는 '지부서기'라고도 하고 그냥 '서기' 라고도 한다.

186) '배금버미'는 '배금범+이'로 분석된다. '배금범'은 사람 이름으로 당시에 인민공사 의 지부서기였다.

187) '영길'은 '연길'의 음성형이다. '연길(延吉)'은 중국 길림성(吉林省) 연변 조선족 자치주에 있는 도시로 주요한 상업 중심지이며, 주변 농업 지역에서 생산한 농산물의 집산지이다. 연변 조선족 자치주의 주도(州都)이다. '연길'의 규범 표기는 '옌지'다.

188) '내다라'는 '내닫다'의 활용형이다.

189) '다러가는데'는 '힘차게 뛰어가다'의 뜻으로 쓰이는 이 지역 방언형 '달어가다'의 활용형이다. '달어가다'는 '달어+가다'로 분석할 수 있는데 '달어'는 '닫다'의 활용형이다. 그런데 이 지역 방언에서는 '닫다'가 단독으로 쓰일 때는 활용형 '달어'만 쓰이고 '닫고, 닫지'와 같은 활용형은 쓰이지 않는 것으로 보인다. 합성어로 쓰일 때도 '달어가다'의 꼴로만 쓰이는 것으로 보인다.

190) '동무'는 중국에서 혁명을 위하여 함께 일하는 사람이라는 뜻으로 공적인 자리에서 남을 부르던 말이다. 지금은 공적인 자리에서 거의 쓰지 않는다. 참고로, 젊은 세대의 부부 간에는 서로 '동무' 또는 '동미'라고 부르기도 하나 요즈음에는 거의 쓰지 않는다. 이 호칭은 중년 이상의 남자들은 자주 사용하는 반면 여자는 호칭을 생략하는 경향이 있다. 정암촌에서는 중년층 이상의 남자들끼리는 '이 동무!, 김 동무!'와 같이 호칭하는 경우도 있으나 지금은 거의 듣기 어렵다.

191) '주깨씀다'는 중앙어 '죽겠습니다'에 대응하는 이 지역 방언형 '죽겠슴다'의 음성형이다. '죽겠슴다'는 '죽+겠+슴다'로 분석할 수 있다. '죽-'은 '죽다'의 어간이고 '-겠-'은 미래의 일이나 추측을 나타내는 선어말어미이고 '-슴다'는 '-습니다'가 줄어든 말이다. '-습니다'는 중앙어에서 (('ㄹ'을 제외한 받침 있는 용언의 어간이나 어미 '-었-', '-겠-' 뒤에 붙어))하십시오할 자리에 쓰여, 현재 계속되는 동작이나 상태를 있는 그대로 나타내는 종결어미다. 그런데 이 지역에서는 '-슴다'가 '하십시오'할 자리뿐만 아니라 '하오'할 자리에서도 쓰이는 차이가 있다. '-슴다'는 특히 연변 조선족 젊은이들 사이에서 주로 쓰이는데 50대 이상의 중년층이나 노년층의 제보자에게서도 이따금 들을 수 있다. 이 어미는 남성 화자들보다는 여성 화자들이 주로 사용하는 경향이 있다. 이 지역 방언에서뿐만 아니라 연변 조선족 방언에서 일반적이고 폭넓게 사용되는 어미다.

192) '메텡이여'는 '멫행이여'의 음성형이다. '멫행이여'는 중앙어 '무슨 형이야' 정도의 뜻으로 쓰인 것이다.

193) '오영임다'는 '오형임다'의 음성형이다. '오형임다'는 '오형+이+ㅁ다'로 분석할 수 있다. '-ㅁ다'는 '이다'의 어간 뒤에 붙어 현재 계속되는 동작이나 상태를 나타내는 종결어미다.

194) '떼깍'은 어떤 일을 시원스럽게 빨리 해치우는 모양을 뜻하는 중앙어 '재까닥'에 대응하는 이 지역 방언형이다. '데깍'을 강하게 발음한 것으로 '데깍'보다 더 강한 느낌을 준다.

195) '여파리'는 사물의 옆 또는 가장자리를 뜻하는 이 지역 방언형이다.

196) '호사떠러'는 '호사+떠러'로 분석된다. '호사'는 의사의 진료를 돕고 환자를 돌보는 사람을 뜻하는 중앙어 '간호사'에 대응하는 이 지역 방언형이다. '떠러'는 어떤 행동이 미치는 대상을 나타내는 격 조사 '더러'에 대응하는 이 지역 방언형이다. 충청도 방언에서는 '떠러' 외에 '더러', '한테', '한티' 등이 사용된다.

197) '데깍'은 어떤 일을 시원스럽게 빨리 해치우는 모양을 뜻하는 중앙어 '재까닥'에 대응하는 이 지역 방언형이다.

198) '대비'는 '먼저와 다름없이 또는 본래의 상태대로'를 뜻하는 중앙어 '도로'에 대응하는 이 지역 방언형이다.

199) '힐거낭'은 '힐건하다'의 활용형 '힐건한'의 음성형이다. '힐건하다'는 '희고 멀겋다'는 뜻의 중앙어 '희멀건하다'에 대응하는 이 지역 방언형이다.

200) '사탕가루'는 중앙어 '설탕'에 대응하는 이 지역 방언형이다.

201) '두 근'은 1kg이다. 이 지역에서는 한 근이 500g이다.

202) '깔리'는 '빨리'라고 해야 할 것을 잘못 말한 것이다.

203) '지기리'는 '지길+이'로 분석할 수 있다. '지길이'는 두 가지로 해석할 수 있다. 하나는 '지기다'의 어간 '지기-'에 관형사형 어미 '-ㄹ'이 결합된 '지길'에 사람을 나타내는 의존명사 '이'가 쓰인 '지길 이', 즉 지키는 사람으로 해석하는 것이고, 다른 하나는 '지길'에 조사 '-이'가 결합한 '지길-이'로 보고 '지키는 사람'의 의미로 해석하는 것이다. 후자의 의미로 보면 '지길이'는 중앙어의 '당직(當直)-이'에 대응하는 말이다.

204) '지길 슨다'는 '지기를 슨다'의 준말로 중앙어의 '당직을 선다'에 대응하는 표현이다. '지길'은 중앙어 '당직(當直)'에 대응하는 이 지역 방언형이다.

205) '쥐기림다'는 '지길입니다'의 준말인 '지길임다'의 음성형 '지기림다'로 발음해야 할 것을 잘못 발음한 것으로 보인다. '지길임다'는 '지길+이+ㅁ다'로 분석할 수 있다. '지길'은 중앙어 '당직(當直)'에 대응하는 이 지역 방언형이고 '이-'는 서술격 조사의 어간이고 '-ㅁ다'는 '이다'의 어간 뒤에 붙어 현재 계속되는 동작이나 상태를 나타내는 종결어미다. 예문의 '쥐기림다'는 '당직입니다'의 뜻으로 쓰인 것이다.

206) '동무'는 중국에서 혁명을 위하여 함께 일하는 사람이라는 뜻으로 공적인 자리에서 남을 부르던 말이다. 지금은 공적인 자리에서 거의 쓰지 않는다. 참고로, 젊은 세대의 부부 간에는 서로 '동무' 또는 '동미'라고 부르기도 하나 요즈음에는 거의 쓰지 않는다. 이 호칭은 중년 이상의 남자들은 자주 사용하는 반면 여자는 호칭을 생략하는 경향이 있다. 정암촌에서는 중년층 이상의 남자들끼리는 '이 동무!, 김 동무!'와 같이 호칭하는 경우도 있으나 지금은 거의 듣기 어렵다.

207) '한종말'은 '한족말'의 음성형으로 한어(漢語)를 말한다. 이 지역에서는 주로 '한족말'이라고 하지만 우리나라에서는 '한어' 또는 '중국어'나 '중국말'이라고 한다.

208) "뿌씽? 니지우뿌완너 지우시마샹시 니쩐머빤?"은 한어 "不行? 你就不玩 就是馬上死 你怎么辦?(bù xíng? ni jiù bù wǎner jiù shì mǎ shàng sǐ nǐ zěn me bàn?)"라고 말한 것이다. 번역하면 "안돼? 안 해줘서 죽으면 너 어떻게 할래?" 정도가 된다.

209) '다러'는 '빨리 뛰어가다'의 뜻으로 쓰이는 중앙어 '닫다'의 활용형 '달아'에 대응하는 이 지역 방언형이다. '닫다'의 활용형으로 '닫고, 닫지'는 쓰이지 않고 굳어진 형태인 '달어'만 쓰이는 것으로 보인다.

210) '훌란다'는 '훌난다'의 음성형이다. '훌난다'는 '훌+난다'로 분석되는 합성어다. '훌'은 땀이 솟거나 소름이 돋는 모양을 나타내는 부사로 쓰이는 이 지역 방언형이다.

211) '구루마애'는 '구라무애'라고 해야 할 것을 잘못 말한 것이다. '구라무애'의 규범 표기는 '그람에'가 된다. '그람'은 무게의 단위로 물 1cc의 무게인 1g을 말한다.

212) '구라무애'는 '구라무+애'로 분석된다. '구라무'는 무게의 단위 그램(g)을 일본어투로 발음으로 한 것이다.

213) '누꺼리'는 '눅거리'의 음성형이다. '눅거리'는 '눅+거리'로 분석할 수 있다. '눅'은 '값이나 이자 따위가 싸다'의 뜻으로 쓰이는 '눅다'의 어간 '눅-'에서 온 것이고 '거리'는 ((일부 명사 뒤에 붙어)) '재료', '대상', '소재'의 뜻을 나타내는 의존명사다. '눅거리'는 어간 '눅-'에 '재료', '대상', '소재'를 나타내는 '거리'가 결합된 합성어다. '눅거리'는 물건을 싸게 팔거나 사는 물건을 뜻하는 중앙어 '싼거리'에 대응하는 이 지역 방언형이다. 값이 싼 물건이라는 뜻이다. 참고로 '눅거리'는 '값이 싸거나 질이 낮은 물건'을 뜻하는 '싸구려'로도 바꾸어 쓸 수 있다.

214) 문맥으로 볼 때 '식싸러'는 '식싸르' 정도로 발음했어야 할 것으로 보인다.

215) '구햐'는 중앙어 '구해'에 대응하는 이 지역 방언형이다. '햐'는 충청도 방언에서도 쓰이는 종결형이다. 충청도, 특히 청주 방언에서는 문말의 동사 활용형의 마지막 음절 모음이 'ㅐ'로 끝나면 'ㅑ'나 '이야'로 실현되는 경향이 있다. 예컨대, 종결형으로 쓰이는 명령형 '해, 패, 개, 매' 등이 각각 '햐, 퍄, 갸, 먀'나 '히야, 피야, 기야, 미야' 등으로 실현된다.

216) '주둔부두'는 '주둔부대'라고 해야 할 것을 잘못 말한 것이다.

217) '사령부'는 사단급 이상의 부대에서 소속 부대를 지휘·통솔하는 일을 맡아보는 본부를 말한다.

218) '포초'는 '보초'라고 해야 할 것을 잘못 말한 것이다.

219) '어기'는 잘 안될 일을 무리하게 기어이 해내려는 고집을 뜻하는 중앙어 '억지'에 대응하는 이 지역 방언형이다.

220) '모다'는 전기 에너지로부터 회전력을 얻는 기계를 뜻하는 중앙어 '모터(motor)'에 대응하는 이 지역 방언형이다. 회전자의 코일에 흐르는 전류와 고정자의 자기장 사이에 작용하는 힘에 의하여 회전력이 발생하며, 교류식과 직류식이 있다.

221) '가'는 중앙어 '그 아이'의 준말 '걔'에 대응하는 이 지역 방언형이다. '가'는 충청 도 방언에서도 쓰인다. 참고로 '이 아이'와 '저 아이'에 대응하는 이 지역 방언형 은 각각 '야'와 '자'다. '야, 가, 자'는 충청도 방언에서도 사용된다.

222) '이재'는 제보자의 둘째 아들 이름 '의재'를 말한다.

223) '살구나여'는 '살군 아여'의 음성형이다. '살군'은 중앙어 '살리다'에 대응하는 이 지역 방언형 '살구다'의 활용형이다. '아여'는 '아+여'로 분석된다. '아'는 '아이'의 준말이고, '-여'는 '이여'의 준말이다.

224) '박꽝능'은 '박광녕'의 이 지역 방언 음성형이다. '박광녕'은 제보자와 같은 마을에 살던 사람의 이름이다.

225) '석뚜래서'는 '석뚜애서'라고 발음해야 할 것을 잘못 발음한 것이다. '석뚜'는 지명 으로 중국 길림성 도문시 양수진 석두촌을 말한다. 도문시 양수와 정암촌 사이에 있다.

226) '양수'는 지명으로 중국 길림성 도문시 양수진 양수(凉水)로 양수진의 소재지이다.

227) '공사'는 '농촌인민공사(農村人民公社)'의 줄임말로 '인민공사'라고도 한다. '농촌인 민공사'는 1958년에 중국이 도입한 대규모 지방 조직으로 처음에는 집단농장의 통 합으로 시작되었지만, 농업 활동에만 종사했던 집단농장과는 달리 지방 정부를 감 독하고 모든 경제·사회 활동을 관리하기 위한 다목적 조직이 되었다. 가장 작은 구성단위는 생산대(生産隊)이고, 그 상부조직이 생산대대(生産大隊)이며, 생산대대 가 모여 인민공사를 이룬다.

228) '공자(工資)'는 근로자가 일한 대가로 받는 보수로 한어 '工資[gōngzī]'를 차용한 말 이다. 중앙어 '임금'이나 '노임'에 대응하는 말이다. '공자'와 비슷한 말로 '신봉'이 쓰이는데 이 지역에서 이 둘을 명확히 구별하여 사용하지 않는다. '신봉(薪俸)'은 매월 정해진 일정한 급여를 받는 것을 뜻하는 말이다. 한어에서 차용한 말로 우리 말의 '급여, 월급, 봉급' 등의 뜻으로 쓰이는 말이다. '신봉'은 한어 '薪俸[xīnfèng]' 에서 차용한 말이다. 이 지역에서는 매달 받는 급여나 연금 등을 가리키는 말로 '신봉'과 '공자'를 엄격히 구별하지 않고 쓴다.

229) '참패금'은 중화인민공화국 수립을 위해 팔로군에 입대해서 세운 공으로 받는 일 종의 연금을 말한다.

230) '재장구'는 중앙어 '자전거'에 대응하는 이 지역 방언형이다.

231) '갱배내서'는 '갱벼내서'라고 발음해야 할 것을 잘못 발음한 것이다. '갱벼내서'는 '갱변에서'의 음성형으로 '강변에서'의 움라우트형이다.

232) '배때'는 '배'를 속되게 이르는 말이다.

233) '떠땀마리여'는 '떴단 말이여'의 음성형이다. '떴다'는 '소가 뿔로 세게 들이받거나 밀치다'의 뜻으로 쓰이는 '뜨다'의 어간에 과거를 나타내는 어미 '-었-'이 결합한 것이다.

234) '네덜따린대'는 '네 살짜린대'라고 해야할 것을 잘못 발음한 것이다.

235) '쇠 뜽때기'는 '쇠 등때기'라고 해야 할 것을 잘못 발음한 것이다. '쇠 등때기'는 소의 등을 이르는 말이다. '등때기'는 '등'을 속되게 이르는 말이나 문맥에서는 속된 의미는 없는 것으로 보인다. '등때기'는 이 방언에서 '등'과 함께 가치 중립적인 뜻으로도 쓰인다.

236) '뿔따구'는 '뿔'을 속되게 이르는 말이나 문맥에서는 속된 의미는 없는 것으로 보인다. '뿔따구'는 이 방언에서 '뿔'과 함께 가치 중립적인 뜻으로도 쓰인다.

237) '저버들라'는 '접어들라'의 음성형이다. '접어들다'는 중앙어 '덤벼들다'나 '대들다'에 대응하는 이 지역 방언형이다. '접어들다'는 '접어들구, 접어들지, 접어드니깨, 저버들어'와 같이 활용한다. 곽충구(2019)에 의하면 연변지역에서 '접어들다'는 ① 다투거나 겨루기 위하여 대들다. ②무엇을 해보겠다고 앞으로 나서다. ③짐승이나 곤충이 사납게 덤벼들다. ④이익을 얻기 위하여 달라붙다. ⑤(주로 -쟈구 접어들다'의 꼴로 쓰여) 어떤 동작이 급하게 이루어짐을 나타내다 등의 뜻으로 쓰인다. 예문에서는 ③의 의미로 쓰였다.

238) '태마이'는 석두촌에 살았던 사람으로 이름이 '태만'인 사람을 가리킨다.

239) '살구기요'는 '살구+기요'로 분석할 수 있다. '살구-'는 중앙어 '살리다'에 대응하는 이 지역 방언형 '살구다'의 어간이고 '기요'는 하오할 자리에서 어떤 행동을 함께 할 것을 요청하는 소위 청유형 종결어미 '-기오'의 음성형이다.

240) '대꺽'은 어떤 일을 시원스럽게 빨리 해치우는 모양을 뜻하는 중앙어 '재까닥'에 대응하는 이 지역 방언형이다. '대꺽' 외에 이형태로 '데꺅'도 쓰인다.

241) '갈비때'는 '갈빗대'의 음성형이다.

242) '눌리워따'는 중앙어 '눌리다'에 대응하는 이 지역 방언형 '눌리우다'의 과거형이다.

243) '혜질라'는 '혜지다'의 활용형이다. '혜지다'는 '갈라지거나 찢어지다'의 의미로 쓰이는 이 지역 방언형이다. 참고로 중앙어의 '해지다'는 '닳아서 떨어지다'의 의미로 쓰인다는 점에서 의미 차이가 있다.

244) '건사해써'는 '건사하다'의 활용형 '건사했어'의 음성형이다. 문맥에서의 '건사하다'는 '잘 보살피고 돌보다'의 의미로 쓰였다.

245) '앙까니'는 혼인하여 남자의 짝이 된 중년 이하의 여자, 즉 중년 이하의 남의 부인을 이르는 이 지역 방언형이다. 흔히 '앙까이'로 발음한다. 이 지역 방언에서는 '앙

까니'가 통속적이거나 저속한 의미로 쓰이지는 않는 것으로 보인다. 혼인하여 남자의 짝이 된 노년의 여자에게는 '노친'이라는 말을 사용한다.

246) '병사리'는 주로 액체를 담는 데에 쓰는, 목과 아가리가 좁은 그릇을 말한다. '병사리'가 그릇을 뜻하는 명사 외에 병을 세는 단위, 즉 단위성 의존명사로도 쓰인다. 예를 들면 '사십 병사리'라고 하면 '마흔 병'을 뜻한다.

247) '늘 배자'는 널빤지로 집 주위에 둘러친 울타리를 뜻한다. '늘'은 '널' 또는 '널빤지'를 뜻하는 이 지역 방언형이고, '배자'는 울타리의 뜻으로 쓰이는 이 지역 방언형이다. 정암촌의 마을 개량사업을 하기 전까지는 대부분의 집 울타리가 널빤지로 둘러쳐져 있었다. 중간 중간 기둥을 박고 그 기둥에 널빤지를 박아 울타리를 하였다. ≪표준국어대사전≫에서는 '바자'를 '대, 갈대, 수수깡, 싸리 따위로 발처럼 엮거나 결어서 만든 물건으로 울타리를 만드는 데 쓰인다'고 설명하고 있다. 이 지역에서는 기둥을 박고 싸리, 버들, 수수깡 따위로 발처럼 결어서 기둥에 매어 울타리를 만들었다.

248) '마사뜨린다'는 단단한 물체를 깨뜨려 여러 조각이 나게 하다의 뜻으로 쓰이는 이 지역 방언형 '마사뜨리다'의 현재형이다. '마사뜨리다'는 '마사+뜨리다'로 분석할 수 있다. '마사'는 부수다의 뜻으로 쓰이는 이 지역 방언형 '마수다'와 활용형이다. '마수+어'에서 어간말 모음 'ㅜ'가 탈락하여 '마사'가 된 것이다.

249) '쌰바래서'는 '쌰발해서'의 음성형이다. '쌰발'은 퇴근을 뜻하는 한어 '下班[xiàbān]'을 차용한 말이다.

250) '배재'는 울타리의 뜻으로 쓰이는 중앙어 '바자'에 대응하는 이 지역 방언형이다. 정암촌의 마을 개량사업을 하기 전까지는 대부분의 집 울타리가 널빤지로 둘러쳐져 있었다. 중간 중간 기둥을 박고 그 기둥에 널빤지를 박아 울타리를 하였다. ≪표준국어대사전≫에서는 '바자'를 대, 갈대, 수수깡, 싸리 따위로 발처럼 엮거나 결어서 만든 물건으로 울타리를 만드는 데 쓰인다고 설명하고 있다. 연변 지역에서는 기둥을 박고 싸리, 버들, 수수깡 따위로 발처럼 결어서 기둥에 매어 울타리를 만들었다.

251) '마순다'는 '마수다'의 현재형이다. '마수다'는 단단한 물체를 여러 조각이 나게 두드려 깨뜨리다는 뜻으로 쓰이는 중앙어 '부수다'에 대응하는 이 지역 방언형이다.

252) '뜽개'는 중앙어 '뜨다'의 활용형 '뜨니까'에 대응하는 이 지역 방언형이다.

253) '드리떤는대'는 '들이뜨다'의 활용형 '들이떴는데'의 음성형이다. '들이뜨다'는 머리를 들이대어 뜨다의 뜻으로 쓰이는 이 지역 방언형이다.

254) '뜨개소'는 뜨는 습관이 있는 소라는 뜻의 이 지역 방언형이다.

255) '방문타니루'는 '방문단으로'의 뜻으로 쓰이는 이 지역 방언형 '방문다니루'를 잘못 발음한 것이다. '방문단'은 1999년 10월에 충청북도와 청원군, 옥천군 등의 지원으로 정암촌 노인 23명이 고향 방문을 위해 단체로 입국한 것을 이르는 말이다.

256) '때미'는 '땜+이'로 분석할 수 있다. 문맥에서의 '땜'은 '댐(dam)'의 이 지역 방언형으로 '대청댐'을 말한다. 이 댐의 완공으로 인해 옥천군의 금강 유역이 물에 잠겨 고향 마을이 없어지고 그곳에 살던 사람들을 찾기가 쉽지 않았음을 말하는 것이다. 제보자가 배우자의 친척을 찾으려 했으나 대청댐으로 인해 수몰되었기 때문에 찾을 수 없었던 이유를 이야기한 것이다.

257) '고무'는 중앙어 '고모(姑母)'에 대응하는 이 지역 방언형이다. 충청도 지역에서도 '고무'가 쓰인다.

258) '이씁대'는 '있+읍대'로 분석할 수 있다. '-읍대'는 하오할 자리에 쓰여 과거 어느 때에 직접 경험하여 알게 된 사실을 현재 말하는 장면으로 그대로 옮겨 와서 말함을 나타내는 종결어미다. 중앙어에서 하오할 자리에 쓰여, 보거나 듣거나 겪은 사실을 전달하여 알림을 나타내는 종결어미로 쓰이는 '-ㅂ디다'에 대응하는 이 지역 방언형이다.

259) '답복'은 상대가 묻거나 요구하는 것에 대하여 해답이나 제 뜻을 말하는 것을 뜻하는 중앙어 '대답'에 대응하는 말로 쓰였다.

260) '누기'는 잘 모르는 사람을 가리키는 인칭대명사 '누구'의 주격형에 해당하는 이 지역 방언형이다.

261) '추수차'는 '택시'를 뜻하는 한어 '出租車[chūzūchē]'를 차용한 말이다.

262) '사민'은 예전에 일반 백성을 관인(官人)에 상대하여 이르던 말로 문맥에서는 '일반 주민'이라는 뜻으로 쓰였다.

263) '연탐'은 몰래 남의 사정을 살피고 조사하는 것을 뜻하는 중앙어 '염탐'에 대응하는 말이다. 문맥에서는 '염탐'이 '탐문'이라는 뜻으로 쓰여 부정적인 의미는 없다.

264) '상사난는대'는 '상사났는대'의 음성형이다. '상사나다'는 한자어 '喪事'에 '나다'가 결합된 말로 '사람이 죽다'의 뜻으로 쓰이는 이 지역 방언형이다. 이 지역에서는 '상사나다' 외에 '상세나다'도 쓰인다.

265) '영개'는 한자어 '連繫'의 음성형으로 문맥에서는 '연락(連絡)'의 뜻으로 쓰였다.

266) '감초기'는 '감촉이'의 음성형이다. 문맥에서 '감촉'은 중앙어의 '느낌'에 대응하는 말로 쓰였다.

267) '공자'는 한어 '공자(工資)[gōngzī]'를 차용한 말로 본래는 근로자가 일한 대가로 받는 보수를 뜻하는 말이다. 중앙어의 '임금'이나 '노임'에 대응하는 말이다. 그런데 문맥에서는 제보자가 국가유공자여서 국가로부터 매월 일정한 금액을 연금 형식으로 받는 돈을 뜻하는 말로 쓰였다. '공자'와 비슷한 말로 '신봉'이 쓰이는데 이 지역에서 이 둘을 명확히 구별하여 사용하지 않는다. '신봉(薪俸)'은 매월 정해진 일정한 급여를 받는 것을 뜻하는 말이다. '신봉'은 한어 '薪俸[xīnfèng]'에서 차용한 말로 우리말의 '급여, 월급, 봉급' 등의 뜻으로 쓰이는 말이다. 이 지역에서는 매달 받는 급여나 연금 등을 가리키는 말로 '신봉'과 '공자'를 엄격히 구별하지 않고 쓴

다. 예문에서도 엄격히 말하면 '신봉'이 쓰여야 할 자리인데 '공자'가 쓰였다.

268) '연남이 아버지'는 제보자의 큰아들로 '이덕재'를 말한다.

269) '윤명화'는 제보자 누님의 아들이다. 제보자가 외삼촌이 된다.

270) '공고해찌'는 '공고하다'의 과거형 '공고했지'의 음성형이다. 문맥에서의 '공고하다'는 사물이나 상황에 대한 정보나 지식을 알게 하다는 뜻으로 쓰이는 중앙어 '알리다'에 대응하는 이 지역 방언형이다.

271) '사향(麝香)'은 수컷 사향노루의 향낭을 건조하여 얻는 향료로 어두운 갈색 가루이며 향기가 매우 강하다. 강심제, 각성제 따위에 약재로 쓴다. 사향노루가 우리나라에서는 천연기념물로 지정된 보호 동물이어서 포획이 금지되어 있다.

272) '구루무'는 피부나 머리 손질에 쓰는 기초화장품인 '크림(cream)'의 일본어투 발음의 잔재다. 유제(乳劑), 유지(乳脂), 납, 글리세린 따위를 섞어 유화(乳化)하여 만든다. 충청도에서도 '구루무'라고 발음하던 시절이 있었으나 지금은 순화하여 '크림'이라고 한다.

273) '쏠료'는 한어 '塑料[sùliào]'를 차용한 말이다. '쏠료'는 이 지역에서 비닐 수지나 비닐 섬유를 이용하여 만든 제품의 원료를 통틀어 이르는 '비닐'이나 열이나 압력으로 소성 변형을 시켜 성형할 수 있는 고분자 화합물을 통틀어 이르는 '플라스틱'을 이르는 말로 쓰인다. 천연수지와 합성수지가 있는데, 보통 합성수지를 이른다. 이 지역에서는 '쏠료'가 주로 비닐류의 제품을 이르는 말로 쓰인다. 따라서 '쏠료 주먼지'라고 하면 '비닐 봉투'를 뜻하는 말로 쓰인다. 우리가 흔히 '비닐'이라고 하는 것을 영어에서는 '플라스틱'이라고 한다.

274) '구루무탕'은 '구루무통'이라고 발음해야 할 것을 잘못 발음한 것이다. '구루무통'은 기초화장품을 넣는 통을 말한다.

275) '근너갔어'의 규범 표기는 '건너갔어'다. 중국에서 한국으로 건너갔다는 말이다. 문맥으로 보면 '가져갔다'고 표현할 수 있다.

276) '능당'은 뒤에 오는 연구개 자음 ㄱ에 의해 '능담'의 ㅁ이 연구개음으로 동화한 것이다. '능담'은 중앙어 '웅담'에 대응하는 이 지역 방언형이다.

277) '사춘'은 중앙어 '사촌'에 대응하는 이 지역 방언형이다. 충청도에서도 '사춘'이 쓰인다.

278) '촌장'은 '이장(里長)'을 가리킨다. 우리나라에서 행정구역의 단위인 '이/리'(里)를 대표하여 일을 맡아보는 사람을 '이장(里長)'이라고 하는데 이 '이장'에 대응하는 중국어가 '촌장'이다. 제보자가 '이장'이라는 단어를 몰라 중국어 단어를 사용한 것이다.

279) '함 푼 쭝'의 규범 표기는 '한 푼 중'이다. '푼'은 무게의 단위로 귀금속이나 한약재 따위의 무게를 잴 때 쓴다. 한 푼은 한 돈의 10분의 1로, 약 0.375 그램에 해당

한다.

280) '오백 원'은 중국 위안화로 500위안을 말한다. 우리나라 돈으로 환산하면 약 9만원 내외가 되겠지만 중국의 물가와 화폐 가치로 보면 상당히 고가에 해당한다는 의미로 말한 것이다..

281) '아들게'는 '아들+게'로 분석할 수 있다. '게'는 어떤 행동이 미치는 대상을 나타내는 중앙어 격 조사 '에게'에 대응하는 이 지역 방언형이다.

282) '사양'은 '사향'의 음성형이다.

283) '내 쓰구서'는 '꺼내어 쓰고서'의 뜻으로 쓰이는 이 지역 방언형이다.

284) '누이르'의 규범 표기는 '누이를'이다. '누이'는 같은 부모에게서 태어난 사이거나 일가친척 가운데 항렬이 같은 사이에서 남자가 여자 형제를 이르는 말로 흔히 손아래인 여자를 이른데 여기에서는 손위 여자를 가리키는 말로 쓰였다. 중앙어에서는 손위 여자 형제를 흔히 '누님, 누나'라고 하는데 이 지역 방언에서는 손위 여자 형제에게도 '누이'라고 하고 손아래 여자 형제에게도 '누이'라고 하거나 '동생' 또는 '여동생'이라고 한다.

285) '비지깨'는 차용어로 중앙어 성냥에 대응하는 이 지역 방언형이다. '비지깨'는 러시아어 'спи́чка'를 차용한 말로 연변 지역에서 널리 쓰인다. 본래는 작고 가는 나뭇개비의 한쪽 끝에 황 따위의 연소성 물질을 입혀 불을 일으킬 수 있게 만든 것이므로 '성냥'보다는 '성냥개비'에 더 대응된다. 그런데 이 방언에서는 '비지깨'가 주로 '성냥'의 의미로 쓰인다. 예문에서는 러시아어 차용어 '비지깨' 바로 뒤에 '성냥개비'의 뜻으로 쓰이는 우리말 '성냥쌀'이 후행하는 것으로 보아 '성냥개비'의 뜻으로 쓰인 것으로 보인다.

286) '성냥쌀'은 '성냥살'의 음성형이다. '성냥살'은 중앙어 '성냥개비'에 대응하는 이 지역 방언형이다.

287) '이럽써'는 '일없다'의 활용형이다. '일없다'는 '일없다, 일없어, 일없구, 일없지' 등과 같이 활용한다. '일없다'는 한어 '沒事(儿)[méishì]'를 직역한 말로 문맥에서는 '괜찮다'나 '문제없다' 정도의 뜻으로 쓰였다.

288) '당금(當今)'은 '바로 지금'의 뜻으로 쓰이는 이 지역 방언형이다.

289) '봅소'는 '보+(오)ㅂ소'로 분석할 수 있다. '보-'는 '보다'의 어간이다. '보다'는 ((동사 뒤에서 '-어 보다' 구성으로 쓰여)) 어떤 행동을 시험 삼아 함을 나타내는 보조동사. '-ㅂ소'는 하압소할 자리에 쓰여 명령이나 권유를 나타내는 종결어미다.

290) '메기는'은 '먹이는'의 움라우트형 '멕이는'의 음성형이다. 예문에서의 '멕이다'는 '기르다'의 뜻으로 쓰였다.

291) '사내 사향이'는 산에 사는 사향노루에서 채취한 사향이라는 뜻으로 쓰인 말이다.

292) '의재'는 제보자의 둘째 아들 이름이다.

293) '덜라구'는 '더 할라구'라고 해야 할 것을 잘못 발음한 것으로 보인다.

294) '야드른'은 중앙어 '애들은'에 대응하는 이 지역 방언형 '야들은'의 음성형이다. '야'는 중앙어에서 '이 아이'를 뜻하는 '애'에 대응하는 이 지역 방언형이고 '들'은 셀 수 있는 명사나 대명사에 붙어 복수의 뜻을 나타내는 접미사이고 '은'는 특수 조사다. 참고로 이 방언에서 '그 아이'의 뜻으로 쓰이는 대명사는 '가'이고 '저 아이'의 뜻으로 쓰이는 대명사는 '자'다. 대명사 '야, 가, 자'는 충청도 방언에서도 쓰인다.

295) '이적까지'는 '지금까지 내내'의 뜻으로 쓰이는 이 지역 방언형이다. '이적지'와 같은 뜻으로 쓰인다. 중앙어의 '여태까지'에 대응한다.

296) '이적지'는 '지금까지 내내'의 뜻으로 쓰이는 이 지역 방언형이다. '이적까지'와 같은 뜻으로 쓰인다. 중앙어의 '여태까지'에 대응한다.

297) '님 교수'는 '임 교수'의 이 지역 음성형으로 충북대학교 총장을 역임한 임동철 교수님을 말한다. 임동철 교수님이 힘쓰셔서 정암촌 노인들이 고향 방문을 하게 되었다. 이후에도 임 교수님이 정암촌 발전을 위해 여러 방면으로 힘써 주신 분이다.

298) '조선'은 '대한민국'을 가리킨다. 이 지역에서는 북한을 흔히 '북조선'이라고 하고 남한을 '남조선'이라고 하다가 한·중 수교 이후 2000년대부터는 남한을 '한국'이라고 바꿔 부른다.

299) '해교 보초스는'은 '학교 보초서는'에 대응하는 이 지역 방언 음성형이다. '학교 보초선다'는 말은 폐교를 활용하고 있는 곳에 개인적으로 취업해서 관리 업무를 하고 있다는 뜻이다.

300) '통구'는 '나누지 아니한 한 덩어리 전부'를 뜻하는 말로 쓰였다. 연변 지역 방언 '통거'에 해당하는 것으로 여겨진다. 중앙어의 '통째'에 대응하는 말이다.

301) '하오스'는 비닐로 바깥을 가린 온상으로 채소류나 화훼류의 촉성 재배나 열대 식물을 재배하기 위하여 널리 쓰는 '비닐하우스(vinyl house)를 가리키는 말이다.

302) '제는'은 '제일' 또는 '제일은' 정도로 말해야 할 것을 잘못 말한 것이다.

303) '건추개 드르가서'는 '건축현장에 들어가서'라는 뜻으로 쓴 말이다.

304) '암페해'는 '암페하다'의 활용형이다. '암페하다'는 '암페+하다'로 분석할 수 있다. '암페'는 한어 '按排[ānpái]'에서 차용한 말이다. '按排[ānpái]'는 '직장에 배치하다', '처리하다', '안배하다' 등의 뜻으로 쓰이는 한어 단어다. 예문에서는 '직장에 배치하다'의 뜻으로 쓰였다. 엄격히 말하면 '일자리를 소개하다'의 뜻에 더 가깝다. 이 방언에서는 이와 같은 한어 차용어들이 많이 쓰이고 있다. 이중언어 사용 지역이어서 흔히 나타나는 차용 현상의 하나다.

305) '배재'는 중앙어 '바자'에 대응하는 이 지역 방언형으로 문맥에서는 '울타리' 또는

'담'의 뜻으로 쓰였다.

306) '호리가다'는 공사판이나 건축현장에서 기초 터파기를 뜻하는 일본어 ほっそり行く에서 온 말이다. 여기에서는 빗물이 흐르도록 시멘트로 만들어 놓은 작은 도랑을 가리키는 말로 쓰였다.

307) '공고리'는 '콘크리트(concrete)'의 일본어식 발음이다.

308) '수멍통'은 '수멍+통'으로 분석된다. '수멍'은 '논에 물을 대거나 빼기 위하여 둑이나 방축 따위의 밑으로 뚫어 놓은 구멍'을 말하는데 문맥에서는 빗물을 빼기 위해 시멘트로 만들어 놓은 배수로에 뚫어 놓은 구멍을 '수멍통'이라고 하였다.

309) '메겨찌'는 중앙어 '먹이다'의 활용형 '먹였지'에 대응하는 이 지역 방언 음성형이다. 문맥에서는 '기르다'의 의미로 쓰였다.

310) '내웠지'는 '내우다'의 활용형이다. 문맥에서의 '내우다'는 '생명을 태어나게 하다'의 뜻으로 쓰이는 이 지역 방언형이다. '내우다'는 연변 조선어에서 '생명을 태어나게 하다'는 뜻 외에 '엿기름 따위의 싹을 틔우다'의 뜻으로도 쓰인다.(곽충구, 2019 《두만강 유역의 조선어 방언 사전》에서 인용.)

311) '가꾸모기'는 '가꾸목+이'로 분석된다. '가꾸목'은 '나무를 직육면체로 길게 켠 막대기'를 가리키는 중앙어 '각목'의 일본어투 발음이다.

312) '떡때'는 '떵때'라고 발음해야 할 것을 잘못 발음한 것으로 보인다. 문맥에서의 '떵때'는 '시렁'의 뜻으로 쓰였다. 본래 시렁은 물건을 얹어 놓기 위하여 방이나 마루 벽에 두 개의 긴 나무를 가로질러 선반처럼 만든 것을 말하지만 여기에서는 두 개의 긴 장대의 양쪽 끝을 끈으로 묶어 매달아 물건을 얹어 놓을 수 있도록 만든 것을 말한다.

313) '떵때'는 '시렁'의 뜻으로 쓰였다. 본래 시렁은 물건을 얹어 놓기 위하여 방이나 마루 벽에 두 개의 긴 나무를 가로질러 선반처럼 만든 것을 말하지만 여기에서는 두 개의 긴 장대의 양쪽 끝을 끈으로 묶어 매달아 물건을 얹어 놓을 수 있도록 만든 것을 말한다.

314) '새다리'는 중앙어 '사닥다리'에 대응하는 이 지역 방언형이다. 충청도 방언에서도 '새다리'가 쓰인다.

315) '이릅찌'는 이 지역 방언형 '일읂다'의 활용형 '일읂지'의 음성형이다. '일읂다'는 '일읂다, 일읂어, 일읂구, 일읂지' 등과 같이 활용한다. '일읂다'는 '일없다'의 이형태다. '일없다'는 한어 '沒事(儿)[méishi]'를 직역한 말이다. 문맥에서는 '괜찮다'나 '문제없다' 정도의 뜻으로 쓰였다.

316) '가머지쿠는'은 '감어짛구는'의 음성형이다. '감어짛구는'은 중앙어 '감아쥐다'의 뜻으로 쓰이는 이 지역 방언형 '감어짛다'의 활용형이다.

317) '보초만 스니까'는 '관리만 하니까' 정도의 뜻으로 쓰였다.

318) '동사미니'는 '동삼이니'의 음성형이다. '동삼+이니'로 분석할 수 있다. '동삼'은 '동삼(冬三)'으로 겨울 석 달을 가리키는 말이다. '삼동(三冬)'이라고도 한다. 이 지역에서는 '동삼'이라는 말을 주로 쓴다. '이니'는 '이다'의 활용형이다.

319) '정기'는 '전기(電氣)'의 음성형이다.

320) '으먼'은 중앙어 '넣다'에 대응하는 이 지역 방언형 '옇다'의 활용형이다. '옇다'는 '옇다, 으구, 옇지, 으니, 으먼' 등과 같이 활용한다. 이 지역 방언에서는 '옇다' 외에 '엻다'가 더 자주 쓰인다.

321) '모다'는 영어 motor에서 차용한 일본어식 발음이다. motor의 규범 표기는 '모터'다.

322) '우누나지'는 '운운하지'의 음성형이다. '운운하다'는 '날씨나 온도가 견디기 좋을 만큼 따뜻하다'는 뜻으로 쓰이는 중앙어 '훈훈하다'에 대응하는 이 지역 방언형이다.

323) '구새통'은 본래 '나무로 만든 굴뚝'을 가리키는 말이다. 원래는 구새가 먹은 나무로 만들었다. '구새통'은 '구새'라고도 한다. 예문에서는 양철로 만든 연통을 가리키는 말로 '구새통'이 쓰였다.

324) '낭구'는 중앙어의 '나무'에 대응하는 이 지역 방언형이다. 충청도 방언에서도 '낭구'가 '나무'와 함께 쓰인다. 이 지역에서 쓰이는 '낭구'의 주격형으로는 '낭기~낭구가'가 쓰이고, 목적격형으로는 '낭구럴'이 쓰이고, 처격형으로는 '낭게~낭구에, 낭기서~낭기에서'가 쓰인다. 또한 이미 어떤 것이 포함되고 그 위에 더함의 뜻을 나타낼 때는 보조사 '두'가 결합된 '낭구두'가 쓰이고 어떤 물건의 재료나 원료를 나타낼 때는 조사 '루'가 결합된 '낭구루'가 쓰인다. 서술어 위치에서는 서술격조사 '이다'와 함께 '낭구지'와 같이 쓰인다. 여기서 알 수 있는 것은 이 지역 방언에서는 '낭구'가 기본형으로 쓰이고 '낭기'형이 주격이나 처격에 쓰인다는 점인데 이는 '낭기'가 체계적으로 곡용하여 쓰이는 것이 아니고 특정한 조사와 함께 하나의 의미 단위로 학습하여 쓰인다는 점이다.
국어사 자료에서 '나무'가 소급하는 최초의 형태는 15세기의 '낡~나모'인데, 단순 모음 앞에서는 '낡'으로 실현되고 그 이외의 환경에서는 '나모'로 실현되었다. 이러한 교체는 20세기 문헌에도 나타나는데, 모음 앞에서 '낡'으로 실현되지 않는 예는 19세기부터 나타난다. 16세기에 나타나는 '나무'는 모음 체계의 재정립 과정에서 '나모'의 제2음절 모음 'ㅗ'가 'ㅜ'로 바뀐 것인데, 이러한 변화는 15세기 말부터 나타나기 시작하였다. '나무'가 소급하는 형태들은 19세기에 제2음절이 'ㅜ'로 굳어졌다(2007 한민족 언어 정보화 통합 검색 프로그램 참조). '낭구'는 15세기 국어 '낡'에 명사 파생접미사 '-우'가 붙어 파생된 '남구'가 역행동화한 것으로 보인다. 이에 대하여는 좀 더 면밀한 검토가 필요하다.

325) '뽀개써'는 '뽀개다'의 활용형 '보깼어'의 음성형이다. '뽀개다'는 도끼로 장작 따위를 쪼개다의 의미로 쓰이는 이 지역 방언형이다. '뽀개다'는 충청도 방언에서도 쓰인다. 비슷한 의미의 중앙어 '쪼개다'나 '패다'로 바꾸어 쓸 수 있다.

326) '쪼시러서'는 '쪼시르다'의 활용형이다. '쪼시르다'는 큰 나무를 도끼 따위로 작은 도막이나 작은 크기로 자르거나 굵고 긴 나무줄기를 짤막짤막하게 잘라 놓는 것을 뜻한다. 충청도 방언에서는 '쪼실르다'가 쓰인다.

327) '끄서내리야지'는 '끌어내려야지'에 대응하는 이 지역 방언형이다. '끄서내리야지' 는 '끄서+내리야지'로 일차 분석할 수 있다. '끄서'는 '바닥에 댄 채로 잡아당기 다'의 뜻으로 쓰이는 중앙어 '끌다'에 대응하는 이 지역 방언형이다. '내리야지'는 중앙어 '내려야지'에 대응하는 이 지역 방언형이다. 따라서 '끄서내리다'는 위쪽에 있는 물건을 바닥에 댄 채로 잡아당겨 아래로 옮기다의 뜻으로 쓰이는 말이다.

328) '절통해서'는 '절통하다'의 활용형이다. 문맥에서의 '절통'은 통나무를 자르는 것을 뜻한다.

329) '느튼대'는 '늫다'의 활용형 '늫든대'의 음성형이다. '늫다'는 중앙어 '넣다'에 대응 하는 이 지역 방언형으로 '늫다, 늫구, 늫지, 느면, 느서' 등과 같이 활용한다. '늫 다'는 충청도 방언에서도 쓰인다. 이 지역 방언에서는 '늫다'와 같은 의미로 '옇다' 도 쓰인다. '옇다'는 '옇다, 옇구, 옇지, 여면, 여서'와 같이 활용한다.

330) '신봉'은 한어 [xīnfèng]'의 한자어 '薪俸'을 한국 한자음으로 차용한 말이다. 우리 말의 '급여, 월급' 등의 뜻으로 쓰이는 말이다. '신봉'과 비슷한 뜻으로 '공자(工資)' 가 쓰이는데 '신봉'이 매월 정해진 일정한 급여를 받는 것인데 비해 '공자'는 노동 의 대가로 불규칙적으로 받는 '임금, 노임'의 뜻으로 쓰인다. 그러나 이 지역에서 는 '신봉'과 '공자'를 구별하지 않고 매달 받는 급여나 연금 등을 가리키는 말로 쓰인다.

331) '개혁개방'은 중국에서 중국공산당 제11기 중앙위원회 제3차 전체회의에서 국무원 부총리이자 최고 실력자인 덩샤오핑이 농업, 공업, 국방, 과학 기술의 4개 현대화 과제를 제시하며 중국이 개혁과 개방의 길로 나아갈 것이라고 선언한 것을 말한 다. 개혁이란 자유 시장과 자본주의를 받아들인다는 뜻이고, 개방이란 중국이 국제 시장에 문호를 개방한다는 뜻이다.

332) '도구리 농사'는 일괄적으로 짓는 농사를 말한다. '도구리'는 일본어 'いっかつ'에서 온 말이다. '도구리'는 흔히 '도고리' 또는 '도거리'라고도 한다.

333) '고중'은 '고등중학교'의 준말이다. '고등중학교'는 우리나라의 고등학교에 대응한 다. 중국의 학제는 우리나라와 마찬가지로 6-3-3-4년제를 택하고 있다. 오리나라 의 초등학교에 해당하는 소학교 6년, 우리나라 중학교에 해당하는 초중학교 3년, 우리나라 고등학교에 해당하는 고중학교 3년, 대학교 4년으로 학제가 되어 있다.

334) '큰새아가'는 여자로 태어난 자식 가운데 첫째를 이르는 이 지역 방언형이다. 중국 연변 지역에서 '새아가'는 흔히 '새가' 또는 '새애기'라고도 하는데 보통은 시집가 지 않은 여자아이나 계집아이를 이르는 말로 쓰인다. 시집갈 나이의 처녀 또는 시 집가거나 시집온 새색시를 이르는 말로도 쓰인다. 문맥에서는 제보자의 큰딸을 가

리키는 말로 쓰였다.

335) '쬠쩌머께'는 '꾀, 재주, 수단 따위가 다른 것에 견주어 비교가 안 될 만큼 월등하다'의 뜻으로 쓰이는 중앙어 '찜쩌먹다'에 대응하는 이 지역 방언형 '쬠쩌먹다'의 활용 음성형이다. 문맥에서는 학생이 선생님보다 월등하다는 뜻으로 쓰인 것이다.

336) '뗸노'는 컴퓨터를 뜻하는 한어 '電腦[diànnǎo]'를 음차한 말이다.

337) '피럽짱'은 졸업장을 뜻하는 한어 '畢業狀(=畢業狀)'을 우리말식 한자어 발음으로 음차한 것이다.

338) '마까찬타구'는 '맞갈잖다구'의 음성형이다. '맞갈잖다'는 '맞갈다'의 어간 '맞갈-'에 '-지않다'의 준말 '-잖다'가 결합된 말이다. '맞갈다'가 '일정한 기준이나 조건, 정도 따위에 알맞거나 적당한 느낌이 들다'의 뜻을 가지므로 '맞갈잖다'는 그런 느낌이 들지 않는다는 뜻으로 쓰이는 말이다.

339) '쌍바라는'은 '쌍발하다'의 활용형 '쌍발하는'의 음성형이다. '쌍발'은 한어 '출근'을 뜻하는 '上班[shàngbān]'에서 음차한 말이다. '쌍발하다'는 출근을 뜻하는 '쌍발(上班[shàngbān])'에 접미사 '하다'가 붙은 말이다.

340) '간나'는 흔히 여자아이를 얕잡아 홀하게 이르는 말로 쓰이지만 예문에서는 '여자아이' 또는 '계집아이' 정도의 뜻으로 쓰였다.

341) '새가'는 '새아가'로도 쓰이는데 이 방언에서는 보통 '시집가지 않은 여자아이'를 이르는 말로 쓰이지만 나이가 많지 않은 '계집아이' 또는 '여자아이'의 뜻으로도 쓰인다.

342) '공자(工資)'는 근로자가 일한 대가로 받는 보수로 한어 '工資[gōngzī]'를 차용한 말이다. 중앙어 '임금'이나 '노임'에 대응하는 말이다. '공자'와 비슷한 말로 '신봉'이 쓰이는데 이 지역에서 이 둘을 명확히 구별하여 사용하지 않는다. '신봉(薪俸)'은 매월 정해진 일정한 급여를 받는 것을 뜻하는 말이다. 한어에서 차용한 말로 우리 말의 '급여, 월급, 봉급' 등의 뜻으로 쓰이는 말이다. '신봉'은 한어 '薪俸[xīnfèng]'에서 차용한 말이다. 이 지역에서는 매달 받는 급여나 연금 등을 가리키는 말로 '신봉'과 공자를 엄격히 구별하지 않고 쓴다.

343) '가비어요'는 '갑이어요'의 음성형이다. '갑이어요'는 '갑+이어요'로 분석할 수 있다. '갑'에 서술격조사 '이다'가 결합된 '갑이다'의 활용형 '갑이어'에 종결형어미 '-요'가 결합한 형태다. '갑'은 추측을 나타내는 의존명사로 이해된다.

344) '푸난데'는 '푼하다'의 활용형 '푼한데'의 음성형이다. '푼하다'는 모자람이 없이 넉넉하다는 뜻으로 쓰인다. 따라서 예문에서는 스무살은 넉넉히 넘었는데 정도의 뜻으로 쓰였다.

345) '꾸앙'은 '계획'을 뜻하는 한어 '規划[guīhuà]'를 차용한 말로 보인다. 문맥으로 보면 재개발 계획으로 집을 헐고 다시 지어야 하는 집을 샀는데 곧 그 집이 헐릴 것이라고 이야기 하는 내용이다.

346) '얼중'은 이중(二中)의 한어 발음을 차용한 것이다. 중국의 조선족 자치주에서 일중(一中)은 한족학교 이중(二中)은 조선족 학교를 가리키는 경우도 있고, 일중(一中)은 공부를 잘하는 학생들이 다니는 학교 이중(二中)은 공부를 잘 못하는 학생들이 다니는 학교를 가리키는 경우도 있다고 한다.

347) '이재'는 '의재'의 음성형이다. 제보자의 둘째 아들 이름이다.

348) '안까나'는 결혼하여 남자의 배우자가 되는 여자를 이르는 말로 쓰였다. 문맥에서는 아들의 아내인 며느리를 뜻하는 말로 쓰였다. 보통은 남의집 부녀자를 통속적으로 이르는 말로 쓰인다. '안까나' 외에 '안깐', '안까이'로 발음하기도 한다.

349) '암패'는 한어 '안배(按排[ānpái])'를 차용한 말이다. '암패'는 '안배(按排[ānpái])'의 한어 발음을 우리말로 음차한 음성형이다. '안배(按排[ānpái])'는 '직장에 배치하다', '처리하다', '안배하다' 등의 뜻으로 쓰이는 한어 단어다.

350) '이럽따대'는 '일없다대'의 음성형이다. 이 방언에서 '일없다'는 한어의 沒事(儿)[méishì(r)]'을 직역하여 차용한 말이다. '일없다'는 이 방언에서 '괜찮다, 문제없다' 정도의 뜻으로 쓰인다. 그러나 한어에서는 '괜찮다, 문제없다'의 뜻으로 '沒要緊[méiyàojǐn]'이 쓰이는 것이 보통이고 沒事(儿)'은 주로 '상관없다'나 '일이 없다' 정도의 의미로 쓰인다고 한다.

351) '공자(工資)'는 근로자가 일한 대가로 받는 보수로 한어 '工資[gōngzī]'를 차용한 말이다. 중앙어 '임금'이나 '노임'에 대응하는 말이다. '공자'와 비슷한 말로 '신봉'이 쓰이는데 이 지역에서 이 둘을 명확히 구별하여 사용하지 않는다. '신봉(薪俸)'은 매월 정해진 일정한 급여를 받는 것을 뜻하는 말이다. 한어에서 차용한 말로 우리말의 '급여, 월급, 봉급' 등의 뜻으로 쓰이는 말이다. '신봉'은 한어 '薪俸[xīnfèng]'에서 차용한 말이다. 이 지역에서는 매달 받는 급여나 연금 등을 가리키는 말로 '신봉'과 '공자'를 엄격히 구별하지 않고 쓴다.

352) '심봉'은 '신봉'의 음성형으로 한어 '신봉(薪俸[xīnfèng])'에서 차용한 말이다. '신봉'은 한어 '[xīnfèng]'의 한자어 '薪俸'을 한국 한자음으로 차용한 말이다. 우리말의 '급여, 월급' 등의 뜻으로 쓰이는 말이다. '신봉'과 비슷한 뜻으로 '공자(工資)'가 쓰이는데 '신봉'이 매월 정해진 일정한 급여를 받는 것인데 비해 '공자'는 노동의 대가로 불규칙적으로 받는 '임금, 노임'의 뜻으로 쓰인다. 그러나 이 지역에서는 '신봉'과 '공자'를 구별하지 않고 매달 받는 급여나 연금 등을 가리키는 말로 쓰인다.

353) '어방'은 대강 짐작으로 헤아림 또는 그런 셈이나 짐작을 뜻하는 중앙어 '어림'에 대응하는 이 지역 방언형이다. 문맥으로 볼 때 '비슷한 정도나 수준'의 뜻으로 쓰였다. 문맥에서의 '어방도 없다'는 급여 수준이 턱없이 부족하다는 뜻으로 이해된다.

354) '시타나니'는 '이따나니'로 발음해야 할 것을 잘못 말한 것으로 보인다. 문맥으로 보면 '셋집을 얻어서 있으면서 있다보니 대학에 갔다'는 뜻으로 이해된다.

355) '제뿌리구'는 '제뿌리다'의 활용 음성형이다. 연변 조선말에서 '제뿌리다'는 흔히 '줴뿌리다' 꼴로 쓰이고 ①내던지다 ②내버리다 ③관계를 끊고 돌보지 아니하다 ④집어치우다 등의 뜻으로 쓰이는데 예문에서는 ③의 '돌보지 않고 내팽개치다' 정도의 의미로 쓰였다.

356) '새가'는 '새아가'로도 쓰이는데 이 방언에서는 보통 '시집가지 않은 여자아이'를 이르는 말로 쓰이지만 나이가 많지 않은 '계집아이' 또는 '여자아이'의 뜻으로도 쓰인다. 문맥에서는 '여자'의 의미에 가깝게 쓰였다. 돈을 버는데는 남자보다는 여자가 더 낫다는 취지로 말한 것이다. 중국 연변 지역에서 '새가'는 흔히 '새아가' 또는 '새애기'라고도 하는데 보통은 시집가지 않은 여자아이나 계집아이를 이르는 말로 쓰인다. 시집갈 나이의 처녀 또는 시집가거나 시집온 새색시를 이르는 말로도 쓰인다.

357) '조품'은 사람의 성질이나 됨됨이를 뜻하는 중앙어 '성품(性品)'에 대응하는 이 지역 방언형이다. 한어에서 차용한 말로 보이나 확인할 수 없다.

358) '번채'는 한어 '반채(拌菜[bàn cài])'를 차용한 말이다. 문맥에서의 '번채'는 무쳐서 만든 반찬인 무침을 뜻하는 말로 쓰였다.

359) '해전'의 본래 의미는 '해가 지기 전'인데 예문에서는 이것이 의미의 변화로 '하루 종일'의 뜻으로 쓰인 것이다.

360) '구들'의 본래 의미는 '고래를 켜고 구들장을 덮어 흙을 발라서 방바닥을 만들고 불을 때어 난방을 하는 구조물'이지만 예문에서는 '방바닥'의 의미로 쓰였다.

361) '먼출'은 '문출'이라고도 한다. '먼출'은 게이트볼을 뜻하는 이 지역 방언형이다. 보통은 '문출'이나 '문구(門球)'라고 한다.

362) '노세쏸'은 중앙어의 '뇌출혈(腦出血)'에 대응하는 한어 '腦血栓[nǎoxuèshuān]'을 차용한 말이다.

363) 이 방언에서 '아주바이'는 '아즈바이' 꼴로도 쓰인다. '아주바이'의 의미역이 넓다. 보통은 '아버지의 남동생'을 뜻하는 말로 쓰이지만 화자보다 나이가 많은 시동생을 뜻하는 말로도 쓰인다. 고모부나 이모부에게도 '아주바이'가 쓰이고 남편의 형인 시숙에게도 쓰인다. 언니의 남편이 형부에게도 '아주바이'가 쓰이고 남남 사이의 남자 어른에게도 쓰인다. 이 방언 화자들은 우스갯소리로 함경도 사람들은 돌아서면 '아주바이'라고 한다고 할 정도로 다양한 대상에게 이 '아주바이'를 쓴다.

364) '뼝다리'는 '병다리(病-)'에서 온 말로 늘 병을 앓고 있는 사람을 뜻하는 이 지역 방언형이다. 병을 달고 산다고 해서 뼝다리라고 한다고 한다.

365) '부녀주임질'은 여성들과 관련된 업무를 맡아 책임지고 관리하는 일을 말한다.

366) '지부서기'는 중국의 말단 행정단위인 '촌'의 사무를 맡아 처리하는 사람을 말하고 '지부서기질'은 그런 업무를 하는 일을 말한다. '당지부서기' 또는 '지부서기'라고도 하고 그냥 '서기'라고도 한다.

367) '쌰르'는 '쌔태'라고 해야 할 것을 잘못 발음한 것으로 보인다.

368) '쌰태마저'는 한어 '下台[xiàtái]'와 '맞다'가 결합된 말로 이해된다. 본래 한어 '下台'는 '공직에서 물러나다, 퇴진하다' 등의 뜻으로 쓰이는 동사인데 여기에서는 명사적인 용법으로 접미사 '맞다'와 함께 동사적으로 쓰였다. 문맥에서는 '쌰태맞다'가 '퇴진당하다, 자리에서 쫓겨나다'의 의미로 쓰인 본동사이고 뒤에 오는 '나가다나니(나가다보니)'가 보조동사로 쓰인 것이다.

369) '노무'는 본래 임금을 받으려고 육체적인 노력을 들여서 하는 일을 뜻하는 말인데 예문에서는 어떤 분야에 대하여 연구하고 공부하고 실습하는 일을 뜻하는 말로 쓰였다. 예문에서의 '노무'는 해마다 정암촌 청년들을 선발하여 한국에 보내서 한국의 선진 기술을 익히고 습득하도록 일을 하게 하는 것을 말한다. 연수와 같은 의미로 쓰였다.

370) '몰기우구'는 '몰기우다'의 활용형이다. '몰기우다'는 '몰기다'의 피동형으로 원하지 않는 처지나 방향으로 떠밀리다의 뜻으로 쓰이는 이 지역 방언형이다.

371) '배양해주다'는 어떤 일이나 어떤 분야의 능력이나 지식, 역량 따위가 발전하도록 가르치고 키운다는 뜻으로 쓰이는 이 지역 방언형이다.

372) '번저지니까'는 '번저지다'의 활용형이다. 예문에서는 '번저지다'가 '제구실을 하지 못하고 끝장이 나다'의 뜻으로 쓰였다. 즉 장공장이 제대로 운영되지 않아 못하게 되었다는 의미로 쓰였다.

373) '망태기'는 전혀 쓸모없이 되어 버린 것, 즉 뒤죽박죽 엉망이 된 상태를 이르는 말이다. 망가졌다, 못 쓰게 되었다, 망했다 등의 의미가 내포되어 있는 말이라고 할 수 있다.

374) '티슈비'는 퇴직하여 받는 돈을 뜻하는 말이다. 티슈비는 퇴직을 뜻하는 한어 '退休([tuìxiū])'에 비용을 뜻하는 費([fèi])가 결합된 말이다. '티슈비'는 퇴직하고 매월 받는 돈, 즉 연금을 말한다.

375) '노부'는 '놉을'에 대응하는 이 지역 방언형이다. 문맥에서의 '놉'은 퇴직 후에 받는 연금을 뜻하므로 '티슈비'라고 하면 될 것인데 문맥에서와 같이 조기 퇴직 후 정상적인 퇴직 연령이 될 때까지 일정한 금액을 납부하고 연금 스럽 나이가 되었을 때 퇴직연금을 수령하는 경우에 해당하는 용어를 제보자가 몰라서 '놉'을 쓴 것으로 보인다.

376) '찌끄레기'는 '쓸 만하거나 값어치가 있는 것을 골라낸 나머지'를 뜻하는 중앙어 '찌꺼기'에 대응하는 이 지역 방언형이다. '찌끄레기'는 충청도 방언에서도 쓰인다.

377) '진드가나'는 '진드간히'의 음성형이다. '진드간히'는 태도나 행동이 침착하고 참을성이 많다는 뜻으로 쓰이는 '진드간하다'에서 파생된 부사다.

378) '가치 해쓰먼'은 '같이 했으면'의 음성형으로 영주권 서류를 같이 신청했으면 좋았을 것이라는 뜻으로 말한 것이다.

379) '요청장'은 '초청장'을 잘못 알고 말한 것이다. '초청장'은 말 그대로 초청하는 내용을 적은 문서다. 초청장은 주로 초대하고 싶은 상대방에게 건네기 위하여 작성하는 것이다. 초청장에는 초청의 글과 더불어 초청 목적, 초청 시간 등을 기록한다.

380) '비자유리가'는 '비자 발급률'을 말한다.

381) '영감 노친'은 영감님과 노친네라는 뜻이다. '영감 노친'이 짝을 이루어 쓰이면 부부를 일컫는 말이 되고 따로 쓰이면 각각 '할아버지'와 '할머니'의 뜻으로 쓰이는 것이 보통이다.

03 생업 활동

정암촌의 생산물 274
제보자의 생업활동 경험 276
생활용품 만들기 292

3.1. 정암촌의 생산물

여기서 주로 나는 개 머애요? 여기 정아매서 주로 마니 생산하능 거?

— 주로 마:이 생사나능 기, 생사내서 농사애 드르가서는 감자, 감자, 조이[1] 저: 콩이지 머 다릉 개 옥씨기,[2] 콩 그저 이릉 기지 머. 아무거뚜 여기 낭개 업써서.

— 그다맨 그다매 인저 그 개회해서[3] 노니 해, 농사애 드르가서 노니 되니까 그다매 거기 인재 베르 중시해:찌.

— 월래는 바다 여가래[4] 사르면 바다 뜨더 머꾸 살:구, 사늘 끼구 사르면 산 뜨더 머꾸 사르라는 옌날 마:리 이써요, 노인더리 하는 마:리.

— 그래서 사내 드르가서 버:리하는, 사내 드르가면 바다애 인능 건 거인 다: 이찌 머.

— 그래서 그다: 그거 뜨더다가 팔기두 하구 그저: 그저 그러치, 그래서 싸리나무르 함 바리[5] 해다가 파라두 여그 와서 파라두 그거 도:니 되서 그다매 가서 살구 그 사내 사내서 베다가 팔구 동바래[6] 팔:구 그저 그러치. 그래서 그래서 사라찌 다.

동바리 머애요?

— 동바리라능 개 탕광애 그 바친 기둥, 그기가 동바리라 그라지.

아: 나무 베 가지구?

— 예, 응응 낭구똥[7] 이마:낭 개 기리 두 메다 십 그래 이르치, 두 메다 십짜리루 이래 해가주구.

여기서 주로 나는 게 뭐에요? 여기 정암에서 주로 많이 생산하는 것?

– 주로 많이 생산하는 게, 생산해서 농사에 들어가서는 감자, 감자, 조 저 콩이지 뭐 다른 게 옥수수, 콩 그저 이런 거지 뭐. 아무것도 여기 나는 게 없었어.

– 그다음에는 그다음에 이제 그 개간해서 논을 해, 농사에 들어가서 논 이 되니까 그다음에 거기 이제 벼를 중시했지.

– 원래는 바다 옆에 살면 바다 뜯어 먹고 살고, 산을 끼고 살면 산 뜯 어 먹고 살라는 옛날 말이 있어요, 노인들이 하는 말이.

– 그래서 산에 들어가서 벌이하는, 산에 들어가면 바다에 있는 건 거의 다 있지 뭐.

– 그래서 그다음에 그거 뜯어다가 팔기도 하고 그저, 그저 그렇지. 그 래서 싸리나무를 한 바리 해다가 팔아도 여기 와서 팔아도 그게 돈이 돼 서 그다음에 가서 살고 그 산에 산에서 베다가 팔고 동발해다가 팔고 그 저 그렇지. 그래서, 그래서 살았지 다.

동발이 뭐예요?

– 동발이라는 게 탄광에 그 받친 기둥, 그것을 동발이라 그러지.

아 나무 베가지고?

– 예, 으응 나무토막 이만한 게 길이가 2미터 십 그래 이렇지. 2미터 십짜리로 이렇게 해가지고.

3.2. 제보자의 생업활동 경험

- 게 또 잘몯땐 닐두 내 함 분 이써. 심니평8) 심니평 마끼9) 패르 가때 꺼등.

음?

- 심니평, 심니평.

예.

- 서대포10) 우애 그 쏘련 국껑지대 가먼 심니평이라구 또 이써.

- 거기서 목째 시르, 목째하는 디야. 거긴 낭기11) 참:: 조쏘:.

- 낭기 아름드리 이렁 개 그저 꼭:: 빠개 승기 대다나지 머.

- 그래 거 가서, 제정 때 열::-일곱 쌀 열릴곱 싸리지 머 고때. 열려서 쌀 열릴곱 쌀 그때 이른 사 사삼나무12) 마끼 패찌.

- 그 마끼라능 게 그 저: 머여, 그 장자기처럼 여기 우리 싸논 장자기 처럼 요러키 여섬 메다 기럭찌애 노피 여섬 메, 여섬 메다람 마리여. 이러키 싼다 마리여.

- 그개 고게 한 사사니거덩.

한 사산?

- 한 사산, 고개 한 사사니라구 한다구.

- 기래서 그걸 하루애 한 사산씩 패개 대면 도널 얼마 주능가 하니까 그때 또누루 시보원씩 준담 마리여. 게 돈뻐리한다구 거가 그르캐 해찌.

- 근대 거기 인부가 얼마 썬능가 하니까 만:치 아나. 그저 한: 녀나문 된다 마리여 인부가.

- 근대 열 쭝애 내가 나이 젤: 어리지 거기서는. 근데 그게 어디 팽가 하개대면 도무내 인는 사람드리여 다:.

- 기런데 거 가서 또 낭굴 패는데, 아 근데 그다매 한 이시빌 핸능가,

－ 그래 또 잘못된 일도 내가 한 번 있어. 십리평, 십리평에 마끼 패러 갔었거든.

　음?

　－ 십리평, 십리평.

　예.

　－ 서대파(西大坡)[13] 위에 그 소련 국경지대에 가면 십리평이라고 또 있어.

　－ 거기서 목재 실어, 목재하는 데야. 거기는 나무가 참 좋소.

　－ 나무 아름드리 이런 게 그저 꼭 박아 선 것이 대단하지 뭐.

　－ 그래 거기에 가서, (일본)제정 때 열일곱, 살 열일곱 살이지 뭐 그때. 열여섯 살 열일곱 살 그때 이런 사산나무[14] 마끼 팼지.

　－ 그 마끼라는 게 그 저 뭐야, 그 장작처럼 여기 우리가 쌓아 놓은 장작처럼 요렇게 여섯 미터 길이에 높이 여섯 미(터) 여섯 미터란 말이야. 이렇게 쌓는다 말이야.

　－ 그게 고게 한 사산이거든.

　한 사산?

　－ 한 사산, 고게 한 사산이라고 한다고.

　－ 그래서 그걸 하루에 한 사산씩 패게 되면 돈을 얼마 주는가 하면 그때 돈으로 십오 원씩 준단 말이야. 그래 돈벌이한다고 거기에 가서 그렇게 했지.

　－ 그런데 거기 인부가 얼마 썼느냐 하면 많지 않아. 그저 한 여남은 된단 말이야 인부가.

　－ 그런데 열 중에 내가 나이가 제일 어리지 거기에서는. 그런데 그게 어디 패거리인가 하면 도문에 있는 사람들이야 다.

　－ 그런데 거기 가서 또 나무를 패는데, 아 그런데 그다음에 한 이십 일

한 이시빌 해:써.

― 게: 낭구 패서 한 이시빌 핸대 나두 인재 여를 망쿰 간주[15] 주지. 간주가, 간주라능 개 돈: 내주능 거 여를 망쿰 주지.

― 아 근데 간주 타가주구 그다매 떠긴는데 아이 여피 패는 사라미, 한 사라미 사산나무럴 좀 잘몯 싸찌.

― 사산나무를 이리키 싸깨 대문 사산나무를 마:니 패야 올러간다 마리여.

― 근데 이누멀 이르키 싸캐 되면 허리[16] 올러간다 마리여.

― 게 이 사라미 이르키 싸:찌. 이르키 싸구 여파리는[17] 그저 이르키 싸쿠 한 파래는 이르키 싸:따 마리여.

― 그래가선 십짱이[18] 그: 딱따구리망치라구[19] 여기 요러캐 쥐구 요기는 망치가 요 요로캐 생겨찌.

― 게 요로캐 생견는데 요기는 무디구 여기는 뾰:조가구 개 그거 가따 이르캐, 이르캐 집꾸서는 지팽이 사마 도러댕기지 그기.

― 그래서 다: 해따는 건 요짜구루다 도장을 찡느라구 딱: 치문 거 도장이 딱딱 빼끼지 낭구애 그 학껴기란 마리여.

― 게 그르캐 하구 십짱이 떡 올러와따 마리여.

― 낭구 쌍 거 보니까 그 사라문 잘몯 싸꺼든.

― 잘 싸라구 빨리 잘 싸, 게 해는 다: 너머가는대 지비루 와야 되, 되는 파인대 낭구 모: 싸찌 머.

― 게 모 싼는대 아 그다매 '낼: 아치매 와서 다: 싸캐씀니다' 그래따 마리여.

― 어:: 로반떠러.[20] 그 마라자먼 십짱떠러. 게 십짱이지 제정 때 십짱이지 그래서 다 저기하는데.

― 겐대 그 사라미 욕씨매 항 사선[21] 떠 패가주구 쌀 쩌개 가치 쌀라구 안 싸따 마리여.

했는가, 한 이십 일 했어.

– 그렇게 나무를 패서 한 이십 일 했는데 나도 이제 열흘 만큼 간주 주지. 간주가, 간주라는 게 돈 내주는 거, 열흘 만큼 주지.

– 아 그런데 간주 타가지고 그다음에 떡 있는데 아니 옆에 (마끼)패는 사람이, 한 사람이 사산나무를 좀 잘못 쌓았지.

– 사산나무를 이렇게 쌓게 되면 사산나무를 많이 패야 올라간단 말이야.

– 그런데 이놈을 이렇게 쌓게 되면 수월하게 올라간단 말이야.

– 그래 이 사람이 이렇게 쌓았지. 이렇게 쌓고 옆에는 그저 이렇게 쌓고 한 파래는 이렇게 쌓았단 말이야.

– 그래가지고는 십장이 그 딱따구리망치라고 여기 요렇게 쥐고 여기는 망치가 요 요렇게 생겼지.

– 그게 요렇게 생겼는데 요기는 무디고 여기는 뾰족하고 그래서 그거 갖다가 이렇게, 이렇게 집고는 지팡이 삼아 돌아다니지 그게.

– 그래서 다했다는 건 요쪽으로 도장을 찍느라고 딱 치면 그 도장이 딱딱 박히지 나무에, 그러면 합격이라는 말이야.

– 그래 그렇게 하고 십장이 떡 올라왔단 말이야.

– 나무 쌓는 거 보니까 그 사람은 잘못 쌓았거든.

– 잘 쌓으라고 빨리 잘 쌓(으라고), 그래 해는 다 넘어가는데 집으로 와야 되, 되는 판인데 나무를 못 쌓았지 뭐.

– 그래서 못 쌓았는데 아 그다음에 '내일 아침에 와서 다 쌓겠습니다' 그랬단 말이야.

– 에 현장책임자에게. 그 말하자면 십장에게. 그게 십장이지 제정 때 십장이지 그래서 다 저기하는데.

– 그런데 그 사람이 욕심에 한 사산 더 패가지고 쌓을 적에 같이 쌓으려고 안 쌓았단 말이야.

－ 게 오후애 이 십짱이 올러오 보니까 안 싸꺼등. 게 해 인재 거이 다:
된:는대 인재 싼느 쌀: 때 돼:찌 머. 인재 해 거이 다: 됀는대.

－ 아 그다매는 십짱이 안 싸따구 그다매는 사라물 기통을[22] 탁:: 때린
다 마리여.

－ 그래이 그래이까 임부가[23] 마저찌 함 번. 게 마저가주구서넌 떠긴는
대 ‘아이 내일 꼭: 싸캐씀니다’ 이 사라문 빌:지 십짱한태.

－ 에: ‘지그미래두 느저두 내 다: 싸쿠 가개씀니다 그럼’ 게 그라면서
빌:지.

－ 비는대 그다맨 싸라구 그래대.

－ ‘아이 저 예: 싸캐씀니다’ 하구.

－ 이거 오늘 바미 되두 다: 싸라 그란다 마리여.

－ 바미 되문 어두분대 그 누가 싼능가 하구 내라치매 일찍 와서 싼능
개 조캐따구 그저 이래찌. 마:리 그르키 돼:찌.

－ 그렌데 이 사라미 ‘머야!’ 하더니만 딱따구리망치 이르캐 들더니 톡:
때리따 마리여.

－ 여기 뾰조강 걸루 톡 때려가주구 뼤다구가 쏙: 뜨러가면서 이짜구루
피르 막:: 흐려서 ‘아이구!’ 하더니 어푸러저따[24] 마리여.

－ 어푸러저쓰니까 그다매 내 여패서 그라니까 내가 왜 몰라. 그다매는
소리처찌.

－ “사람 살려!” 하구 소리치따 마리여.

－ 게 소리치니까 그다맨 거기 저:기 저:기 요기 요기 패던 임부드리 왕:
모여드러따 마리여.

－ ‘야!’ 나뽀구[25] 그란다 마리여 큰 사라미 나 머근 사라미 나뽀구 ‘야
네 가서 시 십짱보구 얘기해라’.

－ 때리지 말구 말루 해달라구 말:루 해라.

－ 그래 내 씨기는 대루 인재 내가 가서, 내가 가서 ‘아 십짱님 때리지

- 그래 오후에 이 십장이 올라와 보니까 안 쌓았거든. 그래 해가 이제 거의 다 되었는데 이제 쌓(을) 쌓을 때 되었지 뭐. 이제 해가 거의 다 되었는데.
- 아 그다음에는 십장이 안 쌓았다고 그다음에는 사람을 귀퉁배기를 탁 때린단 말이야.
- 그러니 그러니까 인부가 맞았지 한 번. 그래 맞아가지고는 떡 있는데 '아이 내일 꼭 쌓겠습니다' 이 사람은 빌지 십장한테.
- 에 '지금이라도 늦어도 내가 다 쌓고 가겠습니다 그러면' 그래 그러면서 빌지.
- 비는데 그다음에는 쌓으라고 그러더라고.
- '아이 저 예 쌓겠습니다' 하고.
- 이거 오늘 밤이 되어도 다 쌓으라고 그런단 말이야.
- 밤이 되면 어두운데 그걸 누가 쌓는가 하고 내일 아침에 일찍 와서 쌓는 게 좋겠다고 그저 이랬지. 말이 그렇게 되었지.
- 그런데 이 사람이 '뭐야!' 하더니만 딱따구리망치를 이렇게 들더니 톡 때렸단 말이야.
- 여기 뾰족한 것으로 톡 때려가지고 뼈다귀가 쏙 들어가면서 이쪽으로 피를 막 흘려서 '아이구!' 하더니 쓰러졌단 말이야.
- 쓰러졌으니까 그다음에 내 옆에서 그러니까 내가 왜 몰라. 그다음에는 소리쳤지.
- "사람 살려!" 하고 소리쳤단 말이야.
- 그래 소리치니까 그다음에는 거기 저기 저기 요기 요기에서 패던 인부들이 와 모여들었단 말이야.
- '야!' 나보고 그런단 말이야 큰 사람이 나이 먹은 사람이 나보고 '야 네가 가서 시 십장한테 애기해라'.
- 때리지 말고 말로 해 달라고 말로 해라.
- 그래서 나는 시키는 대로 이제 내가 가서, 내가 가서 '아 십장님 때

말구 말:루 하문 조찬씀니까?' 마래따 마리여.

　─ '요 쪼:꼬망 게 너는 머야!' 하구 기통을 탁: 때린다 마리여. 나두 그래 하나 마저찌 또 거기서.

　─ 기 마저뜨이 저짝 싸라미 머라구 하능가 하니까 '아 십짱은 사람 때릴 쭐만 알지 쪼꼬마나를 때려서 머: 하능가' 하구. 때려내 너는 머야 하구 또 저버들거덩.26)

　─ 저버드니까 어 '너는 때려만 봐찌 마저는 모: 빠꾸나' 하드니 저태 싸람드리 뜩 오더니만 토부루 그냥 모가지를 딱 끌거뼈려따 마리여. 그래니까 여기 막 꼬 절바니 뚝 끄녀저찌 머.

　─ 아 그다매 도:끼 가진 누미 꽉 찌그니까 또 너머가찌.

　─ 아 그다맨 거기서 때려 주기가지구 '너 이노무 새끼 주거 바'라구 그라구서는 낭구 미티다 미르 막: 도끼 싼장을27) 해:가주구 낭구 미티다 미러 여쿠선 '이:재는 여기서 일: 모 탄다 가자', '너두 가자!' 그라구선 날 데리구서는 여:까지 거러와떠니 바매, 바:매 여:까지 거기서 그러니까 삼심 니, 삼심 닐 거러따 마리여.

　─ 거러가주구 네 지비 정아미라니까28) 이 고라누루29) 네리가면 되어. 나는 거 가능 가능골루30) 해서, 가능골루 해서 그짜구루 너머가길 도무니31) 젤: 가까우니까 북때32) 인는 쪼구루 고:리 너머 가개따.

　─ 북때루 너머서 남대루33) 가게 대면 거기 도문 가능 기리 쿵 기리 나시니까34) 그리 가개따 하구.

　─ 게 야들비서35) 그기루 가오. 그다매 그: 아푼 사라문, 아푼 사라문 거기 떠러저꾸 치료하구 가개따구 거기 떠러저꾸, 그다매 나는 꼬꼬지36) 지부루 오구 그르키두 함번 해:바써요.

　─ 십짱 그래가주구 아주 그: 임부들한태 노동자들한태 아주 애:르 머거찌, 주거 뼈려찌. 애:머긍 기 아니라 주거 뼈려찌.

　─ 그런 닐두 함 번 이써써.

리지 말고 말로 하면 좋지 않습니까?' 말했단 말이야.

- '요 조그만 게 너는 뭐야!' 하고 귀퉁배기를 탁 때린단 말이야. 나도 그래서 하나 맞았지 또 거기서.

- 그래 맞았더니 저쪽 사람이 뭐라고 하는가 하면 '아 십장은 사람 때 릴 줄만 알지 조그만 애를 때려서 뭐 하는가' 하고. 때리려고 너는 뭐야 하고 또 달려들거든.

- 달려드니까 어 '너는 때려만 봤지 못 맞아 봤구나' 하더니 곁에 있던 사람들이 떡 오더니만 톱으로 그냥 모가지를 딱 긁어 버렸단 말이야. 그러 니까 여기 막 그 절반이 뚝 끊어졌지 뭐.

- 아 그다음에 도끼 가진 놈이 팍 찍으니까 또 넘어갔지.

- 아 그다음에는 거기서 때려죽여가지고 '너 이놈의 새끼 죽어 보라' 고 그러고서는 나무 밑에다 밀어 막 도끼 산장을 해가지고 나무 밑에다 밀어 넣고서는 '이제는 여기서 일 못 한다 가자', '너도 가자!' 그리고는 날 데리고는 여기까지 걸어왔더니 밤에, 밤에 여기까지 거기서 그러니까 삼십 리, 삼십 리를 걸었단 말이야.

- 걸어가지고 네 집이 정암이라니까 이 골안으로 내려가면 돼. 나는 그 가는 가는골로 해서, 가는골로 해서 그쪽으로 넘어가면 도문이 제일 가까 우니까 북대 있는 쪽으로 그리 넘어가겠다.

- 북대로 넘어서 남대로 가면 거기 도문 가는 길이 큰 길이 나서니까 그리 가겠다고 하고.

- 그래 여덟이 거기로 가오. 그다음에 그 아픈 사람은, 아픈 사람은 거 기에 떨어졌고 치료하고 가겠다고 거기에 떨어졌고, 그다음에 나는 꼿꼿 이 집으로 오고 그렇게도 한번 해봤어요.

- 십장이 그래가지고 아주 그 인부들한테 노동자들한테 아주 애를 먹 었지, 죽어버렸지. 애먹은 게 아니라 죽어버렸지.

- 그런 일도 한 번 있었어.

아이 그르캐 하먼 머 저: 마저 죽찌 그개 산쏘개서 그개 지가 사러요? 그개 아이구 참.

— 허허허허허 아유 참:.

— 이, 어째 어째서 어디서 저나:, 저:나 옹 개 아닌대 시증생견내.

— 아냐, 저나 옹 개.

저나옹 거 아니요?

— 아니.

— 그래 함버는 저: 심니평서 거 낭기 만타구 하는 심니평애서 전:체 노가다,37) 노가다파니라 마리여 거기는.

— 그래서 거기서 하는데 목쩨시리 하는대, 게: 목쩨시리 하는대 우리는 여:리 가찌. 목쩨시리 여:리 간는대, 정아매서두 가구 여:리 가찌.

— 간는대 술기38) 하나애다가 무투이39) 가매망큼40) 굴궁 무투루 어: 그링까 융미41) 이릉 거 하 하 그르키 굴궁 거 육미짜리르 하낙씩 시:쿠 네려 오지.

— 게 내려오는데 하, 한 술기에 하낙씩, 아 서대포애서42) 거기 올라가는 기리 에: 그링까 길 다꺼농 개 어트개 가능가 하니까 이짜개는 그 심니평서 내려오는 무리 강이구, 여기는 기리구 여기는 까꺼서 사니란 마리여.

— 그래서 여기 구분도리가43) 이르:키 생견는대 오더 보니까 한:족떠리 여기 한 삼심 명이 마차를 몰구서 온다 마리여.

— 게 삼심 명이 언재던지 기르 피해 조야 우리 네리가지. 그 마차:를 그런대 암 피해준다 마리여.

— 게선 떡: 가지 모타구 두:리 이르카구 이찌. 서루 이르카구. 인재 우리는 가거따커니 저는 기를 어: 느:가 비끼 가라 그니, 게 이르치.

— 게 언재든지 오른짜구루 비끼개 돼:찌. 긴데 이 사라미 이짜구루 비껴따 마리여.

— 게 비끼두 안:, 모: 까지. 비끼두 모: 까, 조바서. 월래 낭기: 그 무투

아이 그렇게 하면 뭐 저 맞아 죽지 그게 산속에서 그게 자기가 살아요? 그게 아이고 참.

— 허허허허허 아유 참.

— 이, 어째 어째서 어디서 전화, 전화 온 게 아닌데 **생겼네.

— 아니야, 전화 온 게.

전화 온 것 아니에요?

— 아니.

— 그래 한번은 저 심리평에서 거기 나무가 많다고 하는 심리평에서 전체 막노동, 막노동판이란 말이야 거기는.

— 그래서 거기에서 하는데 목재싣기 하는데, 그래 목재싣기 하는데 우리는 열이 갔지. 목재싣기 열이 갔는데, 정암에서도 가고 열이 갔지.

— 갔는데 수레 하나에다가 통나무가 가마만큼 굵은 통나무로 에 그러니까 육 미터 이런 거 하 하 그렇게 굵은 거 육 미터짜리를 하나씩 싣고 내려오지.

— 그래 내려오는데 한, 한 수레에 하나씩, 아 서대파에서 거기 올라가는 길이 에 그러니까 길을 닦아 놓은 게 어떻게 가느냐 하면 이쪽에는 그 심리평에서 내려오는 물이 강이고, 여기는 길이고 여기는 깎아서 산이란 말이야.

— 그래서 여기 굽이가 이렇게 생겼는데 오다 보니까 한족들이 여기 한 삼십 명이 마차를 몰고서 온단 말이야.

— 그래 삼십 명이 언제든지 길을 피해 줘야 우리가 내려가지. 그 마차를 그런데 안 피해준단 말이야.

— 그래서는 떡하니 가지 못하고 둘이 이렇게 하고 있지. 서로 이렇게 하고 이제 우리는 가겠다고 하고 저들은 길을 에 너희가 비켜 가라 그러니, 그래 이렇지.

— 그래 언제든지 오른쪽으로 비키게 되어있지. 그런데 이 사람이 이쪽으로 비켰단 말이야.

— 그래 비켜도 안, 못 가지. 비켜도 못 가, 좁아서. 원래 나무 그 통나

자 융미르 시러 노이까 술기가 이르키 돼가주구 소는 여기루 가두 낭군 이르키 돼:꺼든. 그래이까 이르키 비껴 모: 까개 되지.

― 그 느르 느: 여기서 그래 마차를 이 산 미티다 바짝 부처라.

― 암: 부치개따능 기지.

― 그다맨 이 갱변 쪼구루 그럼 이짜구루 강 인능 쪼구루 이짜구루 부처라.

― 아:이 실타능 기지.

― 아 그다매는 이렁탕저렁탕해서44) 싸우미 부터써.

― 싸:미 부턴는대 여:리서 삼심 명을 당해? 모: 땅하지.

― 그다매 이눕더런 술기채에45) 안저서 채치기루46) 일렁일렁하다가 딱: 치면 그냥 우리는 귀 뚝뚝 떠러진다 마리여.

― 아 그다매 이 볼타구47) 치면 사리 쭉쭉 떠러지구 게 다: 이르캐 다친다 마리여.

― 게 하낙씩 마저서 우리 여:리 아오분 쓰러저따 마리여 다: 마저서.

― 겐데 한 사라미 술기 우애 무:투 이르키 시른 술기 우애 이르키 글: 처안저서 다리만 일:렁일렁하구.

무:투가 머요?

― 무:투라능 게 한종마린대 낭구지 머 저 낭구.

예예.

― 낭구 저렁 거 시릉 거, 이렁 거 그:른데 올라안저서.

네.

― 아 올라안저서 다리만 일:렁일렁한다 마리여, 싸:마능 거 보구두.

― 아 그라구 이떠니 아오비 다 쓰러, 쓰러지구 하나 나머꺼덩. 하나 나 먼는대 한족뜨리 한족떠리 또 저기 하나 또 이따구 아 그라구서는 왁:: 쩌버드러서48) 삼심 명이 왁: 쩌버드러따 마리여, 또 하나 보구.

― 아 이러더이 이 사라미 퐁 뛰더니 낭구 우애 거기 떡 서찌. 이 낭구

무자 육미터를 실어 놓으니까 수레가 이렇게 되어가지고 소는 여기로 가도 나무는 이렇게 되었거든. 그러니까 이렇게 못 비켜 가게 되지.

　─ 그 너희를 너희 여기서 그래 마차를 이 산 밑에다 바짝 붙여라.

　─ 안 붙이겠다는 거지.

　─ 그다음엔 이 강변 쪽으로 그럼 이쪽으로 강 있는 쪽으로 이쪽으로 붙여라.

　─ 아니 싫다는 거지.

　─ 아 그다음에는 이러쿵저러쿵해서 싸움이 붙었어.

　─ 싸움이 붙었는데 열이서 삼십 명을 당해? 못 당하지.

　─ 그다음에 이놈들은 수레채에 앉아서 채찍으로 일렁일렁하다가 딱 치면 그냥 우리는 귀가 뚝뚝 떨어진단 말이야.

　─ 아 그다음에 이 볼때기를 치면 살이 뚝뚝 떨어지고 그래 다 이렇게 다친단 말이야.

　─ 그래 하나씩 맞아서 우리 열에 아홉은 쓰러졌단 말이야 다 맞아서.

　─ 그런데 한 사람이 수레 위에 통나무 이렇게 실은 수레 위에 이렇게 걸터앉아서 다리만 일:렁일렁하고.

무투가 뭐예요?

　─ 무투라는 게 중국말인데 나무지 뭐 저 나무.

　─ 예예.

　─ 나무 저런 거 실은 거, 이런 것 그런데 올라앉아서.

예.

　─ 아 올라앉아서 다리만 일렁일렁한단 말이야, 싸움하는 것을 보고도.

　─ 아 그리고 있더니 아홉이 다 쓰러, 쓰러지고 하나 남았거든. 하나 남았는데 한족들이 한족들이 또 저기 하나 또 있다고 아 그리고서는 와 달려들어서 삼십 명이 와 달려들었단 말이야, 또 하나 보고.

　─ 아 이러더니 이 사람이 퐁 뛰더니 나무 위에 거기에 떡 섰지. 이 나

우애 술기 우애 낭구 시른 데 거기 떡 서찌. 서떠니 그다매 또.

— 아 그래서 낭구 우애서 다리만 이르카구 일렁일렁하더니만 그다매 왁:: 쩌버드러서 그르키 이씨니까 이 사라미 자가닙씁데.49)

— 하여튼 낭기서, 낭기서 풍 뛰더니 그다매넌 사람 키 너머가개 뛴다 마리여, 이르키.

— 뛰더니만 그다매 이짝 싸람 어깨 밥꾸 저짝 싸람 골50) 차구, 이짝 싸람 어깨 바꾸 저 사람 골 차니 어깨 이르캐서 떠러질 사이가 업써.

— 그래서 그다맨 도러가면서 삼심 명을 그냥 다: 차뻐려따 마리여, 혼자서.

— 아 이러더니, 그라더니 한족뜨리 ‘왕바 차오니’51) 하더니 내때 그저 뭬:간다 마리여. 저: 지부루 다 도망간다 마리여. 술기구 소구 마리구 다: 지버 내버리구.

— 아 그러더니 그다맨 우리는 인재 다시 이르나가주구 갱골창애다52) 마리랑 술기랑 저: 이런 우:차랑53) 마리랑 해서 갱변 쪼구루 막 떠러띠리 노쿠 그다맨 내려와찌.

— 게 이러키 난 사람두 이따능 기여, 내 마:른 말하능 기.

예: .

— 야:: 하이튼 재간 이때, 재가니.

대다난 사라미내요, 그런 사람?

— 대다내, 재:간 이써요. 아 머머 어찔 쌔 업써. 머 이 사람 와서 어디가 때려 볼래여 때려 볼 사이두 우꾸: 저 바짝바짝하느 때가 하는대 이 어깨 발버야 이르카문 떠러질 꺼 가째이요?

— 떠러질 싸이두 업써. 이짝 바꾸는 저짝 싸람 바꾸 저 골 차구, 이짝 싸람 이 골 차구 하는대 머 당채 머 고르 탁탁탁 차 내삐리는데 거 꼼짱 모탑데, 그저.

— 아:: 정말 대다납때. 난 사람 이써. 조선싸람두, 조선싸람두 자라는

무 위에 수레 위에 나무 실은 데 거기 떡 섰지. 섰더니 그다음에 또.

― 아 그래서 나무 위에서 다리만 이렇게 하고 일렁일렁하더니만 그다음에 와 달려들어서 그렇게 있으니까 이 사람이 재간이 있습디다.

― 하여튼 나무에서, 나무에서 풍 뛰더니 그다음에는 사람 키를 넘어가게 뛴단 말이야, 이렇게.

― 뛰더니만 그다음에 이쪽 사람 어깨 밟고 저쪽 사람 머리를 차고, 이쪽 사람 어깨 밟고 저 사람 머리를 차니까 어깨에서 이렇게 해서 떨어질 사이가 없어.

― 그래서 그다음에는 돌아가면서 삼십 명을 그냥 다 차버렸단 말이야, 혼자서.

― 아 이러더니, 그러더니 한족들이 '王八操你([wáng·bacāonǐ])' 하더니 냅다 그저 뛰어간단 말이야. 저 집으로 다 도망간단 말이야. 수레고 소고 말이고 다 집어 내버리고 .

― 아 그러더니 그다음에는 우리는 이제 다시 일어나가지고 개울에다 말이랑 수레랑 저 이런 우차랑 말이랑 해서 강변 쪽으로 막 떨어뜨려 놓고 그다음에는 내려왔지.

― 그래 이렇게 난 사람도 있다는 거야, 내 말은 말하는 게.

예.

― 야 하여튼 재간이 있데, 재간이.

대단한 사람이네요, 그런 사람?

― 대단해, 재간이 있어요. 아 뭐뭐 어쩌할 새가 없어. 뭐 이 사람 와서 어디가 때려 보려야 때려 볼 사이도 없고 저 번쩍번쩍하는데 이 어깨 밟아야 이렇게 하면 떨어질 것 같지 않아요?

― 떨어질 사이도 없어. 이쪽 밟고는 저쪽 사람 밟고 저 머리 차고, 이쪽 사람 이 머리 차고 하는데 뭐 당최 뭐 머리를 탁탁탁 차 내버리는데 그 꼼짝 못합디다, 그저.

― 아 정말 대단합디다. 난 사람이 있어. 조선사람도, 조선사람도 잘하

사람 이써.

　－ 거게 심니펑이 되는 데가 월래 옌:날부터 거기가 노가다파니지.54)

　－ 노가다파닌대 그 노가, 노가다애서 거가 이:라는 사람들 제정 때 일본누미 노가다파니라구 전채 사라물 싸드려써.

　－ 쏘재를55) 싸드려써. 싸드려가주구 거기서 버른 돈 거기서 드르가서 빼서 가주구 다: 즈: 즈: 인는대 또 돈 드르가찌 머.

　－ 여를 망큼 함 번씩 간조하거던.56) 간조하면 거기서 거기서 저: 머여 간조 타가주구 또 거기 드르간다 마리여. 쏘재 인는디 드르간다 마리여.

　－ 게 그 쏘재 인는대서 쏘재는 돈:두 모:빠꾸 그냥 일번누만태 주구 마:능 기여 그기. 그저 그러치 머. 거기 그른 노르태서 일번눔덜.

　그 제정 때 이링가요?

　－ 제정 때,57) 제정 때 이리지 머. 일번 일버내들 때: 이리지 머 이기.

　－ 게 거기 거기서 쏘련, 쏘려니루 드르 직빵 드르가는 기차끼리짜너. 그기 다: 심니펑으루 해서 쏘려니루 드르가는 기차낄 다 있어.

　－ 겐데 해방 후애 이: 기차끼리 다: 마사저찌.58) 해방 후애 제이차 대전 후애는 다: 거더따 마리여 그거.

　－ 그래 그래서 그다매 거가 이써찌.

　－ 마꾸59) 패러 가따가 그른 니를 다: 봐써 허허허.

　－ 목째시리60) 하다가 또 그른 닐 다: 보구.

　음.

　－ 아:이떵61) 그런 니리.

는 사람이 있어.

- 거기 심리평이라는 데가 원래 옛날부터 거기가 막노동판이지.

- 막노동판인데 그 막노동, 막노동에서 거기에 가서 일하는 사람들을 제정 때 일본놈이 막노동판이라고 전체 사람을 사들였어.

- 아가씨를 사들였어. 사들여가지고 거기서 번 돈을 거기서 들어가서 빼앗아가지고 다 저희, 저희 있는데 또 돈 들어갔지 뭐.

- 열흘 만큼에 한 번씩 간조하거든. 간조하면 거기서, 거기서 저 뭐야 간조 타가지고 또 거기 들어간단 말이야. 아가씨 있는데 들어간단 말이야.

- 그래 그 아가씨 있는데 아가씨는 돈도 못 받고 그냥 일본놈한테 주고 마는 거야 그게. 그저 그렇지 뭐. 거기 그런 노릇했어, 일본놈들.

그게 제정 때 일인가요?

- 제정 때, 제정 때 일이지 뭐. 일본 일본애들 때 일이지 뭐 이게.

- 그래 거기 거기서 소련, 소련으로 들어(가는) 바로 들어가는 기찻길이 있잖아. 그게 다 십리평으로 해서 소련으로 들어가는 기찻길이 다 있어.

- 그런데 해방 후에 이 기찻길이 다 부숴졌지. 해방 후에 제이차 대전 후에는 다 걷었단 말이야 그거.

- 그래 그래서 그다음에 거기에 가 있었지.

- 마끼 패러 갔다가 그런 일을 다 봤어 허허허.

- 목재싣기 하다가 또 그런 일을 다 보고.

음.

- 하여튼 그런 일이.

3.3. 생활용품 만들기

 ─ 몽성[62] 맨드녕[63] 거 둥구멍[64] 맨드녕 거 머 이렁 거 다: 아서[65] 깔개 저루눙[66] 거 이거 다:, 다: 저 내 다: 배워때찌 머.

 ─ 그래서 다: 지그 깔개를 사다 깔: 쑤가 이써? 도:니써? 그애 깔:[67] 뻬다가 자빌루[68] 그전 껍띠기 베껴내가주구 그저 까:서 납쪼가개 해가주고 그다매 깔:개를 저러서 노쿠.

 ─ 처:매 까라 노면 새:타양 개 새깔개 조:치 머.

 ─ 근대 그누미 머항가하니까 입썽이[69] 마:니 판나구,[70] 문지가 마:니 긴다구. 문지가 방 쓰러두 건만 깨끄다지 그 문지가 그 쯔:무로[71] 다: 미트루 드르간다 마리여.

 ─ 허허허허, 허허허.

 이 음.

 ─ 게 오주물 싸두, 애:드리 오주물 싸두 거티는 오줌 싼는지 안 싼는지 모르지, 그담 미트루 다: 새: 드르가지. 허허허허.

 이 애기들 기어다니면 이른 대 무릅 까튼 대 안 찔려요?

 ─ 아, 더러더러 까시 들[72] 때두 이써요.

 ─ 그 다:: 싹::싹 비벼서 딴딴나개 해놔두 그게 다: 생기지 머, 떠러지머서 생기지.

‒ 멍석 만드는 거 둥구미 만드는 거 뭐 이런 거 다 해서 깔개 겯는 거 이거 다, 다 저 내가 다 배웠었지 뭐.

‒ 그래서 다 지금 깔개를 사다가 깔 수가 있어? 돈이 있어? 그래 갈대 베다가 스스로 그저 껍데기 벗겨내가지고 그저 까서 납작하게 해가지고 그다음에 깔개를 겯어서 놓고.

‒ 처음에 깔아 놓으면 새하얀 게 색깔이 좋지 뭐.

‒ 그런데 그놈이 뭐 어떠냐 하면 옷이 많이 헤지고, 먼지가 많이 낀다 고. 먼지가 방을 쓸어도 겉만 깨끗하지 그 먼지가 그 틈으로 다 밑으로 들어간단 말이야.

‒ 허허허허, 허허허.

음.

‒ 그래 오줌을 싸도, 애들이 오줌을 싸도 겉에는 오줌 쌌는지 안 쌌는지 모르지. 그다음에 밑으로 다 새어 들어가지. 허허허허.

이 아기들 기어 다니면 이런 데 무릎 같은 데 안 찔려요?

‒ 아, 더러더러 가시가 들 때도 있어요.

‒ 그거 다 싹싹 비벼서 단단하게 해놔도 그게 다 생기지 뭐, 떨어지면 서 생기지.

1) '조이'는 중앙어 '조'에 대응하는 이 지역 방언형이다.

2) '옥씨기'는 '옥시기'의 음성형이다. '옥시기'는 중앙어 '옥수수'에 대응하는 이 지역 방언형이다. 충청도 방언에서도 '옥시기'가 쓰인다.

3) '개회해서'는 '거친 땅이나 버려 둔 땅을 일구어 논밭이나 쓸모 있는 땅으로 만들다'의 뜻으로 쓰이는 중앙어 '개간하다'의 활용형 '개간해서'에 대응하는 이 지역 방언형이다.

4) '여가래'는 '여가리+애'로 분석할 수 있어 보인다. '여가리'는 가장자리나 둘레나 끝에 해당되는 부분을 가리키는 이 지역 방언형이다. '애'는 장소를 나타내는 조사다. 예문에서는 '여가래'가 '가장자리에' 정도의 뜻으로 쓰였다.

5) '바리'는 본래 수량을 나타내는 말 다음에 쓰여 마소의 등에 잔뜩 실은 짐을 세는 단위로 쓰거나 마소의 등에 잔뜩 실은 짐을 뜻하는 말로 쓰이지만 의미가 확장되어 여기에서는 발구에 잔뜩 실은 짐을 뜻하는 말로 쓰였다. 이 지역에서는 겨울에 나무를 할 때 발구에 실어나르기 때문에 '낭구 한 바리'라고 하면 발구에 잔뜩 실은 나무를 뜻한다. 충청도에서도 마차나 수레에 잔뜩 실은 짐을 가리키는 말로 '바리'가 쓰인다.
   '바리'가 마소의 등에 잔뜩 실은 짐을 세는 단위로도 쓰이지만 발에 굽이 있는 짐승인 소나 말, 돼지 등을 세는 단위로도 쓰인다. '소 한 바리 사왔다'나 '돼지 두 바리 팔았다'와 같이 쓰인다. 충청도에서도 굽이 있는 짐승을 세는 단위로 쓰인다.

6) '동바래'는 '동발해'의 음성형이다. '동발해'는 '동발하다'의 활용형이다. '동발'은 탄광 등에서 터널을 파고 들어갈 때 무너지지 않도록 받치는 기둥을 뜻하는 이 지역 방언형이다. '동발'에 대응하는 중앙어는 '동바리'다. 여기에서는 '동바리'에 쓰일 정도의 나무라는 뜻으로 쓰였다.

7) '낭구똥'은 나무의 줄기를 일정한 길이로 잘라낸 도막을 뜻하는 말로 쓰이는 이 지역 방언형이다.

8) '심니평'은 '십리평(十里坪)'의 음성형이다. '십리평'은 중국 길림성 조선족 자치주 왕청현에 있는 지명이다. 양수진과 가까운 왕청현의 경계 지역에 있다.

9) '마끼'는 6미터 길이의 통나무 장작을 말한다. '마끼 팬다'는 통나무 장작을 6미터 길이로 팬다는 뜻이다.

10) '서대포'는 '서대파(西大坡)'를 잘못 알고 말한 것이다. 중국 길림성 조선족 자치주 왕청현에 있는 지명이다. 양수진과 가까운 왕청현의 경계 지역에 있다. 줄여서 '서대'라고 말하기도 한다.

11) '낭기'는 중앙어 '나무'에 대응하는 이 지역 방언형 '낭구'의 주격형이다. 충청도 방

언에서도 '낭구'가 '나무'와 함께 쓰인다. 이 지역에서 쓰이는 '낭구'의 주격형으로 는 '낭기~낭구가'가 쓰이고, 목적격형으로는 '낭굴~낭구럴'이 쓰이고, 처격형으로 는 '낭게~낭구에, 낭기서~낭기에서'가 쓰인다. 또한 이미 어떤 것이 포함되고 그 위에 더함의 뜻을 나타낼 때는 보조사 '두'가 결합된 '낭구두'가 쓰이고, 어떤 물건 의 재료나 원료를 나타낼 때는 조사 '루'가 결합된 '낭구루'가 쓰인다. 서술어 위치 에서는 서술격조사 '이다'와 함께 '낭구지'와 같이 쓰인다. 여기서 알 수 있는 것은 이 지역 방언에서는 '낭구'가 기본형으로 쓰이고 '낭기'형이 주격이나 처격에 쓰인 다는 점인데 이는 '낭기'가 체계적으로 곡용하여 쓰이는 것이 아니고 특정한 조사 와 함께 하나의 의미 단위로 학습하여 쓰인다는 점이다.

국어사 자료에서 '나무'가 소급하는 최초의 형태는 15세기의 '낢~나모'인데, 단순 모음 앞에서는 '낢'으로 실현되고 그 이외의 환경에서는 '나모'로 실현되었다. 이러 한 교체는 20세기 문헌에도 나타나는데, 모음 앞에서 '낢'으로 실현되지 않는 예는 19세기부터 나타난다. 16세기에 나타나는 '나무'는 모음 체계의 재정립 과정에서 '나모'의 제2음절 모음 'ㅗ'가 'ㅜ'로 바뀐 것인데, 이러한 변화는 15세기 말부터 나 타나기 시작하였다. '나무'가 소급하는 형태들은 19세기에 제2음절이 'ㅜ'로 굳어졌 다(2007 한민족 언어 정보화 통합 검색 프로그램 참조).

12) '사삼나무'는 '사산나무'를 잘못 발음한 것이다. '사산'이 가로 세로 높이가 6미터 되게 쌓은 것을 말하므로 '사산나무'는 나무를 가로 세로 높이가 6미터씩 되게 쌓 은 것을 세는 단위를 말한다.

13) '서대파'는 지명으로 왕청현에 속한다. 중국 길림성 조선족 자치주 왕청현에 있다. 양수진과 가까운 왕청현의 경계 지역에 있다. 줄여서 '서대'라고 말하기도 한다.

14) '사산나무'는 가로 세로 높이 각 6미터로 쌓은 나무를 세는 단위를 말하는 것으로 보인다.

15) '간주'는 일을 한 대가로 중간 중간 받거나 주는 돈을 말한다. '간주'는 주로 '주다' 나 '타다'와 호응하여 쓰인다. 돈을 주는 처지에서는 '간주 준다'고 하고 돈을 받는 처지에서는 '간주 탄다'고 한다. 보통은 '간주'보다는 '간조'라는 말을 많이 쓴다. '간주 본다'고도 한다.

16) '허리'는 쉽다는 뜻으로 쓰이는 이 지역 방언형 '헐하다'에서 파생된 부사 '헐히'의 음성형이다.

17) '여파리'는 중앙어 '옆'에 대응하는 이 지역 방언형이다.

18) '십짱'은 일꾼들을 감독하고 지시하는 우두머리를 뜻하는 '십장(什長)'의 음성형이 다. '什長'은 한국식 한자어다.

19) '딱따구리망치'는 딱따구리의 부리처럼 한쪽 끝이 뾰족하고 다른 쪽은 무디게 생긴 망치를 뜻하는 이 지역 방언형이다. 주로 지질 조사를 하는 사람들이 광석을 감정 하는 데 쓴다. 북한어에 기원한다.

20) '로반떠러'는 '로반+떠러'로 분석할 수 있다. '로반'은 어떤 사업체의 우두머리나 책임자 또는 지배인을 뜻하는 한어 '老板[lǎobǎn]'을 차용한 말이다. '떠러'는 어떤 행동이 미치는 대상을 나타내는 격 조사인 중앙어 '더러'에 대응하는 이 지역 방언형이다.

21) '항 사선'은 '한 사산'이라고 해야 할 것을 잘못 말한 것이다.

22) '기통'은 귀의 언저리를 뜻하는 이 지역 방언형이다. '기통'은 '귀통'에 기인하는 것으로 보인다. 중앙어의 '귀때기'에 대응한다.

23) '임부'는 품삯을 받고 육체노동을 하는 사람을 뜻하는 '인부(人夫)'의 음성형이다.

24) '어푸러저따'는 '어푸러졌다'의 음성형이다. '어푸러지다'는 서 있는 사람이나 물체 따위가 앞으로 넘어지다는 뜻으로 쓰이는 이 지역 방언형이다. 이 단어는 충청도 방언에서도 쓰인다. '어푸러지다'는 '엎으러지다'에서 온 것으로 보인다.

25) '나뽀구'는 '나+뽀구'로 분석된다. '나'는 말하는 이를 뜻하고 '뽀구'는 주로 구어체에서 어떤 행동이 미치는 대상임을 나타내는 중앙어 격 조사 '보고'에 대응하는 이 지역 방언형이다. '뽀구' 외에 '보고', '보구'도 쓰인다. '뽀구'는 주로 받침 없는 명사 아래 쓰이고 '보고'는 받침 있는 명사 아래 쓰인다.

26) '저버들거덩'은 '접어들다'의 활용형이다. '접어들다'는 중앙어 '덤벼들다'나 '대들다' 정도에 대응하는 이 지역 방언형이다. '접어들다'는 '접어들구, 접어들지, 접어드니깨, 저버들어'와 같이 활용한다. 곽충구(2019)에 의하면 연변지역에서 '접어들다'는 ①다투거나 겨루기 위하여 대들다. ②무엇을 해보겠다고 앞으로 나서다. ③짐승이나 곤충이 사납게 덤벼들다. ④이익을 얻기 위하여 달라붙다. ⑤(주로 –쟈구 접어들다'의 꼴로 쓰여) 어떤 동작이 급하게 이루어짐을 나타낸다. 등의 뜻으로 쓰인다. 예문에서는 ①의 의미로 쓰였다.

27) '싼장'은 목숨이 붙어 있는 생물을 산 채로 땅속에 묻는 것을 뜻하는 '산장(산葬)'의 이 지역 방언형이다. '도끼 싼장'은 도끼로 산 사람을 장사지낸다는 뜻으로 쓴 말이다.

28) '정암'은 중국 길림성 도문시 양수진에 속해 있는 마을인 정암촌을 가리킨다.

29) '고라누루'는 '골안으루'의 음성형이다. '골안'은 산과 산 사이에 움푹 패어 들어간 곳을 뜻하는 중앙어 '골짜기'에 대응하는 이 지역 방언형이다. '골안'은 충청도 방언에서도 쓰인다.

30) '가능골'은 정암촌 북쪽에 있는 골짜기 이름이다.

31) '도무니'는 '도문+이'로 분석된다. '도문'은 중국 길림성에 있는 도시의 하나다. 흔히 '도문시'를 '도문'이라고 한다.

32) '북때'는 '북대(北大)'의 음성형이다. '북대'는 중국 길림성 도문시 양수진에 있는 마을인 북대촌(北大村)을 말한다.

33) '남대'는 중국 길림성 도문시 양수진에 있는 마을인 남대촌(南大村)을 말한다.

34) '기리 나시니까'의 '기리'는 도로를 뜻하는 '길'에 주격 조사 '-이'가 붙은 '길이'의 음성형이고 '나시니까'는 '나시다'의 어간 '나시-'에 앞말이 뒷말의 원인이나 근거, 전제 따위가 됨을 나타내는 연결 어미 '-니까'가 결합된 활용형이다. '나시다'는 '구하거나 찾던 사람이나 사물이 나타나다'의 뜻으로 쓰이는 중앙어 '나서다'에 대응하는 이 지역 방언형이다. '나시다'는 충청도 방언에서도 관찰된다.

35) '야들비서'는 '야듧이서'의 음성형이다. '야듧'은 중앙어 '여덟(八)'에 대응하는 이 지역 방언형이다. '이서'는 앞에 오는 말이 서술어와 호응하는 주어임을 나타내는 조사다.

36) '꼬꼬지'는 '꼿꼿이'의 음성형이다. 문맥에서의 '꼿꼿이'는 돌아가거나 옆으로 빠지지 않고 곧장의 뜻으로 쓰이는 이 지역 방언형이다. '나무가 꼿꼿이 커 올라갔다'고 할 때는 '꼿꼿이'가 굽거나 휘지 않고 곧고 바르게의 뜻으로 쓰이기도 한다.

37) '노가다'는 이것저것 가리지 아니하고 닥치는 대로 하는 노동을 뜻하는 일본어 '土方[dokata]'를 차용한 말이다. '막일', '막노동'으로 순화하였다. 참고로 '노가다판'은 막일을 하는 현장을 뜻하는 말이다.

38) '술기'는 사람이 타거나 짐을 싣기 위해서 바퀴를 달아 굴러가게 만든 기구로 소나 말 따위에 메워서 쓴다. 바퀴가 네 개인데 뒤의 두 개는 크고 앞의 두 개는 작다. 중앙어 '수레'에 대응하는 이 지역 방언형이다.

39) '무투'는 나무 또는 목재를 뜻하는 한어 木頭[mù·tou]를 차용한 말이다. 문맥에서는 '통나무'를 이르는 말로 쓰였다.

40) '가매'는 중앙어 '솥'에 대응하는 이 지역 방언형이다. 문맥에서의 '가매망큼'은 가매의 지름, 즉 솥의 지름만큼 나무가 굵다는 것을 나타내기 위해 쓴 말이다.

41) '융미'는 '육미'의 음성형으로 문맥에서는 목재 육 미터(6m)를 말한다.

42) '서대파'는 중국 길림성 왕청현의 한 지명인 서대파(西大坡)를 가리킨다.

43) '구분도리'는 '굽은돌이'의 음성형이다. '굽은돌이'는 길이 굽어져 돌아가는 곳을 나타내는 이 지역 방언형이다. '굽은돌이'는 충청도 방언에서도 쓰인다.

44) '이렁탕저렁탕'은 '이러하다는 둥 저러하다는 둥 말을 늘어놓는 모양'을 나타내는 중앙어 '이러쿵저러쿵'에 대응하는 이 지역 방언형이다.

45) '술기채'는 술기의 앞쪽 양옆에 댄 긴 나무를 말한다. '술기'는 사람이 타거나 짐을 싣기 위해서 바퀴를 달아 굴러가게 만든 기구로 소나 말 따위에 메워서 쓴다. 바퀴가 네 개인데 앞의 두 개는 뒤의 두 개보다 작다. 중앙어 '수레'에 대응하는 이 지역 방언형이다.

46) '채치기'는 중앙어 '채찍+이'에 대응하는 이 지역 방언형 '채칙이'의 음성형이다.

47) '볼타구'는 중앙어 '볼때기'에 대응하는 이 지역 방언형이다. 중앙어에서는 '볼타구'가 '볼'을 속되게 이르는 말로 쓰이지만 이 방언에서는 속된 의미가 없이도 쓰인다.

48) '쩌버드러서'는 '접어들어서'의 음성형이다. '접어들어서'는 중앙어 '덤벼들다' 또는 '달려들다'에 대응하는 이 지역 방언형 '접어들다'의 활용형이다. '접어들다'는 '접어들구, 접어들지, 접어드니깨, 저버들어서'와 같이 활용한다. 곽충구(2019, ≪두만강 유역의 조선어 방언 사전≫)에 의하면 연변지역에서 '접어들다'는 ①다투거나 겨루기 위하여 대들다. ②무엇을 해보겠다고 앞으로 나서다. ③짐승이나 곤충이 사납게 덤벼들다. ④이익을 얻기 위하여 달라붙다. ⑤(주로 -쟈구 접어들다'의 꼴로 쓰여) 어떤 동작이 급하게 이루어짐을 나타내다 등의 뜻으로 쓰인다. 예문에서는 ①의 의미로 쓰였다.

49) '자가닙쑵데'는 '재가닙쑵데'로 발음해야 할 것을 잘못 말한 것으로 보인다. '재가닙쑵데'는 '재간입습데'로 표기할 수 있다. '재간이 있더라'의 하오체 종결형이다. '-습데'는 과거에 경험하여 알게 된 사실을 현재 말하는 장면으로 가져와서 말하는 것을 나타내는 종결어미다.

50) '골'은 사람의 머리를 뜻하는 이 지역 방언형이다.

51) '왕바차오니(王八操你[wáng·bacāonǐ])'는 '네미붙을, 네미 씹' 정도의 한어 욕이다.

52) '갱골창'은 산골짜기에 흐르는 작은 물줄기를 말한다. 중앙어에서는 '개골창'이 수채물이 흐르는 작은 도랑을 뜻하지만 이 지역 방언에서는 산에서 골짜기에 흐르는 작은 개울을 뜻하는 말로 쓰였다.

53) '우차'는 소가 끄는 달구지, 즉 소달구지를 말한다. '우차'는 바퀴가 두 개이고 소를 메워서 끌게 되어 있다. '술기'는 바퀴가 네 개인데 비해 '우차'는 두 개라는 점에서 차이가 있다.

54) '노가다판'은 '노가다+판'으로 분석할 수 있다. '노가다'는 이것저것 가리지 아니하고 닥치는 대로 하는 노동을 뜻하는 일본어 '土方[dokata]'를 차용한 말이다. '막일', '막노동'으로 순화하였다. '노가다판'은 막일을 하는 현장을 뜻하는 '막노동판'으로 순화할 수 있는 말이다.

55) '쑈재'는 한자어 소저(小姐)에 대응하는 이 지역 방언형이다. '쑈재'는 예전에 시집 가지 않은 여자를 높여 부르던 한어 '小姐[xiǎo·jie]'를 차용한 말이다. 지금은 높이는 의미보다 젊은 여자를 가리키는 '아가씨' 또는 유흥업소에 종사하는 젊은 여성 종업원을 가리키는 뜻으로 의미가 변했다.

56) '간조'는 일을 한 대가로 지급할 임금을 정산해 주는 것을 말한다. '간조'는 '간주'라고도 하는데 '일을 한 대가로 중간중간 받거나 주는 돈'을 말한다. '간조'는 주로 '주다'나 '타다', '하다'와 호응하여 쓰인다. 돈을 주는 처지에서는 '간조 한다', '간조 (해)준다'고 하고 돈을 받는 처지에서는 '간주 탄다'고 한다. 이 방언에서는 '간조' 외에 '간주'라는 말도 쓴다. 충청도에서는 '간조 보다'도 쓰인다.

57) '제정 때'는 일제 강점기 때를 말한다.

58) '마사저찌'는 '마사지다'의 활용형이다. 이 지역 방언에서는 '마사지다'가 주로 '단

단한 물체가 깨어져 여러 조각이 나다'나 '부서지거나 망가져서 못쓰게 되다'의 의
미로 쓰인다. 문맥에서는 후자의 의미로 쓰였다. '마사지다'는 '공장이나 사업체가
망하다'의 의미로도 쓰인다.

59) '마꾸'는 6미터 길이의 통나무 장작을 말한다. 이 지역 방언에서는 주로 '마끼'라고
한다. '마꾸 팬다'는 통나무 장작을 6미터 길이로 팬다는 뜻이다. 흔히 '마끼 팬다'
고 한다.

60) '목째시리'는 '목재실이'의 음성표기다. '목재실이'를 규범 표기로 하면 '목재싣기'
가 될 것이다. '목재싣기'는 '목재를 실어나르는 일'을 말한다.

61) '아ː이떵'은 '하이튼'이라고 해아 할 것을 잘못 발음한 것이다.

62) '몽성'은 '몽석'의 음성형이다. '몽석'의 말음 ㄱ이 뒤에 오는 양순음 ㅁ에 의해 역
행동화된 것이다. '몽석'은 중앙어 '멍석'에 대응하는 이 지역 방언형이다.

63) '맨드닝'은 중앙어 '만들다'에 대응하는 이 지역 방언형 '맨들다'의 활용형이다. '맨
드닝'은 '맨드넌'의 말음 ㄴ이 뒤에 오는 자음 ㄱ에 의해 역행동화된 것이다. '맨들
다'는 '맨들다, 맨들구, 맨들지, 맨드니께, 맨들어서'와 같이 활용한다.

64) '둥구멍'은 '둥구먹'의 음성형이다. '둥구먹'의 말음 ㄱ이 뒤에 오는 ㅁ의 영향으로
역행동화한 것이다. '둥구먹'은 중앙어 '둥구미' 또는 '먹둥구미'에 대응하는 이 지
역 방언형이다. 방언형 '둥구먹'은 충청도 방언에서도 사용된다. '둥구미'는 짚으로
둥글고 울이 깊게 걸어 만들어 주로 곡식이나 채소 따위를 담는 데에 쓰는 그릇이
다.

65) '어서'는 '해서'라고 말해야 할 것을 잘못 말한 것으로 보인다.

66) '저루눙'은 '저루눈'의 음성형이다. '저루눈'의 말음 ㄴ이 뒤에 오는 ㄱ의 영향을 받
아 ㅇ으로 역행동화한 것이다. '저루눈'은 '저루+눈'으로 분석된다. '저루-'는 '저루
다'의 어간이고 '-눈'은 중앙어 어미 '-는'에 대응하는 이 지역 방언형이다. '저루
다'는 '저루구, 저루지, 저루눈, 저뤄서~저러서' 등과 같이 활용하는 이 지역 방언
형으로 '씨와 날이 서로 어긋매끼게 엮어 짜다'의 뜻으로 쓰이는 말이다. 중앙어
'걷다'에 대응한다.

67) '깔'은 중앙어 '갈대'에 대응하는 이 지역 방언형이다. '깔'은 볏과의 여러해살이풀
로 높이는 1~3미터이며, 잎은 길고 끝이 뾰족하다. 줄기는 단단하고 속이 비어 있
으며 발, 삿자리, 삿갓 따위를 겯을 때 재료로 쓴다. 잎은 소의 먹이로 사용하기도
한다. 습지나 물가에서 잘 자란다.

68) '자빌루'는 '자기 스스로, 자기가'의 뜻으로 쓰이는 이 지역 방언형이다. '남의 도움
을 받지 않고 스스로'의 의미가 강하다.

69) '입썽'은 '옷'을 뜻하는 이 지역 방언 '입성'의 음성형이다.

70) '판나구'는 '판나다'의 활용형이다. '판나다'는 '천으로 된 물건이 닳아서 구멍이 나

거나 찢어지거나 하여 떨어지다'의 뜻으로 쓰이는 이 지역 방언형이다.

71) '쯔무로'는 '쯤+우로'로 분석할 수 있다. '쯤'은 벌어져 사이가 난 자리를 뜻하는 중앙어 '틈'에 대응하는 이 지역 방언형이다. '우로'는 '으로'의 이형태다.

72) '까시'가 문맥에서는 자리로 깔아 놓은 '깔자리'가 낡아서 갈라지거나 하여 가시처럼 뾰족하게 생기는 것을 말한다. 이것이 살에 들어가 부러져 있으면 '까시가 들었다'고 하고 살에 들어갔다가 빠졌을 때는 '까시에 찔렸다'고 한다.

04 거주 생활

집짓기 302

4.1. 집짓기

그러면 처:매 와가주구는 정아매다가 이르캐 지불 쪽: : 줄 마초서 다 지어
때요?

— 예, 줄 마춰서.

근대 그 지금 새루 지끼 저내는 다: 초가지비여짜너요?

— 몽땅 초가지비지.

왜: 초가지부루 그냥 나도써요? 다 벽뚤집 지꾸 그래썬는대 중국 싸람드
른?

— 아:이, 중국써 도:닌는 사람들 벽뚤집 지찌. 여기서 나 낭구루 낭구루
다: 저:찌 머:. 다: 낭구루 저 기둥이두 낭구, 산자,1) 산자 영녕 거또 낭구:,
다: 낭구루 해서 이르캐 해서 흑 뿌처서 그저 사라찌 머. 그저 그래 초가
지비지.

지붕은 멀:루 이어써요?

— 지그면: 벽뚤지부루 다 해.

아니, 그저내?

— 에애?

초가집 일 때 지붕은 멀:루 해여, 해서 이어써요?

— 저 새 때다가,2) 새.3)

새?

— 애.

거 하:양 거 피능 거 가으래?

— 어:, 밀:풀,4) 밀:풀 새:, 새라능 게 하양 거 피능 거 이러 이르키 하:
야캐 피자너.

그거 저:?

그러면 처음에 와가지고는 정암에다가 이렇게 집을 쪽 줄 맞춰서 다 지었는데요?

― 예, 줄을 맞춰서.

그런데 그 새로 짓기 전에는 다 초가집이었잖아요?

― 몽땅 초가집이지.

왜 초가집으로 그냥 놔두었어요? 다 벽돌집 짓고 그랬었는데 중국 사람들은?

― 아니, 중국에서 돈 있는 사람들은 벽돌집을 짓지. 여기서 나(무) 나무로 나무로 다 지었지 뭐. 다 나무로 저 기둥도 나무, 산자 산자 엮는 것도 나무, 다 나무로 해서 이렇게 해서 흙 붙여서 그저 살았지 뭐. 그저 그래서 초가집이지.

지붕은 뭘로 이었어요?

― 지금은 벽돌집으로 다 해.

아니, 그전에?

― 예?

초가집 일 때 지붕은 뭘로 해서, 해서 이었어요?

― 저 새 베다가, 새.

새?

― 예.

그 하얀 거 피는 거 가을에?

― 예, 밀풀, 밀풀 새, 새라는 게 하얀 것 피는 것 이렇(게) 이렇게 하얗게 피잖아.

그거 저?

― 왕쌔, 왕새.5)

그거 이르:캐 스치면 비:구 이러능 거지요?

― 에, 에에에에, 그기 왕새.

왕새.

― 예, 그다매 또: 밀푸리라능 건 밀처럼 생겨가주 꼬꼬타지, 그래 그거.

― 그다맨 조이찝,6) 조이찝뚜 마:니 이구, 그래 그르캐 사러찌.

그건 어트개 해써요? 여꺼서 이어써요, 그냥 이어써요?

― 그냥두 이:구 여꺼두 이:구 그저 좀 솜포가7) 인는 사람은 여꺼서 이:구 그다매 솜포 웂는 사람 그냥 막 이:구. 그냥 노인들 인는 지분 다: 여, 여꺼 이:구.

― 그래 후::, 다: 이구서두 꼭때기 마무리 할 째는 몰:러서 모:타는 사람두 만:치.

― 꼭따리8) 매이 용고새럴9) 트러야10) 되넌대 용고새를 틀지 모탄다 마리여, 몰:러서 모: 틀지.

― 게: 요로...

그거 요로캐 생겨찌요, 요로캐?

― 예.

양쪼그루 요로캐?

― 예, 그거 용고새라 그라지.

예.

― 용고새를 트러야 되는대 틀찌 몰러.

― 이르개 지면 이개 이리 너머가구 이개 이리 너머가구 해, 해야 되는대, 개 여기서 떼서는 요로캐 죄:가주서는 이리 드르가지. 개 이리 드르가 이짜그루 나오구 이기 드르가 요기 해가주구 이짜그루 나오지.

― 게 이리키 꺼꾸 이짜그루 가 함번 이르키 꺼꾸 두 번마내 또 이짜그루 꺼꾸 이짜개 드르가고 이르키 되지. 글 모른다 마리여.

— 억새, 억새.

그거 이렇게 스치면 베고 이러는 거지요?

— 예, 예예예예, 그게 억새.

억새.

— 예, 그다음에 또 밀풀이라는 것은 밀처럼 생겨가지고 꼿꼿하지, 그래 그거.

— 그다음엔 조짚 조짚도 많이 이고, 그래 그렇게 살았지.

그건 어떻게 했어요? 엮어서 이었어요, 그냥 이었어요?

— 그냥도 이고 엮어도 이고 그저 좀 솜씨가 있는 사람은 엮어서 이고 그다음에 솜씨가 없는 사람은 그냥 막 이고. 그냥 노인들 있는 집은 다 엮, 엮어서 이고.

— 그래 후, 다 이고서도 꼭대기 마무리 할 때는 몰라서 못하는 사람도 많지.

— 꼭찌 마냥 용마름을 틀어야 되는데 용마름을 틀지 못한다 말이야, 몰라서 못 틀지.

— 그래 요렇게...

그거 요렇게 생겼지요, 요렇게?

— 예.

양쪽으로 요렇게?

— 예, 그거 용마름이라 그러지.

예.

— 용마름을 틀어야 되는데 틀 줄을 몰라.

— 이렇게 쥐면 이게 이리 넘어가고 이게 이리 넘어가고 해, 해야 되는데, 그래 여기에서 떼서는 요렇게 쥐어가지고는 이리 들어가지. 그게 이리 들어가서 이쪽으로 나오고 이게 들어가서 요기 해가지고 이쪽으로 나오지.

— 그래 이렇게 꺾고 이쪽으로 가서 한 번 이렇게 꺾고 두 번만에 또 이쪽으로 꺾고 이쪽으로 들어가고 이렇게 되지. 그걸 모른단 말이야.

예: .

— 게서 난: 그걸 아부지 하능 거 보구 다: 배워나뜨이, 아부지 즈: 아부지덜 상사난[11] 사라문 하나두 모르지.

예.

　― 그래 난 그걸 아버지가 하는 것을 보고 다 배워놨더니, 아버지 저희
아버지들 상사난 사람은 하나도 모르지.

■ 주석

1) '산자'는 지붕 서까래 위나 고미 위에 흙을 받쳐 이엉이나 기와를 이기 위하여 가는 나무오리나 싸리나무, 수숫대 따위로 엮은 것을 말한다.

2) '때다가'는 '베다가'라고 해야 할 것을 잘못 말한 것으로 보인다.

3) '새'는 중앙어에서 볏과 식물을 통틀어 이르는 말로 쓰이지만 문맥에서는 '띠'의 뜻으로 쓰였다. 띠는 마디가 없고 꼿꼿하게 자라는 성질이 있어 이것을 베다가 엮어서 지붕을 이기도 하고 자리를 매기도 하였다. 이것을 이 지역 방언으로는 '밀풀'이라고 한다.

4) '밀풀'을 '새'라고도 한다. 중앙어의 '띠'에 대응하는 이 지역 방언형이다.

5) '왕새'는 볏과의 여러해살이풀로 높이는 1~2미터까지 자라며 잎은 긴 선 모양이다. 줄기를 베어 지붕을 이는 데나 마소의 먹이로 쓴다.

6) '조이집'은 '조이+집'으로 분석된다. '조이'는 볏과의 한해살이풀인 '조'에 대응하는 이 지역 방언형이다. '집'은 이삭을 떨어낸 줄기와 잎으로 중앙어 '짚'에 대응하는 이 지역 방언형이다. 따라서 '조이집'은 조를 탈곡하고 남은 줄기와 잎을 가리킨다. '조이'는 쌀, 보리, 콩, 기장과 함께 오곡의 하나로 밥을 짓기도 하고 떡, 과자, 엿, 술 따위의 원료로 쓴다.

7) '솜포'는 중앙어 '솜씨'에 대응하는 이 지역 방언형이다.

8) '꼭다리'는 중앙어 '꼭지'에 대응하는 이 지역 방언형이다. 충청도 방언에서도 '꼭다리'가 사용된다.

9) '용고새'는 중앙어 '용마름'에 대응하는 이 지역 방언형이다. 충청도 방언에서도 '용마름'의 뜻으로 '용고새'가 사용된다.

10) '이엉'은 '엮는다'고 하고 '용고새'는 '튼다'고 한다. 공기하는 용언이 서로 다른 것은 이엉과 용고새를 만드는 방법이 반영된 것으로 보인다.

11) '상사난'은 '상사나다'의 활용형이다. '상사나다'는 중앙어에서 '사람이 죽다'나 '사람이 돌아가다'에 대응하는 이 지역 방언형이다. 이 방언에서는 '죽다'나 '돌아가다'보다 '상사나다' 또는 '상세나다'를 주로 사용한다. '상사나다'는 한자어 '상사(喪事)'에 접미사 '-나다'가 결합한 단어로 이해된다.

05 세시 풍속

마을 고사 310
문구(게이트볼) 치는 이야기 316

5.1. 마을 고사

여기 와서두 머 고:사 지내구 이렁 거 해써요?

고:사?

동내애서, 예, 고사 지내구 머: 떠캐 노쿠 동내싸람들 가서, 사내 가서 머 우하구 우해구 그렁 거 이써써요?

— 업써. 엄는대, 엄는대 그때 깨:지 모태서 다: 그렁 건 함 번 이써찌.

— 에 저:, 너머 가무러서 비가 아 노개 대먼 과:부더리 쫄딱 뼈꾸 그다매 나가 물 뿌려 가먼서 춤추구 막 끄저 서루 서루 즈내끼리 물 뿌려 가머서 춤추구 그라구 가주가서 자버 가주가서 어:: 그래니까 달그 잡뜬지 돼:지 대가릴 가주 가든지 이르태기 가주 가가주구 샘치무린는 대¹⁾ 가서 우애두²⁾ 보구 이렁 건 이써써요.

비 아놔서?

— 음:, 비 너무 가무러서.

— 그라구 이:상철 씨라구, 이상철 씨라구 그저내 이상철 씨라구 이썬는대 그:: 이상철 씨 따리 항:국 깡 개 이써요, 지금.

— 근데 그부니 주거찌마는 그부니 또 지시기 만:씀니다.

— 근데 그부니 뭐 하능가 하니까 에: 뭐 핸능가 하니깐 농사질³⁾ 하면서 그: 저: 머여, 자기 아내가 아러찌, 에핀내가.⁴⁾

— 아 여자가 안식꾸가 아러찌 머 그냥.

— 알른데 어트개 아런능가 하개 대먼 반: 싸구재처,⁵⁾ 싸우재처럼⁶⁾ 이르캐 돼: 가주서 어떤 때는 정시니 조아서 다: 식싸랑 하구 가치 이르캐 하구 어떤 때는 또 어: 밥뚜 아나구 그냥 도러댕기기만 하구 이래찌.

— 그라다 점점점점점점점 시:매가주구 어트개 됀:능가 하니까 지배서 알캐 돼:찌.

여기 와서도 뭐 고사 지내고 이런 거 했어요?

― 고사?

동네에서, 예, 고사 지내고 뭐 떡을 해놓고 동네 사람들이 가서, 산에 가서 뭐 위하(고) 위하고 그런 거 있었어요?

― 없어. 없는데, 없는데 그때 깨치지 못해서 다 그런 것은 한 번 있었지. 에 저, 너무 가물어서 비가 안 오게 되면 과부들이 홀딱 벗고 그다음에 나가서 물을 뿌려 가면서 춤을 추고 막 그저 서로서로 자기네끼리 물을 뿌려 가면서 춤을 추고 그리고 가져가서 잡아 가져가서 에 그러니까 닭을 잡든지 돼지 대가리를 가지고 가든지 이렇게 해서 가지고 가서 샘물이 있는 데에 가서 위해도 보고 이런 건 있었어요.

비가 안 와서?

― 음, 비가 너무 가물어서.

― 그리고 이상철 씨라고, 이상철 씨라고 그전에 이상철 씨라고 있었는데 그 이상철 씨 딸이 한국 간 게 있어요, 지금.

― 그런데 그분이 죽었지만 그분이 또 지식이 많습니다.

― 그런데 그분이 뭐 하느냐 하면 에 뭐 했는가 하면 농사지으면서 그저 뭐야, 자기 아내가 앓았지, 여편네가.

― 아 여자가 안식구가 앓았지 뭐 그냥.

― 앓는데 어떻게 앓았는가 하면 반 정신병자처(럼) 정신병자처럼 이렇게 돼서 어떤 때는 정신이 좋아서 다 식사도 하고 같이 이렇게 하고 어떤 때는 또 어 밥도 안 하고 그냥 돌아다니기만 하고 이랬지.

― 그러다가 점점점점점점점 심해가지고 어떻게 되었는가 하면 집에서 앓게 됐지.

– 누구 알런대, 누구 알란데 그냥 그저 쫄딱 뼈꾸 그냥 배까태⁷⁾ 나와
댕길 때두 이꾸.

  – 우티 하나 안 닉꾸 그냥 댕길 때두 이꾸 그래서 몬: 나오개 가따 가
도:찌.

  – 나미 보기 영상하다구⁸⁾ 그다매 가도찌, 가둔 다매 점점 더 하거든.

  – 게 이걸 고칠라구 항:구개 거 열라글 해가주구 항구게서 한다는 어:
정 잉는 사라미 와써.

  – 정 잉는 사라미 와가주구 어: 그러니까 처으매 야:드래⁹⁾ 똥아늘 정
을 일거찌.

  – 일건는대 그때 익꾸서 그다매 뭐 대¹⁰⁾ 자꾸¹¹⁾ 뭐: 대: 대르 자꾸 그
다매 무슨 신:장으¹²⁾ 자꾸.

  – 신장대:¹³⁾ 아시는지 모르개써요.

예 예.

  – 신장 거.

소나무 이러캐?

  – 에, 그건 대:구.

예.

  – 그다으매 신장이라능 개 또 이찌.

  – 낭구때기, 낭구때기 끄트머리 이른 요런 저 요마:니 굴궁 나무때기
끄트머리애다가 그: 멀쑤리, 멀쑤시를¹⁴⁾ 이르캐 다라가주구 또 이르캐 전
능 기 신장이구.

아 이르캐 종이가틍 거 이르캐 머리숟까치 이르캐 하능 거?

  – 어 어.

  – 그개 아주 신장이라능 게 또 이끄덩.

예.

  – 그다맨 음 가서 야드래 똥안 일건는대 야드래 똥안 신장을 들구 댕

－ 누구 앓는데, 누구 앓는데 그냥 그저 홀딱 벗고 그냥 밖에 나와 다닐 때도 있고.

　－ 옷 하나도 안 입고 그냥 다닐 때도 있고 그래서 못 나오게 갖다 가뒀지.

　－ 남이 보기 남사스럽다고 그다음에 가뒀지, 가둔 다음에 점점 더 하거든.

　－ 그래 이걸 고치려고 한국에 그 연락을 해가지고 한국에서 한다는 에경 읽는 사람이 왔어.

　－ 경 읽는 사람이 와서 에 그러니까 처음에 여드레 동안을 경을 읽었지.

　－ 읽었는데 그때 읽고서 그다음에 뭐 대 잡고 뭐 대, 대를 잡고 그다음에 무슨 신장을 잡고.

　－ 신장대 아시는지 모르겠어요.

예 예.

　－ 신장 그거.

소나무 이렇게?

　－ 에, 그건 대고.

예.

　－ 그다음에 신장이라는 게 또 있지.

　－ 나무때기, 나무때기 끄트머리 이런 요런 저 요만하게 굵은 나뭇가지 끄트머리에다가 그 머리술, 머리술을 이렇게 달아가지고 또 이렇게 젓는게 신장이고.

아, 이렇게 종이 같은 거 이렇게 머리술같이 이렇게 하는 거?

　－ 어 어.

　－ 그래 아주 신장이라는 게 또 있거든.

예.

　－ 그다음에 음 가서 여드레 동안 읽었는데 여드레 동안 신장을 들고

기먼서 막: 이러덩구먼, 우리 어려서 보니까.

　－ 게 드르가서 대두 자꾸 막 그래, 그래더니 그다맨 쪼굼 나:따 그리야.

　－ 나따 그러드니 한: 양년[15] 된능가, 양년 된 다매 또 그러타 마리여.

　－ 그다매 또 불러와찌, 게 불러와서 돈 마이 써써.

　－ 또 불러다가는 그다맨 인재 경으 익찌, 경으 익깐대 보롬 해써, 보롬 딱 뽀롬.

　－ 그런대 그다매는 하아:: 신장을 들구, 들구 막 그 여자 인는대 가서 막 때리기두 하구 막 이란다 마리여.

　－ 그 그래서 대럴 자버, 우리는 진시링가 아러찌.

　－ 게서 떡 쥐구서 대르 쥐구서 그 사래미 막:: 일그면 서루 떨면서 대가 떨면서 이르키 가자는 대루 간다마, 대가 가자는 대루 간다 마리여.

　－ 그러더니 그다맨 가서 거 여자 인는대 가 대럴 그냥 삭: 문대주구 막 이러덩군.

　－ 게 경 잉는대 보롬 뚱아내 돈니 얼마 드르가개써요, 움넌 움넌 살림사리애.

　－ 그래서 그다맨 거기서 그라능 거 보구 그라드니 마지마개는 이기 도깨비병이다 결로니 이르키 내려와찌.

　－ 그래서 죽끼는 주거써. 게 죽꾸 인저 후처해가주구[16] 거 저: 난 자식뚜 이꾸 본처애서 난 자식뚜 이꾸 그래. 여그 와서 이상처리가 주거찌.

　－ 게 그런 니르 한 번 봐:써써.

다니면서 막 이러더구먼, 우리가 어렸을 때 보니까.

　– 그래 들어가서 대도 잡고 막 그래, 그러더니 그다음엔 조금 낫다 그래.

　– 낫다 그러더니 한 두 해 됐던가, 두 해 된 다음에 또 그렇단 말이야.

　– 그다음에 또 불러 왔지, 그래 불러와서 돈 많이 썼어.

　– 또 불러다가는 그다음엔 이제 경을 읽지, 경을 읽는데 보름 했어, 보름 딱 보름.

　– 그런데 그다음에는 아 신장을 들고, 들고 막 그 여자 있는 데 가서 막 때리기도 하고 막 이런단 말이야.

　– 그 그래서 대를 잡고, 우리는 진실인 줄 알았지.

　– 그래서 떡 쥐고 대를 쥐고 그 사람이 막 (경을) 읽으면 서로 떨면서 대가 떨면서 이렇게 가자는 대로 간단 말(이야), 대가 가자는 대로 간단 말이야.

　– 그러더니 그다음에는 가서 그 여자 있는 데 가서 대를 그냥 막 문질러주고 막 이러더구먼.

　– 그래 경읽는데 보름 동안에 돈이 얼마나 들어가겠어요, 없는 없는 살림살이에.

　– 그래서 그다음에는 거기에서 그러는 것을 보고 그러더니 마지막에는 이게 도깨비병이다 결론이 이렇게 나왔지.

　– 그래서 죽기는 죽었어. 그래 죽고 이제 후처를 해가지고 그 저 난 자식도 있고 본처에서 난 자식도 있고 그래. 여기 와서 이상철이가 죽었지.

　– 그래 그런 일은 한 번 봤어.

5.2. 문구(게이트볼) 치는 이야기

─ 드러가?

예.

─ 가정이 치구 시퍼여지.

거기 뭉구 치는대 두 군대 대요? 거기두 미태두 이꾸 우예두 이꾸.

─ 예:

하라부지 주로 어디 가셔요? 저 미태?

─ 미태 가두 미테두 가 노러두 되구 우에 가 노러두 되구.

─ 사:람 인는 데 가 노러요.

─ 사람 하패 열: 이상 되야 그다메 가: 놀지.

─ 겐데 그게.

─ 밤 머건니?

─ 그게 널비가17) 얼망가 하니까.

─ 야. 너.

─ 이짜그루 열 메다

─ 거 호미는 꼭 까주 오란다 야 압찝 아주마이.18)

─ 이짜그루 열 메다거덩. 그래 이기 스무 메다라 마리여.

─ 그거 가주 오라. 빨리 시간이 오른다.

─ 스무 메다 기럭찌가.19)

─ 그러게 되먼 스무 미다 기럭찌에서.

─ ***

─ 이르키 그 뽀르 바:꾸,20) 바:꾸서 망치루21) 툭 때리는 거.

─ 저::기 끄트머리 가 있는 뽀리 탁:탁 마저서 나가.

─ 그르키, 그리구 그르키 안 그라면 *운다 마리여.

- 들어가?
- 예.
- 가정이 치고 싶어야지.
- 거기 문구(게이트볼)차는 데 두 군데 돼요? 거기도 밑에도 있고 위에도 있고.
- 예.
- 할아버지는 주로 어디로 가셔요? 저 밑에?
- 밑에 가도 밑에도 가 놀아도 되고 위에 가 놀아도 되고.
- 사람 있는 데 가서 놀아요.
- 사람 합해서 열 (명) 이상 되어야 그다음에 가서 놀지.
- 그런데 그게.
- 밥 먹었니?
- 그게 너비가 얼마인가 하면.
- 야. 너.
- 이쪽으로 10 미터.
- 거 호미는 꼭 가지고 오란다 야 앞집 아주머니가.
- 이쪽으로 10미터거든 그래 이게 20미터란 말이야.
- 그거 가지고 와라 빨리, 시간이 오래다.
- 20미터, 길이가.
- 그렇게 되면 20미터 길이에서.
- ***
- 이렇게 그 기둥을 밟고, 밟고서 게이트볼 몰렛으로 툭 때리는 거.
- 저기 끄트머리에 가 있는 볼이 탁탁 맞아서 나가.
- 그렇게, 그리고 그렇게 안 그러면 *운다 말이야.

한 이 한 4메다 5메다 되는 데서는 요러케 저눠가지구[22] 맞춰야지요.

― 게 마추는 거 그거 마추게 되면 그가 이:기지.

예.

― 그래 **간적 시각에 들어가서 오 분 노코 하는데 오 분 노코, 오 분 노코

― 다른 사람의 점수가 많은데 오 분 노코서넌 이짝에 점수 하나두 움는 사람이 이써.

― 오 분을 노쿠서넌 그 사람 점수를 초과할 때가 있지.

― 게: 그때는 또 이긴다 마리여.

예.

― 하이튼 이게: 그: 심지[23] 뽀블 때 조:럴, 조:럴 잘 쉐야지 뭐.

― 조가 항 개 조 다서시면 다서시 거 손이 맞아야 되지, 그기.

― 그래 그거 한데 과:연 그거뚜 재미이써.

― 매:일 그저 그게 줌 그 머거따 이러따 머거따 이러따 그저 매:일 그저.

그래서 더 재미짜나요.

― 그래 머가 조은가 하게 되면 운동이 된다 마리여, 사라미.

그러치요. 와따 가따 하고.

― 예: 와따 가따 하면서.

― 게 이르카구 안자 화토나 놀고 등은 다: 여기에 쏘:구,[24] 다리가서 또: 그냥 그러치.

― 그 내가 운동하구 들어오면 몸이 거뿐하지[25] 머.

― 그러키 그러키 사라야지 머.

― 에헤헤헤헤.

아 그러케 샤셔이지.

그래이지 겅강하지요.

― 그래 이기 새:카매저짜너요.

한 이 한 4미터 5미터 되는 데서는 요렇게 겨눠가지고 맞춰야지요.

− 그래 맞추는 거 그거 맞추게 되면 그가 이기지.

예..

− 그래 **간적 시각에 들어가서 오 분 놓고 하는데 오 분 놓고, 오 분 놓고.

− 다른 사람의 점수가 많은데 오 분 놓고서는 이쪽이 점수가 하나도 없는 사람이 있어.

− 오 분을 놓고서는 그 사람 점수를 초과할 때가 있지.

− 그래 그때는 또 이긴단 말이야.

예.

− 하여튼 이게 그 제비뽑을 때 조를, 조를 잘 쥐어야지 뭐.

− 조가 한 개 조가 다섯이면 다섯이 그 손이 맞아야 되지, 그게.

− 그래 그거 하는데 과연 그것도 재미있어.

− 매일 그저 그게 좀 그 먹었다 잃었다 먹었다 잃었다 그저 매일 그저.

그래서 더 재미있잖아요.

− 그래 뭐가 좋은가 하면 운동이 된단 말이야, 사람이.

그렇지요. 왔다 갔다 하고.

− 예 왔다 갔다 하면서.

− 그래 이렇게 하고 앉아서 화투나 하고 등은 다 여기에 쏘고, 다리가 또 그냥 그렇지.

− 그 내가 운동하고 들어오면 몸이 거뿐하지 뭐.

− 그렇게 그렇게 살아야지 뭐.

− 에 헤헤헤헤.

아, 그렇게 사셔야지.

그래야지 건강하지요.

− 그래 이게 새카매졌잖아요.

- 아 이거뚜 쌔까매지구.
- 선생처러 그...

- 아 이것도 새카매지고.
- 선생님처럼 그...

1) '샘치무린는 대'는 '샘치물 있는 데'의 음성형이다. '샘치물'은 '샘치＋물'로 분석된다. '샘치'는 중앙어 '샘'에 대응한다. '샘치물'은 샘에서 솟아나는 물이다.

2) '우애두'는 '우하다'의 활용형 '우해두'의 음성형이다. '우하다'는 물건이나 사람을 소중하게 여긴다는 뜻이므로 문맥에서는 '샘물'을 소중하게 여겨 부정타지 않게 한다는 의미가 있다.

3) '농사질'은 중앙어의 '농사일' 또는 '농사'에 대응하는 이 지역 방언형이다. 중앙어에서는 명사에 접미사 '-질'이 붙으면 주로 좋지 않은 행위에 비하하는 뜻을 더하는 기능을 하는데 이 지역 방언에서는 '비하'의 의미가 없이 쓰이는 것이 특징이다.

4) '에핀내가'는 중앙어 '여편네가'에 대응하는 이 지역 방언형이다. '에핀내'는 결혼한 여자를 낮잡아 이르는 말로 '여편네'에 기원한다.

5) '싸구재'는 '미친 사람, 미치광이'를 뜻하는 이 지역 방언형이다. 미친 사람을 '싸구재' 외에 '싸우재'라고도 한다. 연변 조선족 말에서는 '싸구재, 쌰구재, 싸귀재' 등의 이형태가 쓰인다.

6) '싸우재'는 '미친 사람, 미치광이'을 뜻하는 이 지역 방언형이다. 미친 사람을 '싸우재' 외에 '싸구재'라고도 한다. 제보자가 처음에는 '싸구재'로 발음한 다음 나중에는 '싸우재'로 수정하여 발음한 것으로 보아 '싸우재'가 올바른 어형이라고 인식하고 있는 것으로 보인다.

7) '배까태'는 '배깥＋애'로 분석할 수 있다. '배깥'은 사방, 상하를 덮거나 가리지 아니한 곳으로 집채의 바깥을 이른다. '배깥'은 중앙어 '바깥'에 대응하는 이 지역 방언형이다. 충청도에서도 '배깥'이 쓰인다.

8) '영상하다'는 '체면이 깎일 일을 당하여 부끄럽다'는 뜻으로 쓰이는 이 지역 방언형이다. 연변 방언에서는 '영사하다'로 쓰인다(곽충구, 2919 ≪두만강 유역의 조선어 방언 사전≫ 참조).

9) '야드래'는 중앙어 '여드레'에 대응하는 이 지역 방언형이다. '야드래'는 여덟을 뜻하는 '으듧'과 관련이 있는 말이다.

10) '대'는 무당이 신장(神將)을 내릴 때에 쓰는 막대기나 나뭇가지를 뜻하는 '신장대'의 준말이다.

11) '자꾸'는 중앙어 '잡다'의 활용형 '잡고'에 대응하는 이 지역 방언형 '잡구'의 음성형이다. 연구개음화에 의해 '잡구→잡꾸→작꾸→자꾸' 또는 '잡구→작구→작꾸→자꾸'의 과정을 거친 것으로 보인다.

12) '신장(神將)'은 본래 귀신 가운데 무력을 맡은 장수신으로 사방의 잡귀나 악신을 몰

아내는 것을 말하는데 '신장대'의 의미로도 쓰인다. 이 지역 방언에서는 '신장'이 중앙어 '신장대'의 의미로 쓰일 때는 길고 곧은 막대기에 장식 수술을 단 것을 말한다.

13) '신장대'는 무당이 신장(神將)을 내릴 때에 쓰는 막대기나 나뭇가지로 흔히 가지가 사방으로 고르게 잘 뻗은 소나무 순 부분을 이용한다.

14) '먿수실'은 '머릿수실'의 준말로 보인다. 신장에 여러 개의 머리카락처럼 장식한 수실을 말한다.

15) '양년(兩年)'은 '두 해'를 뜻하는 이 지역 방언형이다. 우리말 한자어로는 '이 년'인데 '이' 발음은 중국어 '壹(一)'을 뜻하는 발음이 [yī]이므로 '이 년'이라고 하면 '일년'과 혼동할 염려가 있어 우리말 貳年(二年)'과 혼동하지 않게 '양년'으로 발음하는 게 낫다고 한다.

16) '후처해'는 '후처하다'의 활용형이다. '후처'는 죽은 아내나 이혼한 아내에 뒤이어 나중에 새로 맞아들인 아내를 말한다. '후처하다'는 중앙어 '재혼하다'에 대응하는 이 지역 방언형이다.

17) '널비'는 '넓이'의 음성형이다. 여기에서의 '넓이'는 '너비'의 뜻으로 쓰였다.

18) '아주마이'는 중앙어 '아주머니'에 대응하는 이 지역 방언형이다.

19) '기럭지'는 중앙어 '길이'에 대응하는 이 지역 방언형이다. '기럭지'는 충북방언에서도 사용되는 어형이다.

20) '바ː꾸'는 중앙어 '밟다'의 활용형 '밟고'에 대응하는 이 지역 방언형 '밟구'의 음성형이다.

21) '망치'는 게이트볼에서 공을 칠 때 사용하는 '게이트볼 몰렛'을 말한다. 용어를 몰라 망치같이 생겨서 '망치'라고 표현한 것이다. 긴 손잡이와 끝에 몰렛 머리가 있다. 몰렛 머리는 한쪽이 평평하고 다른 쪽이 구부러져 있어서 공을 정확하게 칠 수 있다. 몰렛은 사용자의 키에 따라 다양한 길이가 있다.

22) '저눠가지구'는 '저눠+가지구'로 분석할 수 있다. '저눠'는 중앙어 '겨누다'의 활용형 '겨눠'의 구개음화형이고 '가지구'는 중앙어 '가지다'의 활용형 '가지고'에 대응하는 이 지역 방언형이다. '저눠가지구'는 중앙어 '겨눠서' 정도로 바꿔쓸 수 있다.

23) '심지'는 여럿 가운데 어느 하나를 골라잡게 하여 거기에 미리 적어 놓은 기호나 글에 따라 승부나 차례 따위를 결정하는 방법 또는 그것에 쓰는 종이나 물건을 뜻하는 중앙어 '제비'에 대응하는 이 지역 방언형이다. '심지'는 충청북도 방언에서도 사용된다. 보통 '심지뽑기', '심지 뽑는다'의 꼴로 쓰이는데 각각 중앙어 '제비뽑기', '제비 뽑는다'에 대응하는 이 지역 방언형이다.

24) '쏘구'는 '무엇이 쑤시고 찌르는 것처럼 아프다'는 뜻으로 쓰이는 이 지역 방언 '쏘다'의 활용형이다. 예문에서는 앉아서 화투놀이를 오래하면 등이 쑤시고 아프다는

뜻으로 쓰였다.

25) '거뿐하지'는 '몸의 상태가 거볍고 상쾌하다'는 뜻으로 쓰이는 '거뿐하다'의 활용형
   이다. '거뿐하다'보다 가볍고 밝은 말로 '가뿐하다'가 있다.

06 전설과 설화

지성이와 감천이 326

6.1. 지성이와 감천이[1)]

— 엔:나래 압찌배 에:: 지가라는, 저:: 뒤찌배 지가라는 사라미 이꾸 압찌배 에:: 강가라는[2)] 사라미 이써요.

— 그랜데 서루 이러키 지나다나니까 고만 아쩌, 아:쯔개버터 크는대 두:리 가치 크능 개 영:: 재미깨 잘: 크지.

— 그래 야:드리[3)] 커서 한 열 때여서 쌀 넹기 머거찌.

— 게 열때여 쌀, 한 그저 열릴곱 싸리나 열때: 쌀 머건는대 거 자기 아부지가 하능 거 늘:쌍 그 낼: 시늘 집씨늘 삼는다 마리여 집씬.

— 게 야:드리 그걸 찬:아니 봐찌.

— 보니까 자기두 할 만하거딩.

— 그래서 저녀기면 집씬 상:꾸 나재는 또 싱: 싱:꾸 가구.

— 게 두 핵꾜두 두:리 가치 댕기구.

— 이르캐 노라따 마리여.

— 노런넌데 압찌비: 강: 씨란[4)] 사라미 그냥:: 그 그: 지성이내 지비 놀러 오지.

— 게 놀러 오넌대 가치 놀먼서 집씬 삼넌데 게 놀러 오니까 영::[5)] 집씨늘 잘: 삼:꺼등.

— 그래다가 그르캐 하구 생화르 인재 그냥 지내다가 그다맨 이 지성이라는 사라미 자기 어무이가[6)] 알캐 돼:써.

— 자기 어머이가 알런데 아::무리 야글 써도 자기 어머이가 이르나야지.

— 이러나지 안는다 마리여.

— 그래서 어느 점재이가 하는 마리 저멀 처두 안 대구 해서 점재이가 와서 저멀, 저멀 하나, 그때는 점 처따 마리여.

— 게 저멀 함번 처보니까 야: 사내 가야 야걸 구해지 느:드른[7)] 사내

- 옛날에 앞집에 에 지가라는, 저 뒷집에 지가라는 사람이 있고 앞집에 강가라는 사람이 있어요.
- 그런데 서로 이렇게 지내다보니까 고만 아이 적, 아이 적부터 크는데 둘이 같이 크는 게 아주 재미있게 잘 크지.
- 그래 애들이 커서 한 열대여섯 살 넘게 먹었지.
- 그래 열대여섯 살, 한 그저 열일곱 살이나 열댓 살 먹었는데 그 자기 아버지가 하는 것을 늘상 그 내일 신을 짚신을 삼는단 말이야 짚신.
- 그래 애들이 그걸 찬찬히 봤지.
- 보니까 자기도 할 만하거든.
- 그래서 저녁이면 짚신 삼고 낮에는 또 신(고) 신고 가고.
- 그래 둘(이) 학교도 둘이 같이 다니고.
- 이렇게 놀았단 말이야.
- 놀았는데 앞집의 강씨란 사람이 그냥 그, 그 지성이네 집에 놀러 오지.
- 그래 놀러 오는데 같이 놀면서 짚신 삼는데 그래 놀러 오니까 아주 짚신을 잘 삼거든.
- 그러다가 그렇게 하구 생활을(하고) 이제 그냥 지내다가 그다음에는 이 지성이라는 사람이 자기 어머니가 앓게 되었어.
- 자기 어머니가 앓는데 아무리 약을 써도 자기 어머니가 일어나야지.
- 일어나지 않는단 말이야.
- 그래서 어느 점쟁이가 하는 말이 점을 쳐도 안 되고 해서 점쟁이가 와서 점을 점을 하나, 그때는 점을 쳤단 말이야.
- 그래 점을 한번 쳐 보니까 야, 산에 가야 약을 구하지 너희들은 산에

가서 야걸 모: 꾸하면 느 어머이는 노친다.

— 이르키 마라거던.

— 그래 어디루 가랴:, 사늘 어디루 가면 야걸 구해능가 하구 무러보니까.

— 그래 네 가구 시푼 디루 가야 된다 이래거든.

— 그래니 혼자는 갈 쑤 어:꾸, 사내 혼자는 갈 쑤 어꾸.

— 그래 이르카구 인는 어가내[8] 지성이가 감청이내 지비루 가써.

— 가가주 이르캐 감처이두 집씨늘 삼:꺼든.

— 집씨늘 잘:: 삼는다 마리여.

— 사무니까 지성이가 거 뿍띠기[9] 뜨더 내구 머 어짜구 하는대 카럴 그냥 여기다 노쿠 집씨늘 삼는다 마리여.

— 저: 터린능 거 뜨더 내구 이르카구 이떠이.

— 게 지성이가 가서 거이 다 상:꾸 인저 이 쫑언[10] 이:: 신총언 다: 뽀버찌 여까지.

— 겐데 여기서버터 해:나가가주구 인저 굼치럴[11] 안치면 되거덩:.

— 굼치럴 신, 집씬 굼치럴 안치면 되거덩.

— 그럴 때 야:가 다리럴 쭉: 뻐꾸서넌 발꼬라개다가 걸:구 이재 이러카구서넌 집씨늘 이르캐 삼:는대.

— '아: 너 집씬 잘: 삼는다' 하면서 나:르 뚝 끄너나따 마리여 칼루.

— 그래니까 감청이라는 사라미 "아우 그거 다: 사뭉 거 어째 이래써? 이잰 이거에는 모:타우."

— 그래가주서 그: 그다매는 또 줴뿌려따[12] 마리여.

— 게 또 하나 시자가지.

— 사흘 나흘 한 대:여쌔르 댕기면서 그: 나르 끄너놔찌.

— 끄너 노니까 그냥: 승지를 부리지 앙쿠 그냥: 그저 사라미 그 마미 그 마이람 마리여.

가서 약을 못 구하면 너희 어머니는 놓친다.

‒ 이렇게 말하거든.

‒ 그래 어디로 가나, 산을 어디로 가면 약을 구하는가 하고 물어보니까.

‒ 그저 '네가 가고 싶은 데로 가야 된다' 이러거든.

‒ 그러니 혼자는 갈 수 없고, 산에 혼자는 갈 수 없고.

‒ 그래 이렇게 하고 있는 어간에 지성이가 감청이네 집으로 갔어.

‒ 가가지고(보니까) 이렇게 감천이도 짚신을 삼거든.

‒ 짚신을 잘 삼는다 말이야.

‒ 삼으니까 지성이가 북데기 뜯어내고 뭐 어쩌고 하는데 칼을 그냥 여기다 놓고 짚신을 삼는단 말이야.

‒ 저 털 있는 것을 뜯어내고 이렇게 하고 있더니.

‒ 그래 지성이가 가서 거의 다 삼고 이제 이 총은 신총은 다 뽑았지 여기까지.

‒ 그런데 여기서부터 해나가가지고 이제 뒷굽을 앉히면 되거든.

‒ 뒷굽을 신, 짚신 뒷굽을 앉히면 되거든.

‒ 그럴 때 얘가 다리를 쭉 뻗고는 발가락에다 걸고 이제 이렇게 하고는 짚신을 이렇게 삼는데.

‒ '아 너 짚신 잘 삼는다' 하면서 날을 툭 끊어놨단 말이야 칼로.

‒ 그러니까 감천이라는 사람이 "아우 그거 다 삼은 거 어째서 이랬어? 이젠 이것에는 못 하오."

‒ 그래가지고 그, 그다음에는 또 내버렸단 말이야.

‒ 그래 또 하나 시작하지.

‒ 사흘 나흘 한 대엿새를 다니면서 그 날을 끊어놨지.

‒ 끊어 놓으니까 그냥 성질을 부리지 않고 그냥 그저 사람이 그 마음이 그 마음이란 말이야.

- 아, 마미 조타.

- 게: 이 사라미 약째를 구해러 가갠는대 다른 사람 봐도 모르개꺼덩, 그래 마으므 떠바찌.

- 그래가주서넌 그다맨 할라런[13] 감청이한태 무러찌.

- "어, 우리 어머니가 이르키 오래 알런대 야글 쓸라이 야겁꾸, 사내 가야 야걸 구핸다넌대, 사내 가야 야걸 구핸대 이거 가치 줌 앙 가갠능가?" 무러찌.

- 무르니까 그다맨 이: 감청이가 가:자구 한다 마리여.

- 어째 아푼 사라물 보구서 약 꾸해러 가는대 네 혼자 가갠능가 가치 가자구.

- 게: 가치 떠나찌.

- 그때 살:: 쩌 가정이 골라나구 살래야 살 쑤가 업쓰니까 멀: 가주구 뜨간능가[14] 하니까 개떡, 개뜨기라능 개 이써.

- 그: 항구게서두 잘: 알개찌만 개떠글 하나 싸구 가마치럴[15] 글거서 그다매 쪼꿈 싸구.

- 이러카구서넌 사내 가땀 마리여.

- 가니까 아::무리 도러댕기두 약째럴 구핼 쑤가 이써야지. 무순 야걸 써야 되는지.

- 아무리 도러댕기두 이사, 하루는 이 사내 가구 하루는 저 사내 가구 하루는 저 음: 동서남부구루 다: 댕기두.

- 게: 여쌘 날 되는 날, 이랜대 이 감청이가 아이 가자는 마른 아나지.

- 하여간 자꾸 따라간다 마리여.

- 게 따라가서 그다맨 따라티[16] 여쌘 날 되는 어후[17] 즘심[18] 머꾸 사내 가서 점스물[19] 머꾸 야: 약째럴 어트개 구해야갠나 근시마면서 두리 얘기하지.

- 게 얘기할 씨 이재 즘심 머꾸 나니까 어후 어다 해가 인재 증시미[20]

- 아, 마음이 좋다.
- 그래서 이 사람이 약재를 구하러 가야 되겠는데 다른 사람을 봐도 모르겠거든, 그래서 마음을 떠봤지.
- 그래가지고는 그다음에는 하루는 감청이한테 물었지.
- "어, 우리 어머니가 이렇게 오래 앓는데 약을 쓰려니 약이 없고, 산에 가야 약을 구한다는데, 산에 가야 약을 구하는데 이거 같이 좀 안 가겠는가?" 물었지.
- 물으니까 그다음에는 이 감청이가 가자고 한단 말이야.
- 어째 아픈 사람을 보고서 약을 구하러 가는데 너 혼자 가겠는가 같이 가자고.
- 그래 같이 떠났지.
- 그때 살(기) 저 가정이 곤란하고 살려야 살 수가 없으니까 뭘 가지고 떠났는가 하면 개떡, 개떡이라는 게 있어.
- 그 한국에서도 잘 알겠지만 개떡을 하나 싸고 누룽지를 긁어서 그다음에 조금 싸고.
- 이렇게 하고서는 산에 갔단 말이야.
- 가니까 아무리 돌아다녀도 약재를 구할 수가 있어야지. 무슨 약을 써야 되는지.
- 아무리 돌아다녀도 이산, 하루는 이 산에 가고 하루는 저 산에 가고 하루는 저 음: 동서남북으로 다 다녀도.
- 그래 엿새 날 되는 날, 이런데 이 감청이가 안 가자는 말은 안 하지.
- 하여간 자꾸 따라간단 말이야.
- 그래 따라가서 그다음엔 따라다닌 엿새 날 되는 오후 점심 먹고 산에 가서 점심을 먹고 약 약재를 어떻게 구해야 되겠나 근심하면서 둘이 얘기하지.
- 그래 얘기할 때 이제 점심 먹고 나니까 오후 ** 해가 이제 점심이

대따가 이르키 서쪼개 ***.

— 게 동쪽 켜내를 떡: 바라보니까 저:: 아래서 머가 빤짝 빤짝 빤짝 빤짝한다 마리여.

— 그래 "저개 머이냐?" 하구 "저 보이니? 저거 보이니?" 하니까 아 지성이가 이따가서 보인다 한다 마리여.

— 그게 저게 보자, 우리 저기 멍가 하구 줌 가보자.

— 그래 두:리 가써.

— 가니까 아::무거뚜 업땀 마리여.

— 사내서 샘침무리[21] 쪼:꼼 나오는데 쫄쫄쫄쫄쪼 하구 쪼:꼼 나오는데 아:무거뚜 우꼬 샘침물만 그저 흐르능 개 이찌.

— 게 그냥, 그냥 두:리서 그냥 도러와따 마리여.

— 치릴랄 드는대 치릴랄 아치매 밤 자먼서 유길라래 도러와가주구 시빌랄[22] 아치개[23] 밤 자먼서 가마::니 생가개 보니까 그기 먼지 알 쑤가 이써? 그 어째 그르캐 비치능가?

— 게 또 제자리럴 가서 또 내리다 바따. 즘심 머꾸 또 내리다 바따 마리여.

— 네리다 보니까 또 반짝 반짝 반짝 반짝 반짜가거든. 해서 괴상하다:.

— 그럼 또 가보자.

— 가면 읍땀 마리여.

— 데비[24] 제자리럴 올러와서 또 내리다 바:찌.

— 그랭깨 또 반짝 반짝 반짝 반짜 한다 마리여.

— 그래서 지성이가 생가가기럴 누내 띠능 개 저거배낀 엄는데 함번 가보자.

— 가서 줌 찬::차이 줌 살펴바라.

— 그래가주선 또: 내리가따 마리여.

— 게 이렌날 되는날 오후애 가서 찬:차이 보구서넌 척 보니까 머가 인

되었다가 이렇게 서쪽에 ***.

- 그래 동쪽 편을 떡 바라보니까 저 아래서 뭐가 반짝 반짝 반짝 반짝 한단 말이야.

- 그래 "저게 뭐냐?" 하고 "저거 보이니? 저거 보이니?" 하니까 아 지성이가 있다가 '보인다' 한단 말이야.

- 그래 저기 가보자, 우리 저게 무엇인가 하고 좀 가보자.

- 그래서 둘이 갔어.

- 가니까 아무것도 없단 말이야.

- 산에서 샘물이 조금 나오는데 쫄쫄쫄쫄쫄 하고 조금 나오는데 아무것도 없고 샘물만 그저 흐르는 게 있지.

- 그래 그냥, 그냥 둘이서 그냥 돌아왔단 말이야.

- 이렛날 드는데 이렛날 아침에 밤에 자면서 엿샛날에 돌아와가지고 열흘날(엿샛날) 아침에 밤에 자면서 가만히 생각해 보니까 그게 뭔지 알 수가 있어? 어째 그렇게 비치는가?

- 그래서 또 제자리에 가서 또 내려다 봤다. 점심 먹고 또 내려다 봤단 말이야.

- 내려다 보니까 또 반짝 반짝 반짝 반짝 하거든. 그러니 괴상하다.

- 그럼 또 가보자.

- 가면 없단 말이야.

- 도로 제자리로 올라와서 또 내려다 봤지.

- 그러니까 또 반짝 반짝 반짝 반짝 한단 말이야.

- 그래서 지성이가 생각하기를 눈에 띄는 게 저것밖에 없는데 한번 가보자.

- 가서 좀 찬찬히 좀 살펴봐라.

- 그래가지고는 또 내려갔단 말이야.

- 그래서 이렛날 되는 날 오후에 가서 찬찬히 보고는 척 보니까 뭐가

능가 하니까 요마ː난, 요마ː난 깨구래이가,25) 깨구래이가 등때기애서 등때기애서 비츨 낼 때 이꾸 안 낼 때 이따 마리여.

— 그래서 가마ː니 오래똥안 디다보니까 어떤 때넌 비츨 낸다 마리여.

— 그래서 그다맨 아ː 이기 어디다, 그걸 자버서, 자버서 변또애26) 빈ː 변또애다 여ː치.27)

— 여 가주서넌 저 지비루 와찌.

— 두ː리서 지비루 와따 마리여.

— 게 지비루 와서 즈 아부지한태 지성이 아부지한태 "아부지 아부지 암만 약쩨를 구해두 업써, 그래 이개 하ː두 이상해서 이 깨구래기28) 하나 자버 와씀니다." 이래 하구.

— "좀 보자." 저 이거 보자 그래떠니.

— 보니까 그때는 인재 무리 우꾸 변또애 무럴 다머 조씨먼 모르갠는대 무리 우꾸.

— 그래가주 그래 보니까 뚜깨럴29) 텅 열구 보니까 빠ː짝 하다가 그다맨 말구 빠ː짝 하다 말구 한다 마리여.

— 그 빠짝 빠짝 하덩 기.

— 아 벨라쿠나30) 이개 증말 벨라쿠나 그럼 조타 이걸 다려라.

— 게 정마 아니까 무럴 느쿠서 다려따 마리여.

— 다려서 그러매 파릴랄 되는 아치매 즈 어머이럴 대접해ː찌.

— 대접하니까 아ː 오후애 그래 알틍 개 오후애는 즈 어머이가 이ː럽땀 마리여.31)

— 게 이럽씨 병이 다 나꾸 그다매 식싸럴 하구 이래 이러캐 되찌.

— 그래구 그라구 난 다ː매 즈 어머이가 병이 나슨 다매 "야ː 느이덜 두리 나 때무내 고상해따." 이러키 인사두 하거덩.

— 흐음, 그래서 그다매 거기서 나가주구 영원히 그ː 즈 어머이 살구구32) 저두 장개가서 그다맨 즈 어메이가33) 사라끼 때무내 인재 메누리두

있는가 하면 요만한, 요만한 개구리가, 개구리가 등에서, 등에서 빛을 낼 때 있고 안 낼 때가 있단 말이야.

— 그래서 가만히 오랫동안 들여다보니까 어떤 때는 빛을 낸단 말이야.

— 그래서 그다음엔 아 이게 어디에다, 그걸 잡아서, 잡아서 도시락에 빈 도시락에 넣지.

— 넣어가지고는 저 집으로 왔지.

— 둘이서 집으로 왔단 말이야.

— 그래 집으로 와서 자기 아버지한테 지성이 아버지한테 "아버지 아버지 아무리 약재를 구해도 없어서, 그래서 이게 하도 이상해서 이 개구리 하나 잡아 왔습니다." 이렇게 하고.

— "좀 보자." 저 이거 보자 그랬더니.

— 보니까 그때는 이제 물이 없고 도시락에 물을 담아 줬으면 모르겠는데 물이 없고.

— 그래가지고 그래서 보니까 뚜껑을 탁 열고 보니까 반짝 하다가 그다음엔 말고 반짝 하다가 말고 한단 말이야.

— 그 반짝 반짝 하던 게.

— 아 별나구나, 이게 정말 별나구나, 그럼 좋다 이걸 달여라.

— 그래 정말 아니까 물을 넣고서 달였단 말이야.

— 달여서 그다음에 여드렛날 되는 아침에 자기 어머니를 대접했지.

— 대접하니까 아 오후에 그렇게 앓던 게 오후에는 자기 어머니가 괜찮단 말이야.

— 그래 아무 일 없이 병이 다 낫고 그다음에 식사를 하고 이래 이렇게 됐지.

— 그리고 그러고 난 다음에 자기 어머니가 병이 나은 다음에 "야 너희들 둘이 나 때문에 고생했다." 이렇게 인사도 하거든.

— 흐음, 그래서 그다음에는 거기서 (병이) 나아가지고 영원히 그 자기 어머니 살리고 저도 장가가서 그다음에는 자기 어머니가 살았기 때문에 이

어꾸 이러캐 해서 감청이하구 아래 우찌비서 이러캐 다정하개 잘:: 지내드 람니다.

　　— 이래서 내가 지성으루다 멀 하개 대면 성공한다.

예: .

　　— 이 뜨스루더 지성이면 감청이다.

예.

　　— 이기 마:리 나옹 거심니다.

　　— 내 마:런 이러씀니다, 헤헤헤.

그러타 그래요.

　　— 헤헤헤, 그러타 그래요?

예.

　　— 그래서.

하늘두, 하늘두 감동해서 도와준다구.

　　— 예, 예.

　　— 도와준다는 그런 뜨시지.

그런 내기 또 머 아시능 거 업쓰세요? 그런 내기 마니 아시자나요?

　　— ㅎㅎㅎ.

　　— 갠 뭐: 실찌 옌:날, 옌:나래 그짐말두 이꾸 머 그저 그러 그렁 기니까 머 지그매 와서 부합뙤지 아내요.

　　— 옌:나래 다: 그거.

제 며느리도 얻고 이렇게 해서 감청이하고 아래 윗집에서 이렇게 다정하게 잘 지내더랍니다.

— 이래서 내가 지성으로다 뭘 하게 되면 성공한다.

예.

— 이 뜻으로다가 지성이면 감청이다.

예.

— 이게 말이 나온 것입니다.

— 내 말은 이렇습니다, 헤헤헤.

그렇다 그래요.

— 헤헤헤, 그렇다 그래요?

예.

— 그래서.

하늘도, 하늘도 감동해서 도와준다고.

— 예, 예.

— 도와준다는 그런 뜻이지.

그런 얘기 또 뭐 아시는 거 없으세요? 그런 얘기 많이 아시잖아요?

— 흐흐흐.

— 그래 뭐 실제 옛날, 옛날에 거짓말도 있고 뭐 그저 그런, 그런 거니까 뭐 지금에 와서 부합되지 않아요.

— 옛날에 다 그거.

1) '지성이와 감천이' 설화는 ≪중국 이주 한민족의 언어와 생활(1)≫에도 있는데 내용의 골격은 같으나 다른 버전으로 이야기한 것이어서 여기에 싣는다. 동일한 제보자가 동일한 내용을 어떻게 달리 이야기하는지와 동일한 상황에 대한 언어적인 표현이 어떻게 같고 다른지 등을 비교해볼 수 있는 자료가 될 것이다.

2) '강가'는 '감가'가 역행동화에 의해 실현된 발음이다. '감가'는 '감+가'로 분석된다. '감'은 성씨를 나타내는 말이고 '가'는 성(姓)을 나타내는 대다수 명사 뒤에 붙어 '그 성씨를 가진 사람'의 뜻을 더하는 접미사다. 따라서 '감가'는 '감 씨 성을 가진 사람'을 뜻한다.

3) '야드리'는 '야+들+이'로 분석된다. '야'는 중앙어 '이 아이'의 준말 '얘'에 대응하는 이 지역 방언형이고, '-들'은 앞에 오는 체언이 복수임을 나타내는 접미사, '이'는 주격조사다. 중앙어 표현으로는 '얘들이'가 된다.

4) '강 씨'는 '감 씨'라고 해야 할 것을 잘못 말한 것으로 보인다.

5) '영'은 용언 앞에서 '아주, 매우, 대단히'와 같은 의미로 쓰이는 이 지역 방언형이다.

6) '어무이'는 중앙어 '어머니'에 대응하는 이 지역 방언형이다.

7) '느드른'은 '느들은'의 음성형이다. '느'는 중앙어 '너희'에 대응하는 이 지역 방언형이다. '느'는 충청방언에서도 사용된다.

8) '어간'은 '어떤 시간의 일정한 사이'나 '어떤 공간의 일정한 사이'를 뜻하는 이 지역 방언형이다. 예문에서는 전자의 의미로 쓰였다.

9) '뽁띠기'는 물건의 거죽에 부풀어 일어난 가는 실 모양의 것을 뜻하는 중앙어 '털'의 의미로 쓰였다. 예문에서는 짚신의 겉면에 붙어 있는 보풀을 의미한다.

10) '쫑'은 '총'이라고 발음해야 할 것을 잘못 발음한 것으로 보인다. '총'은 흔히 '신총' 또는 '짚신총'이라고 한다.

11) '굼치'는 '뒤꿈치'를 뜻하므로 문맥에서는 짚신의 '뒷굽'을 의미한다.

12) '줴뿌려따'는 '줴뿌렸다'의 음성형이다. '줴뿌렸다'는 '줴+뿌리+었+다'로 분석할 수 있다. '줴-'는 '쥐어'에서 비롯된 말이고 '뿌리다'는 앞말이 나타내는 행동이 이미 끝났음을 나타내는 중앙어 '버리다'에 대응하는 말이다. 이렇게 보면 본래 '줴뿌리다'는 '손으로 잡아서 버리다'는 뜻이 되지만 문맥에서는 '내버리다, 내던지다' 정도의 뜻으로 쓰였다. '줴뿌리다'가 이 지역 방언에서는 '내버리다'의 의미로 쓰이는 것이 보통이다.

13) '할라런'은 '할날+언'으로 분석된다. '할날'은 '한 낮과 한 밤이 지나는 동안'을 뜻

하는 중앙어 '하루'에 대응하는 이 지역 방언형이다.

14) '뜨간능가'는 '떠난능가'라고 해야 할 것을 잘못 발음한 것으로 보인다.

15) '가마치'는 솥바닥에 눌어붙은 밥으로 중앙어의 '누룽지'에 대응하는 이 지역 방언형이다. 연변 말에서는 솥바닥에 눌어붙은 밥에 물을 부어 불린 것을 뜻하기도 하지만 이 지역 방언에서는 이런 의미로는 '숭냉'과 '숭늉'이 쓰인다. '숭냉'이나 '숭늉'은 누른 밥을 불린 것으로 밥알은 적고 물이 많은 것을 말한다.

16) '따라티'는 '따라간' 또는 '따라다닌'이라고 해야 할 것을 잘못 말한 것으로 보인다.

17) '어후'는 '오후'라고 해야 할 것을 잘못 발음한 것이다.

18) '즘심'은 중앙어 '점심'에 대응하는 이 지역 방언형이다. 충청도 방언에서도 '즘심'이 쓰인다. 충청도 방언에서는 첫째 음절이 장모음으로 실현된다. '즘심' 외에 '점슴', '증심'도 이형태로 쓰인다.

19) '점슴'은 '점심'의 이 지역 방언형이다. 이 지역에서는 이형태로 '즘심', '증심'도 쓰인다.

20) '증시미'는 '증심+이'로 분석된다. '증심'은 중앙어 '점심'에 대응하는 이 지역 방언형이다. '증심' 외에 '즘심'과 '점슴'도 이형태로 쓰인다.

21) '샘침무리'는 '샘칫물이'의 음성형이다. '샘칫물'은 '샘치'와 '물'의 합성어다 '샘치'는 중앙어 '샘'에 대응하는 이 지역 방언형이다. '샘칫물'의 규범 표기는 '샘치물'이 되며 중앙어 '샘물'에 대응한다.

22) '시빌랄'은 '치릴랄'이라고 해야 할 것을 잘못 말한 것이다.

23) '아치개'는 '아칙+애'로 분석된다. '아칙'은 중앙어 '아침'에 대응하는 이 지역 방언형이다. '애'는 체언 뒤에 붙어 앞말이 시간의 부사어임을 나타내는 중앙어 격 조사 '에'에 대응한다.

24) '데비'는 '먼저와 다름없이 또는 본래의 상태대로'의 뜻으로 쓰이는 이 지역 방언형이다. 연변 말 '대비'를 차용한 것이다. 문맥에서는 중앙어의 '도로'에 대응한다고 할 수 있다.

25) '깨구래이'는 중앙어 '개구리'에 대응하는 이 지역 방언형이다. 이 방언에서 '깨구래이' 외에 '깨구래기'형도 쓰이고 한어 차용어인 '하마'도 쓰인다.

26) '변또'는 밥을 담기 위해 플라스틱이나 얇은 나무판자, 알루미늄 등으로 상자처럼 만들어 쓰는 그릇인 '도시락'을 뜻하는 일본어 '弁当, 辨当[bento]'를 차용한 말이다.

27) '여치'는 중앙어 '넣다'에 대응하는 이 지역 방언형 '옇다'의 활용형 '옇지'의 음성형이다. '옇다'는 '옇다[여타], 옇구[여쿠], 옇지[여치], 여먼, 여서'와 같이 활용한다. 이 지역 방언에서 '옇다' 외에 '넣다'도 쓰인다.

28) '깨구래기'는 중앙어 '개구리'에 대응하는 이 지역 방언형이다. 이 방언에서 '깨구래

기' 외에 '깨구래이'형도 쓰이고 한어 차용어인 '하마'도 쓰인다.

29) '뚜깨'는 그릇이나 상자 따위의 아가리를 덮는 물건을 뜻하는 중앙어 '뚜껑'에 대응하는 이 지역 방언형이다.

30) '벨라쿠나'는 보통과는 다르게 특별하거나 이상하다의 뜻으로 쓰이는 중앙어 '별나다'에 대응하는 이 지역 방언형 '벨낳다'의 활용형 '벨낳구나'의 음성형이다.

31) '이럽땀 마리여'는 '일없담 말이여'의 음성형이다. '일없다'는 한어 沒事[méi shì]를 직역한 말로 문제나 탈 또는 걱정하거나 꺼릴 것이 없다, 상관 없다, 괜찮다의 뜻으로 쓰였다.

32) '살구구'는 중앙어 '살리다'에 대응하는 이 지역 방언형 '살구다'의 활용형이다. '살구다'는 '살구지, 살구구, 살귀서/살고서' 등과 같이 활용한다.

33) '어매이'는 중앙어 '어머니'에 대응하는 이 지역 방언형이다. '어머이'도 이형태로 쓰인다. '어머이'는 충청도 방언에서도 쓰인다.

▪ 참고문헌

곽충구(2019), ≪두만강 유역의 조선어 방언 사전≫, 서울: 태학사.
국립국어원 편(1999), ≪표준국어대사전≫, 서울: 두산동아.
권태환 편저(2008), ≪중국 조선족 사회의 변화: 1990년 이후를 중심으로≫, 서울: 서울
　　　　대학교출판부.
금성출판사 편(1996), ≪국어대사전≫, 서울: 금성출판사.
김동원(2018), ≪청풍명월 사투리 만세≫, 도서출판 역락.
문화관광부·국립국어원(2007), 21세기 세종계획 한민족 언어 정보화 통합 검색프로그
　　　　램, 문화관광부·국립국어원.
민충환(2001), ≪이문구 소설어 사전≫, 고려대학교 민족문화연구원.
박경래(1998), <중부방언>, ≪문법 연구와 자료≫(이익섭 선생 회갑 기념 논총), 서울:
　　　　태학사.
박경래(2002), <중국 연변 조선족들의 모국어 사용 실태>, ≪사회언어학≫ 제10권1호,
　　　　한국사회언어학회.
박경래(2003), <중국 연변 정암촌 방언의 상대경어법>, ≪이중언어학≫제23호, 이중언
　　　　어학회.
박경래(2003), <충청북도 방언의 연구와 특징>, ≪한국어학≫21, 한국어학회.
박경래(2005), <충북 출신 연변 조선족 언어 집단의 경어법 혼합 양상에 대한 사회언어
　　　　학적 고찰>, ≪사회언어학≫ 제13권 제1호, 53-81. 한국사회언어학회.
박경래(2009), ≪충북 청원 지역의 언어와 생활≫, 국립국어원 지역어구술자료 총서 3
　　　　-2, 서울: 태학사.
박경래(2010), ≪문학 속의 충청 방언≫, 서울: 글누림.
박경래(2022), ≪중국 이주 한민족의 언어와 생활(1)≫, 서울: 도서출판 역락.
사회과학원 언어연구소(1973, 1989), ≪조선문화어사전≫, 사회과학출판사, 도서출판 아
　　　　리랑.
사회과학원 언어연구소(1992), ≪조선말대사전≫, 평양종합인쇄공장, 서울: 동광출판사.
연변 사회과학원 어언연구소(1992), ≪조선말사전≫, 연변인민출판사.
연변 조선족 자치주 개황 집필소조(1984), ≪연변 조선족 자치주 개황≫, 민족출판사·
　　　　연변인민출판사.

왕한석(1996), <언어생활>, ≪중국 길림성 한인동포의 생활문화≫, 149-189. 국립민속
    박물관.
이기문(2005), ≪신정판 국어사개설≫, 서울: 태학사.
이익섭(2006), ≪방언학≫, 서울: 민음사.
이희승(1961/1981), ≪국어대사전≫, 서울: 민중서림.
이희승·안병희·한재영(2010), ≪증보 한글 맞춤법 강의≫, 서울: 신구문화사.
중국조선어실태조사보고 집필소조(1993), ≪중국 조선어 실태 조사 보고≫, 민족출판사
    ·요녕민족출판사.
한국민속사전 편찬위원회(1994), ≪한국민속대사전≫, 서울: 한국사전연구사.
한국정신문화연구원(1991), ≪한국민족문화대백과사전≫, 한국정신문화연구원.
한국학회 편(1957/1992), ≪우리말큰사전≫, 서울: 한글학회.
한상복·권태환(1993), ≪중국 연변의 조선족: 사회의 구조와 변화≫, 서울: 서울대학교
    출판부.
홍윤표(2009), ≪살아있는 우리말의 역사≫, 서울: 태학사.
https://opendict.korean.go.kr/dictionary/ ≪우리말샘≫, 국립국어원.
https://stdict.korean.go.kr/main/main.do ≪표준국어대사전≫, 국립국어원.

■ 찾아보기

● ● ● ●

-ㅂ소(++명령이나 권유를 나타내는
종결어미)
　-ㅂ소　176
-거든
　-그덩([이끄덩])　312
-까지
　-까지　68
　-꺼정　196
　-꺼지　80, 116
-니까
　-ㅇ개([뜽개])　166
　-니까　36
　-니깨　142, 180
　-닝까　40
　-이까　36
-더구면
　-덩구만　170
-도
　-두　28
-를
　-럴([소럴])　36
　-르　38, 312, 314, 326, 328
-면
　-니깨　112

-면서
　-먼서　38
-밖에
　-밖에　200
　-배끼　50, 60, 150, 176, 200
-보고(-더러, -에게)
　-보구[십짱보구]　280
　-뽀구[나뽀구]　280
-보니까
　-나니까　62
-보다도
　-버다두　176
-부터
　-버터　28, 326
　-부터　230
-습니다
　-음다[업써씀다]　50
-습디다
　-십디다[무섭썹디다]　36
-야(강조의 뜻을 가진 보조사)
　-사　150
-으로
　-으루　24
　-이루　290

-으면
  -이먼([-이씨먼]) 42
-을
  -우([꾸루]) 38
  -으([수르]) 38
  -으([주르]) 48
-읍대(+-ㅂ디다)
  -읍대 168
-쭝(重)
  -쭝 174
-처럼
  -처름 44
-한테
  -한티 156

• • • 가

가(그 아이)
  가 206
가대기질(+가대기로 밭을 가는 일)
  가대기질 128
가만히
  가마:이 120, 126
  가마이 42, 86
가매(+솥)
  가매 284
가스(gas)
  까:쓰 188
가시
  까시 292
가을

가실 148
가을 76
가져오다
  가주오개 38
  가주온 44
  가주와야 42
각목
  가꾸목 50, 184
간나(++계집아이)
  간나 202
간부
  감:부 132
  감부 120
간조하다(++일을 한 대가로 품삯을 중간 지급하다)
  간조하거던 290
간주(++일을 한 대가로 품삯을 중간 정산하는 일)
  간주 278
간호사
  호사 138, 152, 154
갈비뼈
  갈비때(갈빗대) 164
감싸다
  싸느라구 48
감아쥐다
  가머지쿠는 186
감촉(늑 느낌)
  감촉 170
갑갑하다

까까방 기야 216

까까패두 232

갑이다(++가보다)

가비여요 202

개비여 212

강변

갱변 162, 286, 288

강원도낫

강안도낫 46

같지 않아요

가째이요 288

개구리

깨구래기 334

깨구래이 334

개떡

개떡 330

개혁개방

개혁개방 194

갱골창(++산골짜기에 흐르는 작은 물
줄기)

갱골창 288

갱도전(坑道戰)

갱도전 144, 146

항도전 144

걔(그 아이)

가 68, 144, 204, 226

가: 60, 112, 158

거

기([하능 긴대]) 38

거(것)

기 216

거름무지(++거름을 한데 모아 쌓아
놓은 무더기)

그럼무지 86

거반(居半)

거반 70

거지반

거진 44

거치다

걸처서 126

건너가다

근너가다가 164

건사하다(제게 딸린 것을 잘 보살피고
돌보다)

건사해써. 164

걸터앉다

글:처안저서 286

것

기 24

게이트볼

먼출 218

겨

게: 52

겨누다

저눠가지구 318

겨우

게::오 164

게::우 182

겯다

저러서 292

저루눙 292

경(經)

정 312

곁

젙[저태] 282

계(契)

게 34

계집애

지집애 226

고등학교

고중(고중학교) 196, 210

고랑

골안[고:란] 144

고모(姑母)

고무 168

고삐

꼬삐 162

고생

고상 76

고생스럽다

고상시룹깨 118

고생하다

고상항 게 182

고상해꾸만 178

고생해찌 182

고워하다(＋예뻐하다, 좋아하다)

고워하든 220

고쿨

코코리 52

코쿠리 54

곳

곧[고데] 84

공(＝ball)

뽈 316

공고하다(＋정보나 지식을 알게 하다)

공고해찌 174

공량(公糧)＋중국에서 식량으로 내던 현물세)

공양 84

공산당

공산당 36

공안국

공안국[공앙국] 44, 46

공일(쑾日)

공일 208

공일날

공일날[공일라래] 40

공자(工資)＋＋월급, 급여, 연금)

공자 202, 210

공자(工資)월급, 급여, 연금)

공자 172

과부

과부 310

관솔

솔깽이 52

괭이

꽹이 46

구경

구경 138

구경하다

귀경하느라구 138

구들(＋방바닥)

　구들 218

구르다

　구버나:서. 216

　구분다 138

　구불그덩 138

구새통(≒연통, 굴뚝)

　구새통 186

군관(軍官)

　군간([궁간]) 120

굼치(＋＋짚신의 뒷굼치 부분)

　굼치 328

굽은돌이(＋휘어서 구부러진 곳)

　굽은돌이([구분도리가]) 284

귀때기

　기통 280, 282

그것도

　것두([거뚜]) 44

그램(g)

　구라무 156

　구람([사:백 꾸라물]) 152

그러깨(재작년)

　그러깨 136

그러니까

　그래닝까 44

　그래이까 144

　그랭깨 332

그러다

　그라구서 48

그라대요 62

　그라등 기 62

그렇다

　그르치 34

　그르쿠 26

　그르키 44, 82

근((斤)＋무게의 단위. 500 그램)

　근 152

근력(일을 능히 감당해 내는 힘)

　근력([글력]) 88

금점골(＋＋정암촌과 왕청현 사이의
골짜기. 금점을 했던 곳)

　금점골([금정꼴]) 30

길(道)

　질 164

길길이

　기릉길이 126

길이

　기럭지 276, 316

김

　지슴 76

김매다

　기스매구래두 58

　기슴매쓰먼 72

김치찌개

　짐치찌게 218

깊다랗다

　지푸다나개 146

까맣다

　까:마캐 162

까스(＋＋방귀)

　　까쓰 140

깐(＋＋콩기름으로 버무린 겨를 새끼
줄처럼 길게 만든 것)

　　깐([까느 맨들지]) 52

깔(≒갈대)

　　깔: 292

깜빡깜빡하다

　　깜짝깜짜간다 148

깡퇴지(＋＋깨, 콩 따위의 기름을 짜거
남은 찌끼)

　　깡퇴지 76

꺼내다

　　끄:내땀 40

　　끄:내찌 42

껍데기

　　껍띠기 292

껍질

　　껍떼기 76

꼭지

　　꼭다리([꼭따리]) 304

꿀떡

　　꿀떡 130

꼿꼿이(＋곧고 바르게)

　　꼿껏이([꼬꺼지]) 146

　　꼿꼿이 282

꽌지((管子[guǎn·zi] 파이프)

　　꽌지 52

꿀

　　꿀 38

끌어내리다

　　끄서내리야지 188

끼다

　　찌어서 188

● ● ● 나

나

　　내 116

나누다

　　노나 150

나무

　　낭구 48, 76, 128, 186, 286, 302

　　낭기 136, 276

　　무:투 286

나무때기(≒조금 길고 가느다란 나뭇
조각)

　　나무때기 312

　　낭구때기 312

나무뿌리

　　낭구뿌리 186

나뭇가지

　　낭궂가지([낭구까지]) 146

나서다(＋찾는 것이 나타나다)

　　나시니까 282

나이

　　나 68, 86

　　나이 70, 204

나중에

　　야중애 50, 52

낙후하다(＋일정한 기준에 미치지 못

하고 뒤떨어지다)

  나쿠하지 76

  나쿠해서 58

날(짚신의 세로로 놓은 끈(새끼))

  날([나:르]) 328

남편

  나그내 44, 142

낫다(癒)

  나서가주구 136

  나서찌 166

  나슨 334

낭구똥(++일정한 길이로 자른 통나무)

  낭구똥 274

내다(≒납부하다)

  바치구 76

내닫다

  내::다라 150

내려가다

  니리가개 184

내버려두다

  내:비도야지 234

내버리다

  내삐리구 86

내우다(++낳게 하다)

  내워찌 184

너머

  나마 230

너비

  넓이 316

너이(넷)

너이 64, 108, 148, 218

너희

  느: 284, 326

  느이 334

널(板)

  늘 166

넘다

  넹개 164

  넹기 180, 326

넣다

  으:먼 186

  느튼대 188

  여 136

  여:치 334

  여먼 56

  여서 176

  여캐 56, 176

  여쿠 118, 124, 146, 218

  여쿠선 282

  열따 146

노가다((土方[dokatk])+막일, 막노동)

  노가다 284, 290

노가다판(+막일판, 막노동판)

  노가다판 284, 290

노친(++나이 많은 남의 아내)

  노친 142

노하다(怒하다)

  노해 116

논

  논 26, 274

놀라다
  놀라오 154
  놀랜다 154
놀음(＋놀이)
  놀음([노름]) 144
농사질(＋농사 짓는 일)
  농사질 30, 128, 310
농촌인민공사(＝인민공사)
  공사 48, 150, 162
놓다
  나:씨니까 42
놔두다
  나도따가 112
뇌출혈(腦出血)
  노세쏜(腦血栓) 218
누구-가(누가)
  누기 168
누님
  누님 112
  누이 108, 176
누룽지(솥 바닥에 눌어붙은 밥)
  가마치 330
누이다
  뉘켜찌 142
눌리다
  눌리워따 164
눕다
  누버 68, 134
  누부먼 216
  누분 216

눞히다
  뉘퍼 140, 152
늘여놓다(＋줄 따위를 길게 처져 있게
하다)
  느려노쿠 46
  느르노쿠서 48
  느르놔따 48
  느리나:따 46
늘이다
  늘이가구 36

• • • 다

다니다
  댕겨요 58
  댕겨찌 66
  댕기개 162
  댕기느라고 178
  댕기먼서 166, 328
  댕긴 118
  댕길 26, 182
  땡기따구 106
다음
  담 28
닫다(＋빨리 달리다)
  다러 154
달걀
  달갈 66
달어가다(＋＋달음질하여 빨리 가다)
  다러가는대 150
닭

닭([달그]) 310

담가(擔架)
　당까 148

답답하다
　답다마먼 198

답변
　답복 168

답변하다
　답뽀개 120

당금(≒금방)
　당금 176

당위서기
　당지부서기 48

당최
　당채 128, 288

대('신장대'의 준말)
　대 312, 314

대가리(≒머리)
　대가리 164, 310
　대갈 38

댐(dam)
　땜 168

더워지다
　더버저 186

덥다
　더부먼 208

도로
　데비 60, 152, 332

도문((圖們) 길림성 연변 조선족 자치주에 있는 도시)

도문 40, 116, 142, 148

도시락
　변또 334

도지다
　도지먼서 126

돈 팔다(＋돈을 쓰다)
　돈 팔구 142

돌아가다
　도러가능 42
　도러간다 42

돌아다니다
　도라댕기구 86
　도러댕기두 330
　도러댕기지 278

동갑
　동갑 70

동갑내기
　동갭이([동개비]) 220

동무(＋중국에서 공적인 자리에서 남을 부르던 호칭)
　동무 140, 150

동발하다(＋동바리 나무를 하다)
　동바래 274

동삼(＋겨울)
　동삼 186

동평리(충북 청주시 오송읍 동평리)
　동평리 114

된장찌개
　된장찌게 218

둘째

두째 192

둘처업다(++들추어 업다)

    둘처어버찌 138

둥구미

    둥구먹 292

둥지다(≒동여매다)

    둥저서는([꾹 뚱저서는]) 48

듣다

    드러따 44

    듣떠니만 44

들말(지명, 청주시 흥덕구 오송읍의 마을)

    들말 114

들어가다

    드러가찌 36

    드르가니까 36

    드르가따 146

    드르가문 124

    드르가서 274

    드르가찌 36, 118

들어오다

    드러오기는 24

    드러와가주구 24

    드루와찌 24

    드르오는 48

    드르오먼 146

들여놓다

    디려놔야 228

    디리논는 48

들여다보다

디다보니까 334

들여보내다

    디리보내야 156

등때기(+등)

    등때기 162, 334

등잔불

    등잔불([등잔뿔]) 52

딱따구리망치(++한쪽 끝이 뾰족한 망치)

    딱따구리망치 278, 280

땅값

    땅갑([땅까불]) 80

때려부수다

    때려부실티여 46

때문에

    때매 138, 150

    때미 126

떵대(++가로로 길게 매달거나 걸처 놓는 장대)

    떵대([떵때]) 186

떼오다(+물건을 사서 가져오다)

    떼올라구 38

똘기다(++어떤 곳에서 떠나도록 내몰다)

    똘겨 46, 48

뚜껑

    뚜깨 334

뛰어가다

    뛔:간다 288

뜨개소(++뜨는 성질이 있는 소)

뜨개소 166
뜨다(＋소가 뿔로 세게 들이받아다)
　떠따 162
　뜽개 166
뜨뜻하다
　뜨뜨다개 128

● ● ● 라

러시아(≒소련)
　쏘련 174, 290
로반((老板[lǎobǎn])＋＋사업체의 책임자나 지배인)
　로반 278
링거
　땐디 192

● ● ● 마

마감(＋마지막, 끝날 때)
　마감 64
마끼(＋＋6미터 길이의 장작)
　마끼 276
마사뜨리다(＋＋단단한 물체를 깨뜨려 여러 조각이 나게 하다)
　마사뜨린다 166
마사지다(＋＋단단한 물체가 여러 조각이 나다)
　마사저찌 290
마상골(정암촌과 왕청현 사이의 골짜기 이름, 마 씨가 살았다고 함)

마ː상골 30
마수다(＋부수다)
　마순다 166
　마술라 46
마오저뚱 주석
　모 주석 118
마차(＋바퀴가 둘인 수레)
　마ː차 40
　마차 284
막히다
　매키지 128, 148, 158
만나다
　만내구서 168
만들다
　맨드닝 292
　맨드능 54
　맨드러준 34
　맨들지 52
많이
　마ː이 130
망태기되다(＋＋못 쓰게 되다, 뒤죽박죽이 되다)
　망태기되지 228
마뜩찮다(＋＋일정한 기준이나 조건에 맞지 않다)
　마까찬타구 200
맡기다
　매껴 142, 186
　매껴따 42
맥(기운이나 힘, 기력)

맥 86, 138

맵다

    매웅 거 216

머리

    골 118, 140, 288

먹이다(＋기르다)

    메기구 128, 194

    메기는 176

    메기지 128

멍석

    몽석([몽성 맨드넝]) 292

며느리

    메누리 216, 334

    메느리 216

몇

    멫([멘 메다/메깨]) 36

모래

    모새 184

모양

    모냥 170, 180

모으다

    마:가주구 34

    모도가주구 124

    모두지도 206

    모둘 206

모터(motor)

    모다 158, 186

목단강((牧丹江)중국 헤이룽장성에 있는
도시)

    목단강[목땅강] 126

목재싣기(＋＋목재를 실어 나르는 일)

    목재실이([목째시리]) 290

몰리다

    몰기우구 226

몸뚱이

    몸떵이 56

무엇

    머([머이냐?]) 332

    머([머잉가]) 38

    멋([머시등가]) 24

    무스거 26

무엇이

    무수게 232

    무스게 232

무진생(戊辰生)

    무진생 106

무투(＋＋통나무)

    무투 284

묵히다

    무쿼서 80

문지기

    문지키 156

문화혁명

    문화혁명([무나형명]) 76, 138, 142

    문화혁명([무놔형명]) 140

미워하다

    미버하던 220

미친사람

    싸우재 310

미터(m)

메다 36, 274, 316

미다 144

민호((民戶)일반 백성들이 사는 집, 민가)

　인민호 84

밀풀(≒띠풀)

　밀:풀 302

　밀풀 304

• • • 바

바깥

　배깥 312

바리(++굽이 있는 동물을 세는 단위. 마리)

　바리([다서 빠리]) 50

　바리([열 빠리]) 38

바리(+잔뜩 실은 짐)

　바리 128, 274

바뿌다(+힘들다)

　바빠서 190

　바뿌기는 184

　바삐 76

바뿌다(≒급하다)

　바뿌지 118

반(半)

　반[방: 근] 38

발가락

　발꼬락([발꼬라개다가]) 328

발로되다

　발로되기가 40

발로되지 42

발전하다

　발쩐해:. 114

　발쩐히야 114

밟다

　바:꾸 50, 316

　발버야 288

　밥꾸 288

방귀

　방귀 140

방문단

　방문단 176

　방문탄 168

밭

　밭[바티]) 86

　한전(早田) 30

밭다

　바타 120

배양하다(+가르치고 기르다)

　배양해준 226

배와주다(+가르쳐서 알게 해주다)

　배와조 58

　배와줘써요 64

배우다

　배와 58

배자(+울타리)

　배자 166

배재(+울타리)

　배재 166, 184

배추

배차 148

배치(배정)

  안패(按排) 208

버스

  뻐쓰 142, 148

벅적허다(어수선하게 큰 소리로 떠들거나 움직이다)

  벅쩌꺼구 142

번번하다(++편편하고 번듯하다)

  번버:낭개 146

번저지다(++망하다)

  번저지니까 228

번채((拌菜[bàn cài]≒무침, 한어 차용어)

  번채 216

벗겨내다

  베껴내가주구 292

베다

  베다가 188

  비어서 188

벼

  베 52, 76, 274

벽돌집

  벽돌집 302

별나다

  벨라캐 56

  벨라쿠나 334

볏모

  벳모([벰모]) 58

병(瓶)

병사리 132, 158, 166

병다리(++늘 병을 앓고 있는 사람)

  벵다리 222

병신

  벵신 222

보초

  포초 156

보초서다(+관리하다)

  보초스는 182

복단대학

  복단대학 62

볼때기(볼)

  볼타구 286

부관하다(+관여하지 않다)

  부관해찌 142

부녀독보(++부녀들의 친목과 학습을 위한 자치회)

  부녀독보 120

부녀주임질(+부녀주임 일, 부녀주임 업무)

  부녀주임질 226

부려놓다

  부려노쿠 150

부리다

  부리능 개 42

부상처(+몸에 상처 입은 곳)

  부상처 126

부엌

  정지 134

부죠(扶助)

부주 34
부치다
　부칠라구 40
부합되다
　부합뙤지 336
북경(北京)
　북경 212
북대(길림성 도문시 양수진에 있는 지명)
　북대([북때]) 108
북데기
　뿍띠기 146
북한
　북조선 76
　조선 120
붇다
　뿌러도 26
비지깨(＋성냥, 성냥개비)
　비지깨 128, 176
비추다
　비처 36
비키다
　비껴 286
　비끼 284
　비끼개 284
　비끼두 284
빗
　빋([비드]) 76
빠듯하다
　빠빠대써요 74

빠올치(중국 문화혁명 때의 827 무장대)
　빠올치 140
뺏다(＋＋갈다)
　뻐꾸 194
뼈다귀(＋뼈)
　뻬다구 280
뽀개다(＋나무 따위를 쪼개다, 패다)
　뽀개써 188
뿌리데디다(＋＋ 내팽개치다, 내버리다)
　뿌리데디구 82
뿍띠기(＋＋짚신 겉으로 나온 보풀)
　뿍띠기 328
뿔따구(＋뿔)
　뿔따구 164, 166

● ● ● 사

사다(買)
　사다 52
　사써 128
　싸가주 36
　싸다가 48, 136
　싸오먼 150
　싸와따 48
　싸지 52
　싼능가 174
　쌀 108
사닥다리
　새다리 186
사들이다

싸드려써 290
사민(＋주민)
　사민 168
사산(＋＋가로, 세로, 높이가 6미터의
부피)
　사산 276
사산나무(＋＋나무를 가로 세로 높이
가 6미터씩 되게 쌓은 나무)
　사산나무[사삼나무] 276
사오다
　싸오능 38
사위
　싸우 42, 118, 212, 230
사촌
　사춘 172, 174
사향
　사향[사양] 176
　사향[사향] 174
산동((山東)＋산동성 지역)
　싼동 86
산부업(＋＋여가를 이용하여 산에서 하
는 일)
　산부업 194
산자(撒子)
　산자 302
산장((山葬)＋산 채로 땅에 묻음)
　싼장 282
살기다(＋먹여 살리다)
　살기느라구 74
살다

사러찌 30
사르면서 30
살리다
　살구구 166, 334
　살구기요 164
　살구지 112
　살궈달라 140
　살궈써 138, 158
　살권능가 144
삼정량
　삼정량 66
삼촌
　삼춘 114
상사나다(＋사람이 죽다, ≒사망하다)
　상사나구 112
　상사난 306
　상사난는가 136
　상사난는대 170
상점(＋가게)
　상점 182
상하다((傷-)＋다치다)
　상해서 174
상하이
　상해 210
새(≒띠풀)
　새 302
새가(＋＋계집아이)
　새가 202, 214
새끼
　산내끼 144

새끼 144

새벽

　새복 42, 74, 142, 152

새애기(++결혼하지 아니한 젊은 여자)

　새애기 118, 120, 130

새어머니

　홋엄마 66

새카맣다

　새:카매저짜너요 318

　쌔까매지구 320

새하얗다

　새:타양 개 292

　새타::야캐 38

　새타야캐 138

샘물

　샘치물([샘치물린는 대]) 310

　샘칫물([샘침무리]) 332

생산대

　생산대 72, 146

서기(+공산당 당서기)

　서기 150

서다

　스니까 186

서백림(초기 정암촌의 다른 이름)

　서백림 24

서슴없다

　서시뭅씨 138

서이(셋)

　(팔십)서이 106

　서이 64, 108

석두(길림성 도문시 양수진에 속하는 마을)

　석두 36, 48, 148, 162

설탕

　사탕가루([사탕까루]) 152

섭섭하다

　섭써:밥때 130

　섭써:배서 130

　섭써방개 132

　섭써배서 130

성냥

　비지깨 52, 146

　성냥 52, 146

성냥개비

　성냥살([성냥쌀]) 176

성냥불

　성냥불([성냥뿌럴]) 146

성의

　성이 34

세다

　씨개 162

셋(셋이)

　서이 46

셋-이

　서이 212

소저((小姐)++시집가지 않은 젊은 여자, 아가씨)

　쑈재 290

손녀

　손녜 234

손수레(＋손으로 미는 작은 짐수레)

  밀:차 124

솔나무

  솔나무([솔라무]) 54

솔밭

  솔밭 54

솔밭자리(지명, 송전툰)

  솔밭자리 26

솔밭재(길림성 도문시 양수진에 있는 고개)

  솔밭재 26, 28

솜포(＋＋솜씨나 손재주)

  솜포 304

송전툰(솔밭재, 길림성 도문시 양수진에 있는 지명)

  송전툰 28

송진

  송진 54

수레채

  술기채 286

수멍통(＋배수로 통)

  수멍통 184

술기(＋＋바퀴가 네 개인 수레)

  술기 284

스스로

  자기절루 218

시곱(＋＋시아버지와 며느리 또는 시어머니와 며느리)

  시곱 132

시다

시구웅 거 216

시멘트

  세멘 122

시작하다

  시자개씀다 50

시키다

  씨기는 280

식당호

  식당호 76

신봉(＋＋월급, 연금)

  신봉([심봉]) 190, 210

신봉장이(＋＋신봉(월급)으로 먹고 사는 사람)

  신봉장이([심봉장이만]) 128

신장(神將)

  신장 312

신장대(神將-)

  신장대 312

신총(짚신의 앞쪽 운두를 이루는 낱낱의 올)

  신총 328

신다

  시:꾸 42, 148

  시:꾸서 40

  시:쿠 284

  시:쿠서 150

  시꾸서 168

  시러 46, 286

  시러다 42

  시러다가 40, 124

시러따 42

시른 286

실러 44

실쭉하다

실쭈개서 130

실컷

시컨 234

심양((沈陽, 瀋陽)중국 길림성의 도시의
하나, 길림성 성도)

심냥 40, 58

심양역(瀋陽驛)

심냥역전 40

십원

십원([시번]) 34

십장((什長)일꾼을 감독하고 지시하는
우두머리)

십장([십짱]) 278, 282

싫다

시꾸 68

시부면 68

시붕 거 80

시퍼두 208

시품(싫으면) 68

싸구재치다(＋＋미친 사람처럼 행동하
다)

싸구재처 310

싸리나무

싸리나무 274

쌀밥

이팝 80

쌍발하다((上班[shàngbān]-)＋＋출근하
다, 한어 차용어)

쌍바라능 게 200

쌍발해땀 마리여 124

쌓다

싸깨 278

싸따 278

싸라구 278

싸찌 278

싸캐 278

싸캐씁니다 278

싸쿠 280

싼는대 278

쌍([쌍 거]) 278

쌓이다

쌔이따 36

쌰발하다((下班[xiàbān]-)＋＋퇴근하다,
한어 차용어)

쌰바래서 166

쌰태 226

쏘다(＋＋찌르고 쑤시는 것처럼 아프다)

쏘:구 318

쏘련(＋러시아)

쏘련 228, 276

쏠료((塑料[sùliào])≒비닐)

쏠료 174

씻다(＋빨다, 하다)

씨꾸 218

● ● ● **아**

아끼다
  애끼느라구 132
아내
  아내 310
아니(否)
  아이 38, 46, 144, 166
아니다
  아이라구 40
아들
  아덜 200
아무 것
  아무 기 122
아무개
  아무것이 168
아무데
  암디 130
아무리
  암만 58
아버지
  아부지 126, 306, 326, 334
아이(애)
  아 58, 206
  야: 144
아주머니
  아주마이 316
  아주머이 42, 138, 140, 158
아주바이(＋시동생, 시숙)
  아주바이 222
아직

아죽 46
아침
  아칙([아치개]) 332
  아침([아치매]) 334
안(아니)
  아이 212
안까니(＋＋아내, 남의 부인)
  안까니 206
  안까니([앙까니하구]) 166
  앙까이 234
안식구(아내)
  안식구 310
안패((按排[ānpái])＋＋직장 배치, 차용어)
  암패 126
안패하다((按排[ānpái]-)＋＋직장에 배
치하다, 차용어)
  암패해 놔찌 184
않다
  아내요. 336
알려주다
  알켜주먼 58
앓다
  아라써요 66
  아르먼 66
  알런대 312, 330
  알캐 310, 326
  알틍 334
애(아이)
  아 206
약저울

약저울([약쩌울]) 174

양수((涼水)길림성 도문시 양수진의 지명)
　　양수 26, 44, 110, 148, 162

양식국
　　양식국 42

양전((糧廛) +양식을 사고 파는 행정기관)
　　양잔 150
　　양전 130

양철
　　양철 186

양표((糧表)+쌀표나 양권 같은 식량표)
　　양표 142

얘(이 아이)
　　야 58, 146
　　야: 144, 174

어간(於間)
　　어간 48, 60, 328

어기쓰다(+억지 부리다)
　　어기쓰구 156

어둡다
　　어두분대 280

어디
　　어드[어드루] 42
　　어디[어디구] 42
　　어디메 60

어디에다
　　어따 42

어떻게
　　어트개 40, 124
　　어트기 28, 118, 144

어티기 118, 132
우트개 172
우티개 118

어레미
　　얼경치 148

어림(늑 대강 짐작으로 헤아림)
　　어방 210

어머니
　　어머니 330
　　어머이 66, 130, 326, 334
　　어메이 134, 334
　　어무이 118, 326

어쩌고
　　우짜구 44

억척스럽다
　　억척씨럽게 204
　　억척씨룹게 206

얼른
　　어녕 234

얼리다
　　얼궈서는 186

얼마큼(얼마만큼)
　　얼만치 124
　　얼만침[얼만칭 길구] 124

없다
　　어:꾸 328
　　어꾸 168
　　엄는대 310
　　업따 142, 148
　　업써서 152

업씨 150

업찌 142, 170

우꾸 148, 168

움는 318

웁꾸 168

웁따 138

웁쓰니까 122

웁씨 192

읍땀 마리여 332

엎어지다(＋쓰러지다)

　어푸러저따 280

에미

　에미 130

에우다(＋＋같은 내용의 말을 잊지 않
고 되풀이하다)

　에우지 136

여가리(＋＋가장자리)

　여가리([여가래]) 274

여덟

　야덟[야덥] 216

　야덟[야들 깨를] 158

　야덟[야들비서] 282

　야덟[야듭] 58

여드레(八日)

　야:드래 312

　야드래 312

여적(여태)

　이죽[이중 마:라나구] 134

여적지(＋여태껏)

　여적지 144

여편내(아내를 속되게 이르는 말)

　에핀내가 310

역다(＋꾀가 많고 눈치가 빠르고 영리
하다)

　여거요 60

　역꾸 60

　역뜨라구요 60

엮다

　여꺼두 304

연계((連繫)＋연락)

　연계([영:개가]) 170

연길((延吉)길림성의 도시, 조선족자치
주 주도)

　연길[영기래] 60, 150

연변대학

　연변대학 62

염탐하다(몰래 남의 사정을 살피고 조
사하다)

　연탄해구 170

엿새

　엿새[여쌘 날] 330

영감(＋나이 많은 남편)

　영감 142

영도하다(＋통솔하고 이끌어 나가다)

　영도하는 36

영상하다(늑 부끄럽다)

　영상하다 312

영양실조

　영양실조 192

영장((營將)＋거처하는 군대 집단의 우

두머리)

   영장 124

영주권

   영주권 234

옆(＋옆, 주변)

   여파리 46, 152, 164, 278

   여파리([여파래]) 54

오래다

   오라니까 62

   오라요 190

오마(＋＋늙거나 정신이 흐려서 말이나 행동이 비정상적임. 늑노망)

   오마 110

오마이(＋＋늙거나 정신이 흐려서 말이나 행동이 비정상적임. 늑 노망)

   오마이 110

오송(충북 청주시 흥덕구 오송읍)

   오송 114

오지공장

   오주공장 148

오토바이

   오도바이 44, 46

오후(午後)

   어후 330

   오후 332

옥수수

   옥씨기 76, 130, 274

온성((穩城)＋함경북도 온성군 온성)

   온성 116

올라가다

올러가:찌 44

올려놓다

   올리노쿠는 186

옷장(또는 장롱)

   단스([단쓰애]) 132

왕새(늑 억새)

   왕새 304

왕청((汪淸)중국 길림성 도문시 왕청현 지역)

   왕청 24, 36

왕청현((汪淸縣)중국 길림성 도문시의 현급 행정 단위)

   왕청현 24

요롷다

   요러카구 168

요만큼

   요마:이 146

   요마니 312

용마름

   용고새 304

우차(＋소달구지)

   우:차 288

우티(늑 옷)

   우티 312

움막

   막 26

   움막 26

웅담(熊膽)

   능담([능당 가틍 건]) 174

위하다

우하다   310

육자배기

　　육자배기([육짜배기])   44

의사(醫師)

　　으:사   150, 164

　　으사   34, 132, 148

　　의사   134

　　이사   222

의지하다

　　으지할   232

이기다

　　이기서는   56

　　이기지   56

이년(2年)

　　양년   314

이러다

　　이라지   46

이렁탕저렁탕하다(++이러쿵저러쿵하다)

　　이렁탕저렁탕해서   286

이렇다

　　이러카구서는   132

　　이르카구서   42

　　이르캐서   24

　　이르케   84

　　이르키   24, 44, 46, 72, 84, 188

이름

　　이럼   62

이만큼

　　이마이   192

이불

리불   126

이자(利子)

　　리자   200

이적(≒여태)

　　이적   180

이적지(여태껏)

　　이적지([이적찌])   180

이쪽

　　이짝   26, 304, 316, 318

이천오백

　　양천오백   234

인민(+주민)

　　인민   40, 50, 122

인민공사

　　인민공사   74

인차(++지체함이 없이 바로, 금방)

　　인차   108, 112, 122, 140

일괄(一括)

　　도고리(いっかつ)   84

일어나다

　　이르나서   142

일없다(≒괜찮다, 문제 없다)

　　이럽때요   202

　　일:업따대   210

일없다(≒괜찮다, 문제없다)

　　이:릅찌   186

　　이럽꾸   176

　　이럽써   176

　　이럽씨   334

　　이룹따   140

읽다
　익꾸서　312
　익찌　314
　일거찌　312
　일그면　314
잃다
　이러따　318
입성(＋옷. 속된 의미 없음)
　입성　126
　입성([입썽이])　292
잊어버리다
　이저머거요　58
　이저뻐리들　58

• • • 자

자기
　즈ː　44, 134
자꾸
　대꾸　178
　에ːː꾸　126
자빌루(＋＋자기 스스로의 힘이나 능
력으로)
　자빌루　292
자전거
　재장구　162, 164
잡아당기다
　자부댕겨서　162
잦다(＋둥그렇게 돌려서 포개어 감다)
　자ː아서　124
장가

장개　120
장가들이다
　장개디리자　130
장기(將棋)
　장기　220
장마당(＋재래시장)
　장마당　138
장작
　장자기　276
장춘((長春)중국 길림성의 도시. 길림성
성도)
　장춘　118, 126
재간(재주와 솜씨)
　재간　288
재까닥
　데끄닥　140
재깍('재까닥'의 준말)
　대꺽　164
　떼깍　152
　떼깍　42
　제깍　44
재작년
　저작년([저장년])　190
쟁이다
　쟁이는([화목 쩽이는])　42
재(저 아이)
　자　68
저녁
　저낙　204, 216
저렇다

저러케 84

저르케 82, 198

저르키 82

저쪽

저짝 26

저희

즈 206

즈: 130, 146, 290

전구

다마(일본어) 50

전기

전기([정:기]) 36, 186

즌기([증기]) 46, 188

전깃불

즌깃불([증기뿔]) 50

전깃줄

전깃줄([정기쭐]) 38, 40

즌깃줄([증기쭐]) 34, 40

전봇대

전봇대([전부때]) 46

전봇대([점부때]) 38

즌봇대([즘:부때]) 38

즌봇대([즘부때]) 46

전사(戰士)

전사 122, 124

전화

전화([저:나]) 142, 284

절통하다(++통나무 따위를 자르다)

절통해서 188

점심

점슴 330

정심 216

즘심 330, 332

증심 330

점쟁이

점재이 326

접어들다(++다투거나 겨루기 위하여 대들다)

저버드니까 282

저버들거덩 282

저버들라 164

접어들다 46

정말

증말 334

정암(亭岩)길림성 도문시 양수진에 속하는 지명)

정암 24, 34, 42, 162, 282

제각기(저마다 따로따로)

제마끔 84

제뿌리다(++내팽개치다)

제뿌리구 212

제일

젤: 276

제정 때(+일제 강점기 때)

제정 때 30

조

조이 274

조선(+북한)

조선 116, 126, 132

조선(+한국)

조선 182
조선(≒조선)
　조선 82
조선말(＋중국에 사는 한민족이 쓰는
우리말)
　조선말 58
조선사람(＋중국에 사는 한민족)
　조선사람 84
　조선사람[조선싸람두] 288
조짚(＋조의 낟알을 떨어낸 짚)
　조잇집([조이찝]) 304
조치원(지명, 세종시 조치원읍)
　조치원 114
존누비골(정암촌과 왕청 사이에 있는
골짜기 이름)
　존니비골[꼴] 30
졸업장
　필엽장(畢業狀) 200
좁쌀
　좁쌀 80
주다
　조야 40
주머니(＋양복 주머니)
　거르마이 118
주사기
　주사끼 152
주인
　쥔 36
줄(의존명사)
　주([쭈]) 214

줍다
　주서서 86
중학교
　중학교(＝초중학교) 210
줴뿌리다(＋＋내버리다)
　줴뿌려따 328
쥐다
　좨:가주서는 304
지기(＋＋지키는 일)
　지기 154
지길이(＋＋지키는 사람)
　지길이 154
지부서기
　지부서기 36, 40, 48
지부서기질(＋지부서기 일, 지부서기 업
무)
　지부서기질 226
지팡이
　지팽이 278
진드근히(태도나 행동이 침착하고 참
을성 많게)
　진드간히 232
집
　집 82
　호 82
집어내버리다
　지버내비리구서는 164
집어넣다
　지버여쿠서는 124
집체(集體)

집채   40

집체   72, 84

짓다

　(막)쩌찌   26

　저찌   24

　지:짜   26

　지:찌   24

　지깨   26

　질깨   28

　징 기지   28

짚신

　짚신([집씬])   326

짜다

　짜구웅 거   216

짜요((炸藥[zhàyào])≒폭약 또는 다이너마이트)

　짜요   124

쪼시르다(++작은 도막이나 작은 크기로 자르다)

　쪼씨러서   188

쫄딱(+홀딱)

　쫄딱   310

쯤(틈)

　쯤[쯔:무로])   292

찌꺼기

　찌끄레기   230

찜쩌먹다

　쯤쩌머께   196

차

찬찬히

　찬찬이([찬::차이])   332

참패금(++군대에서 세운 공로로 받는 연금의 일종)

　참패금   130, 162

창고

　창꼬   40

채소(+반찬, 요리)

　채소   214

채찍

　채칙   286

처음

　첨   24

　첨: 64, 132, 182

　츰: 62

첫감(++처음, 시작할 때)

　첫감   230

초가집

　초가집   302

초급사((初級社)++최저 단계의 인민공사)

　초급사   74

초대소((招待所)++숙박시설의 하나)

　초대소   126

초등학교

　소학교([소해꾜])   210

초청장

　요청장   232

촌장(≒이장(里長))

촌:장(村長)　44

촌장　36, 174

총독부(일제 때 식민지에 설치한 최고 행정 기관)

　　총독부　28

추수하다

　　가을하구　76

축(일정한 특성에 따라 나누어지는 부류)

　　축　70

축원하다

　　추궈내　34

출가하다

　　출가가찌　110

춥다

　　추우니까　146

　　춥따　134

　　춥찌　146

치다꺼리

　　치다꺼리　200

친구

　　동무　60, 208

● ● ● 카

캉다((抗大[kàngdà])중국 문화혁명 당시 중화인민항일군사정치대학의 준말)

　　캉다　140

컴퓨터

　　뗀노　200

켜다

키개　50

키구　52

코풀내기(+어린 사람)

　　코풀내기([코풀래기])　228

콘크리트

　　공고리　184, 222

크림(기초화장품)

　　구루무　174

큰딸

　　큰새아가　196

● ● ● 타

타래

　　타래　36

택시

　　추수차(出租車[chūzūchē])　168

터(테)

　　티　158

털(+짚신 겉으로 나온 보풀)

　　털([터린능 거])　328

텔레비전

　　테리비　82

토론하다(+물건 가격을 흥정하다)

　　토로나지　36

토리

　　토리　36, 40, 42

통째

　　통구　182

퇴근

　　퇴근　166

퇴직연금
   뒤슈비 228
   티슈비 228
투이처((推車[tuīchē])+밀차, 손수레)
   투이처 124
툰((屯,)'마을'을 뜻하는 한어 차용어)
   툰 28
뛰하다
   뛰해서 38

• • • 파

파묻다
   파무더찌 42
판나다(++천이 닳아서 구멍이 나거
나 떨어지다)
   판나구 292
포커(poker)
   푸커 220
푼하다(++모자람이 없이 넉넉하다)
   푸난데 204
플래시
   덴찌불([덴찌뿔]) 36, 124

• • • 하

하나
   하나 214
   한나 108, 206, 224, 232
하나도
   하:나뚜 126

하루
   할날([할라런]) 330
   할날([할랄]) 66, 202, 218
하얼빈(중국 헤이룽장성의 도시. 헤이
룽장성의 성도)
   활빈 36, 40
하여튼
   아이튼 56
   하이튼 40, 114, 150, 154, 166,
174, 288, 318
하우스
   하오스 182
   하우스 182
한국(韓國)
   한국([항국]) 24
한어(漢語)
   한어 50, 106
   한족말 144, 154
한족(漢族)
   한:족 284
   한족 36
해방군(중국 인민해방군)
   해방군 118
해전(하루 종일)
   해전 218
헐하다(힘들지 않고 수월하다)
   헐캐 128
헐히(+힘들지 않고 수월하게)
   헐히([허리]) 278
헤아리다

시아릴   150
헤지다(＋닳거나 찢어지다)
　헤질라   164
호리가다(ほっそり行く, ＋터파기)
　호리가다   184
호적질((胡狄-) 강압적으로 남의 물건
을 빼앗는 행동)
　후적찌래찌   30
호조조((互助組)＋＋작업을 서로 돕기
위하여 조직한 조)
　호조조   74
홍색(중국 문화혁명 때의 홍색편)
　홍색   140, 142
화투(花鬪)
　화토   88, 220, 318
환갑
　항갑   68
환하다
　화:나캐   50
회계질(＋회계 일, 회계 업무)
　회계질   224
회의(會議)
　회: 162
후처하다(＋재혼하다)
　후처해가주구   314
훈장
　훈짱   116
훈춘((琿春)중국 길림성에 있는 도시의
하나, 훈춘시)
　훈춘   42, 60, 110, 138

훈춘소학교(훈춘초등학교)
　훈춘소핵교   142
훈훈하다
　우누:나지   186
홀나다(＋＋땀 따위가 흠뻑 나다)
　홀::란다   154
휴가
　휘가   116
흥청망청
　흔장만장   88
히로담배(＋종이로 말아 놓은 담배)
　히롯담배([히로땀배])   124
힐건하다(＋＋눈이 초점 없이 희멀겋다)
　힐::거낭 기   152

박 경 래

충북 괴산 출생
충북대학교 사범대학 국어교육과 졸업
서울대학교 대학원 국어국문학과 석사
서울대학교 대학원 국어국문학과 박사
세명대학교 미디어문화학부 한국어문학과 명예교수
지역어조사추진위원 역임
한국방언학회장 역임

〈주요 논저〉

『방언사전』(공저)
『디지털시대의 글쓰기』
『충북 제천 지역의 언어와 생활』
『충북 청원 지역의 언어와 생활』
『충북 충주 지역의 언어와 생활』
『충북 영동 지역의 언어와 생활』
『충북 보은 지역의 언어와 생활』
『충북 옥천 지역의 언어와 생활』
『문학 속의 충청 방언』
『중국 이주 한민족의 언어와 생활(1)』
『사회언어학: 언어와 사회, 그리고 문화』(공저)
「충주방언의 음운에 대한 사회언어학적 연구」
「청원방언의 경어법에 대한 사회언어학적 연구」
「중국 연변 정암촌 방언의 상대경어법」
「국어사전과 방언의 수용」 외 다수

중국 이주 한민족의 언어와 생활(2) - 중국 길림성 도문시 양수진 정암촌

초판 인쇄 2023년 12월 12일
초판 발행 2023년 12월 22일

지 은 이 박경래
펴 낸 이 이대현
펴 낸 곳 도서출판 역락

주   소 서울시 서초구 동광로 46길 6-6 문창빌딩 2층
등   록 1999년 4월 19일 제303-2002-000014호
전   화 02-3409-2058, 2060
팩   스 02-3409-2059
홈페이지 www.youkrackbooks.com
이 메 일 youkrack@hanmail.net

ISBN 979-11-6742-677-2 94710
      979-11-5686-694-7 (세트)